本书得到电子科技大学中央高校
科研业务经费哲学社会科学繁荣计划
优秀成果出版项目的资助

中国农村研究书系之三十五

乡域政治：现代国家构建中农村基层政权的生成与重构
——基于河南弦乡的实践表达

叶本乾 / 著

中国社会科学出版社

图书在版编目(CIP)数据

乡域政治：现代国家构建中农村基层政权的生成与重构——基于河南弦乡的实践表达 / 叶本乾著 . —北京：中国社会科学出版社，2016.7
ISBN 978-7-5161-8620-6

Ⅰ.①乡… Ⅱ.①叶… Ⅲ.①农村—地方政府—建设—研究—中国　Ⅳ.①D625

中国版本图书馆 CIP 数据核字(2016)第 170117 号

出版人	赵剑英
责任编辑	王莎莎
责任校对	张爱华
责任印制	张雪娇

出　版	中国社会科学出版社
社　址	北京鼓楼西大街甲 158 号
邮　编	100720
网　址	http://www.csspw.cn
发行部	010-84083685
门市部	010-84029450
经　销	新华书店及其他书店
印　刷	北京君升印刷有限公司
装　订	廊坊市广阳区广增装订厂
版　次	2016 年 7 月第 1 版
印　次	2016 年 7 月第 1 次印刷
开　本	710×1000　1/16
印　张	22.25
插　页	2
字　数	363 千字
定　价	79.00 元

凡购买中国社会科学出版社图书，如有质量问题请与本社营销中心联系调换
电话：010-84083683
版权所有　侵权必究

目 录

序一 …………………………………………………… 徐勇（1）
序二 …………………………………………………… 任中平（5）
导 论 ………………………………………………………（1）
  一 问题提出与研究意义 ……………………………………（2）
  二 文献综述与研究思路 ……………………………………（19）
  三 研究样本与资料收集 ……………………………………（43）
  四 核心概念界定 ……………………………………………（46）

第一部分 生成篇

第一章 历史考察：中国农村基层治理制度及其变迁 …………（57）
  一 君主专制中央集权官僚制传统国家的基层治理：乡官
     制与职役制的交互 ………………………………………（57）
  二 社会激变时期现代性基层政权生成：国家权力下延与
     地方自治 …………………………………………………（68）
  三 新中国成立后国家政权建设："政权下乡"及其转承 ……（74）
  四 中国农村基层政权转型：权力、权利与治理困境 …………（82）

第二章 制度安排与全能治理：乡级基础性权力的生成 ………（88）
  一 渊源与演变：基础性权力生成的宏观背景 ………………（89）
  二 制度安排与人员下派：基础性权力生成过程 ……………（94）
  三 "全能治理"与高额治理成本：归属权利的争取与
     经济发展 …………………………………………………（102）
  四 基础性权力生成解析：权力、权利与经济发展 …………（112）

第三章　制度安排与农村公共服务：乡级扩展性权力的生成 …… （121）
　　一　渊源与演变：扩展性权力机构生成的宏观背景 …………（121）
　　二　"条条下乡"与科层体制：扩展性权力生成的过程………（129）
　　三　政府供给与民众需求：农村公共服务体系 ……………（137）
　　四　扩展性权力生成解析：权力、权利与农村公共服务 ……（145）

第四章　制度安排与政务下伸的"腿"：网络性权力的生成 ………（153）
　　一　渊源与演变：网络性权力生成的宏观背景 ……………（154）
　　二　制度安排与行政规制：网络性权力生成过程 …………（162）
　　三　网络性权力："政务"延伸的"腿"与"全能治理" ……（171）
　　四　网络性权力生成解析：权力、权利与农村发展 ………（176）

第二部分　发展篇

第五章　一体化结构与治理困境：基础性权力的衍变 …………（185）
　　一　宏观政策线条演变：基础性权力发展的背景 …………（185）
　　二　一体化结构与非制度化运作：基础性权力的衍变 ……（189）
　　三　全能治理与短缺财政：基础性权力的治理困境 ………（198）
　　四　小结：权力、权利与治理困境 …………………………（214）

第六章　站所改革与治理困境：扩展性权力的衍变 ……………（217）
　　一　宏观政策线条演变：扩展性权力发展的背景 …………（217）
　　二　站所改革与政权"内卷化"：扩展性权力的衍变………（221）
　　三　治理困境：农村公共服务的缺失 ………………………（235）
　　四　小结：权力、权利与农村公共服务的缺失 ……………（243）

第七章　国家嵌入与村民自治实践：网络性权力的衍变 ………（246）
　　一　国家嵌入与村民自治成长：网络性权力发展的背景 …（246）
　　二　上下互动的村民选举：网络性权力产生的逻辑起点 …（249）
　　三　结构与过程：网络性权力运行实践情况 ………………（258）
　　四　小结：权力、权利与村民自治的成长 …………………（268）

第三部分 重构篇

第八章 建制消逝与体制整合:乡镇改革的实践过程 …………(273)
 一 短缺财政与全能治理:弦乡建制撤并的背景 …………(273)
 二 建制消逝与体制整合:弦乡改革的实践过程 …………(276)
 三 没有结局的尾声:任重道远 ……………………………(285)
 四 小结:权力、权利与农村基层政权的重构 ……………(286)

第九章 拓展与提升:农村基层政权与现代国家构建理论 ………(289)
 一 "均衡性"解析 ……………………………………………(291)
 二 现代国家构建的历程:早发国家与后发国家的比较 ………(292)
 三 中国现代国家构建:路径选择与价值取向 ………………(303)

参考文献 ………………………………………………………………(315)
后 记 …………………………………………………………………(338)

序 一

本书是作者"十年磨一剑"的成果。早在十多年前,作者在就读博士生时,便将乡镇政治作为自己研究方向,致力于相关研究。作者在田野调查的基础上,从现代国家建构的角度,分析了农村基层政权的生成与重构。作者毕业后,进入高校任教,首先站好讲台。即使如此,作者仍然继续致力于基层政治的研究,并随着认识的提高,不断提升自己的研究视野和水平。本书便是作者经过反复打磨的产物。

本书从为什么在20世纪设立乡镇政权以后,乡镇的定位与职能总是处于一个"变动不居"状态的问题出发,展开自己的研究。这是一个很好的问题。而要回答这一问题,必须从中国的历史性大变迁开始考察。

一般认为,在传统中国,国家对农村社会的治理处于"无为而治"状态,即除了收税劳役以外,国家对农村社会的生产生活是不介入和不干预的,或者缺乏介入和干预能力。由此才有了所谓"皇权不下县"的论断。国家的基层政权设置在县一级。县一级基层政权的功能非常单一。当然,基层政权组织直到县一级,并非国家权力仅仅止于县,事实上,国家的功能性权力会一直延续到乡里。只是这种功能性权力属于权力的末梢,且主要是完成政府任务。与此同时,我们也不得不惊叹,为什么在国家"无为而治"的条件下,一个超级规模的农业社会,能够通过自我治理实现持续运转,达到"皇帝无为而天下治"?即使是上层统治者不断地变动和社会周期性动乱,基层社会总可以不断地修复和接续农业文明的历史,使得数千年的农业文明能够在一个地方空间里生存、保留和延续下来。尽管学界已有一些论述,但深入到田野社会之中去揭示内在的机制和奥谜还远远不够。

长期以来,学界对中国事实的认识有两个被遮蔽:一是大量的研究限于国家上层，丰富多样的基层社会事实被国家上层外壳所遮蔽，中国历史主要限于王朝历史，以民众为主体的基层社会历史极少。二是大量的研究受到长期流行的学术定论所影响。而这些学术定论尽管有些有相当深刻和独到的见解，但毕竟受到作者认识所限，从而造成大量丰富多样的中国社会事实却被长期流行的理论所遮蔽。近些年学界开始将视野由国家上层投向基层社会，但是取得的成果还不多，特别是相当部分成果具有很强的建构性。近年来，人们试图在摆脱既有理论的限制，重视中国经验、中国实践、中国主体。但目前看来距离理想的目标还很远，更多只是一个态度和宣示。

　　造成学界对中国事实的两个遮蔽的重要原因是，研究中国的材料来源主要是历史文献。而在中国，历史文献主要记录的是帝王将相，愈往上层，历史文献愈详细，甚至连皇帝的起居生活都有专人记录，详之又详；愈往下层，历史文献愈粗略，甚至连支撑一个国家的农业生产都少有记载，粗之又粗。而凭借仅有的历史文献是很难理解一个超级农业社会是如何实现"皇帝无为而天下治"，是如何能够在同一空间里生存、保留和延续下来的？

　　尽管20世纪以来，人们开始关注基层社会，并开始通过田野调查了解基层社会，但由于战乱之中，基于深度认识中国的田野调查还远远未能达到要改造或者改变中国的需要。与此相应的是，日本出于对殖民地统治"长治久安"的战略需要，关注通过田野调查，从底层民众和日常生产生活的角度触摸中国人的老家底和老根本，由此形成了持续近40年并有大量人员参与的"满铁调查"。一百多年前，当日本占据台湾后，日本对中国的惯行调查开创者后藤新平就认为："不能把宗主国的法律和制度硬搬到殖民地去，必须在充分调查当地人民的风俗习惯之后，再来实施适合当地情况的政策。"这些风俗习惯正是造成"皇帝无为而天下治"的基础和底色。

　　应该说，日本对中国触摸中国人的老家底和老根本，还是有所成就的。美国学者根据日本人调查所研究的著作成为研究中国农村的重要著作，甚至必读书。但是，经过对日本调查资料的翻译和整理，我们也注意到，日本的调查有相当的局限性，这也不能不影响到根据其调查所得出的一般结论。同时，我们也意识到要从根本上改变长期历史以来的两个遮蔽，揭示基层社会如何治理和持续运转之谜，必须通过大量扎实深入的田野调查，还原一个丰富多样的基层社会样式！

本书的问题意识是为什么20世纪以来乡镇"变动不居"？主要背景就是由传统国家进入到一个现代国家时期。作者从公共权力、公民权利和社会民生三个角度界定现代国家样式在中国的变迁，既标识了现代国家的一般性，也合乎中国现代国家建构的复杂实践历程。

传统国家的国家"无为而治"，在于农业社会能够通过自我治理实现自我运转，但它仅仅限于农业文明形态，超越这一形态就难以应对。于是，在工业文明的挑战下，国家政权开始向下延伸，乡镇政权作为一级政权组织开始生成。但是，在农业文明向工业文明过渡的20世纪，乡镇长期扮演着十分独特的角色。从现代国家建构看，公共权力、公民权利和社会民生是相互联系的整体，但在不同阶段，这三者存在内在的张力。从乡镇作为一级基层政权组织生成后，乡镇主要扮演的是从社会汲取资源，贯彻自上而下政府意志的角色，公民权利和社会民生往往被忽略，由此导致乡镇作为基层政权与社会民众的紧张关系。这种紧张关系造成乡镇地位的变动不居状态，对乡镇体制的改革也多有呼吁。由此也给我们提出了另一个根本性问题，这就是在国家"有为而治"的条件下，农村社会是如何反应和改变的，国家如何"有为"，如何避免乱作为或者不作为？这同样需要大量扎实深入的田野调查才能回答。

进入21世纪以后，乡镇的地位与职能逐渐趋于稳定。其重要原因就是中国进入到以工补农的新的历史时期，国家更多的是给予农村，而不是汲取。乡镇政府的主要职能也随之转换，这就是为农村提供公共服务。作者早在10多年前就提出了"民生国家"的概念，现在看来是一个很有价值，也"很中国"的概念。这是因为，传统中国"无为而治"，就是国家基本不管民众的民生问题。正如孙中山先生所说："在清朝时代，每一省之中，上有督抚，中间有府道，下有州县佐杂，所以人民与皇帝的关系很小。人民对于皇帝只有一个关系，就是纳粮，除了纳粮之外，便和政府没有别的关系。因为这个原故，中国人民的政治思想就很薄弱，人民不管谁来做皇帝，只有纳粮，便算尽了人民的责任。政府只要人民纳粮，便不去理会他们别的事，其余都是听人民自生自灭。"而现代中国的一个重要特点就是为每个社会成员提供公共服务，解决民众解决不了，且应该为政府解决的民生问题，以此建构起社会对国家的认同。由民生开始，形成民权意识，推动国家治理，这或许是中国国家治理现代化的重要路径。

作为研究作品，最重要的是提出一个好问题，引发人的思考；同时，提出一个好框架，有助于分析。本书在这两个方面都有建树，"十年磨的一剑"有光影。相信作者能够以更强烈的"学术自觉"，在自己的研究领域内走得更远！

徐　勇

2016 年 8 月 26 日于武汉

序 二

叶本乾博士的学位论文即将出版之际，邀我作序。我自感不能胜任，几次推谢，最终还是盛情难却，只好尽力为之。其中缘由有二：一是因为叶本乾博士于十多年前攻读博士学位时师从我国著名农村问题研究专家徐勇教授，其学位论文是徐勇老师悉心指导完成的。徐勇教授与我虽无师生之名却有师生之实。结识徐老师这么多年来，无论是对我本人还是我所在的西华师范大学政治学研究团队，他都给予了许多的关心、指导和帮助，这些年来他本人亲临我校讲学和指导就不下五、六次。而今叶本乾出版博士学位论文，作者请我点评几句，着实难以推辞。二是从四川省政治学研究队伍的发展状况来看，至少十多年前在全国范围而言，四川的政治学研究力量基本上可以说是默默无闻，但近些年来随着一批名校毕业的政治学博士先后在四川各个高校扎下根来，这些学术新秀已经茁壮成长起来，有力地推动了四川政治学研究力量在西部地区迅速崛起。当然，他们的成长还需要学界同仁给予更多的关注和扶持。而叶本乾作为四川政治学界的新秀，其大作问世之际，我作为省内同行理应给予力所能及的评论与推荐。正是基于上述原因，所以才敢于不自量力，发表几句感言，权且为序。

《乡域政治》一书作为作者在校攻读博士期间精心写作的学位论文，又经过博士毕业后近十年的反复打磨，现在正式推出，可谓是乡镇政治研究的又一部最新力作。该书不仅凝聚了作者十多年来的辛劳与心血，也集中展现了作者关于这一问题的许多真知灼见。概括而言，我认为这部著作的学术贡献主要体现在以下两个方面：

首先，作者具有非常明确的问题意识，提出了乡镇政治研究的一个很好的问题，并进行了系统深入、卓有成效的研究。这个问题就是：为什么在20世纪设立乡镇政权以后，乡镇的定位与职能总是处于一个"变动不居"的状态？本书以农村基层政权行政区划变动不居为问题意识和切入点，基于对河南弦乡的渊源、发展及其现状的考察，从基层政权发生学的角度研究农村基层政权的转型及其重构问题。而随着研究的深入进一步发现，在这一问题的背后，其实还隐藏着更为深刻的问题，即：随着社会主义市场经济体制的逐步确立，原先建立在传统小农经济和计划经济体制基础之上的乡村治理结构已经很难适应整个农村治理的需要，由此出现农村基层政权的治理结构和功能发生衍变：由于基层政权的一体化结构权力，在非制度化运作的情况下，由此形成全能治理与短缺财政的悖论，基层治理出现困境；扩展性权力的公共性、服务性与合法性受到严重削弱或者丧失，扩展性权力的不断衍变与农村公共服务日益增长的需求形成了结构性矛盾，农村公共服务的提供出现困境；网络性权力中"自治"与"官治"出现张力，民主选举与民主管理、民主决策、民主监督出现失衡与脱序现象。作者认为，产生这些问题的根本原因在于，农村基层政权的治理结构没有处理好公共权力、公民权利与民生公共品三者之间的良性互动关系。

其次，本书在研究方法上也有所创新，作者对这一问题的研究采用了一种新的分析框架，从而使学界对农村基层政权的研究又向前推进了重要一步。学界以往对农村基层政权的研究，主要使用"国家与社会"的分析框架进行讨论。然而，既有研究成果表明，"国家与社会"作为一种具有特定内涵的分析框架本身具有难以突破的限度。正如这一研究方法的引入者邓正来先生所言："任何一种理论范式均具有自身的限度，不可能用来解释一切现象。即使在它的适用的范围内，它还有着自身的种种弱点。""国家与社会"分析框架于20世纪八九十年代在国内学界兴起的契机，主要源于改革开放所推进的国家与社会关系的深刻变化，这种变化既象征着传统中国"家国一体"国家形态的没落，也意味着"国家淹没社会"的"全能主义"国家时代的终结。这些崭新的变化使得集中于"民族—国家"视域内的"国家与社会"分析框架变得越来越"不合时宜"。在历史上，中国的国家与社会关系自古以来便是彼此交融、界限模糊的"家国同构"形态，即便到了20世纪90年代以来国家开始逐渐退出社会的"领地"，但与西方的市民社会形态仍然存在本质的差别。因此，如果完全套用西方的研究范式来研究中国农村基层政权问题，往往显得力不从心，难以抓住问题的关键。为了摆脱这一困境，本书作者运用现代国家构建理论，大胆尝试把基层政权建立在公共权力、公民权利和民生公共品等三维逻辑框架中加以分析，从而揭示了农村基层政权"变动不居"现象与公共权力、公民权利和社会民生三个变量之间的内在联系，以此解释和说明农村基层政权变动不居的内在逻辑。同时，作者采用这一崭新的三维逻辑框架来研究基层政权，又有着重要的学术价值和很强的现实意义。亚伯拉罕·林肯早先提出了"民有、民治、民享"这一现代国家观念，精炼准确地表达了对于政府和人民之间关系的理解与定位。受林肯思想的影响，中国民主革命的先行者孙中山继而提出了三民主义的政治理念，极为明确地主张国家是人民所共有，政治是人民所共管，利益是人民所共享。他强调"国家之本在于人民"，为官者不论大小，都是人民的公仆。"民生，即民享也。天下既为人人所共有，则天下之权利，自当为天下人民所共享。"应当承认，中外先贤的这些重要思想对于我们今天准确地理解和把握现代国家政权的归属、定位和职能，无疑是非常宝贵的思想资源。在总结和借鉴前人思想成果的基础上，本书作者对于现代国家重要组成部分的基层政权的研究，大胆尝试采用了公共权力、公民权利和社会民生等三维变量来考察和分析，可以说具有很强的针对性和适用性。在全书的阐述和论证过程中，作者正是通过对国家权力的下延与公民权利的保障，以及为民众提供公共品的互动分析，深入探讨不同时期中国乡村社会组织和控制的基础是什么，中国农民及乡村社会是基于什么理由并通过什么方式组织起来的，特别是探讨新中国成立以来基层政权的变迁对传统的乡村社会的改造及规划性变迁所导致的结果，以及对现今基层政权所造成的影响。从基层政权缘起的历史分析来解读基层政权发展的趋向，进而阐述关于中国基层政权的重构及其改革问题。综观全书，可以认为作者所作的这种学术努力是卓有成效的。

那么，如果延续作者分析农村基层政权的这一逻辑进路，还可以进一步深化和扩展对于这一问题的研究。从现代国家建构来看，公共权力、公民权利和社会民生既构成一个相互联系的有机整体，同时也存在着内在的紧张与冲突，并且这些矛盾和问题往往又是错综复杂、相互缠绕的。而从当前我国农村基层政权改革和重构面临的困境来看，迫切需要研究和解决的矛盾问题也不少，但以下两个问题亟待引起学界的关注和重视：

一是乡域政治中公共权力与公民权利的关系问题。基层政权作为国家与社会联系的桥梁与纽带，要取得合法性和正当性，必然要得到本辖区内民众的认同，这就需要通过公民行使权利来制约公共权力，从而保证公共权力服务于民众的根本目的。那么，在现有的压力型体制环境之下，乡镇政权要真正实现职能转变，从全能型政府向服务型政府转化，强化公共服务职能，就必须对其权力来源、权力结构，以及权力运行和监督等体制进行民主改革。只有通过这样的改革，才能使乡镇政权不仅要对上负责，同时也要对下负责，才能从根本上解决乡镇政权的职能转变问题。而这一改革的起点便是开展乡镇选举制度改革。实际上，从20世纪90年代后期以来，全国已有一些地方进行了十多年的试点探索。早在1998年底，四川省遂宁市步云乡就进行了全国第一次乡长直选。接着从1999年到2004年间，又有山西、湖北、江苏、云南等好几个省份也先后加入了乡镇长选举改革的行列。但是，由于诸多现实因素的限制和制约，乡长直选最终成为"昙花一现"。而随着乡镇长直选被叫停，乡镇党委公推直选便成为乡镇选举改革的另一种延续。由于党的十六大对于党内民主的重视提升，乡镇党委公推直选又成为党内基层民主的试验场。从2004年开始，乡镇党委公推直选试点大范围展开，全国有十多个省份先后加入试点行列，四川和江苏是迄今试点最多的两个省份。然而，乡镇党委公推直选的探索实践在经历了十多年的蓬勃发展之后，近几年来也遭遇瓶颈制约而悄然停滞下来。可见，由于长达几千年的中国政治文化历来缺乏民主传统，同时，国家在急速推进现代化进程中基于对社会稳定的战略考量，以及现有法律制度对基层民主发展空间的刚性约束，加之近些年来伴随选举过程的种种乱象诸如贿选拉票、宗族影响及黑恶势力操控等负面影响逐渐显现出来，上述诸多因素综合作用的结果，决定了乡镇民主建设只能在曲折中艰难前行。

二是乡域政治中公共权力与社会民生的关系问题。自21世纪初以来，为了适应城镇化浪潮冲击并导致农村社会结构发生的深刻变化，农村社会内部客观上迫切需要通过协商民主方式来解决其日益复杂的公共事务及其多元化的利益诉求，于是农村基层协商民主开始在各地农村蓬勃兴起。并且，从基层民主自身发展的内在逻辑来看，为了深化和巩固改革以来基层民主实践已经取得的成效，逐渐形成长期持续发展的态势，也迫切要求基层民主的发展路径必须实现一个战略性转换，即从民主选举继续推进到民主治理。因而，近几年来，农村基层民主建设的侧重点开始从民主选举转向民主治理。尤其是2012年中共十八大明确提出要健全社会主义协商民主制度，推进协商民主广泛、多层、制度化发展，积极开展基层民主协商的新要求，于是极大地推动了各地基层协商民主的兴起和发展。正是在这样一种新的社会背景之下，为了提升乡镇政权为广大农民进行公共服务的质量和水平，优化新农村建设中的各项公共政策，迫切需要通过积极发展基层协商民主，有效开展农村基层社会的协商对话，从而实现乡镇政权与广大村民之间的合作共治。近几年来，四川省彭州市进行的一项重要实践探索，就是搭建市、镇、村三级联动平台，从而构成了覆盖整个基层社会的民主协商对话制度体系。彭州市积极构建多层次协商民主制度体系的实践经验表明，在当前的乡村治理实践中，构建农村基层社会的协商对话制度具有十分重要的意义。这样既可以进一步拓展基层社会广泛开展民主协商对话的平台，建构一整套从村庄——乡镇——县级以上的协商民主制度体系，使乡镇政权与村民群众之间有了一个制度化的民主协商平台；同时，又满足了广大基层群众迫切要求参与各项公共事务、开展协商对话的愿望与诉求，可以有效化解伴随城镇化进程而出现的各种利益矛盾和冲突，显著提升乡村社会的治理绩效。

　　回顾20世纪90年代后期以来我国乡镇民主建设的发展历程，实践表明，民主选举和民主治理作为基层民主政治发展的两种基本方式，在基层民主实践中都发挥着重要作用，两者之间是无可替代、不可或缺的。尽管目前乡镇选举制度改革正处于困境之中，但其改革的民主化取向完全符合整个国家政治民主化的发展趋势，是有着广阔的发展前景的，因而很有必要对过去十多年来开展乡镇选举改革探索的经验与教训加以研究总结。而基层社会的民主治理也是建构于特定的选举基础之上的，它的实际运行需要一系列现实条件的保障，如果这些条件不能充分满足，基层社会的协商民主就会面临诸多困境。比如，在各方进行的民主协商过程中，如果协商主体地位不平等、信息不对称、渠道不畅通等，都可能会影响协商民主的成效。可见，民主选举并非是民主治理的天然对立物，恰恰相反，它作为民主治理的前提和基础，是民主治理生长发育必不可少的现实条件。

由此看来，基层民主实践只有在不断总结、完善、巩固和提升民主选举质量的基础上，积极构建和逐步完善民主治理的程序、机制与技术，逐渐形成民主选举与民主治理均衡发展的良好态势，这样才能持续推进基层民主建设的深入发展，从而为农村基层政权的改革和重构创造有利的条件。

任中平

2016 年 9 月 1 日于南充

导　论

　　基层政权是在国家的基层行政区域设置的基础政权，农村基层政权是农村基层的行政区域单位，是各级行政区划的基础，是党和政府连接人民群众的桥梁和纽带，是党和国家各项方针、政策、法律、法规及各项工作在农村的落脚点。同时，农村基层政权也是国家政权的重要组成部分，是现代国家构建的重要内容之一。所以，分析中国农村基层政权必须放在现代国家构建的宏观背景之下进行。

　　现代国家是针对传统国家而言的，是一种值得肯定和向往的国家类型和价值理念，它是现代国际体系组成的主体，也是中国现代国家构建的目标和指向。现代国家构建（modern nation - state building）是广大后发外生冲击型国家[①]努力奋斗的目标，同时一直是中外学者探讨和研究的重要课题。西方国家在现代经济如资本主义、工业主义（或者工业资本主义）以及在战争暴力机器的有力推动下，打破封建割据局面，国家进行了有效

[①]　罗荣渠认为，现代化分为内源性现代化和外源性现代化两种，前者是由内在因素导致的突破，是一种创新性巨变，是一个自下而上的自发过程，西欧各国属于这个类型；后者是由外在因素导致的突破，是一种传导性巨变，是自上而下或上下结合的急剧变革过程，后进国家属于这种类型。参见罗荣渠：《现代化新论——世界与中国的现代化进程》（增订版），商务印书馆 2004 年版，序言第 6 页。西方学者把现代化分为内生型现代化和外生冲击型现代化两个模式。认为任何社会都存在现代性因素，任何社会传统性内部都有发展出现代性的可能。现代化过程就是一个传统性不断削弱和现代性不断增强的过程。像英、美、法等内生型现代化国家，传统性和现代性之间存在着一种较强的兼容关系，它们的现代化主要是从社会自身不断发展出有利于现代化的因素来实现的。除此之外的其他更多的国家，属于外生冲击型的现代化，在这种社会中，社会内部的传统性与现代性之间的兼容关系较弱，无力从社会内部产生出推动现代化的强大因素，而是现代国家的冲击、压迫下走上现代化道路的。因此，在这些国家中，建造一个强大的能有计划地推动现代化建设的政府系统是个必不可少的条件。参见［美］西里尔·E. 布莱克编：《比较现代化》，杨豫等译，上海译文出版社 1996 年版。

地政治整合和社会整合，率先构建了现代国家①。然而中国现代国家构建的方式、路径、进程不同于西方国家，她是在西方现代文明冲击和扩张的情况下被迫从传统国家向现代国家迈进，这个进程始自清末，"国家权力企图进一步深入乡村社会的努力始于清末新政"②，历经民国时期，直至中华人民共和国国家政权建立以来，中华民族一直在努力把国家政权建设成为现代国家，同时这个进程一直还在进行之中，当然还有很长的路要走，农村基层政权也应不断向现代国家特征的目标迈进。

一　问题提出与研究意义

基层政权建设是中国现代国家构建的重要组成部分，基层政权建设也是关系到中国现代国家构建成功与否的重要标志，同时也是一个制度变革、利益调整、结构变化的重大历史性课题。经过新中国成立60多年以来的发展，中国基层政权建设搭建了现代国家的基本架构，对国家政权建设和经济社会的发展起着重要作用，同时基层政权管理体制及其改革也成为当今农村研究的热点和焦点。但是，多方面的原因致使当今基层政权建设及其研究面临了许多亟待解决的问题，主要问题有：

（一）基层政权现实中的困境：问题及其关联性

中国农村基层政权的行政区划变动不居，特别是新中国成立以来，农村基层政权变动频繁，出现这种现象的原因是什么？是不是与农村基层政权的公共权力、公民权利和民生公共品三者有很大的相关性？这里主要提出问题并建构本研究的问题意识。

1. 变动频繁与随意性：基层政权行政区划

中国是统一的多民族中央集权制国家，中央政权与地方政权之间是垂直命令型控制机制，地方政权大部分的权力都是由中央政府赋予的，各级

---

① ［英］安东尼·吉登斯：《民族—国家与暴力》，胡宗泽等译，生活·读书·新知三联书店1998年版。
② ［美］杜赞奇：《文化、权力与国家——1900—1942年的华北农村》，王福明译，江苏人民出版社1994年版，前言第1页。

国家政权机关都应当在中央政权的领导下，统一行使国家的公共权力。其中表现比较明显的是中国的行政区划行为①。行政区划行为是现代国家构建的重要内容，是一项十分严肃、慎重的国家行为。行政区划是否科学，对一个国家的政治、经济、文化、民族等各方面的发展都会产生重要的影响，甚至关系到国家能否长治久安。

从中国行政区划长期历史来看，中国的省、县级政权一直很稳定，而且行政区划设置和区域范围变动不大，"自秦确立郡县制度以来，县级建制虽在历代王朝更迭中多有损益，但其数量大体上保持在一千五百左右"②，"县级行政区域历来比较稳定"③。然而，中国的基层政权的行政区划变动不居，很不稳定，特别是新中国成立以来，基层政权变动达到七八次之多，有的乡镇变动达到十多次，是什么原因导致中国基层政权变动如此频繁？

新中国成立后，基层政权变动情况为：全国的乡级政权总数由1951年的218006个增加到1952年的275200个，共增加了57000多个乡建制。实践证明，增加乡级建制增多了机构和人员，增加了"交易成本"④，增加了国家负担，而且不适应农业合作社发展的需要，因此1953年各地开始大规模撤并乡，到1954年全国的乡级政权又减少到218700个，共撤并56500个乡。1958年兴起了人民公社化运动，乡的体制发生了根本的变化，设立了"政社合一"的人民公社体制。据1958年底的统计，全国共设有26593个人民公社，平均一个公社相当于原来3个乡的规模。如此规模的人民公社在当时交通通信条件非常差的情况下显然偏大，因此又不得不逐步有所调整，到1978年改革开放前，全国人民公社总数达到54000多个。

---

① "行政区划"行为是国家根据政权建设、经济建设和行政管理的需要，遵循有关的法律规定，充分考虑政治、经济、历史、地理、人口、民族、文化、风俗等客观因素，按照一定的原则，将全国领土划分若干层次、大小不同的行政区域。参见浦兴祖主编：《中华人民共和国政治制度》，上海人民出版社1999年版，第327—328页。
② 朱宇：《中国乡域治理结构：回顾与前瞻》，黑龙江人民出版社2006年版，第116页。
③ 曹锦清：《黄河边的中国——一个学者对乡村社会的观察与思考》，上海文艺出版社2000年版，第580页。
④ [美]R.H.科斯：《社会成本问题》，载[美]R.H.科斯、A.阿尔钦、D.诺斯等：《财产权利与制度变迁——产权学派与新制度学派译文集》，胡庄君等译，上海三联书店、上海人民出版社1994年版，第20页。

由于人民公社体制是政社合一、政经不分的体制，不适应改革开放以后的农村经济和社会发展需要，中共中央决定实行政社分开，重新建立基层政权。1983年10月，中共中央、国务院联合发出《关于实行政社分开建立乡政府的通知》，要求撤社建乡。到1984年底，撤社建乡工作基本完成，全国共建乡85200多个，建区公所8100多个。经过一年的运行，大多数地区乡的规模偏小，于是从1985年又开始了撤区并乡工作，到1986年底，全国的乡数由85200多个减少到58400余个，撤并了32000多个①。此后，全国不同省份进行了乡级政权的微调，截至2002年12月31日，民政部统计为：66个区公所，20600个镇，17196个乡，282个苏木，1160个民族乡，2个民族苏木，5516个街道办事处，合计44822个②。2003年底中国的乡镇数是38028个，是1995年47136个乡镇的80.68%，减少了近1/5；是1990年55838个的68.10%，减少了17810个，减少了近1/3；2003年全国有村委会678589个，是1995年740150个村委会的91.68%，减少了8%。据有关资料显示，2004年全国有20个省（自治区、直辖市）继续进行撤并乡镇工作③。从2005年至2014年6月10日，全国又撤并乡镇2790个，平均每年减少280个左右，乡镇数减为32683个；2014年乡镇数目比1951年减少了85%，比1985年减少了64.1%（全国乡镇数量变化如表0—1、图0—1、图0—2）。

表0—1　　　1985—2014年全国乡镇数量变化情况表④　　　单位：个、%

年份	1985	1986	1987	1988	1989	1990	1991	1992	1993	1994	1995
镇	7956	10717	11103	11481	11873	12084	12455	14539	15806	16702	17532
乡	83182	61415	58739	45195	44624	44397	42654	33827	32445	31463	29502
合计	91138	72132	69842	56676	56497	56481	55109	48366	48251	48165	47034

---

① 戴钧良：《行政区划50年回顾与总结》，《中国方域（行政区划与地名）》1999年第5期。

② 民政部区划地名司：《中华人民共和国行政区划统计表》，http://www.xzqh.org.cn/quhua.

③ 张晓山：《简析中国乡村治理结构的改革》，《管理世界》2005年第5期。

④ 吴理财：《治理转型中的乡镇政府——乡镇改革研究》，博士学位论文，华中师范大学，2006年，第23页。

续表

增长率		-20.85	-3.17	-18.85	-0.32	-0.03	-2.43	-12.24	-0.24	-0.18	-2.35
年份	1996	1997	1998	1999	2000	2001	2002	2003	2004	2005	2006
镇	18171	18925	19216	19756	20312	20374	20601	20226	19883	19522	19369
乡	27056	25966	25712	24745	23199	19341	18639	18064	17451	15951	15306
合计	45227	44891	44928	44501	44511	39715	39240	38290	37334	35473	34675
增长率	-3.84	-0.74	+0.08	-0.95	-2.22	-8.72	-1.20	-2.42	-2.50	-4.98	-2.25
年份	2007	2008	2009	2010	2011	2012	2013	2014	2015	2016	
镇	19249	19234	19322	19410	19683	19881	20117	20401	—	—	—
乡	15120	15067	14848	14571	13587	13281	12812	12282	—	—	—
合计	34369	34301	34170	33981	33270	33162	32929	32683	—	—	—
增长率	-0.88	-0.19	-0.38	-0.55	-2.09	-0.32	-0.70	-0.75	—	—	—

数据来源：民政部统计年报 1986—2015 年，民政部网站（http：www.mca.gov.cn），数据可能有些出入。

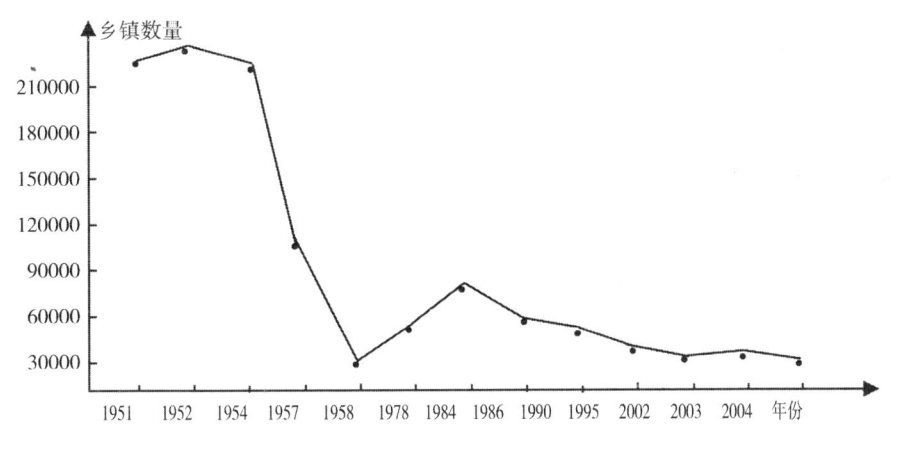

图 0—1　新中国成立后全国乡镇数量变化图

有学者认为，新中国成立 60 多年来乡级行政区划体制频繁变革和调整的教训是深刻的：第一，基层政权人为改变的主观色彩浓厚，人民公社体制的兴废是最典型的佐证；第二，大小乡制的反复变化，从根本上说就是没有预见性和超前性，没有看到经济发展和通讯日益发达对行政区划的影响，而是对乡的规模调整仅仅着眼于眼前的问题和困难，从而造成区乡

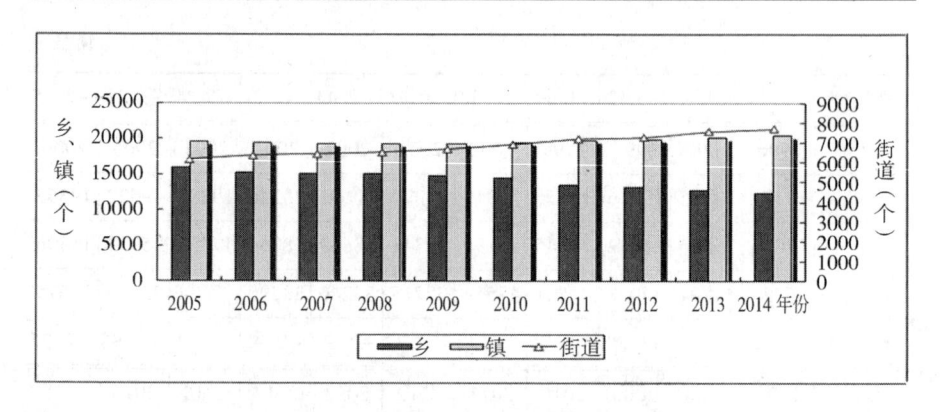

图 0—2　2005—2014 年全国乡镇数量变化图

建制的反复撤并；第三，行政区划要用发展的眼光来研究决定行政区划调整变更事项，使一次调整和变更有较长时期的适应性，以利于保持行政区划的相对稳定性①。出现这种现象的原因，在很大程度上把基层政权建设简单看成是政权的撤并和数量的增减，使基层政权的行政区划陷入分立——撤并——再分立——再撤并的"怪圈"中，以及机构和人员的精简——膨胀——再精简——再膨胀的恶性循环中。诚然，随着农村税费综合配套改革的进展，很多地方政府进行大规模的撤并乡镇和乡镇机构改革，乡镇撤并可以减少国家开支和行政成本，减轻农民负担等好处，但是，却出现就改革而改革，就撤并而撤并的现象，没有很好地进行规划和理论论证，乡镇改革走入误区。基层政权简单的调整不是现代国家构建的全部内容，也不是基层政权建设的主要内容。应把基层政权建设置入现代国家构建之中，在现代国家构建的背景下来调整基层政权。所以，以现代国家构建的视角来审视基层政权，就比简单的乡镇数量调整更具合理性和有效性。

2. 结构失衡与运行变异：基层政权的公共权力

基层政权作为一级政权，是直接面对民众并直接掌管乡村社会公共事务的政权；基层政权的官员是直接与民众打交道，并直接执行、处理、解决乡村社会公共事务的公务人员，基层政权以上各级政权所制定的方针、

---

① 戴钧良：《行政区划 50 年回顾与总结》，《中国方域（行政区划与地名）》1999 年第 5 期。

政策、法律、法规与任务都必须通过基层政权及其官员才能得到真正的落实,"乡镇官是管民之官,乡镇以上之官都是管官之官。既然为人民服务是设立政府、委任官吏的最高宗旨,那么虽然在行政级别上管官之官高于管民之官,但在行政重要性上,应该说管民之官要高于管官之官"[1]。基层政权权力体系根据权力的配置地位和运行实践,可把它分为基础性权力、扩展性权力和网络性权力。基础性权力主要包括基层政权中的党委、人大、政府、政协联络组等4个正乡级机构,再加上乡级纪委、武装部,被称为"六大班子",乡级机构为了与上级对等和对口,还在乡级党委内设组织、宣传、统战等机构和组织,同时包括官方设置的社会团体如团委、妇联、工会等权力组织,基础性权力的组织俗称为"块块"。扩展性权力主要指县级各功能性部门下延至乡级的各站所,俗称"七站八所",也称之为"条条"。网络性权力主要是基层政权所属的各行政村的村党支部和村民委员会权力体系,村党支部受基层政权党委的领导和任免;虽然实行村民自治,村民委员会除完成"村务"工作外,还需要协助党委和政府完成下派的"政务",村民委员会行政化色彩非常浓厚,所以把村级权力体系称之为基层政权的网络性权力。

根据党章和宪法的有关规定,基层政权的法定职能和最基本的使命就是为乡镇范围内的民众造福和服务,保护民众权利。所以,理想的乡镇机构,是不折不扣的为人民服务的一级政权组织[2]。然而,从基层政权的权力结构配置和运行实践来看,基层政权的基础性权力中党委权力起着决定性作用,人大、政府、官方设置的社会团体没有充分发挥作用或者被边缘化。扩展性权力逐步官僚化,其权力与基础性权力发生"条条"与"块块"之间的冲突。网络性权力的设置虽然实行村民自治,但是"行政"与"自治"之间的张力关系一直存在。基层政权运作存在权力的公共性与私人性的纠结与纠葛;现实的基层财政是"吃饭财政"和"弄钱财政",没有构建现代意义的公共财政体系;公共服务性功能不足或者残缺不全。这些问题的存在与现代国家构建的目标存在很大的差距。

---

[1] 曹锦清:《黄河边的中国——一个学者对乡村社会的观察与思考》,上海文艺出版社2000年版,第527页。

[2] 徐付群:《撤并乡镇中的"强盗逻辑"》,http://www.chinaelections.org/. 2005年10月12日。

以上现象，"不仅仅是政策问题，而更重要的是结构问题"①。如上所述，基层政权应该是一个服务型政权，我们应该解决乡镇的实际功能与其法定功能为什么不相符合的问题。这个问题也就是通过现代国家构建的途径，使基层政权的公共权力恢复其本来面目，即公共性、服务性、责任性。

3. 制度安排缺失：基层政权中的公民权利

《中华人民共和国宪法》规定了公民的各项基本权利和义务，其中规定的公民权利为：公民在法律面前一律平等，公民都有选举权和被选举权（被剥夺政治权利除外），有言论、出版、集会、结社、游行、示威的自由，有宗教信仰的自由，公民的人身自由不受侵犯，公民的人格尊严不受侵犯，公民的住宅不受侵犯，公民的通信自由和通信秘密受法律的保护，有提出批评和建议、申诉、控告或者检举的权利等②；王浦劬等把社会主义社会公民的政治权利概括为三大类：自由权，即人身自由，有言论、出版、集会、结社、游行、示威自由和通信自由；平等权，即公民不仅在法律面前一律平等，而且体现在公民的社会平等，如种族、民族、性别平等；民主权，即选举权和被选举权（除某些例外），监督权、批评和建议权、申诉和控告权、检举权，民主管理企事业单位的权利等③。这些权利都是公民应该和必须享有的，也是现代国家必备的体系内容。

然而，文本是文本，实践是实践。从农民（实际应该是公民）权利保障和救济的实际情况看，农民权利保障制度安排缺失，权利保障和救济机制不健全，基层政权侵犯农民权利的事情时有发生。

构建现代国家，关键是要反映人民意志，体现民主精神。民主是一种"普世价值"④，民主已经成为政治合法性的基本准则。保障公民权利，是现代国家的基本精神，也是民主—国家建设的核心要求，"农民问题的核心是公民权利的问题"⑤，现代国家构建的基本内容就是强调公民的权利，

---

① 孙立平：《断裂——20世纪90年代以来的中国社会》，社会科学文献出版社2003年版，第75页。
② 《中华人民共和国宪法》，中国法制出版社2004年版。
③ 王浦劬主编：《政治学基础》，北京大学出版社1995年版，第118—119页。
④ 王思睿：《为什么不是"中国的民主"？》，《战略与管理》2002年第5期。
⑤ 秦晖：《农民问题的核心是公民权利问题——秦晖总结发言摘编》，《南方农村报》2005年9月1日第八版。

培养人民的公民意识，使人民能够意识到：自己是一个社会政治生活和公共生活的主体，而非无足轻重的客体，享有各种政治、经济和社会权利；明确地懂得权利的正当性和可行性，并对一切合法的权利给予同等的尊重。

4. 职能转型与社会变迁：民生公共品[①]的供给与需求

20世纪70年代末以来，中国的工作重心转到以经济建设为中心的轨道上来，中国开始向现代民生的方向发展。邓小平强调指出："经济工作是当前最大的政治，经济问题是压倒一切的政治问题。不只是当前，恐怕今后长期的工作重点都要放在经济工作上面。所谓政治，就是四个现代化"，"社会主义现代化建设是我们当前最大的政治，因为它代表着人民的最大的利益、最根本的利益"[②]。中国经济发展取得了举世瞩目的成就，综合国力飞速发展，人民生活水平持续提高，解决人民群众的民生问题取得了明显的成效。然而，也有很多问题和社会矛盾逐渐显露出来。目前，中国正处在社会转型和政权转型的"双重转型"时期。中国社会不仅有传统的农业文明，有被称为"世界工厂"的工业文明，而且还有后工业文明的信息技术产业方兴未艾，可谓三种文明并存，这些不同文明必然对当今中国的政治、经济、文化产生不同的影响。同时，中国是城乡分割的二元体制，新中国成立以来所采取的是城乡不同的政策，"城乡分治，一国两策"[③]。现在的中国仍然是一个农业文明、农村人口占比较多的国家，百分之四五十的人口仍在农村，当今中国的政治整合和社会整合出现困境，社会矛盾处在多发期。

随着中国逐渐融入以现代国家为主体的全球化体系，当今中国社会的

---

① 民生公共品既指关系到民生的改进同时也关乎公共品的供给，所以经济的发展、民生的促进、公共品的提供都与此相关。公共品主要是指将该商品的效用扩展于他人的成本为零，无法排除他人参与共享。这里主要是指为社会普遍服务和社会援助的公共品，仅仅是资本主义社会的福利国家所提供的充分就业、普遍社会服务和社会援助中的一部分。参见［美］保罗·萨缪尔森、威廉·诺德豪斯：《经济学》（第17版），萧琛等译，人民邮电出版社2004年版，第29页；［加］R. 米什拉：《资本主义社会的福利国家》，郑秉文译，法律出版社2003年版，第21页。

② 《邓小平文选》（第2卷），人民出版社1994年第2版，第163、194页。

③ 陆学艺：《农村发展新阶段的新形势和新任务——关于开展以发展小城镇为中心的建设社会主义新农村运动的建议》，《中国农村经济》2000年第6期。

转型就必须要从传统农业社会向现代工业社会转变，也就是从以农业文明为主的社会向以工业文明为主的社会转变，中国处在转型期社会阶段①；资源配置方式从苏联式的计划经济②向社会主义市场经济转变，也就是向现代经济③转变，随之相应地，基层政权组织和领导基层农民发展经济和社会的职能也必然随之发生变迁。

然而从基层政权发展经济的角度来看，基层政权虽然都有发展现代经济的冲动，但由于"压力型体制"④的存在和经济、政治等利益的考虑，

---

① 中国转型期社会的特征为：(1)异质性。异质性是指在经济上，自足的经济制度与市场制度杂然并存；在政治上，"作之君，作之师"的观念与"平民主权"的观念杂然并存；在文化上，西化派与保守派杂然并存；在社会上，传统的家庭制度与现代的会社组织杂然并存。(2)形式主义。形式主义是指"什么应是什么"与"什么是什么"之间的脱节而言。(3)重叠性。重叠性是指社会传统的与现代的糅合。参见金耀基：《从传统到现代》，中国人民大学出版社1999年版，第73—76页。

② 秦晖认为新中国成立后实行的经济与苏联式的计划经济有很大区别，认为苏联逐步发展成了一套"科学计划"体制，是根据理性主义的科学计划思想；而中国建立的体制更多地带有传统农民战争色彩的"无计划的命令经济"，体现的主要是农业时代的长官意志与大轰大嗡的"运动经济"。参见秦晖：《现代化进程中的农民——中国与苏俄之比较论纲》，载秦晖：《实践自由》，浙江人民出版社2004年版，第21—28页。

③ 现代经济（modern economy），也可以称为市场经济或资本主义经济。迈克尔·曼（Michael Mann）称其有三个特点：(1)商品生产。生产的所有要素都被视为手段而不是目的本身，而且各要素彼此可以交换。这其中也包括劳动。(2)生产手段的私人垄断占有。生产要素，包括劳动力，从形式上完全属于一个资本家私人阶级（不与国家、劳动大众、社会、上帝以及任何人分享）。(3)劳动是自由的、是脱离生产工具的。劳动者可以自由地出卖和收回他们的劳动，只要他们觉得合适。他们领取工资，但对于剩余产品没有直接的权利。参见迈克尔·曼：《社会权力的来源》(I)，刘北成译，上海人民出版社2002年版，第507页。美国经济学家保罗·萨缪尔森（Paul A. Samuelson）等指出现代经济有三个显著的特征：(1)以细密的贸易网络为特征。在个人之间和国家之间，都存在着错综复杂的贸易网，这个网络又基于大量的专业化和精细的劳动分工。(2)当今的经济都大量使用货币，也可以说是支付手段。货币流通是我们经济制度的生命线。货币提供了衡量事物的价值尺度，并能为贸易提供融资手段。(3)现代工业技术依赖于大规模的资本运用：精密的机械、大型的工厂和库存。资本品使人的劳动能力成为更加富有效率的生产要素，并促使劳动生产率的增长速度高出前些年的许多倍。[美]保罗·萨缪尔森、威廉·诺德豪斯：《经济学》（第17版），萧琛等译，人民邮电出版社2004年版，第25页。

④ "压力型体制"，是在中国目前发生的赶超型现代化以及正在完善的市场化进程中出现的，指的是一级政治组织（县、乡）为了实现经济赶超，完成上级下达的各项指标而采取的数量化任务分解的管理方式和物质化的评价体系，根据完成的情况进行政治和经济方面的奖惩，所以各级组织实际上是在这种评价体系的压力下进行的。参见荣敬本等：《从压力型体制向民主合作体制的转变——县乡两级政治体制改革》，中央编译出版社1998年版，第28—29页。

基层政权大多着重考虑政绩，只注重 GDP 的增长，社会上比较形象的说法为"数字出官、官出数字"，而没有注重统筹发展，科学发展观缺乏；政权干预经济，假借经济结构调整之名行强制之实，"逼民致富"等现象，随意侵犯农民的土地集体所有权，农民的经济、社会和文化权利得不到应有的保障，《宪法》与《国际人权公约》中规定的经济、社会权利没有得到应有的落实；基层政权的工作人员的工作方式还停留在计划经济时代，采用行政命令手段干预经济，计划经济色彩严重，"指令性经济"问题诸多；公共财政体制没有建立，"无代表就不纳税"意识没有树立，财政开支随意性很强。基层政权发展经济离现代经济理念差距遥远，缺乏现代经济意识，所以中国在加入 WTO 后，最重要的还是政府职能转变，特别是基层政权的职能要发生根本的转变，从原先的统治型、管理型政府向服务型政府转变①。

诚然，当今世界是完全理想化的市场经济是不存在的，"在所有发达的工业国中，我们都看到了一种混合经济（mixed economy），即市场决定大多数私人部门产品的价格与产量，而政府运用税收、支出和货币管理计划来调控总体经济的运行。"② 因为每个市场经济几乎都会遭受其制度不完善之苦。针对市场经济的不足和"市场失灵"现象，政府对经济活动给予调控和监管是非常必要的。"在包罗万象的政府职能中，政府对于市场经济主要行使三项职能：提高效率、增进公平以及促进宏观经济的稳定与增长"③，政府通过促进竞争（消除垄断及不完全竞争）、控制诸如污染这类"外部性问题"④（externalities）以及提供公共品（public goods）等活动来提高经济效率；政府通过财政税收和预算支出等手段，向某些团体进行有倾斜的收入再分配，从而增进公平；政府通过财政政策和货币政策

---

① 张康之：《寻找公共行政的伦理视角》，中国人民大学出版社 2002 年版，自序部分第 6—18 页。
② [美] 保罗·萨缪尔森、威廉·诺德豪斯：《经济学》（第 17 版），萧琛等译，人民邮电出版社 2004 年版，第 32 页。
③ 同上书，第 28—32 页。
④ 外部性问题，也称为"溢出效应"，指的是企业或个人向市场之外的其他人所强加的成本或效益，包括正面的外部性如科学发现等和负面的外部性如环境污染等。

促进宏观经济的稳定和增长,在鼓励经济增长的同时减少失业和降低通货膨胀。诚然,基层政权的经济职能和活动有这些作用,但是绝大多数时候,基层政权充当"利益主体"和"谋利型政权经营者"[①],基层政权逐步发展到与民争利、侵占老百姓利益和民生福利的危险境地,也背离了现代国家政权的公共性、人民性、服务性和责任性。

5. 问题的协变性和关联性:一种解释

通过上面所述问题的分析,中国基层政权的行政区划变更频繁和随意性,基层政权的公共权力的结构失衡与运行变异,公民权利的制度安排缺失以及社会变迁所带来的民生公共品与基层政权职能的转型问题,这四个问题之间是否有很大的关联性和协变性?是不是由于公共权力的结构失衡与运行变异导致基层政权变更频繁?还是公民的权利制度安排的缺失导致的?还是社会变迁所带来的民生公共品的提供问题及其基层政权职能的转型?或者是后三个问题导致基层政权变更频繁?或者是它们之间互有协变性和关联性?其理论预设是:四个问题之间互有协变性和关联性,它们相互联系、相互影响(见图0—3)。同时,通过现代国家构建的框架,即公共权力、公民权利和民生公共品三维变量来回答和解释当前中国基层政权的生成、衍变和重构及改革的问题,从现代国家构建理论的视角来分析基层政权,以便向政府决策提供参考和借鉴作用。

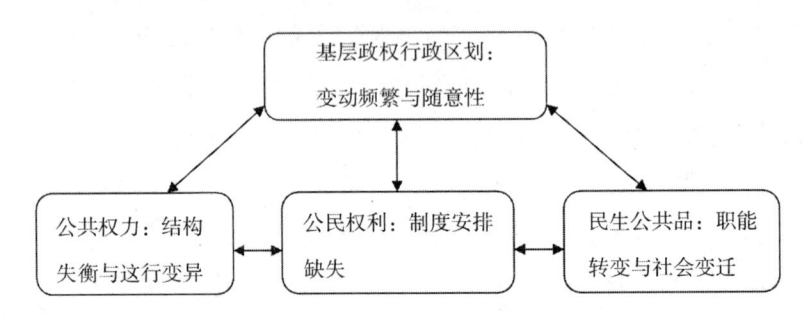

图0—3 问题的协变性和关联性示意图

注:箭头表示问题之间相互联系、相互影响

---

① 杨善华、苏红:《从"代理型政权经营者"到"谋利型政权经营者"——向市场经济转型背景下的乡镇政权》,《社会学研究》2002年第1期。

(二) 理论上的困惑：众说纷纭及其相互抵牾

目前，基层政权治理体制及其改革问题一直是农村问题研究中的主要问题之一。20世纪70年代末实行改革开放以来，随着农村在经济体制上推行家庭联产承包责任制的深入和农村管理体制从人民公社体制到"乡政村治"的变革，学术界对基层政权的关注和研究大致可分为三个时期：第一个时期是1980—1985年，此时主要集中在家庭联产承包责任制实行之后，人民公社体制的废除与乡村基层管理体制的重建问题。争论的焦点是人民公社的存废及新的基层管理体制的建设方向。第二个时期是1985—2000年，这一时期集中于农村村民自治的研究，并涉及乡村关系等基层政权的管理体制问题。第三个时期是2000年以来，随着农村税费改革，基层政权的管理体制改革的问题引起了广泛重视，并成为农村研究的热点问题，人们进行了大量的研究，取得了不少成果。特别是随着农村税费改革逐步深入推进，基层政权管理体制所潜伏的问题逐渐浮出水面，对基层政权治理体制及其改革愈来愈受到广泛的关注，不少研究为后续的研究和改革奠定了良好的基础。

然而，针对基层政权管理体制及其改革的问题，学术界众说纷纭，相互抵牾，形成了不同的观点和想法。一是"乡派、镇治、强村"观点。"精乡"的一个措施是从体制上改乡级基层政权为县级政府的派出机构，作为县以下的行政组织；"镇治"主要是将镇改为变为（县）市领导下的一级法人的基层地方组织，扩大镇的自主权；"强村"主要是增强村的财力和自治能力[①]。二是"乡治、村政、社有"观点。"乡治"即乡镇自治的简称，以社区服务为主，以行政决策为辅，其财政体制与人事制度由上级统一制定，乡镇长由选民直接选举产生，乡镇自治代表机构亦由选民选举产生，乡镇干部均应纳入地方公务员系列，乡镇长等人则应算作政务官，随选举而进退；"村政"即将政府组织延伸至行政村，在村一级设立乡镇政府的派出机构——村公所，在行政村还应设立村民代表会议，作为

---

① 徐勇：《精乡扩镇、乡派镇治：乡级治理体制的结构性改革》，载《乡村治理与中国政治》，中国社会科学出版社2003年版，第151—176页；徐勇：《强村、精乡、简县：乡村治理结构改革的走向——税费改革中农村利益关系及体制的再调整》，《战略与管理》2003年第4期。因本文只是研究基层政权问题，故笔者没有谈到县级及其以上的改革问题。

议事机关①。三是"撤销乡镇、实行自治"观点。强调健全和强化县级政府职能部门如公安、工商、税收、计生、教育的派出机构；充实和加强村级自治组织；大力发展农村经济中介组织；开放农会等农民利益代表组织②。四是"乡政自治"观点。认为"乡政自治"就是在乡镇政府维持国家政权组织的基本前提下，"增强乡镇政府的自主性，使之真正成为乡镇社区有效治理的主体单位"③。五是"保持、加强并改革乡镇"观点。认为要尊重现有的基层政权，改革应该坚持实用主义和渐进主义的政策，反对就改革而改革的现象，同时质疑撤销现有基层政权的做法和一些西方的所谓"普世价值"等④。

同时还有的学者从基层政权的改革问题还谈到整个行政区划问题及其基层政权以上的公共权力配置问题⑤，其强调指出，在中国改革需要上下配合、左右联动、制度配套，只有这样才能避免改革的"孤岛现象"，避免基层大量生动活泼的政治改革实践的"淹没"和损耗。而且随着地方改革的积极性逐渐高涨，全国出现了几种典型的乡镇机构改革的试点：深圳大鹏模式，即"两票制"选举镇长；杨集模式，即"海推直选"镇委书记、镇长；步云模式，即直选乡长；咸安模式，即"两票推选、交叉任职"产生乡镇党政领导班子⑥，等等。

目前，对基层政权管理体制及其改革的探讨和争论，一般有两种思

---

① 沈延生、张守礼：《自治抑或行政：中国乡治的回顾与展望》，载《中国农村研究》2002 年卷，中国社会科学出版社 2003 年版；沈延生：《村政的兴衰与重建》，《战略与管理》1999 年第 6 期。

② 于建嵘：《乡镇自治：根据和路径》，《战略与管理》2002 年第 6 期。

③ 吴理财：《乡政自治：最好的选择》，http：//www.66wen.com /03fx/ zhengzhi/ xingzheng /20060714/ 18228. html；《乡政新论》，《开放时代》2002 年第 5 期。

④ 潘维：《质疑"乡镇行政体制改革"——关于乡村中国的两种思路》，《中国税务》2004 年第 8 期；徐付群：《撤并乡镇中的"强盗逻辑"》，http：//www. chinaelections. org/. 2005 年 10 月 12 日。

⑤ 于鸣超：《现代国家制度下的县制改革》，《战略与管理》2002 年第 1 期；张新光：《论中国乡镇机构改革 25 年》，《中国行政管理》2005 年第 10 期；郭正林：《乡镇体制改革中的"孤岛现象"》，《半月谈》，2004 年 7 月 30 日；还有的学者对中国的省级行政区划提出改革的意见，参见周华公：《50 省级行政区划走上中国版图?》，《中国经济周刊》2004 年第 15 期。

⑥ 谭同学：《机构改革基础上的乡镇民主选举》，载华中师范大学中国农村问题研究中心编：《乡镇体制改革研讨会论文集》，2004 年打印稿，第 187 页。

路,第一种是从国家政权建设的角度出发,主要探讨基层政权对乡村经济社会发展产生的影响和作用及其基层政权的变迁,此视角主要是从基层政权的公共权力配置及其运行的角度来说明基层政权的问题,实际上讲的是治理问题。第二种思路是从"国家与社会"关系的视角,主要侧重在现代化的进程中,从社会层面出发,强调社会的决定性,讲的是民主问题。其中还有把乡镇机构作为官僚机器的一部分,从国家——社会——官僚机器三者互动的视角来论证乡镇机构的生长逻辑,探讨基层政权的官僚机器的权力聚集、弥散及其规训①。这种思路主要是把乡镇机构作为一个利益主体,其相对独立于国家利益,也可以把它归为前两种中。

从这些思路所进行的探讨和研究取得了不少的成果,但是从目前研究的情况来看,沿袭了传统的"就乡镇改革论改革"的思维习惯,流于表层的事实罗列与现象陈述;研究得出的结论各说各话,相互抵牾;研究成果中进行宏观的规范的研究多,存在极具倾向性的价值判断,相反进行微观的实证的研究的少;对现实中的乡镇改革的成熟经验没有很好的总结;研究中许多学者提出撤销乡镇,有的不知道或者不清楚基层政权的缘起及其"来龙",如何知道基层政权的存废及其"去脉",正如孔子所说,"未知生,焉知死?"② 研究的成果理论建构不足,这些研究都是针对当今中国现行体制中的某一点或某些方面提出建议和意见,缺乏理论关怀及其理论建构,从而导致对基层政权的改革提出各种各样的意见。可以说,这些各种各样的观点,表面上是围绕着基层政权管理体制及其改革这一问题的,实际上争论的焦点却是,中国在现代经济和全球化的背景下,如何构建现代国家,实现民族—国家、民主—国家、民生—国家三者的良性互动和均衡性,而不是单兵突进地构建现代国家某一方面。

因此,对当今中国农村基层政权问题的研究,更需要一种深入透彻的理论分析,"尽管理论研究源于实践中的现实感受,但理论研究与现实感受之间的本质区别,就在于不仅仅停留在事物的表象,而是深入揭示事物的内在构造;不只是触摸式的认知,更是范式化的论理;不是基于直觉的

---

① 谭同学:《机构改革基础上的乡镇民主选举》,载华中师范大学中国农村问题研究中心编:《乡镇体制改革研讨会论文集》,2004年打印稿,第187页。
② 《论语》,程昌明译注,书海出版社2001年版,第132页。

价值判断，而是基于客观分析的价值判断"[①]。基层政权管理体制及其改革问题，一方面中国在现代国家构建过程中是"国家政权下乡"的进程，涉及公共权力的配置与运行的状况；另一方面又涉及公民权利的保障和救济问题，以制度化的形式实现公民权利；同时基层政权的改革不仅仅是改革机构及其裁减人员的问题，这又涉及市场经济体制的逐步建立、社会的转型与人民群众的民生公共品问题。故此，如上所述，对基层政权的研究，可以有一个基本的理论预设：本研究主要从现代国家构建的视角，运用公共权力、公民权利、民生公共品三个内生变量，"采借"发生学理论[②]来考察基层政权生成的原生态，从基层政权的起源与生成的角度来勾画和描述基层政权管理体制及其改革与重构这个因变量，也就是说，论证它们之间具有强关联性（见图0—4）。

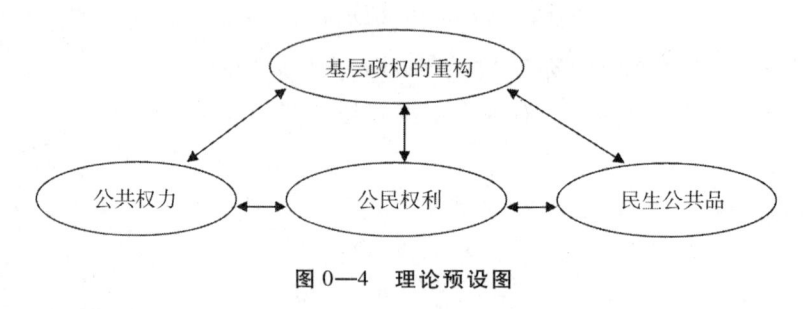

图0—4　理论预设图

---

① 周振华等：《收入分配与权利、权力》，上海社会科学院出版社2005年版，第4页。

② 这里的发生学理论，笔者主要是借鉴瑞士心理学家和哲学家让·皮亚杰的《发生认识论原理》的主要观点。他认为："传统的认识论只顾到高级水平的认识，换言之，只顾到认识的某些最后结果"，看不到认识本身的建构过程；心理发生只有在它的机体根源被揭露以后才能为人所理解；认识的获得必须用一个将结构主义（Structurism）和建构主义（Constructivism）紧密地联结起来的理论来说明，也就是说，每一个结构都是心理发生的结果，而心理发生就是从一个较初级的结构转化为一个不那么初级的（或较复杂的）结构；同时他以运演（operation）作为儿童思维发展的标志来划分四个大的年龄阶段，这四个阶段为：(1)感知运动阶段；(2)前运演阶段；(3)具体运演阶段；(4)形式运演阶段，从而达到逻辑思维的高级阶段。"认识既不是起因于一个有自我意识的主体，也不是起因于业已形成的（从主体的角度来看）、会把自己烙印在主体之上的客体；认识起因于主客体之间的相互作用，这种作用发生在主体和客体之间的中途，因而同时既包含着主体又包含着客体……""认识既不能看作是在主体内部结构中预先决定了的，——它们起因于有效地和不断地建构；也不能看作是在客体的预先存在着的特性中预先决定了的，因为客体只是通过这些内部结构的中介作用才被认识的"。参见［瑞士］让·皮亚杰：《发生认识论原理》，王宪钿等译，商务印书馆1981年版，前言部分。故此，把认识的发生学知识引入基层政权的研究是很有必要的，这也是笔者从现代国家构建的视角重新审视基层政权的原因。

要考察基层政权的历史、变迁及其重构,那么就必须紧紧围绕这三维变量对其因变量基层政权进行"深描"[①]和解说。在解说基层政权的问题及其重构时,具体结论并不重要,"所谓结论",按照戴维·马茨(David Matz)的"定理","就是你懒得继续思考下去的地方"。不会有最后的结论,许多问题都可以继续争论下去,也将有许多相互抵牾的现象发生。尽管如此,这种解说却是重要的,"对于一个人来说,解说使他能够把本来是无序的世界化为有序,从而似乎'有意义';而对于社会生活来说,从一定的视角上看,一个社会的形成其实就是在一个确定的社会环境中人们的诸多解说相互冲突、磨合、融合的过程,并进而获得一种关于生活世界的相对确定解说"[②],这种解说只不过是在前人研究成果的基础上再进而有所提升罢了。

(三) 研究意义

通过公共权力、公民权利和民生公共品三维变量来论证和解读基层政权管理体制及其重构具有十分重要的实践意义和理论意义。

本项研究的实践意义在于,通过深入扎实的调查研究,特别是对正在进行的乡镇行政体制改革的实践给予充分的关注,把握乡镇行政体制改革的事实进程和动态,认真总结改革实践经验,分析其成败得失,从而为乡镇行政管理体制改革的着力点、突破口、措施和支撑条件提供政策建议和咨询参考。乡镇政权机构建设和运行能否适合农村经济和社会发展的形势,是关系到我国政治稳定、社会安定、经济繁荣的大事。随着税费改革逐步深入和社会主义新农村建设的开展,基层政权深层次矛盾逐渐凸显,基层

[①] "深描"(thick description)是美国文化人类学家格尔茨使用的一个文化阐释理论概念,通常是在"数据越多越好"的意义上使用。格尔茨认为,"民族志是深描。民族志学者事实上所面临的是……大量复杂的概念结构,其中许多相互迭压,纠缠在一起,它们既奇怪、不规则,又不明确;他首先必须努力设法把握它们,然后加以表述……从事民族志就像解读一份手稿。"目的是要从细小但结构密集的事实中引出重大的结论;要通过使有关文化在建立集体生活中的作用的广泛论断和复杂细节相结合起来支持这些论断。参见[美]克利福德·格尔茨:《深描:迈向文化的阐释理论》,载克利福德·格尔茨:《文化的解释》,纳日碧力戈等译,上海人民出版社1999年版,第4—34页。

[②] 苏力:《什么是你的贡献?》(自序),参见苏力:《法治及其本土资源》,中国政法大学出版社1996年版。

政权改革迫在眉睫。"要坚定不移地推进以乡镇机构、农村义务教育和县乡财政体制改革为主要内容的农村综合改革。这场改革既涉及农村生产关系的调整，也涉及农村上层建筑的变革，是巩固农村税费改革成果、解决当前农村面临许多问题的关键。"[①] 既然基层政权的改革已成为当今农村综合改革的重要组成部分，那么对基层政权建设的研究就不只是具有学术价值了。当然，本研究虽然希望能为中国基层政权改革提供政策性建议，但主要还是从理论上思考对中国农村基层政权的研究提供新的视角和路径。

本项研究的理论意义在于，从现代国家构建理论和基层政权发生学的角度，根据社会主义市场经济发展和建设社会主义新农村的需要，从理论上研究农村税费改革后基层政权管理体制改革的必要性、合理性及其基本走向，为建构现代基层政权管理体制提供理论依据。在学术界，对基层政权的研究，"如果说在1980年代政治学的视野中是'有国家无社会'的话，那么1990年代政治学界最为流行的是国家与社会的二元分析框架，旨在发现市民社会（公民社会）在中国的萌生。在这一过程中，学界有意无意地遮蔽了国家与社会框架的另一维度——国家。进入新世纪以后，对国家的论述逐步增多，大有'回归国家'之势。"理论界、学术界在研究基层政权过程中，重新发现国家特别是后发展国家在经济社会发展中的重要作用，认为基层政权建设与现代国家具有紧密的相关关系，强调指出，"没有一个现代国家，现代公民社会也难以建构起来。"[②] 问题是人们对基层政权建设与现代国家构建并没有形成系统性的考察，没有把基层政权建设纳入到现代国家构建的框架内。同时我国处在社会主义初级阶段，市场经济体制还没完全建立，现代民生问题在构建现代国家的过程中尤为重要，这也是以前许多学者比较容易被遮蔽甚至被完全忽视的地方。故此，为了改变这种状况，作者在本研究中尝试引入民生—国家这一概念，使现代国家构建更完整和全面。现代国家构建的内容应该是全方位的，实现民族—国家、民主—国家、民生—国家三者的良性互动和均衡性，而不只是注重某个方面的单兵突进。本研究主要通过公共权力、公民权利和民

---

① "温家宝召开国务院常务会议，研究明年农村工作"，《吉林农业农村经济信息》2005年第12期。

② 徐勇：《"回归国家"与现代国家建构》，《东南学术》2006年第4期。

生公共品等三维变量分别考察基层政权的历史缘起和变迁，从而总结基层政权建设的基本规律及其找出其重构的路径。

二 文献综述与研究思路

基层政权建设及其重构不是一个新问题，"基层的'稳定'困难不是一个新现象，而是历史上延续至今的地方社会治理方式及其原则多次危机的再现"[①]，所以，历史上对基层政权问题的解决一直是学术界和政界所探讨和研究的课题，也形成了不少优秀研究成果。学术研究是一个不断积累和发展的过程。既有的研究成果，既为本文研究奠定了逻辑前提和分析基础，毕竟作为知识性生产的学术研究，离不开前人的积累[②]，因为通过梳理已有的研究成果，发现基层政权的研究给我们的思考依然留下了不少探索和研究的空间，有很多问题还值得继续探讨和追问。研究基层政权的成果非常多，这里只是梳理与本书研究相关的文献。

（一）相关基础理论研究

对作为国家政权重要组成部分的基层政权进行研究，必然要涉及相关基础理论，如国家理论和现代国家构建理论、权力理论和官僚制理论以及与公民紧密相连的权利理论。

1. 国家理论与现代国家构建理论

国家问题是政治学研究的核心问题，历来是政治学者研究的重点和中心，"国家理论可上溯到古典时期，随着18世纪、19世纪政治经济学的出现而尤为突出"[③]。国家问题也是其他相关学科如社会学、法学等研究的重点部分，对国家问题研究的成果可谓汗牛充栋。西方国家政治学的发展历史也可以说是国家理论发展的历史。

国家理论经由古希腊和古罗马时期、中世纪神学阶段以及近现代的发

---

① 张静：《基层政权——乡村制度诸问题》，浙江人民出版社2000年版，第4页。
② 吴毅：《村治变迁中的权威与秩序——20世纪川东双村的表达》，中国社会科学出版社2002年版，第15页。
③ ［美］罗纳德·H.奇尔科特：《比较政治经济学理论》，高铦等译，社会科学文献出版社2001年版，第158页。

展逐步成熟。其中，黑格尔、马克思和恩格斯对国家理论作出了重要贡献。在黑格尔以前的许多学者并没有把国家与社会及其政府区分开来，"直到18世纪现代民族国家的形成使国家与社会之间的差别变得明显起来，这项工作才取得了实质性的进展。此时，黑格尔第一个清楚地表达了这种区别，他在其《法哲学》中提出不应把国家本身同市民社会混为一谈。"① 黑格尔认为国家为"伦理理念的现实"②，国家是绝对理性和普遍性的东西，决定了市民社会和家庭以及个人这些相对性和特殊性的东西，"国家在其中完成了以特殊性为基础的从属环节和以普遍概念为基础的理性必然性的综合。家庭和市民社会有别于国家，也就是与国家相对立，这种对立是特殊性和普遍性的对立"③。在黑格尔眼里，不是社会决定国家，而是国家决定社会。众所周知，马克思批判地继承了黑格尔的思想。他系统批判了黑格尔的国家观④，他把被黑格尔颠倒了的世界重新颠倒过来：社会决定国家，不是国家决定社会。恩格斯指出："国家是社会在一定发展阶段上的产物；国家是表示：这个社会陷入了不可解决的自我矛盾，分裂为不可调和的对立面而又无力摆脱这些对立面。而为了使这些对立面，这些经济利益互相冲突的阶级，不致在无谓的斗争中把自己和社会消灭，就需要有一种表面上驾于社会之上的力量，这种力量应当缓和冲突，把冲突保持在'秩序'的范围以内；这种从社会中产生但又自居于社会之上并且日益同社会脱离的力量，就是国家。"⑤ "国家无非是一个阶级镇压另一个阶级的机器"⑥。根据马克思主义经典作家的有关论述，国家是阶级社会中的，不同于原始社会公共权力的一种"特殊的公共权力"组织，它的本质在于阶级统治，是按地区来划分其国民的，是一种特殊的暴力机

---

① [英] 戴维·米勒、韦农·波格丹诺：《布莱克维尔政治学百科全书》（修订版），邓正来中文主编，中国政法大学出版社2002年版，第741页；时和兴：《关系、限度、制度：政治发展过程中的国家与社会》，北京大学出版社1996年版，第11页。

② [德] 黑格尔：《法哲学原理》，范扬等译，商务印书馆1961年版，第253页。

③ [美] 列奥·施特劳斯、约瑟夫·克罗波西主编：《政治哲学史》，李天然等译，河北人民出版社1993年版，第860页。

④ 《马克思恩格斯选集》第1卷，人民出版社2012年版，第1—16页。

⑤ 《马克思恩格斯选集》第4卷，人民出版社2012年版，第166页。

⑥ 《列定选集》第3卷，人民出版社2012年版，第618页。

器①。总之,"马克思思想要素中可能与批判性讨论国家理论有关的是:统治阶级,上层建筑与结构基础,现实与意识形态,物质力量与生产关系以及作为历史时代特征的生产方式"②。

继黑格尔和马克思之后,马克斯·韦伯的国家观产生了深远的历史影响。韦伯认为,"国家如果而且只有当它的行政管理班子卓有成效地要求对合法的有形强制实行垄断以贯彻它的制度时,才应该叫作政治的强制机构。"③ 国家是"(成功地)提出对一定领土范围内合法使用武力进行垄断的人类社会",由此他对政治的认识是"在国家之间或者在一国的各个集团之间努力分权或努力影响权力分配……国家是人统治人的一种关系,是由合法……暴力的手段所支持的一种关系。"④ 正如迈克尔·曼对韦伯有关"国家"定义所总结的,"国家在这个意义上是体现向心性的一套有差别的制度和班底,即政治关系向外辐射覆盖着一个有领土界限的区域,对于这样的区域它要求享有制定有约束力的永久法规的垄断权,并得到有形暴力的支持"⑤。韦伯强调国家统治的"合法性"和"科层制"之中,强调物质力量的多元国家和促进竞争与权力分配的合法统治、在韦伯看来,合法统治有三种理想类型(ideal type):传统型合法统治;克里斯玛型合法统治以及法理型合法统治。理性、职能差异与专业化导致秩序、和谐与效率等,以区别于马克思的整体性的资本主义国家与统治阶级;上层建筑与结构基础;物质力量的基础结构、生产关系和生产方式的变化导致上层建筑的冲突与变革⑥。英国学者鲍桑葵对柏拉图、亚里士多德、黑格尔等人的国家理论进行了梳理,以哲学的观点探讨了国家的性质、目的和

---

① 王浦劬主编:《政治学基础》,北京大学出版社1995年版,第239—241页。
② [美]罗纳德·H.奇尔科特:《比较政治学理论——新范式的探索》,高铦等译,社会科学文献出版社2001年第2版,第127页。
③ [德]马克斯·韦伯:《经济与社会》(上卷),林荣远译,商务印书馆1997年版,第82页。
④ [美]罗纳德·H.奇尔科特:《比较政治学理论——新范式的探索》,高铦等译,社会科学文献出版社2001年第2版,第129页。
⑤ [英]迈克尔·曼:《社会权力的来源》(Ⅰ),刘北成等译,上海人民出版社2002年版,第51页。
⑥ [美]罗纳德·H.奇尔科特:《比较政治学理论——新范式的探索》,高铦等译,社会科学文献出版社2001年第2版,第124—129页。

作用①。

如上所述，国家理论观点各异，众说纷纭，所以从某个方面来说，国家理论受到很大的挑战，"'国家'这一概念之所以会被政治学首先摒弃，是因为它早先是含糊不清的。虽然现今照我看来，它丝毫也不明晰可鉴"②。由此20世纪在学界逐渐兴起的行为主义革命进入了政治学的研究领域。政治学者开始以"政治体系"理论代替"国家理论"的趋向，行为主义政治学主张抛弃国家概念并代之以政治体系的概念③，"系统论著作对比较政治学的影响最早在50年代初期变得明显起来。系统论思潮的代表有三位作家，三人都把政治系统作为比较分析的宏观单位"④，如戴维·伊斯顿（David Easton）著的《政治体系》、《政治生活的系统分析》⑤；加布里埃尔·A.阿尔蒙德（Gabriel A. Almond）等著的《比较政治学——体系、过程和政策》、《当代比较政治学——世界展望》⑥；卡尔·多伊奇（Karl Deutsch）著的《政府的神经：政治传播及控制的模式》等。同时也有对主流系统论观点提出批评的替代性系统论观点，如马克思主义的系统理论，如尼科斯·普朗查斯（Nicos Poulantzas）著的《政治权力与社会阶级》⑦等和批判、激进取向的系统理论如沃勒斯坦著的《现代世界体系》等。

然而，"政治体系"理论也面临着危机和缺陷。"主流体系理论的内在缺陷及其替代性理论的出现从一个侧面表现了体系理论所面临的困境。而更大的困境则在于现实生活提供了不同于体系理论所描述的场景，或者

---

① [英]鲍桑葵：《关于国家的哲学理论》，汪淑钧译，商务印书馆1995年版。
② [美]戴维·伊斯顿：《社会科学、政治科学主要趋势回望》，载[美]戴维·伊斯顿：《政治生活的系统分析》，王浦劬等译，华夏出版社1999年版，中文序言第4页。
③ [美]戴维·伊斯顿：《政治体系》，马清槐译，商务印书馆1993年版，第101—109页。
④ [美]罗纳德·H.奇尔科特：《比较政治学理论——新范式的探索》，高铦等译，社会科学文献出版社2001年版，第8页。
⑤ [美]戴维·伊斯顿：《政治体系》，马清槐译，商务印书馆1993年版；《政治生活的系统分析》，王浦劬等译，华夏出版社1999年版。
⑥ [美]加布里埃尔·A.阿尔蒙德、小G.宾厄姆·鲍威尔：《比较政治学——体系、过程和政策》，曹沛霖等译，上海译文出版社1987年版；《当代比较政治学——世界展望》，朱曾汶等译，商务印书馆1993年版。
⑦ [希腊]尼科斯·普朗查斯：《政治权力与社会阶级》，叶林等译，中国社会科学出版社1982年版。

说，体系理论无法为现实经验提供合理的解释。"① 经过学界的努力和现实的召唤，在20世纪60—70年代，国家概念又重新成为政治学研究的重要概念，这些学者被称为"回归国家"学派，如美国学者内特尔（J. P. Nettl）著的《作为概念变量的国家》，提出国家的概念是不可替代的②；彼得·埃文斯（Peter Evans）与斯科克波尔（Theda Skocpol）的《使国家回归》，使国家研究重新走向了复兴③；乔尔·米格达尔（Joel Migdal）的《国家与社会关系的一种模型》④；特别是美国学者查尔斯·蒂利（Charles Tilly）主编的《西欧民族国家的形成》对西欧民族国家的形成有很好的论述⑤；英国社会学家安东尼·吉登斯（A. Giddens）著的《民族—国家与暴力》对西方民族国家形成和演进的历史作了很好的研究⑥；英国学者佩里·安德森（Perry Anderson）著的《绝对主义国家的系谱》，主要是"自上而下看的研究"，对西方民族国家的来源和路径作了透彻的爬梳⑦。同时，西方经济学家从经济学的角度来论述国家和产权的关系等，很有理论说服力，如美国经济史学家道格拉斯·C. 诺斯的《经济史中的结构与变迁》、《制度、制度变迁与经济绩效》、诺思与其他人合著的《西方世界的兴起》⑧；公共选择学派、经济学家詹姆斯·M. 布坎南著的《自由、市场与国家》⑨，等等。

---

① 张小劲、景跃进：《比较政治学导论》，中国人民大学出版社2001年版，第138页。
② [美] J. P. 内特尔：《作为概念变量的国家》，《世界政治》第20卷，1968年第4期，第559—592页。
③ [美] 彼得·埃文斯等编：《使国家回归》，剑桥大学出版社1985年英文版。
④ [美] 乔尔·米格达尔：《国家与社会关系的一种模型》，载豪瓦尔德·瓦尔达：《比较政治学的新方向》，西方观点出版社1985年版。
⑤ Charles Tilly, The Formation of National States in Western Europe, Princeton University Press, 1975. 译文为笔者所给，未必精确。
⑥ [英] 安东尼·吉登斯：《民族—国家与暴力》，胡宗泽等译，生活·读书·新知三联书店1998年版。
⑦ [英] 佩里·安德森：《绝对主义国家的系谱》，刘北成等译，上海人民出版社2001年版。
⑧ [美] 道格拉斯·C. 诺斯：《经济史中的结构与变迁》，陈郁、罗华平等译，上海三联书店、上海人民出版社1994年版；《制度、制度变迁与经济绩效》，刘守英译，上海三联书店1994年版；《西方世界的兴起》，厉以平译，华夏出版社1999年版。
⑨ [美] 詹姆斯·M. 布坎南：《自由、市场与国家——80年代的政治经济学》，平新乔等译，上海三联书店1989年版。

美国学者奇尔科特系统总结了国家理论，认为国家的概念可以分为自由派概念和进步概念，前者包括古代时期的柏拉图、亚里士多德，古典时期的霍布斯、洛克与卢梭，传统时期的斯密，功利主义时期的边沁，多元主义的韦伯、熊彼得和达尔；后者包括古典时期的黑格尔，传统时期的马克思与恩格斯，还有葛兰西的霸权集团理论等。他把当代的国家理论分为主流理论和替代理论，前者包括多元主义资本主义的、体制的、社团主义的、官僚独裁主义的和新自由派的；后者包括多元主义社会主义的、马克思主义体制主义的、工具主义的、结构的、调节主义的和女权主义的[1]。

西方国家理论研究成果固然很多，中国对国家理论研究的也不少，专题论著有：时和兴著的《关系、限度、制度——政治发展过程中的国家与社会》，论述了国家与社会关系的演变与对策[2]；钱乘旦、陈意新著的《走向现代国家之路》，主要是梳理西方主要国家走向现代国家的不同路径和特点[3]；吴惕安等著的《当代西方国家理论评析》，主要对西方国家理论流派进行梳理和评价[4]；王绍光、胡鞍钢著的《中国国家能力报告》，主要是论述当今中国国家能力有所下降以及采取相应的应对措施来提高中国的国家能力[5]；邹永贤等著的《现代西方国家学说》[6]；宁骚著的《民族与国家》[7]；沈汉著的《西方国家形态史》；沈汉等著的《欧洲从封建社会向资本主义社会过渡研究》[8]；徐迅著的《民族主义》[9]等。论文和文章主要有：徐勇的《现代国家建构中的非均衡性和自主性分析》、《"回

---

[1] ［美］罗纳德·H.奇尔科特：《比较政治经济学理论》，高铦等译，社会科学文献出版社2001年版，第158—196页；［美］罗纳德·H.奇尔科特：《比较政治学理论——新范式的探索》，高铦等译，社会科学文献出版社2001年版，第161—214页。

[2] 时和兴：《关系、限度、制度——政治发展过程中的国家与社会》，北京大学出版社1996年版。

[3] 钱乘旦、陈意新：《走向现代国家之路》，四川人民出版社1987年版。

[4] 吴惕安等：《当代西方国家理论评析》，陕西人民出版社1994年版。

[5] 王绍光、胡鞍钢：《中国国家能力报告》，辽宁人民出版社1993年版。

[6] 邹永贤等：《现代西方国家学说》，福建人民出版社1993年版。

[7] 宁骚：《民族与国家——民族关系与民族政策的国际比较》，北京大学出版社1995年版。

[8] 沈汉：《西方国家形态史》，甘肃人民出版社1993年版；沈汉等：《欧洲从封建社会向资本主义社会过渡研究》，南京大学出版社1993年版。

[9] 徐迅：《民族主义》（修订版），中国社会科学出版社2005年版。

归国家"与现代国家建构》,主要是对现代国家建构的非均衡性和民主—国家的制度形式进行了论述①;李强的《后全能体制下现代国家的构建》、《国家能力与国家权力的悖论》,主要对当今中国现代国家构建的走向和国家能力给予了分析②;郑永年的《政治改革与中国国家建设》,主要对中国政治体制改革和现代国家建设的关联性提出建议和措施③;陈明明的《比较现代化、市民社会、新制度主义》,主要是20世纪80、90年代比较政治学学术方面的梳理,涉及现代国家与产权的关系④;宁骚的《论民族国家》⑤;等等。

基层政权是国家政权深入到乡村社会的基础性政权,对基层政权的研究必然还要涉及对"国家与社会"理论的运用和探讨。如上所述,黑格尔是最早把政治国家与市民社会进行明确区分开来的第一人,马克思对黑格尔的思想给予了批判。在当代社会科学研究中,美国学者帕森斯的《现代社会的结构与过程》,主要对社会的整合进行了系统的研究⑥;意大利学者葛兰西的《狱中札记》,他把市民社会界定为在一切文化领域中散布统治阶级意识形态论证的组织和技术手段,这样市民社会首先就具有文化的功能,并且通过统治阶级的领导权表现出"国家的伦理内容"⑦;法兰克福学派的重要代表人物哈贝马斯的《公共领域的结构转型》,认为市民社会是独立于国家的私人领域和公共领域,主张重建非商业化、非政治化的公共领域,恢复市民社会中私人自由、自主和自治⑧;还有胡安·林

---

① 徐勇:《现代国家建构中的非均衡性和自主性分析》,载《乡村治理与中国政治》,中国社会科学出版社2003年版,第337—355页;《"回归国家"与现代国家建构》,《东南学术》2006年第4期。

② 李强:《后全能体制下现代国家的构建》,《战略与管理》2001年第6期;《国家能力与国家权力的悖论》,《中国书评》(1998年2月)。

③ 郑永年:《政治改革与中国国家建设》,《战略与管理》2001年第2期。

④ 陈明明:《比较现代化、市民社会、新制度主义——关于20世纪80、90年代中国政治研究的三个理论视角》,《战略与管理》2001年第4期。

⑤ 宁骚:《论民族国家》,《北京大学学报》(哲学社会科学版)1991年第6期。

⑥ [美]帕森斯:《现代社会的结构与过程》,梁向阳译,光明日报出版社1988年版。

⑦ [意]安东尼奥·葛兰西:《狱中札记》,曹雷雨等译,中国社会科学出版社2000年版;[英]戴维·麦克莱伦:《马克思以后的马克思主义》,李智译,中国社会科学出版社1986年版,第255页。

⑧ [德]哈贝马斯:《公共领域的结构转型》,曹卫东等译,学林出版社1999年版。

茨和阿尔弗雷德·斯特潘的观点，基本上沿用了哈贝马斯的观点[1]。在中国，学界积极引进国外研究的"国家与社会"理论成果的同时，开始将其应用到中国现实问题的分析，主要有：邓正来等主编的《国家与市民社会》、《国家与社会——中国市民社会研究》[2]；张静主编的《国家与社会》[3]；马长山著有《国家、市民社会与法治》[4]；邓正来、景跃进的《构建中国的市民社会》[5]，等等。

2. 权力理论和官僚制理论

基层政权作为基层范围内公共权力的代表，那么对其研究必然涉及政治学中的核心命题，即权力理论。在这方面，美国学者丹尼斯·朗（Dennis H. Wrong）和达尔（Robert A. Dahl）在权力的基础理论方面作出了重要贡献。丹尼斯·朗在其《权力论》中对西方权力观的历史传统和最新研究成果作了全面系统的梳理，从而论述了权力关系的属性、权力的形式及其基础和用途[6]；达尔在其《现代政治分析》中以社会政治现象为研究对象，分析了政治影响力和权力的概念及其政治影响力的各种主要形式等[7]；美国学者布劳（Peter M. Blau）在其《社会生活中的交换与权力》中，主要分析各种支配着人与人之间交往的过程中对义务的不平衡产生权力上的差别，除非存在着四种替代服从的办法中的一种，否则对于必要利益的供应就会产生一种对权力的无可争辩的要求[8]；英国学者迈克尔·曼（Michael Mann）在其《社会权力的来源》中，认为各种社会及其发展都是社会权力四种来源的产物，这四种来源是指意识形态、经济、军事和政治方面的权力，同时把四种权力来源视为各种社会互动网络[9]；还有尼科

---

[1] ［日］猪口孝等编：《变动中的民主》，林猛等译，吉林人民出版社1999年版，第60页。
[2] 邓正来、［英］J. C. 亚历山大编：《国家与市民社会———一种社会理论的研究路径》，中央编译出版社2002年版；邓正来主编：《国家与社会——中国市民社会研究》，四川人民出版社1997年版。
[3] 张静：《国家与社会》，浙江人民出版社1998年版。
[4] 马长山：《国家、市民社会与法治》，商务印书馆2002年版。
[5] 邓正来、景跃进：《构建中国的市民社会》，《中国社会科学季刊（香港）》1992年第1期。
[6] ［美］丹尼斯·朗：《权力论》，陆震纶等译，中国社会科学出版社2001年版。
[7] ［美］罗伯特·A. 达尔：《现代政治分析》，王沪宁等译，上海译文出版社1987年版。
[8] ［美］彼得·布劳：《社会生活中的交换与权力》，孙非等译，华夏出版社1988年版。
[9] ［英］迈克尔·曼：《社会权力的来源》（I），刘北成等译，上海人民出版社2002年版。

斯·普朗查斯（Nicos Poulantzas）著的《政治权力与社会阶级》[1]；英国学者罗德里克·马丁著的《权力社会学》[2]；美国著名学者伯特兰·罗素著的《权力论》[3]；埃利亚斯·卡内提（Elias Canetti）著的《群众与权力》[4]。特别值得指出的，福柯在其《规训与惩罚》中，对权力从彰显的形式如酷刑到规训的权力进行了描述和刻画[5]；同时吉登斯在其《民族—国家与暴力》中也对权力与支配进行了精细的描写[6]。在我国，关于权力方面的著作和文章也很多：李景鹏著的《权力政治学》；林尚立著的《当代中国政治形态研究》；朱光磊著的《当代中国政府过程》；王沪宁著的《行政生态分析》；施九青著的《当代中国政治运行机制》；黄光国等著的《面子——中国人的权力游戏》[7]，等等。

基层政权及其机构作为官僚机构的一部分，必然涉及有关官僚制的论述。官僚制（科层制）论述的代表人物非马克斯·韦伯莫属，韦伯在其《经济与社会》中从社会学的角度对官僚制度进行了详细的论述，概括了"理想的行政组织体系"的特征[8]；曼德尔在其《权力与货币》中，在对苏联分析的基础上，深入探讨了官僚集团在权力与货币之间的徘徊与彷徨，考察了官僚集团与国家政治合法性再生产之间的复杂关系[9]；社会学

---

[1] ［希腊］尼科斯·普朗查斯：《政治权力与社会阶级》，叶林等译，中国社会科学出版社1982年版。
[2] ［英］罗德里克·马丁：《权力社会学》，丰子义等译，河北人民出版社1992年版。
[3] ［美］伯特兰·罗素：《权力论——新社会分析》，吴有三译，商务印书馆1998年版。
[4] ［德］埃利亚斯·卡内提：《群众与权力》，冯文光等译，中央编译出版社2003年版。
[5] ［法］米歇尔·福柯：《规训与惩罚——监狱的诞生》，刘北成等译，生活·读书·新知三联书店1999年版。
[6] ［英］安东尼·吉登斯：《民族—国家与暴力》，胡宗泽等译，生活·读书·新知三联书店1998年版。
[7] 李景鹏：《权力政治学》，黑龙江教育出版社1995年版；林尚立：《当代中国政治形态研究》，天津人民出版社2000年版；朱光磊：《当代中国政府过程》，天津人民出版社2002年版；王沪宁：《行政生态分析》，复旦大学出版社1989年版；施九青：《当代中国政治运行机制》，山东人民出版社2002年版；黄光国、胡先晋等：《面子——中国人的权力游戏》，中国人民大学出版社2004年版。
[8] ［德］马克斯·韦伯：《经济与社会》（上卷），林荣远译，商务印书馆1997年版。
[9] ［比］厄内斯特·曼德尔：《权力与货币——马克思主义的官僚理论》，孟捷译，中央编译出版社2002年版。

家克罗齐埃在其《科层现象》中从微观角度对官僚制度的运作进行了较为细微的探讨①；毕瑟姆在其《官僚制》中清晰地描述了西方官僚制的模式以及它的权力运作流程和政治理论的关联性②。在我国，王亚南在其《中国官僚政治研究》中运用马克思主义的历史唯物主义观点对传统中国的官僚制度进行了较为深刻的分析③；吴思在其《潜规则》与《血酬定律》中，从历史发展的角度考察中国官僚制度的权力运作，为人们理解中国官僚制度中的权力特性及其所依赖的社会资源提供了很好的视角④；黄小勇在其《现代化进程中的官僚制》中，系统的对韦伯的官僚制理论进行了反思、清理和研究，并提出官僚制发展的趋向⑤；尹保云从现代化的角度讨论了官僚制与中国政治现代化之间的关系⑥。

3. 权利理论

"权利"是政治学、法学等学科频繁使用的主要概念。英国学者霍布斯在其《利维坦》中，将权利与法律作了更明确的区分，他指出："谈论这一问题的人虽然往往把权与律混为一谈，但却应当加以区别。因为权在于做或不做的自由，而律则决定并约束人们采取其中之一，所以律与权的区别就像义务与自由的区别一样，两者在同一事物中是不相一致的。"⑦从此以后，"权利"就成为一个专门的概念，在各个学科逐步发展和完善起来，也成为近代以来资产阶级反对封建统治、维护自身利益的思想武器。

真正对权利理论进行论述的代表性著作有：卢梭著的《社会契约论》⑧，

---

① ［法］米歇尔·克罗齐埃：《科层现象》，刘汉全译，上海人民出版社2002年版。
② ［英］戴维·毕瑟姆：《官僚制》，韩志明等译，吉林人民出版社2005年版。
③ 王亚南：《中国官僚政治研究》，中国社会科学出版社1981年版。
④ 吴思：《潜规则——中国历史中的真实游戏》，云南人民出版社2001年版；吴思：《血酬定律——中国历史中的生存游戏》，中国工人出版社2003年版。
⑤ 黄小勇：《现代化进程中的官僚制——韦伯官僚制理论研究》，黑龙江人民出版社2003年版。
⑥ 尹保云：《官僚制与中国的现代化》，《中国社会科学季刊（香港）》1999年秋季号。
⑦ ［英］霍布斯：《利维坦》，黎思复等译，商务印书馆1985年版，第97—98页。
⑧ ［法］卢梭：《社会契约论》，何兆武译，商务印书馆2003年第3版。又名：《政治权利的原理》。

现代自由主义集大成者美国学者约翰·罗尔斯著的《正义论》①，新保守主义者罗伯特·诺齐克的《无政府、国家与乌托邦》②，这些著作在论述公民权利方面具有很大的权威性，同时对本书的研究提供了许多借鉴之处。我国学者对权利理论的研究，如夏勇的《人权概念起源》、《走向权利的时代》③，常健的《人权的理想·悖论·现实》、《当代中国权利规范的转型》④，黄楠森等著的《西方人权学说》⑤，李洙泗著的《马克思主义人权理论》⑥，刘楠来著的《发展中国家与人权》⑦，苏明著的《中国人权建设》⑧，等等。所有以上著作对本书研究提供了很多帮助。当然，基层政权研究还涉及新制度经济学、公共选择理论、组织行为学等各学科，这些学科基本形成了成熟的理论框架，也对基层政权的研究都会有所帮助，因篇幅所限，在此不一一罗列和梳理，必要时在文中指出和注明。

（二）基层政权治理体制及其乡镇组织研究

国内外学术界对中国基层政权治理体制及其改革问题的探讨和争论，体现了学术界对现实基层政权的关注与兴趣。事实上，20世纪对于中国

---

① 罗尔斯著名的"两个正义原则"，一是每个人对与所有人所拥有的最广泛平等的基本自由体系相容的类似自由体系都应有一种平等的权利（平等自由原则）；二是社会的和经济的不平等应这样安排，使它们：(1)在与正义的储存原则一致的情况下，适合于最少受惠者的最大原则（差别原则）；(2)依系于在机会公平平等的条件下职务和地位向所有人开放（机会的公正平等原则），并认为"两个正义原则"根据"词典式序列"来分出孰先孰后，得出第一原则优先于第二原则，第二原则中的公平机会又优先于差别原则。参见［美］约翰·罗尔斯：《正义论》，何怀宏等译，中国社会科学出版社1988年版。

② 罗伯特·诺齐克认为个人权利具有优先性，"如果要防止国家成为一部分人中饱的私囊，却采取强化国家、扩大其功能范围的做法，只能给腐败造成更多的机会，使国家成为官员们捞取各种好处的更有价值、更为诱人的目标"。参见［美］罗伯特·诺齐克：《无政府、国家与乌托邦》，何怀宏等译，中国社会科学出版社1991年版。

③ 夏勇：《人权概念起源》，中国政法大学出版社1992年版；夏勇：《走向权利的时代》，中国政法大学出版社1995年版。

④ 常健：《人权的理想·悖论·现实》，四川人民出版社1992年版；常健：《当代中国权利规范的转型》，天津人民出版社2000年版。

⑤ 黄楠森、沈宗灵：《西方人权学说》，四川人民出版社1993年版。

⑥ 李洙泗：《马克思主义人权理论》，四川人民出版社1994年版。

⑦ 刘楠来：《发展中国家与人权》，四川人民出版社1994年版。

⑧ 苏明：《中国人权建设》，四川人民出版社1994年版。

而言是一个真正的"千年未有之变局"的时代。随着中国从传统社会向现代社会的转型，自清末新政以来的国家政权建设问题，特别是基层政权建设问题一直是政治学、社会学和人类学等多学科关注的焦点。

虽然中国是一个传统的农业大国和农民占绝大多数的国家，但是，"1920年以前很少有作者关心中国的农业，也几乎没有写出关于农民的学术著作"[①]，直到20世纪20年代，葛学溥撰写的《华南乡村生活：家族主义的社会学》，对广东潮州凤凰村微观实证调查的基础上梳理出了中国乡村社会的政治、经济和文化生活的景观。社会学家费孝通在《江村经济》和《乡土中国》中，对中国的传统文化和乡村社会结构在西方的冲击和影响下的变迁过程进行了深入的研究而成了理解中国传统乡村社会的经典著作[②]。千家驹、李子翔撰写的《中国乡村建设批判》与江问渔、梁漱溟主编的《乡村建设试验》，探讨"乡村建设运动"及其中国农村现代化的路径。在"满铁"调查资料的基础上而完成的研究成果有，如马若孟（Ramon H. Myers）的《中国农民经济》，指出了传统中国农村市场经济的高度竞争性、非垄断性及理性农民的观点[③]；黄宗智的《华北的小农经济与社会变迁》和《长江三角洲小农家庭与乡村发展》，提出了中国小农经济的内卷化及其过密型商品化等观点，揭示国家与村庄之间的关系[④]；杜赞奇的《文化、权力与国家》，提出了国家政权内卷化和乡村权力的文化网络等概念，指出国家政权建设出现的吊诡现象[⑤]，等等。

新中国成立后，在大陆与台湾学术界均有对中国传统乡村社会和基层政权的研究。20世纪80年代中期以来，国内外学者对中国基层政权的变化给予了大量的关注。张厚安、徐勇等人在深入农村实证调查的基础上，撰写了《中国农村基层政权》和《中国农村政治稳定与发展》等著作，这些著作比较系统地研究了农村基层政权建设及其存在的问题，并提出了

---

① ［美］马若孟：《中国农民经济》，史建云译，江苏人民出版社1999年版，第13页。
② 费孝通：《江村经济——中国农民的生活》，商务印书馆2001年版；费孝通：《乡土中国生育制度》，北京大学出版社1998年版。
③ ［美］马若孟：《中国农民经济》，史建云译，江苏人民出版社1999年版。
④ ［美］黄宗智：《华北的小农经济与社会变迁》，中华书局2000年版；［美］黄宗智：《长江三角洲小农家庭与乡村发展》，中华书局2000年版。
⑤ ［美］杜赞奇：《文化、权力与国家——1900—1942年的华北农村》，王福明译，江苏人民出版社1994年版。

研究中国农村政治问题的重要性①。徐勇在其《非均衡的中国政治：城市与乡村比较》中，从城乡差别的历史变迁出发，运用政治社会学和历史比较分析等方法，对古代、近现代和当代城市与乡村政治社会状况、特点、变迁及历史影响进行了系统的比较分析，提出了社会政治与国家政治的区别和联系②。王沪宁在其《当代中国村落家族文化》中，揭示了中国乡村社会的本土特征及其对中国现代化进程的影响③。王铭铭与王斯福主编的《乡土社会的秩序、公正与权威》等著作，侧重关注了中国乡土社会的文化与权力问题④。项继权在其《集体经济背景下的乡村治理》中，主要关注社区产权结构及社区经济的经营和管理方式与乡村治理的关联性问题⑤。于建嵘在其《岳村政治》中，在实证调查的基础上，论述了20世纪转型期的中国乡村政治结构的变迁⑥。吴毅在其《村治变迁中的权威与秩序》中，以政治人类学方法对20世纪川东村庄的历史变迁中的国家、现代性与地方性三种关系的互动作了论述⑦。张静在其《基层政权》中，对中国的基层政权建设存在的问题进行了深入的剖析⑧。

在国外，维维尼·舒（Vivienne Shue）在其著作中认为，虽然毛泽东时代国家权力延伸到农村基层，但这时国家不过是一个"根长面窄"的国家，国家权力虽然纵向深入了基层，但横向权力扩展不足，且没有制度化。不仅如此，计划经济体制使人民公社体制及各地方和基层单位孤立

---

① 张厚安主编：《中国农村基层政权》，四川人民出版社1992年版；张厚安、徐勇主编：《中国农村政治稳定与发展》，武汉出版社1995年版。

② 徐勇：《非均衡的中国政治：城市与乡村比较》，中国广播电视出版社1992年版。

③ 王沪宁：《当代中国村落家族文化——对中国社会现代化的一项探索》，上海人民出版社1991年版。

④ 王铭铭、[英]王斯福主编：《乡土社会的秩序、公正与权威》，中国政法大学出版社1997年版。

⑤ 项继权：《集体经济背景下的乡村治理——南街、向高和方家泉村村治实证研究》，华中师范大学出版社2002年版。

⑥ 于建嵘：《岳村政治——转型期中国乡村政治结构的变迁》，商务印书馆2001年版。

⑦ 吴毅：《村治变迁中的权威与秩序——20世纪川东双村的表达》，中国社会科学出版社2002年版。

⑧ 张静：《基层政权：乡村制度诸问题》，浙江人民出版社2000年版。张静还在其《国家政权建设与乡村自治单位——问题与回顾》一文中，对中国国家政权建设过程中存在的公民政治权利缺失给了深刻的分析。参见张静：《国家政权建设与乡村自治单位——问题与回顾》，《开放时代》2001年第9期。

化、分散化和封闭化,形成了农村社会的管理呈现为一种"蜂窝结构"(honeycomb structure),然而,到了改革开放以后横向联系增多,中国国家对乡村社会的控制是增强了而不是如不少人所说的是国家权力的撤出和上溯[1]。崔大伟(David Zweig)认为中国乡村改革的程度和方向既不是单由自上而下的国家上层决定的,也不是单由自下而上的农民决定的,而是国家、地方、基层干部和农民不同方面互动和作用的结果,特别是不能忽视各地方及基层干部的态度对改革进程的决定性影响[2]。戴慕珍(Jean C. Oi)等认为,在人民公社时期,乡村干部与农民之间存在一种"保护人—依附人"关系(Clientelism),农村非集体化改革虽然直接削弱和影响了乡村干部的权力、利益和地位,但是,这并不表明干部完全丧失了对农民控制的能力,基层政权和干部则基于自身政治和经济利益而大力参与和经营企业,使地方和基层政府犹如"经济公司",基层干部相当于"政治企业家",也就是一种"地方政府法团主义"(Local State Corporatism)[3]。美国学者弗里曼、毕克伟、赛尔登等叙述和探讨了中国共产党在战争时期及革命胜利后在华北农村社会所进行的一系列改革,分析了这些改革在不同时期对农村社会及农民的影响,对国家政权建设的作用以及它们与传统文化的关系,认为"中国社会主义发展的结构性动因","成功的秘密:关键在于跟国家的关系"[4]。美国学者施坚雅从农民的经济行为、民间市场及其空间结构的视角对传统中国乡村社会的经济体系及社

---

[1] Vivienne Shue. *The Reach of the State: Sketches of the Chinese Body Politic.* Stanford University Press, 1988; Vivienne Shue. *State - Society Relations in Rural China. Remaking Peasant China*, Jorgen Delman Clemens Stubbe Osteraard and Flemming Christiansen (eds.), Denmark: Aarhus University Press, 1990, pp. 60—76. 参见项继权:《集体经济背景下的乡村治理——南街、向高和方家泉村村治实证研究》,华中师范大学出版社 2002 年版,第 29 页。

[2] David Zweig, *Freeing China's Farmers: Rural Restructuring in the Reform Era.* New York: M. E. Sharpe, 1997, pp. 12—19.

[3] Jean C. Oi, *Communism and Clientelism: Rural Politics in China. World Politics*, Vol. 37, Issue 2 (Jan., 1985), pp. 238—266; Jean C. Oi, *Peasant and State in Contemporary China.* Berkeley: University of California Press, 1989; Jean C. Oi, Fiscal Reform and the Economic Foundations of Local State Corporatism in China, *World Politics*, Vol. 45, No. 1 (October, 1992), p. 99; 参见张静:《法团主义》,中国社会科学出版社 1998 年版,第 158 页。

[4] [美]弗里曼、毕克伟、赛尔登:《中国乡村,社会主义国家》,陶鹤山译,社会科学文献出版社 2002 年版。

政治体系的形成和构造提出了自己的解释,认为乡村的社会体系和政府体系是基于市场体系形成的,国家的权力也是透过市场体系发生作用①。张仲礼从传统中国的绅士的功能与地位出发,以绅士或者精英的角度来审视乡村及整个国家权力和控制体系的结构和运行②。瞿同祖精细地分析了清代地方政府的职能及其运作,特别考察了地方乡绅与精英分子对地方政治的参与和影响其决策,对当今中国基层政权研究具有极大的价值③。这些研究成果虽然学术界争论不少,但是对基层政权体制及其改革的研究提供了相关性结论和方法论的启示。

如上所述,基层政权管理体制研究成果确实不少,对基层政权重要组成部分的乡镇组织的研究也取得了不少的研究成果。张全在与贺晨在其《镇政府管理》中,对镇政府机构的沿革、机构设置和职能配置及其决策程序和内容作了较深入的分析④。赵辰昕在其《乡政府管理》中,对乡政府的权力配置、组成人员的产生、分工、任期和职能等进行了梳理⑤。马戎、刘世定与邱泽奇等在其《中国乡镇组织调查》和《中国乡镇组织变迁研究》中,前一本著作在对个案调查的基础上,对乡镇机构的设置、人员构成、职能运作等进行了较为详细的分析和概括;后一本著作中,对中国基层政权的历史、近现代及当代乡镇机构与现代性问题,对乡镇的运行机制和乡镇的财政收入结构和经济行为进行了论述,内容十分丰富⑥。徐小青主编的《中国农村公共服务》,专门对基层政权中的"七站八所"进行研究,对新中国成立后农村公共服务制度变迁作了较为精细的梳理,对农村公共服务存在的问题进行了深入的探讨⑦。

---

① [美]施坚雅:《中国农村的市场与社会结构》,史建云等译,中国社会科学出版社1998年版。
② 张仲礼:《中国绅士——关于其在19世纪中国社会中作用的研究》,李荣昌译,上海社会科学院出版社1991年版;张仲礼:《中国绅士的收入》,费成康等译,上海社会科学院出版社2002年版。
③ 瞿同祖:《清代地方政府》,法律出版社2003年版。
④ 张全在、贺晨:《镇政府管理》,中国广播电视出版社1998年版。
⑤ 赵辰昕:《乡政府管理》,中国广播电视出版社1998年版。
⑥ 马戎、刘世定、邱泽奇主编:《中国乡镇组织调查》,华夏出版社2000年版;马戎、刘世定、邱泽奇主编:《中国乡镇组织变迁研究》,华夏出版社2000年版。
⑦ 徐小青主编:《中国农村公共服务》,中国发展出版社2002年版。

由于中国基层政权出现"乡政村治"制度安排,从而引起学术界对基层政权研究成果不断涌现。其中与研究基层政权政治有关的代表性著作还有:徐勇的《中国农村村民自治》,王铭铭的《村落视野中的文化与权力》,曹锦清的《黄河边的中国》,曹锦清等人的《当代浙北乡村的社会文化变迁》,赵秀玲的《中国乡里制度》,张乐天的《告别理想:人民公社制度研究》,郑大华的《民国乡村建设运动》,张鸣的《乡村社会权力与文化变迁》,应星的《大河移民上访的故事》,黄卫平的《乡镇长选举方式改革:案例研究》,折晓叶的《村庄的再造》,王振耀的《中国村民自治理论与实践探索》[①],等等。由于学科的交叉和对农村社会研究的兴起,法学、人类学和社会学等学科对乡镇组织的研究成果很多,在此不一一列举,必要时在文中指出。

(三) 研究思路与研究内容

研究思路是对研究的问题进行整体思考和把握,主要是解决思考的进程和分析框架。研究内容主要是根据研究思路的安排所做的文本表达逻辑。本书以马克思主义的辩证唯物主义和历史唯物主义方法论为基本方法论原则,运用现代国家构建理论,把基层政权建立在以公共权力、公民权利和民生公共品等三维逻辑框架中,从基层政权发生学的角度研究农村基层政权的转型及其重构问题。本书的结构共分导论、正文和拓展与提升三大部分,其中正文部分由八章组成。

本书研究的基本出发点是,基层政权建设是现代国家构建的重要组成

[①] 徐勇:《中国农村村民自治》,华中师范大学出版社1997年版;王铭铭:《村落视野中的文化与权力:闽台三村五论》,生活·读书·新知三联书店1997年版;曹锦清:《黄河边的中国——一个学者对乡村社会的观察与思考》,上海文艺出版社2000年版;曹锦清、张乐天、陈中亚:《当代浙北乡村的社会文化变迁》,上海远东出版社2001年版;赵秀玲:《中国乡里制度》,社会科学文献出版社1998年版;张乐天:《告别理想:人民公社制度研究》,东方出版社1998年版;郑大华:《民国乡村建设运动》,社会科学文献出版社2000年版;张鸣:《乡村社会权力和文化结构变迁(1903—1953)》,广西人民出版社2001年版;应星:《大河移民上访的故事——从"讨个说法"到"摆平理顺"》,生活·读书·新知三联书店2001年版;黄卫平主编:《乡镇长选举方式改革:案例研究》,社会科学文献出版社2003年版;折晓叶:《村庄的再造:一个"超级村庄"的社会变迁》,中国社会科学出版社1997年版;王振耀:《中国村民自治理论与实践探索》,宗教文化出版社2000年版。

部分，基层政权转型及其重构要在现代国家构建的视角下进行分析和解读。

中国作为后发展中国家，中国共产党作为执政党带领中国人民为实现现代化的承诺和历史使命，其一直把现代国家作为中华民族的奋斗的目标，中国国家政权建设的生成逻辑、进程及其特征必然不同于欧洲等西方发达国家。从中国在构建现代国家奋斗的进程和发展的历史来看，中国虽然始终把民族—国家和民生—国家放在国家重点工作任务，如建立独立主权的国家政权和实现社会主义现代化，但这两项任务还远远没有完成，更不用说民主—国家的构建。所以，作为现代国家构建重要组成部分的基层政权，运用公共权力、公民权利和民生公共品三维变量来考察基层政权的历史变迁及其重构是蕴含其中的必要之义。

第一，从基层政权的权力配置及其运行来考察基层政权。20世纪以来，国家政权建设一直努力打破"政权不下县"的传统，将国家权力下延至传统的乡村社会，历经清末、民国时期，中国共产党在新中国成立后通过其组织体系的管道终于完成这一进程。当国家在农村建立基层政权以后，农村直接面对国家并进入国家的视野。同时，作为后发展国家，中国共产党作为执政党要带领中国实现现代化，必然对整个中国农村实行规划性变迁并汲取各种资源。

基层政权建设作为国家政权建设的重要组成部分，其权力必然是国家权力，"政治权力，即国家的权力"[①]，同时必定是公共权力，"随着城市的出现也就需要有行政机关、警察、赋税等，一句话，就是需要有公共的政治机构。"[②] 那么基层政权的公共权力既是权力的一种形式，又是国家政权的公共权力的一部分，其配置及其运行必须符合权力和公共权力的属性和特征。权力是现代政治学的核心要素，也是马克思主义政治学关注的重心，"社会各阶级把政治权力当作争夺的首要目标，是因为这种源自经济权力的政治权力是实现阶级的经济利益的最强大、最有效的手段"[③]。所以，对基层政权的研究，必须使用权力理论对基层政权的权力配置和运

---

① 《马克思恩格斯选集》第1卷，人民出版社2012年版，第170页。
② 同上书，第56页。
③ 王沪宁主编：《政治的逻辑——马克思主义政治学原理》，上海人民出版社1994年版，第221页。

行及其各种权力形式进行解析,即从基层政权的公共权力的制度安排来解析基层政权,笔者尤其想解释基层政权权力结构的制度安排是如何形成的,并探讨基层政权的权力结构对其权力运行产生何种影响以及公共权力与公民政治权利和民生公共品的提供产生的关联性,以静态的制度安排与动态的权力运行相结合对基层政权进行其总体考察。

第二,从公民权利的维护与保障来考察基层政权。现代国家必定是民主国家,民主的核心是人民的权力要得到实现,公民权利要得到保障,主要是解决国家的合法性与正当性问题。现实政治生活中,权力必须是合法的,而权力的合法性基于它对权利的保护,不能让公共权力随意侵犯公民权利。马克思主义认为,"权利和权力都是在历史发展过程中产生的,最初权利和权力是交织在一起的,无所谓权利和权力之分;权利和权力是在相对应的条件下存在的,失去其中一方,另一方也失去意义;权利是对权力的限制,但又需要得到权力的保护;权力需要得到权利的认同;保护权利的权利才是合法的权力,侵犯权利的权力是非法的权力;权利和权力是一种矛盾关系"[①]。

基层政权作为国家与社会联系的桥梁与纽带,是在本区域范围内国家政权的代理者,必然面对本辖域内的公民及其社会团体,基层政权要取得合法性和正当性,必然要得到人民的认同,同时通过宪政途径限制基层政权的权力,不得侵犯公民的权利。故此,公民通过选票和宪政途径来维护和保障政治权利[②],通过权利制约权力,并且以法律秩序来构建农村基层社会的政治秩序和社会秩序,实现社会的秩序和自由。在这里,不仅要探讨基层政权对公民权利的影响及其制约,而且讨论公民参与基层政权公共事务的公共管理和公共决策,同时要考察公民权利与公共权力和民生公共品的提供三者的互动,美国学者艾萨克(Alan C. Isaak)认为,"政治学

---

① 郭道久:《"以社会制约权力"——民主的一种解析视角》,天津人民出版社2005年版,第109页。

② "一个现代民族国家,如果其最强有力的决策者中多数是通过公平、诚实、定期的选举产生的,而且在这一的选举中候选人可以自由地竞争选票,并且实际上每个成年公民都有投票权,那么,这个国家就有了民主政体……根据这一定义,选举是民主的本质。"参见[美]塞缪尔·亨廷顿:《第三波——20世纪末的民主化浪潮》,刘军宁译,上海三联书店1998年版,序言部分第6页。

家应该着重考虑的是政治机构的活动及围绕它所发生的行为"①,从而达到在整体上考察公民权利的维护与保障的目的。

第三,从民生公共品的提供来考察基层政权。根据马克思主义的历史唯物主义观点来看,对政治权力与公民权利的把握必须从其利益分析当中获得现实性,同时政治权力和公民权利又是利益的重要组成部分。所谓利益,是指处于不同生产关系、不同社会地位的人们由于对物的需要而形成的一种利害关系,是基于一定生产基础上获得了社会内容和特性的需要。马克思主义指出,"利益本身已经是社会所决定的利益,而且只有在社会所创造的条件下并使用社会所提供的手段,才能达到;也就是说,私人利益是与这些条件和手段的再生产相联系的。这是私人利益;但它的内容以及实现的形式和手段则是由不以任何人为转移的社会条件决定的。"② 诚然,在社会生活中,利益关系是公共权力和公民权利形成的基础和条件,利益是社会成员政治行为的动因,利益运动是政治发展的动力③,但是,与政治权力和公民权利密切相关的政治利益或者是政权所提供的利益必然与广大人民的民生公共品有很大的相关性,"在社会生活中,凡是需要经过政治权力来予以满足、实现、调节、维护和破坏的利益,都是政治利益"④。

传统中国是"政权不下县",或者是"传统国家(阶级分化的社会)的本质特性是它的裂变性。其政治中心的行政控制能力如此有限,以至于政治机构中的成员并不进行现代意义的'统治'。传统国家有边陲(frontiers)而无国界(borders)。"⑤ 传统国家主要的职能是收取赋税、维护治安等实行"无为而治",传统国家的官僚机构由于能力、技术、交通等因素无法渗透社会,传统国家的经济基础是传统的小农经济与自然经济,实行的经济政策是"自由放任"政策而且基本上国家对产权没有实行界定,

---

① [美]艾伦·C. 艾萨克:《政治学:范围与方法》,郑永年等译,浙江人民出版社1987年版,第47页。
② 《马克思恩格斯全集》第46卷(上),人民出版社1979年版,第102—103页。
③ 王浦劬主编:《政治学基础》,北京大学出版社1995年版,第69—71页。
④ 同上书,第68页。
⑤ [英]安东尼·吉登斯:《民族—国家与暴力》,胡宗泽等译,生活·读书·新知三联书店1998年版,第4页。

更谈不上产权保护。形成鲜明对照的是,现代国家是指国家在现代经济条件下,"在一定的区域范围内合法的垄断暴力",界定和维护产权,提供公共品来满足人民的共同需要,维护社会公平和效率,促进宏观经济稳定和健康发展,于是才有"国民经济"的概念[①]。抽象的政治权力与公民权利本身无法表现自己,只有通过国家的职能提供民生公共品以满足人民的需要及其公民需求民生公共品体现出来,所以,在本研究过程中,把政治权力与公民权利密切相关的民生公共品纳入到基层政权的分析,以公共权力、公民权利和民生公共品的三维变量来分析基层政权及其重构问题。

第四,从基层政权发生学的角度来考察基层政权。基层政权与社会并不是绝然不相关、完全剥离开的,可以说,中国基层政权是国家"嵌入"(embedded)社会之中的,这是中国基层政权的现实,本研究的基层政权既包括乡镇政权体系,又包括村级组织的网络性权力体系;这一判断也源于马克思主义的国家管理权力产生于社会,相应的又对社会具有能动性的理论[②],同时也是受到卡尔·波兰尼关于"经济嵌入社会"[③] 理论的启发。基层政权辖域的公民围绕着基层政权所发生的公民权利和民生公共品的需求及其公共权力的实施,这些都是现代国家才能具备的表征和特性,所以必须要对现代国家的起源、职能和变迁做出系统地分析,当然也要对现代国家重要组成部分的基层政权的起源与变迁及其历史做出透彻地清理和回溯,都是"为了在急剧变动时期确定他们的位置,许多人越来越感到有

[①] 参阅 John A. Hall&G. John Ikenbery, *The State*, University of Minnesota Press, 1989. pp.1—2;李强教授也对现代国家的特征给予了概括:现代国家体现为在特定领土上存在一套独特的机构,这一机构垄断了合法使用暴力的权利;现代国家对使用暴力权利的垄断是以它对税收权的垄断联系在一起的,通过垄断税收建立公共财政以满足国家的财政需求;国家垄断合法使用暴力的权力与税收的权力,目的不在于为国家机构自身或国家机构的成员谋求福利,而在于为一国的人民提供"公共产品"。参见李强:《后全能体制下现代国家的构建》,《战略与管理》2001年第6期。

[②] 《马克思恩格斯选集》(第4卷),人民出版社2012年版,第166页。

[③] 卡尔·波兰尼在其《作为制度过程的经济》中指出:"人类经济嵌入并缠结于经济与非经济的制度之中。将非经济的制度包容在内是极其重要的。对经济的结构和运行而言,宗教和政府可能像货币制度或减轻劳动强度的工具与机器的效力一样重要。"参见 K. Polanyi, *The Economy as Instituted Process in Trade and Market in the Early Empires*: Economics in History and Theory, edited by Karl Polanyi, Conrad Aresberg and Harry Pearson, Chicago: Henry Regnery Company, 1971. 也可参见刘世定:《嵌入性与关系合同》,《社会学研究》1999年第4期。

必要寻根,以恢复他们与过去,尤其是与他们各自群体过去的联系,这种群体包括他们的家庭、城镇和村庄、职业以及他们的族裔或宗族团体。"①而分析基层政权的起源和发生、发展和变迁以及基层政权的转型,也就是要对基层政权所做的发生学分析②。

这种分析主要是注重国家权力的下延与公民权利的保障以及为民众提供公共品的互动分析,旨在探讨不同时期中国乡村社会组织和控制的基础是什么,中国农民及乡村社会是基于什么理由并通过什么方式组织起来的,特别是探讨新中国成立以来基层政权的变迁对传统的乡村社会的改造及规划性变迁所导致的结果并对现在的基层政权所造成的影响,从基层政权缘起的历史分析来解读基层政权重构的趋向,知道基层政权的"来龙",才能谈到其"去脉",这种分析也就是"探寻过去与现在、事件与运行、行动与结构的相互渗透交融"③,以此实现"以历史感来充实现实感"④的目的,同时这种分析主要是对以前的分析方法和路径的纠偏和矫正:以前对基层政权的研究主要以社会学的分析方法简单的讨论基层政权的问题,或者使用"国家与社会"框架进行讨论,而没有关注公共权力、公民权利和民生问题三者的互动,"今天,当'自下向上看的历史'(history from below)已经变成无论马克思主义还是非马克思主义学术界的一句口号,而且在我们对过去的理解中产生了重大成果之时,十分有必要重提历史唯物主义的一个基本原理:阶级之间的长期斗争最终是在社会的政治层面——而不是在经济或文化层面——得到解决。换言之,只要阶级存在,国家的形成和瓦解是生产关系重大变迁的标志。因此,'自上而下看的历史'(history from above)——阶级统治的复杂机制的历史,其重要性不亚于'自下而上看的历史':实际上,没有前者,后者最终只是片面的

---

① [英]彼得·伯克:《历史学与社会理论》,姚朋等译,上海人民出版社2001年版,第22页。
② 把认识的发生学知识引入基层政权的研究是很有必要的,这也是笔者从现代国家构建的视角重新审视基层政权的原因,同时把基层政权作为一个因变量,视为国家公共权力、公民权利与民生公共品等三维变量的结构性互动,不仅仅要看到社会的力量,而且要看到国家政权下乡所引起的深刻变化,特别是针对后发展国家来说更是如此。
③ [英]丹尼斯·史密斯:《历史社会学的兴起》,周辉荣等译,上海人民出版社2000年版,第4页。
④ 周振华等:《收入分配与权利、权力》,上海社会科学院出版社2005年版,第12页。

历史（即使是较重要的一面）。"① 就本项研究而言，主要就现代国家构建过程中基层政权的生成、衍变和重构进行讨论。总之，本研究试图通过历史与逻辑的统一、静态与动态的结合、宏观与微观的关联及政治、经济与社会互动的不同角度来阐述中国基层政权的重构及其改革问题。

本书按照中国现代国家构建的宏观背景和弦乡微观的历史进程为线索，以农村基层政权的公共权力、公民权利和民生公共品的三维逻辑来谋篇布局，共分导论、正文和拓展与提升三大部分。

导论主要是交代本书的问题提出与研究意义、文献综述与研究思路、文章结构、概念界定及其对个案弦乡的简介等。

正文共分三部分：第一部分为"生成篇"，主要考察弦乡治理结构的历史渊源及其变迁以及目前基层政权治理结构的生成与制度安排。第一章简要回顾君主专制中央集权官僚制的传统国家、社会激变时期以及新中国成立后地方治理的概况和治理困境。第二章、第三章和第四章分别介绍基础性权力、扩展性权力与网络性权力生成的宏观背景与制度安排，并对他们各自生成的内在逻辑进行讨论。本书认为，虽然传统国家的乡村社会组织在农民自愿合作的前提下进行"乡村自治"，出现一种内源式的生成过程，但是在长期的君主专制中央集权的传统国家，由于在小农经济的背景下，不存在一个单一、稳定的垄断军事暴力的国家机器以及权力无限制地对乡村的超经济掠夺，受到通讯、交通等条件的限制，致使当时的国家难以构造一个使配置性资源与权威性资源统一的权力集装器，致使基层政权组织对基层社会的监控处于一种相当松懈的状态。所以，这时期的基层政权组织称不上严格意义的地方行政机构，管理人员绝不是现代意义的公务员和科层制官僚，故此造成当时的基层社会控制随着朝代的更替而不断发生变更，社会等级、城乡差别等传统社会的特征依然存在，并且民众只认同传统的部落、家庭、种族等局部性的单元，没有形成一个全国统一的认同目标。随着社会的发展，在西方国家船坚炮利的冲击下，中国传统封建王朝经历了从"天下观"到"国家观"的转变，随之也对基层政权的组织形式、监控机制和人员组成产生激烈的冲击。在国家权力现代性的主动

---

① ［英］佩里·安德森：《绝对主义国家的系谱》，刘北成等译，上海人民出版社2001年版，前言第5—6页。

努力下，国家权力不断从县基层政权向乡镇基层政权向下延展，乡镇基层政权的制度架构和行为方式逐步向现代地方行政制度迈进。但是由于局部军阀混战、外敌入侵，导致国家一体化和制度化没有完全得到实现，地方行政制度的实践出现很大的区域性差别，这就给传统的地方社会组织留下了进一步延存的空间，传统社会的地方势力依然控制着许多地区的社会、经济、文化领域，出现了半官半民的"权力的文化网络"。中国共产党成立后，在革命的实践中逐渐认识到乡村在中国革命中的战略地位及农民的重要作用，开始将革命的重心从城市转向农村，从而促成革命根据地的基层治理结构发生了革命性的变化，继而在新中国成立后，在农村实行农业合作化和集体化，并对全国的基层治理体系进行了革命性的改造，使得"政社合一"、党政不分、高度集权的人民公社体制形成，由于对社会实行"全能治理"，国家与社会融为一体，导致整个社会治理成本过高。20世纪80年代随着国家推行农村家庭联产承包责任制和改革开放政策，农村治理结构越来越不适应整个社会的发展进程，必然导致其发生变革，由此出现"乡政村治"体制代替人民公社体制，基层政权建设进入一个新的历史时期。

然而，弦乡生成于后人民公社时期，其运作模式、行为方式和制度安排具有很强的计划经济时期的色彩，再加上在"压力型体制"的政治生态情境下，基层政权行政任务不断扩张，国家权力渗透到各个领域和行业，基层政权出现"全能治理"的行政方式。基层治理是需要成本的，在"全能治理"的情况下，必然导致高额的治理成本。由于农村公共服务体系的建立大都是由政府作为单一供给主体，没有考虑到农民对公共服务的需求状况，由此产生农村公共服务供给与需求之间产生失衡，造成公共服务体系的低效率甚至无效率，并导致基层治理成本急剧上升。在"政党下乡"和"政权下乡"的情境下，网络性权力的机构设置、人员配备和运作模式依然具备行政的特征，网络性权力成为贯彻国家"政务"的"腿"，网络性权力及其机构具有"准政权组织"的性质。弦乡的生成，展示了以发展农村经济为中介，公共权力、公民权利之间的相互角力以及计划经济时代"全能治理"行政方式的概貌。

第二部分为"发展篇"，主要考察弦乡基层政权治理结构中功能和结构出现的某些问题及其缘由。第五章着重考察和分析基础性权力发展过程中出现的问题及其缘由。第六章着重分析扩展性权力发展过程中出现的问题及其缘由。第七章主要考察网络性权力发展过程中出现的问题与原因。本书认为,随着社会主义市场经济体制的逐步确立,原先建立在传统经济基础之上的乡村治理结构已经很难适应整个农村治理的需要,由此出现农村基层政权的治理结构与功能发生衍变:由于基层政权的一体化结构权力,在"非制度化运作"的情况下,农村基层政权在后人民公社时代依然采用人民公社时期"全能治理"的行政方式,但财政供给却是相对不足,即基层政权处于"短缺财政"状态,由此形成"全能治理"与"短缺财政"的悖论,基层治理出现困境。在扩展性权力中,由于站所改革造成部分站所事业经费和人员工资失去保障并运转困难,在"经济人"和公共权力异变的作用下,扩展性权力"自利化"与"赢利性"倾向日益严重,其公共性、服务性与合法性受到严重削弱或者丧失。扩展性权力的不断衍变与农村公共服务日益增长的需求形成了结构性矛盾,农民不满情绪不断上升,农村公共服务的提供出现困境。在网络性权力中,"自治"与"官治"出现张力,民主选举与民主管理、民主决策、民主监督出现失衡与脱序现象。农村基层政权出现这些现象的根源主要是在中国现代国家构建过程中,农村基层政权的治理结构没有处理好公共权力、公民权利与民生公共品之间的良性互动,由此农村基层政权的重构问题提上政治体制改革的重要议事日程。

第三部分为"重构篇",也是本书的结尾部分,主要是在检讨弦乡这个农村基层政权结构失衡和功能缺失的基础上,运用现代国家构建理论,对农村基层政权的未来走向、发展趋势以及目标定位进行思考和探索。第八章对弦乡的消逝与重构过程进行描述。第九章主要是基于对弦乡的生成、发展和重构的描述和讨论,在个案研究的基础上进行主题拓展和提升,这是本书研究主旨所在。本书的基本结论是,农村基层政权建设是现代国家构建的重要组成部分,农村基层政权公共权力的运行、公民权利的实现以及民生发展的促进,都应该随着现代国家构建的进程应不断完善其组织机构、人员配置以及行为方式,基础性权力从原先的"全能政府"、"失责政府"向有限政府、责任政府转变,扩展性权力从管理职能为主向服务职能为主转变,网络性权力应该向村民权利保障和社区重建的方向深化与提升,以适应整个国际民主化浪潮的发展趋势。虽然农村基层政权在当今时期最主要的任务是促进经济的发展，解决民生问题，但是随着社会的不断发展，由于整个世界经济资源都是稀缺性资源，具有资源禀赋的约束和限制，再加上国际局势的变化和政府政策的失误等原因，国家的经济发展和增长不可能无限继续下去，同时公民权利意识和民主意识逐渐高涨，必然对当今农村基层政权简单的管理行政提出了挑战，为了减轻和改变内在压力，农村基层政权必然顺应民主潮流，主动向民主化方向发展，呈现公共政权与公民"共治"的局面，增加政权的合法性。由此，农村基层政权建设必须兼顾公共权力、公民权利以及民生公共品的三者关系，使政治、经济与社会协调发展，达到民族—国家、民生—国家与民主—国家的相互支持、相互协调的局面。

三 研究样本与资料收集

选择研究样本，是实证研究成功与否的关键。"弦乡"是笔者研究农村基层政权表述对象的学名，弦乡，顾名思义，这个乡级政权的改革已经是"箭在弦上"，同时弦乡所在G县简称"弦"，来源于在西周时为弦子的封国，称"弦国"。按照学术规范，文中所有的地名、人名都经过技术处理。

（一）研究样本概况

弦乡位于河南省东南部，大别山北麓，处于三县交界处，交通不便，距离河南省会郑州近400公里，距离湖北武汉只有200公里路程。全乡面积44.2平方公里，辖11个行政村，174个村民组，4433户，17845人。弦乡是个典型的山区乡，人均六分耕地、四亩山的山区，"两山夹一冲，旱涝都不中，大旱缺水源，大雨水漫冲"；同时它是为革命做出了重大贡献的老苏区，现在享受红军流散待遇（简称"红流"）的人员还有321人，占G县总量的1/3，它也是一个经济落后的特别贫困区（俗称"特区"），成立弦管理区以前，1984年全区的总收入为98.3万元，人均收入只有56元，特别贫困户3150户，占总户数的82.9%，现有贫困人口6101人，是国家新一轮扶贫攻坚的省定重点贫困乡。

新中国成立前，弦乡并不是一个行政单位，辖区分属不同的县、区、乡。20世纪50年代后的弦乡，从名称、区划和建制都经历过多次变动，弦乡原属现在的A镇，A镇1949年后其行政区划的变更为：根据1950年12月政务院《乡（行政村）人民政府组织通则》的规定，A所在的G县划分为13管辖区，A区下辖24个乡，行政区域包括弦乡中的一部分。1952年，A区中7个乡划归临近的F区。1955年，A区下辖28个小乡。1957年，高级社时期，A区的小乡合并为18个大乡。1959年，A区改建为A人民公社，公社下辖44个大队。1961年，A人民公社改建为A区人民政府，下辖5个小公社和44个大队。1963年，将A区人民政府复为A人民公社，撤销5个小公社，将原44个大队并为24个大队。1969年，将原24个大队分为33个大队。1975年，在A人民公社境内西部设立L人民公社，划分8个大队归L公社。1983年，根据1982年宪法规定和1983年10月12日中共中央、国务院《关于实行政社分开建立乡政府的通知》的精神，A人民公社更名为A乡，同时将28个大队更名为28个村。1985年3月，根据国务院1985年1月15日颁布的《关于行政区划管理的规定》，A乡更名为A镇，同年，把其中一部分划归为A乡弦管理区。1986年7月，将弦管理区改名为弦乡。2005年11月，也就是弦乡单独行政建制20周年之际，河南省掀起了大规模地撤并乡镇和乡镇机构改革风暴，G县撤销7个乡，弦乡又被合并到A镇（变更过程如图0—5）。这里的设立及其撤并工作并不包括村级所辖区域的变动。

G县A区24个乡（1950年）→ A区7个乡划归F区（1952年）→ A区28个乡（1955年）→ A区28个乡合并成18个乡（1957年）→

A区改为A人民公社下辖44个大队（1959年）→ A公社改为A区下辖5个小公社44个大队（1961年）→ A区改为A公社下辖24个大队（1963年）→

A公社24个大队分为33个大队（1969年）→ A境内西部设置L公社（1975年）→ A人民公社改为A乡（1983年）→ A乡改A镇，设立A乡弦管理区（1985年）→

弦管理区改为弦乡（1986年）→ 弦乡撤并到A镇（2005年）

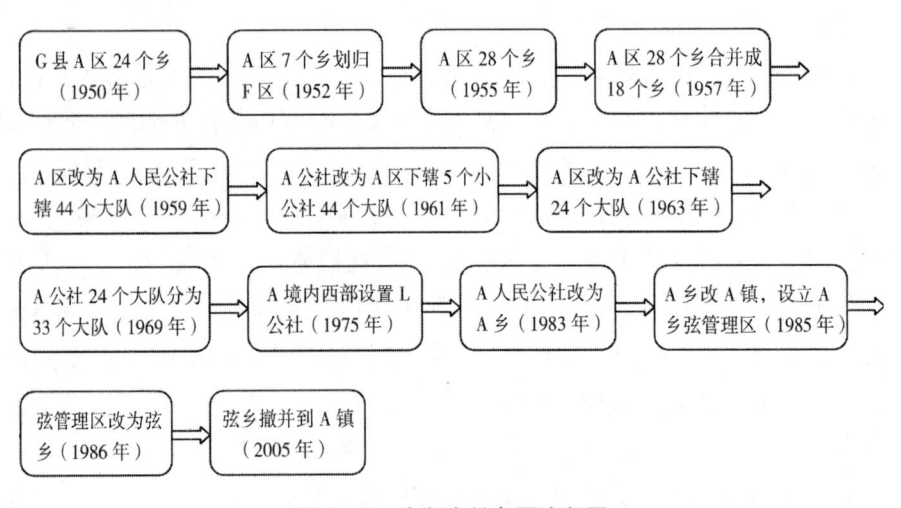

图0—5　弦乡建制变更流程图

弦乡属于亚热带向暖温带过渡地区，兼有亚热带和暖温带的气候特点，四季分明，温和湿润，雨量充沛，雨热同季。该乡主要粮食作物为水稻和小麦。杂粮以芋类、豆类种植较多，还有大麦、高粱、玉米、荞麦等。油料作物有油菜、芝麻、花生。经济作物有茶叶、棉花、红麻、苎麻、瓜果、蔬菜等。在耕作制度上，经过多次改良，稻田种植方式为稻—麦、稻—肥（紫云英）、稻—油，一年两作，小麦、油菜、绿肥，适当联片倒茬；旱地主要轮作方式为麦—豆、麦—芝麻或花生、麦—红麻、棉花—油菜等，农民大多已经掌握了套种、复种等现代种植技术。淮河的支流 BL 河流经而过，辖区内修建了不少排灌设施以及中小型水库。106 国道穿境而过，但是通向各个行政村的马路仍为黄土路。通讯较为发达，行政村全部装上了直拨电话，很多乡镇干部和村干部使用了手机。弦乡工商业极不发达，据说形成以草帽加工业、苎麻种植业等简单加工制造产业；乡政府所在地的集贸市场没有形成，但是在其他交通便利、人口密集的集市有 3 个历史形成的小型集贸市场，规模不大，农产品交易大多数还是到远在 7—15 公里之外的 A 镇进行；在成立弦乡刚开始时期，利用苏区扶贫贷款建成的乡镇企业由于管理不善纷纷破产和倒闭，大多数农民家庭出外以劳务经济为主，其中在广东一带形成了以鞋材加工为主要产业特色的弦乡打工队伍。乡村财政供养人员较多，乡村两级债务沉重，乡村两级的开支大多依靠向农民收取和上级扶贫贷款，到 2004 年，乡本级财政收入为 50.6 万元，支出为 161.4 万元，是一个典型的"讨饭"财政；到 2005 年，弦乡乡财政实际负债 464.5 万元，村级实际负债 814.6 万元。

（二）资料收集及其技术整理

本项研究中弦乡的资料主要是笔者于 2005 年 11 月 1 日—2006 年 1 月 31 日和 2006 年 4 月 5 日—7 月 31 日两次进入调查现场并收集资料。笔者收集到的资料为以下几种：（1）文献资料。所收集的文献资料包括为不同年代和版本的县志、县农牧志、县级中共组织史、县卫生志、社会经济统计报表、各种会议记录（包括县委常委会议记录）、工作总结、政府文件、乡级档案、各种往来协议、合同、考察干部的领导个人记录本、上级机构对弦乡的财务政务审计和考察所形成的文件以及村干部个人近 30 年的工作记录本，等等。除此以外，还尽可能地收集相邻乡镇的乡志以及所在县市的相关文献和国家有关的法律法规等。（2）深入访谈所得的资料。为了弥补文献资料存在的不足，获取现代乡村社会真实的信息，笔者还进行了大量的访谈工作。访谈对象为县级在职干部、离退休干部与县里居民、乡级在职干部、离退休干部、村干部、村退休干部、村民等，还包括与笔者原来的同学、老师交流过程中获得的资料。（3）实地观察和问卷调查。进村入户观察村容村貌、家计生活、集贸市场和乡政府所在地；观察乡村两级干部对乡镇机构改革的反应和言谈举止以及工作方式的变化，同时为了便于科学化考察实证研究的可信度，还制订了一些调查问卷，主要参与问卷调查的为乡村两级干部、农民，并用科学的方法统计和分析。这些资料都将存放在华中师范大学中国农村问题研究中心资料库里，以便于核实与查阅。

为了对资料使用的方便，笔者遵照学术规范，对资料和人名、地名作了技术性处理。特别是访谈资料，笔者按照笔者姓名拼音字母大写简称、访谈时间、访谈地点及访谈对象姓名拼音字母大写简称的顺序给予处理。如笔者于2006年5月11日在弦乡鸡公村对张文斌的访谈就表述为：YBQ—060511—JGC—ZWB。同时，为了避免弦乡资料的局限性，说明问题的普遍性，笔者还利用其他人在其他地区的调查资料和研究成果，以有助于理清弦乡在现代国家构建过程中出现的各种各样的问题与情况。

四 核心概念界定

本研究所使用的核心概念在学术界存在不同的界说，因此有必要对研究中所使用的核心概念进行简要的界定和说明。

（一）现代国家及现代国家构建

现代国家（modern nation - state）渊源于西方，是针对传统国家（traditional country）而言的，是一种值得肯定的国家类型和价值理念。现代国家构建是指现代化过程中以民族国家为中心的制度与文化整合措施、活动及过程，其基本目标是建立一个合理化的、能对社会与全体民众进行有效动员与监控的政府或政权体系①。国家建构就是国家的理性化和民主化过程。后发国家的现代国家建构过程体现出建构主义的特色,它是一场"有规划的社会变迁",具有较强的理性主义色彩,欧克肖特说,"理性主义者声称他自己拥有工程师的性格"。② 后发国家要对其所属部分进行政治整合和社会整合,不断推进区域内部一体化,通过有效体制机制实现统合,使公共权力理性化、规范化和程序化,从而实现国家的民主化。

有学者对现代国家的特征给予了概括:现代国家体现为在特定领土上存在一套独特的机构,这一机构垄断了合法使用暴力的权利;现代国家对使用暴力权力的垄断是以它对税收权的垄断联系在一起的,通过垄断税收建立公共财政以满足国家的财政需求;国家垄断合法使用暴力的权力与税收的权力,目的不在于为国家机构自身或国家机构的成员谋求福利,而在于为一国的人民提供"公共产品"③。黑格尔指出:"现代国家的本质在于,普遍物是同特殊性的完全自由和私人福利相结合的"④,所以,笔者认为现代国家具有三大特性:一是现代国家肯定是民族—国家;二是现代国家必定是民主—国家;三是现代国家同时也是实行现代经济的国家,笔者把它称之为民生—国家。现代国家是民族—国家、民主—国家和民生—国家三者的统一体,形成三足鼎立、相互影响、相互制约的局面⑤。现代国家构建(modern nation – state building)是指传统国家向现代国家的转型和建设过程,有别于国家政权建设(state – making)。

(二) 权力、权力结构及其基础性权力、扩展性权力和网络性权力

权力是政治学中的核心概念,同时也是一个"'在本质上有争议的概

---

① 龙太江:《乡村社会的国家政权建设:一个未完成的历史课题——兼论国家政权建设中的集权与分权》,《天津社会科学》2001 年第 3 期。
② [英] 迈克尔·欧克肖特:《政治中的理性主义》,俞吾金译,上海译文出版社 2004 年版,第 5 页。
③ 李强:《后全能体制下现代国家的构建》,《战略与管理》2001 年第 6 期。
④ [德] 黑格尔:《法哲学原理》,范扬等译,商务印书馆 1961 年版,第 261 页。
⑤ 徐勇:《现代国家建构中的非均衡性和自主性分析》,载《乡村治理与中国政治》,中国社会科学出版社 2003 年版,第 337—355 页;徐勇:《"回归国家"与现代国家建构》,《东南学术》2006 年第 4 期;叶本乾:《现代国家构建中的均衡性分析:三维视角》,《东南学术》2006 年第 4 期。

念'，对它的含义和适用标准始终存在着争议。英语中的'权力'（power）一词来自法语的 pouvior，后者源自拉丁文的 potestas 或 potentia，意指'能力'（两者都源自动词 potere，即能够）。"① 在西方学术界，有关权力理论影响最大的人物当推马克斯·韦伯，他认为，权力是指"在社会交往中一个行为者即使在遇到抵抗的情况下，也能实现其意志的可能性，而不管这种可能性以什么为基础"。② 罗伯特·达尔则把与权力相关的一些术语如权威、控制、强权、说服、强力、强制等归纳为"影响力术语"，而权力就是指"用制造严厉制裁的前景来对付不屈从，从而得到屈从"的一种特殊的影响力③。米歇尔·福柯认为，权力关系并不是源自于某一特别的因素，而是来自于多元；它并不是脱离经济、性别等因素独立作用，而是与它们密不可分；某一时期（特别是制度化的知识）有着自己独特的体现权力的方式，权力并不经常或者必须是压迫性的，它还具有创造性和启发性④。有的学者主张通过直接描述"权力"所指的那种现象，来阐释权力的涵义，即"在任何社会中，一些人在追求他们目标的时候，很明显地总是比别人显得更有能力。如果他们的目标与其他人所设想的目标有冲突时，前者总会设法否定或超越后者的优先权。的确，他们为了达到自己的目的，常常能动员他人的力量，甚至逆他人意志而行。这种现象就是所谓的社会权力"。⑤

由此得出，权力是反映主体—客体、命令—服从关系的影响力，是权力主体由于占有某种资源而具有的影响、制约和控制客体行为的能力⑥。权力体现着支配性，任何时候都不会均衡分布。在权力网络中，总有一部分人，甚至个别人占有较多权力资源而处于权力上层。他们可以凭借权力

---

① [英] 戴维·米勒、韦农·波格丹诺主编：《布莱克维尔政治学百科全书》（修订版），邓正来中文主编，中国政法大学出版社 2002 年版，第 641 页。

② Max Weber, *The Theory of Social and Economic Organization*, Free Press, 1947, p. 152.

③ 罗伯特·达尔：《现代政治分析》，王沪宁等译，上海译文出版社 1987 年版，第 60 页。

④ [法] 米歇尔·福柯：《规训与惩罚》，刘北成等译，生活·读书·新知三联书店 1999 年版；转引自 [美] 杜赞奇：《文化、权力与国家——1900—1942 年的华北农村》，第 11 页注释部分。杜赞奇认为权力一词是个中性概念，指的是个人、群体和组织通过各种手段以获取他人服从的能力，这些手段包括暴力、强制、说服以及继承原有的权威和法统。权力的各种因素（亦可称之为关系）存在于宗教、政治、经济、宗族甚至亲朋等社会生活的各个领域、关系之中，也就是"权力的文化网络"。

⑤ Gianfranco Poggi, *The State: Its Nature, Development and Prospects*, Polity Press, 1990, p. 3.

⑥ 孔德元：《政治社会学导论》，人民出版社 2001 年版，第 4 页。

支配、控制和影响客体，形成以自己为中心的权力场，从而构成权力结构。所谓权力结构是指各主要权力主体之间模式化的互动关系，也是一定社会组织中人与人之间的既定关系，其基本单位是个人角色，"一个角色就是一种规则化的行为模式，它是通过人们自己的和他人的期望和行动而建立起来的……描述一个政治结构也就说明了各种角色之间的联系；每个人各就其位，在这个位置上，人们期望他经常按一定的方式行事"。[①] 权力结构反映了各权力主体之间的互动关系，所以，"在中国农村的基层社会中，分析权力结构对于分析社会结构是非常重要的"[②]。

基础性权力、扩展性权力与网络性权力，主要是按照各权力组织和主体之间所处的权力配置地位和运行实践不同而进行的权力理想型分类（ideal type）。基础性权力主要包括基层政权中的党委、人大、政府、政协联络组等4个正乡级机构，再加上乡级纪委、武装部，被称为"六大班子"，同时包括官方设置的社会团体如团委、妇联、工会等权力组织，基础性权力组织俗称为"块块"。扩展性权力主要指县级各功能性部门下延至乡级的各站所，俗称"七站八所"，也称之为"条条"。网络性权力主要是基层政权所属的各行政村的村党支部和村民委员会权力体系，村党支部受基层政权党委的领导和任免；虽然实行村民自治，村民委员会除完成"村务"工作外，还需要协助党委和政府完成下派的"政务"，村民委员会行政化色彩非常浓厚，所以把村级权力体系称之为基层政权的网络性权力。三者从基础性权力出发，下延至扩展性权力，其政治权力向社会延伸为网络性权力。三者的关系示意图如下所示（见图0—6）。

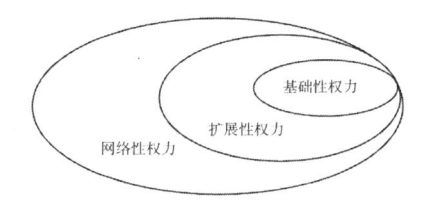

图0—6 基层政权权力关系示意图

---

① ［美］加布里埃尔·A. 阿尔蒙德、小G. 宾厄姆·鲍威尔：《比较政治学：体系、过程和政策》，曹沛霖等译，上海译文出版社1987年版，第62页。
② 陈吉元、胡必亮：《当代中国的村庄经济与村落文化》，山西经济出版社1996年版，第173页。

（三）权利

"权利"是政治学、法学等学科频繁使用的概念。我们现代所使用的"权利"，是从西文"rights"翻译而来的，一般认为，"rights"源于拉丁文的"jus"。"right"有两种含义，一是正确的、正当的，二是指具有某种资格。在古代，它泛指法律、义务、审判、权利等概念，在那时，人们关心的主要问题是权力与正义的关系，而正义通过法律、审判、权利、义务等多种方式表现出来，所以，古希腊的柏拉图、亚里士多德等一直强调国家（城邦）的"正义性"。对这些不同的正义形式，当时的人们还没有认真区分，因此也就没有分化出专门的权利概念[①]。近代以来，西方人开始区别"jus"的各种含义，得出了专门的"权利"概念。近代西方权利哲学的创始人格劳秀斯在其《战争与和平法》中，区分了"jus"的三种不同含义。一是"正义"，认为权利是所谓正义而已，而这是消极的意义多过积极的意义的；二是和人有关的道德资格；三是指法律[②]。英国学者霍布斯在其《利维坦》中，将权利与法律作了更明确的区分，他指出："谈论这一问题的人虽然往往把权与律混为一谈，但却应当加以区别。因为权在于做或不做的自由，而律则决定并约束人们采取其中之一，所以律与权的区别就像义务与自由的区别一样，两者在同一事物中是不相一致的。"[③] 此后，"权利"就成为一个专门的概念，在各个学科逐步发展和完善起来，也成为近代以来资产阶级反对封建统治、维护自身利益的思想武器。

在政治哲学中，"权利"这一词有三种使用方式：一是描述一种制度安排，其中利益得到法律的保护，选择具有法律效力，商品和机遇在有保障的基础上提供给个人；二是表达一种正当合理的要求，即上述制度安排应该建立并得到维护和尊重；三是表现这个要求的一种特定的正当理由即一种基本的道德原则，该原则赋予诸如平等、自主或道德等基本的个人以重要意义。"法律权利"这一术语是在第一种意义上使用的。而"道德权利"（以前又叫"天赋权利"）则是在后两种意义上使用的。"人权"在

---

① 夏勇：《人权概念起源》，中国政法大学出版社1992年版，第136页。
② 参见周辅成：《西方伦理学名著选辑》（上卷），商务印书馆1964年版，第579—582页；常健：《当代中国权利规范的转型》，天津人民出版社2000年版，第8页。
③ ［英］霍布斯：《利维坦》，黎思复等译，商务印书馆1985年版，第97—98页。

以上三种意义上都可以使用的[①]。现在，法理学家基本上都沿用 W. N. 霍菲尔德的思想，他划分出了权利的四种法律关系形式：（1）特权或自由权（privileges or liberty - rights）。一个人对任何人（一个特定的人或一般人）都不负有不做某事的义务，比如说，一个遭到攻击的人有权利保卫自己；（2）要求权（claim - rights）。一个人对其他人或整体意义上的人民负有一种业务，比如人有不受攻击的权利。霍氏认为这种权利是严格意义上的权利，政治理论中最令人关注的也是这种权利要求；（3）权力权（powers）。个人可以用它来改变自己与别人之间的法律关系。比如，业主有权在其遗嘱中把自己的财产留给自己选定的继承人；（4）豁免权（immunities）。个人的法律地位可以不因其他人不使用权利而加以改变[②]。

从霍菲尔德对"权利"一词的用法来看，权利具有不同的种类，有的学者把权利分为"受益权利理论"、"利益权利理论"和"选择权利理论"三种[③]；有的学者认为权利可以总结为利益、主张、资格、权能、自由五大要素，"对于一项权利的成立来讲，这五个要素是必不可少的，以其中任何一个要素为原点，以其他要素为内容，给权利下一个定义，都不为错"[④]；有的学者认为权利分为：天赋权利说、权利自由说、权利利益说、权利力量说、权利平等说和马克思主义的权利理论[⑤]；有的学者把权利定义分为利益论、选择论、要求论、资格论等四种说法，并给予了哲学意义的权利定义，"权利是社会以肯定的规范方式对主体自由的限制。"[⑥] 国际社会和联合国则把权利分为公民权利—政治权利和经济—社会权利两大类[⑦]。有的认为权利是社会经济关系的一种法律形式：按照权利所反映的法律关系的性质，

[①] ［英］戴维·米勒、韦农·波格丹诺：《布莱克维尔政治学百科全书》（修订版），邓正来中文主编，中国政法大学出版社 2002 年版，第 711 页。

[②] 同上；参见常健：《当代中国权利规范的转型》，天津人民出版社 2000 年版，第 9 页。

[③] ［英］戴维·米勒、韦农·波格丹诺：《布莱克维尔政治学百科全书》（修订版），邓正来中文主编，中国政法大学出版社 2002 年版，第 711—713 页。

[④] 夏勇：《人权概念起源》，中国政法大学出版社 1992 年版，第 44 页。

[⑤] 王浦劬主编：《政治学基础》，北京大学出版社 1995 年版，第 104 页。

[⑥] 常健：《当代中国权利规范的转型》，天津人民出版社 2000 年版，第 11—19 页。

[⑦] 比如，国际人权法理论将权利分为公民权利和政治权利以及经济、社会和文化权利两大类，参见《世界人权宣言》和联合国《公民权利和政治权利国际公约》、《经济、社会和文化权利国际公约》（二者简称《国际人权公约》）。

分为政治权利、财产权利、人身权利等；按照权利相应义务人的范围分为绝对权利与相对权利；按照权利发生的因果关系，分为原权与派生权；按照权利之间固有的主从关系，分为主权利与从权利[1]。

（四）治理

英语中的"治理"一词（governance）源于拉丁文和古希腊语，原意是控制、引导和操纵。它在英语世界已有数百年的使用历史，指的是"在特定范围内行使权威"[2]。1989年世界银行在概括当时非洲的情形时，首次使用了"治理危机"（crisis in governance），此后"治理"一词逐渐频繁出现于政治学、公共行政学、经济学、社会学、法学等诸多学科之中，治理理论成为国际社会科学领域重要的跨学科理论思潮。治理在政治学被用于政治发展研究中，特别是被用来描述后殖民地和发展中国家的政治状况[3]。罗茨（R. Rhodes）认为：治理意味着"统治的含义有了变化，意味着一种新的统治过程，意味着有序统治的条件已经不同于前，或是以新的方法来统治社会"。接着，他还详细列举了六种关于治理的不同定义。这六种定义是：（1）作为最小国家的管理活动的治理，它指的是国家削减公共开支，以最小的成本取得最大的效益。（2）作为公司管理的治理，它指的是指导、控制和监督企业运行的组织体制。（3）作为新公共管理的治理，它指的是将市场的激励机制和私人部门的管理手段引入政府的公共服务。（4）作为善治的治理，它指的是强调效率、法治、责任的公共服务体系。（5）作为社会——控制体系的治理，它指的是政府与民间、公共部门与私人部门之间的合作与互动。（6）作为自组织网络的治理，它指的是建立在信任与互利基础上的社会协调网络[4]。在关于治理的各种定义中，全球治理委员会的定义具有很大的代表性和权威性，"治理是各种公共的或私人的个人和机构管理其共同事务的诸多方式的总和。它是使相互冲突的或不同的利益得以调和并且采取联合行动的持续的过程。这既包括

---

[1] 参见《辞海》（缩印本），上海辞书出版社1999年版，第1513页。
[2] ［法］辛西娅·休伊特·德·阿尔坎塔拉：《"治理"概念的运用与滥用》，黄语生译，载俞可平主编：《治理与善治》，社会科学文献出版社2000年版，第16页。
[3] 俞可平：《治理与善治》，社会科学文献出版社2000年版，引论部分第1页。
[4] 同上书，引论部分第2—3页。

有权迫使人们服从的正式制度和规则,也包括各种人们同意或以为符合其利益的非正式的制度安排。"①

关于治理的研究主要有"国家中心论"与"社会中心论"两种不同路径。"国家中心论"主张,统治所依赖的是自上而下的政府机构及其权力;治理是政府通过伙伴关系,把社会中其他行动者吸纳到公共事务的管理中来,但这种路径仍然强调政府权力对伙伴关系的主导与规制作用,政府是公共利益的最佳代言人。"社会中心论"认为,治理依靠社会各行动者的自主协商,政府应该与其他非政府部门一样,是一个普通的参与者,而不应该依靠权力来对这种公私关系进行主导。公私部门各种正式或非正式的互动关系,促成了不同的网络治理形态②。

作为政治学概念,为了突出它的公共性和合法性,治理主要是指"统治者或管理者通过公共权力的配置和运作,管理公共事务,以支配、影响和调控社会"③,治理主要是公共权力对基层社会公共事务的管理。

---

① 全球治理委员会:《我们的全球伙伴关系》,牛津大学出版社1995年版,第23页,转引自俞可平:《治理与善治》,社会科学文献出版社2000年版,第4页。
② 田凯、黄金:《国外治理理论研究:进程与争鸣》,《政治学研究》2015年第6期。
③ 徐勇:《Governance:治理的阐释》,《政治学研究》1997年第1期。

第一部分 生成篇

本篇主要考察弦乡治理结构的历史渊源和变迁，以及目前基层政权治理结构的生成与制度安排。具体而言，第一章简要回顾君主专制中央集权官僚制的传统国家时代，社会激变时期，以及新中国成立后地方治理的概况和治理困境。第二章、第三章和第四章分别介绍基础性权力、扩展性权力与网络性权力生成的宏观背景与制度安排，并对他们各自生成的内在逻辑进行讨论。本书认为，虽然传统国家的乡村社会组织在农民自愿合作的前提下进行"乡村自治"，出现一种内源式的生成过程，但是在长期的君主专制中央集权的传统国家，由于在小农经济的背景下，不存在一个单一、稳定的垄断军事暴力的国家机器，加上权力无限制地对乡村的超经济掠夺，而且受到通讯、交通等条件的限制，致使当时的国家难以构造一个使配置性资源与权威性资源统一的权力集装器，也致使基层政权组织对基层社会的监控处于一种相当松懈的状态。弦乡的生成由于处在后人民公社时期，其运作模式、行为方式和制度安排具有计划经济时期很强的统制色彩，再加上在"压力型体制"的政治生态情境下，基层政权行政任务不断扩张，国家权力渗透到各个领域和行业，基层政权出现"全能治理"的行政方式。基层治理是需要成本的，在"全能治理"的情况下，必然导致高额的治理成本。由于农村公共服务体系的建立大都是由政府作为单一供给主体，没有考虑到农民对公共服务的需求状况，由此产生农村公共服务供给与需求之间产生失衡，造成公共服务体系的低效率甚至无效率，并导致基层治理成本急剧上升。在"政党下乡"和"政权下乡"的情境下，网络性权力的机构设置、人员配备和运作模式依然具备行政的特征，网络性权力成为贯彻国家"政务"的"腿"，网络性权力及其机构具有"准政权组织"的性质。弦乡的生成，展示了以发展农村经济为中介，公共权力、公民权利之间的相互角力以及计划经济时代"全能治理"行政方式的概貌。

第一章 历史考察:中国农村基层治理制度及其变迁

恩格斯说过:"历史从哪里开始,思想进程也应当从哪里开始,而思想进程的进一步发展不过是历史过程在抽象的、理论上前后一贯的形式上的反映;这种反映是经过修正的,然而是按照现实的历史过程本身的规律修正的,这时,每一个要素可以在它完全成熟而具有典范形式的发展点上加以考察。"① 所以,对当今中国农村基层治理进行研究和重构,必须回溯到历史,找到中国农村基层治理制度的"来龙",以历史感充实现实感,正如当代美国经济史学家道格拉斯·诺斯所言:"历史是至关重要的。它的重要性不仅仅在于我们可以向过去取经,而且还因为现在和未来是通过一个社会制度的连续性与过去连接起来的"②,因而,对中国农村基层治理制度的历史变迁进行梳理尤为必要,同时,运用公共权力、公民权利理论对农村基层治理制度进行解读。

一 君主专制中央集权官僚制传统国家③的基层治理:乡官制与职役制的交互

基层治理是历代统治者及其管理者所关心的问题,"基层的'稳定'

---

① 《马克思恩格斯选集》(第2卷),人民出版社2012年版,第14页。
② [美]道格拉斯·C.诺斯:《制度、制度变迁与经济绩效》,刘守英译,上海三联书店1994年版,第1页。
③ 这里使用"君主专制中央集权官僚制的传统国家"以区别于我们史学界所误用的"中国封建社会",使之更加突出中国传统国家的重要特征。参见[美]塞缪尔·P.亨廷顿:《变革社会中的政治秩序》,王冠华等译,生活·读书·新知三联书店1989年版,第148—160页。

困难不是一个新现象,而是历史上延续至今的地方社会治理方式及其原则多次危机的再现"①。基层之稳定,即被视为国家之安宁,因此,农村基层治理在传统中国经历了一个艰难而复杂的发展和嬗变过程。

(一) 先秦时期基层治理的历史变迁:井田制到乡里制

据文字记载,弦乡所辖区域,在唐虞三代(尧、舜、禹)、夏、商、周时期(公元前21世纪—771年)地属禹贡扬州之域;春秋时期属弦子国,战国时弦为楚并吞,属楚国,"故弦子封域也。国于江黄申息之交,连疆牙错,逼近强楚。春秋时楚并其地。"②虽然弦乡所在的G县县志没有对先秦时期的弦乡基层治理给予记载,但是在先秦时期,有人考证认为农村基层治理历经井田制、乡遂制和乡里制等变迁。

据宋人考证,"昔黄帝始经土设井,以塞争端。立步制亩以防不足。使八家为井,井开四道而分八宅。"③明人也认为,"井田亦始于黄帝"④。有学者认为,井田实际上只是一个生产单位,所谓里社也是由一个或数个井田组成,最高统治者不管是封赐土地,还是征收田税、征调兵役和徭役,都是以井田为单位⑤。其实,井田既是生产单位,也是生活"社区",有时下面设置都、邑、里、朋、邻等基层治理单元。设立井田制的目的在于:"一则不卸地气,二则无费一家,三则同风俗,四则齐巧拙,五则通财货,六则存亡更守,七则出入相司,八则嫁娶相媒,九则无有相贷,十则疾病相救。"⑥

夏商时期承袭前制,到了西周时期,井田制发展已经成熟。西周天子是最高的土地所有者,有权把土地分封给诸侯和士大夫,诸侯和士大夫再把土地授给庶民耕种并向其取得贡赋,也有权收回自己的领地,"溥天之

---

① 张静:《基层政权——乡村制度诸问题》,浙江人民出版社2000年版,第4页。
② 杨殿梓总修:《G县志》(乾隆点注本),G县史志编撰委员会点校重印1987年版,第18页。
③ 《文献通考》卷12,《职役一》,历代乡党版籍职役,转引自朱宇:《中国乡域治理结构:回顾与前瞻》,黑龙江人民出版社2006年版,第51页。
④ [明] 叶子奇:《草木子》卷3之下,中华书局1997年版。
⑤ 仝晰纲:《春秋战国时期乡村社区的变异及其社会职能》,《文史哲》1999年第4期。
⑥ 《文献通考》卷12,《职役一》,历代乡党版籍职役,转引自朱宇:《中国乡域治理结构:回顾与前瞻》,黑龙江人民出版社2006年版,第51页。

下，莫非王土；率土之滨，莫非王臣"①。夏、商、周三代，朝廷表面上是统一的，但天子的直辖区（内服）和诸侯国（外服）都是各有其主的统治实体，正如王夫之所说，诸侯封君各君其土，各役其民，名为天子之守臣，实际自据为部落②，这也类似于西欧封建社会时代的社会形态，汤普逊认为这些领地，"既是经济实体，也是政治实体"③。这时的井田制不再是黄帝时期的以"井"为核心，而是以"家"为联结的乡遂制，"乡遂者，直隶于天子而行自治之制之区域也。王城为中央政府，王城之外郊甸之地，即自治之地方。"④也就是指天子的直辖地和诸侯国的领地有所区别，天子在王城的百里之内设立六乡，天子、诸侯、士大夫及工商业者（即国人）居之；百里之外设六遂，为农夫住的田野小邑。乡即指五家为比，五比为闾，四闾为族，五族为党，五党为州，五州为乡，设有乡长、闾胥、族师、党正、州长、乡大夫之职掌管；遂是指"五家为邻，五邻为里，四里为酂，五酂为鄙，五鄙为县，五县为遂"⑤，设有邻长、里宰、酂长、鄙师、县正、遂大夫等职治之。西周王朝，从国家宏观层面来看，实行"国"、"野"分治，全国设有六乡六遂。乡的级别大略在当今的行政村和乡镇两级之间，均用军事组织的形式来设定社区管理和服务的单位，在设计上具有军事、教化和监控的功能。

随着社会的发展，到了西周末期，井田制日益式微，私田逐渐扩大，基层治理逐渐发展成乡里制。"康王命作册毕，分居里，成周郊"，既已表明"里"不仅是一种自然聚落，而且已成为一种行政建制，设有"里君"、"里人"一类的官员掌事。春秋时期，晋、楚、秦等封国在县下设立乡里的基层组织，《史记·老子列传》记老子系"楚苦县厉乡曲仁里人"，就是楚国实现三级地方制度的一个典型例证。《管子·小匡第二十》记载："五家为轨，轨有长；十轨为里，里有司；四里为连，连有长；十连为乡，乡有良人。"可见，此时县下

---

① 《诗经·小雅·北山》。
② 王夫之：《读通鉴论》，中华书局1975年版，第514页。
③ [美]汤普逊：《中世纪经济社会史》（上册），耿淡如译，商务印书馆1961年版，第60页。
④ 柳诒徵：《中国文化史》（上册），中国大百科全书出版社1988年版，第131页。
⑤ [清]孙诒让：《周礼正义》卷29，中华书局1987年版，第1121页。

有乡、乡下有里，乡里制已成为基层行政组织，分别有乡长或有司掌管。但是由于战乱不已，王室与诸侯的关系变幻不定，使地方行政制度具有十分暂时的性质，这种组织通常更多地服务于不同地方势力直接的军事征战，尽管具有一定的社会控制功能，但并非是严格意义上的地方行政制度，这些组织大多与军事组织的关系非常密切[1]。商、周时期的里大多数是地缘与血缘相为表里的社会组织，有明确的区划，但"同里者大率同氏"[2]，其居民系血缘族聚群体。先秦时期的基层治理组织变迁表[3]（表1—1）。

表1—1　　　　　　　　　先秦时期基层组织变迁表

时代	制度特征	地方		基层			
黄帝	井田制	州	师	都	邑	里	朋	邻
周代	乡遂制	乡	州	党	族	闾	比
		遂	县	鄙	酂	里	邻
春秋战国	乡里制			乡	连	里	轨
		属	县	乡	卒	邑	

（二）秦汉到隋唐时期基层政权：乡官制

经过春秋战国的激烈斗争，秦始皇统一了中国，出现了空前的中央集权，实行郡县制，将全国化为三十六郡，郡下设县，县下设立治理基层的乡、亭、里等乡里组织，秦对全国地方行政区划和对基层组织的调整，对秦以后许多朝代的地方以及基层治理产生了深远的影响。虽然中央政府与地方的关系发生很多变化，但是，从两汉到魏晋南北朝、隋唐时期，基本延续了秦时的农村基层治理格局。

据文字记载，在秦时，弦乡所在区域属九江郡；西汉、东汉时期，属西阳县，隶属江夏郡；三国时期属西阳县，隶属豫州部弋阳郡；晋时期，

---

[1] 王铭铭：《国家与社会关系史视野中的中国乡镇政府》，载《走在乡土上——历史人类学札记》，中国人民大学出版社2003年版，第139—140页。

[2] 李学勤：《战国题铭》，《文物》1959年第7期。

[3] 表格（下列基层政权组织变迁的表格也是如此）主要是参考了项继权老师在给博士生上课讲到的传统社会乡村基层组织的变迁时所列的表格以及其观点的启发而制作的。

属 G 县，隶属弋阳郡；南北朝时期属光城县，隶豫州部光城郡；东魏时属光城县，隶广陵郡；隋时属光州 G 县，隋炀帝大业（605 年）改光州为光阳郡，旋改弋阳郡，隶扬州部；唐时属 G 县，隶淮南道光州①。虽然史志上没有记载弦乡所在的乡亭里组织，但是很多研究认为，从秦汉到隋唐，"以士大夫治其乡之事"，乡里组织首领人员属于乡官。

秦汉时期，伍主五家，什主十家，分设伍长、什长各负其责。"百家为里，里有里魁；十里一亭，亭有亭长；十亭一乡，乡有三老、有秩、啬夫、游徼"，西汉"三老掌教化，啬夫职听讼、收赋税，游徼循禁贼盗"。东汉三老掌教化，有秩、啬夫"皆主知民善恶，为役先后，知民贫富，为赋多少，平其差品"；游徼"掌循禁，司奸盗"；"又有乡佐属乡主民收赋税"；设亭长"以禁盗贼"；最基层设里魁、什主、伍主，"里魁掌一里百家，什主十家，伍主五家，以相检察，有善事恶事，以告监官"②。但是，学术界对汉代的"亭"与"乡"的设置有不同的看法，认为"亭"与"乡"分属不同的行政系统，"亭"只"司奸盗"，不主掌民事③；还有的学者认为，汉代的"亭"制情况不一，既有专管社会治安、负责候迎送护或客舍邮递事务之亭，也有作为县下地方基层行政组织之亭，两种情况都有④。有的学者认为，汉代基层治理有一个不同于前的特点，即县乡之间，乡官依其所执掌的乡里事务的性质不同分属于不同的行政系统，如有秩属郡，啬夫属县，游徼属都尉，乡有乡佐辅之，视为我国行政管理制度中条块分割体制的历史渊源⑤。

到了晋代，基层治理制度大体上与汉代相同，各县根据户口多寡置 1—4 乡，每乡置啬夫一人；此外千户以下者置治书吏一人，千户以上者置史、佐、正各一人，5500 户以上者置史一人、佐二人；基层每百户置里吏一人（土广人稀的地方 50 户以上即可置里吏）。北魏孝文帝时开始

---

① 《A 乡乡志》（一），未刊稿，1984 年版。
② 《文献通考》卷 12，《职役一》，转引自魏光奇：《官治与自治——20 世纪上半期的中国县制》，商务印书馆 2004 年版，第 15 页。
③ 王毓铨：《汉代"亭"与"乡""里"不同性质不同系统》，《历史研究》1954 年第 2 期。
④ 赵振玲：《中国乡里制度》，社会科学文献出版社 1998 年版，第 13 页。
⑤ 朱宇：《中国乡域治理结构：回顾与前瞻》，黑龙江人民出版社 2006 年版，第 55 页。

实行"三长制",以五家为一邻,立邻长;五邻为一里,设里长;五里为一党,立党长。北齐以十家为邻比,五十家为闾里,百家为族党,一党之内,有党正1人,党副1人,闾正2人,邻长10人,14人"共领百家"。隋文帝时期建立新的基层制度,以五家为保,置保正;五保为闾,置闾（里）正;四闾（里）为族（党）,置族（党）正。唐代基本模仿了隋朝时期的政制,在县下实行乡里制,以百户为一里,五里为一乡,"每里设正一人,掌按比户口,课植农桑,检察非为,催驱赋役"①。隋唐时期与前代的基层行政制度的一大差别,在于强化了基层组织的税务、农事、户籍功能,弱化了其军事功能。虽然有很多学者认为,自秦汉到唐中叶的基层组织首领属于乡官,国家权力通过乡里制和乡官制一直下沉至乡域,这一时期,"无论是秦汉的乡、里、亭,以至隋唐的乡、里、村等,都是国家设于乡域社会的基层政权组织,是这一时期国家权力的微观基础",并认为这些组织的官职,"皆为整个国家正是权威——官僚体系的重要组成部分,即乡官"②,"乡官具有国家基层官员和'乡大夫'的双重性质":一方面,乡官作为国家基层官员须自上委任,须执行税收、徭役、捕盗等政府行政职能;另一方面,乡官作为"乡大夫"必须是有声望、地位的本籍人士,须承担劝农、教化、治安、民事调解、公益建设等乡里"自治"事务职能③。

然而,这些作者没有注意到从秦汉到隋唐时期,中国的政治体制发生了很大的变化:从秦的郡县制,到西汉前期的封国体制,到三国时期的地方割据和若干区域性政权对峙的局面,一直到隋唐时期后期的皇权旁落、地方藩镇专权的局面,中国的统一局面一直受到挑战和威胁,所以在这一段相当长的时期内,不存在一个单一、稳定的垄断军事暴力的国家机器。此外,由于小农经济的影响,加上受到交通、通讯、技术等条件的限制,致使基层社会的监控处于一种相当松散的状态,"同一切

---

① 《文献通考》卷12,《职役一》,转引自魏光奇:《官治与自治——20世纪上半期的中国县制》,商务印书馆2004年版,第15—16页。

② 朱宇:《中国乡域治理结构:回顾与前瞻》,黑龙江人民出版社2006年版,第60—61页。

③ 魏光奇:《官治与自治——20世纪上半期的中国县制》,商务印书馆2004年版,第16页。

处于不发达的交通技术条件下的世袭制国家组织一样，中国的行政管理的集中化程度也十分有限。"① 此一阶段的基层治理组织，称不上严格意义上的地方行政机构②：无论是乡亭制还是后来的乡里制，都没有常设的，甚至临时的办公场所（offices），自然地，各级地方和社会单位所设的各种各样的官位，也都只能是十分非正式的，如在秦末，才出现乡亭之制，属于一种衡量乡村地区聚落之间地理空间距离的单位，也可能具有一定的行政作用，但没真正实行③。有的职位不仅不享用政府的财政，而且还是地方的地痞等类强人，与地方上的经济、军事、知识精英之间构成复杂的动态关系，有时服从后者的利益，有时扮演抵抗后者统治的村民利益保护者的角色，这些组织性的单位和人员是否受到中央政府的直接控制，则一直是个问题。自秦汉到隋唐时期的基层治理组织变迁表（如表1—2）。

表1—2　　　　　自秦汉到隋唐时期的基层治理组织变迁表

时　代		制度特征	地　方	基　　　　层				
秦汉		乡亭制	郡　县	乡	亭	里	什	伍
北魏		三长制		党		里	邻	
西晋				党		里		
隋	隋初		郡　县	族		里	保	
	隋文帝			乡		闾	保	
唐			州　县	乡		里	保	邻

（三）宋到清时期基层治理：职役制

隋唐是基层治理演变的转折点。隋唐时期基层组织中，"'乡'的功能进一步弱化，'里'、'村'成为乡里组织的重要层级"。④ 从唐代中期

---

① ［德］马克斯·韦伯：《儒教与道教》，王容芬译，商务印书馆1995年版，第98页。
② 王铭铭：《国家与社会关系史视野中的中国乡镇政府》，载《走在乡土上——历史人类学札记》，中国人民大学出版社2003年版，第142页。
③ 杨开道：《中国乡约制度》，邹平训练班1937年版，第9页。
④ 赵振玲：《中国乡里制度》，社会科学文献出版社1998年版，第23页。

开始的"乡官制"向"职役制"①转变，至宋代才得以完成。

有学者认为，"中唐以后，随着均田制的废弛、两税法的实行，地主阶级内部构成发生了变动，原来实行乡官制的乡里制度，开始向职役制转化"②。也有的学者认为，乡官在唐中叶沦为职役，是因为自秦汉时期的中央集权君主官僚制度，从一开始就是作为先秦宗法贵族制度的对立物而产生的，它具有一种自身不断膨胀，不断吞噬国家组织之外其他一切社会机体的本性，而乡官具有某种"地方自治"的性质，因此难以完全为中央集权的国家组织所认同，所以导致很多人不愿承担此项职务，只好"轮差"，"乡职"于是沦落为与军旅、劳作等力役同样性质的工作，称为"职役"③。从宋中期开始，基层治理组织开始转变为"保甲制"的职役制，宋代最主要的转变是宋神宗三年（1070年）王安石实施的保甲制。宋史记载，保甲制规定"始联比其民以相保任。乃诏畿内之民，十家为一保，选主心有干力者一人为保长；五十家为一大保，选一人为大保长；十大保为一都保，选为众所服者为都保正，又以一人为之副。应主客户两丁以上，选一人为保丁。两丁以上有余丁而壮勇者亦附之，内家赀最厚、才勇过人者亦充保丁"④，"每一大保，夜轮五人警盗，凡告捕所获，以赏格从事。同保犯强盗杀人，强奸略人，传习妖教，造蓄蛊毒，知而不告，依律伍保法。"⑤此外，宋代还产生了以治安为主要职能的保甲和以教化为主要职能的乡约两种新的基层组织。由"乡官制"到"职役制"的转变最大的影响便是各项乡村公共职能的废弛。

面对两宋社会无序、乡土风气败坏的局面，元代曾试图恢复乡官制度，乃在村疃设立了"社"之组织形式。史志记载："县邑所属村疃，凡五十家立一社，择高年晓农事者一人为之长。增至百家者，别设长一员；

---

① 《文献通考》认为，职役须作两个角度的理解：第一，"职"与"役"属于两种不同的事物，"职"指的是乡官，"役"是徭役；第二，将"职役"作为一种与"夫役"相对应的事物来理解。参见魏光奇：《官治与自治——20世纪上半期的中国县制》，商务印书馆2004年版，第16页。

② 白钢：《中国农民问题研究》，人民出版社1993年版，第134页。

③ 魏光奇：《官治与自治——20世纪上半期的中国县制》，商务印书馆2004年版，第17页。

④ 《宋史·兵志六》，中华书局1977年版。

⑤ （宋）魏了翁：《周易折衷》，上海书店1984年版。

不及五十家，与近村合为一社。"社有社长，"以教督农民为事，凡种田者，立牌橛于侧，书某社某人于其上，社长以时点视劝诫。不率教者，籍其姓名，以授提点官责之。其有不敬父兄及凶恶者亦然，仍大书其所犯于门，俟其改过自新，乃毁。如终岁不改，罚其代充本社夫役。社中有疾病凶丧之家不能耕种者，众为合力助之。一社之中疾病多者，两社助之"[①]。但是，这种社制并没有改变失败的命运，其与征调赋税的里制在实际过程中已经混而为一[②]。

明太祖朱元璋统一中国后，改革元代社制，在全国编订里甲，据清乾隆《G县志》记载，"洪武初，邑分三十八里。成化十二年，增成化、宣流等共四十一里。至正德三年，岁荒流亡，归并为三十里。明《一统志》云：G编户三十一里。河南旧通志云：县编户二十九里。"[③] 明代的里甲制度规定，在县城内称之为"坊"，城外称之为"厢"，农村称之为"保"，"明志里甲之法：城内谓之坊，城外谓之厢，在乡谓之保。"[④] 里甲制"以一百一十户为里。一里中，推丁粮多者为之长，余百户为十甲，甲凡十人，岁投里长一个，甲首十人，管摄一里之事"，旨在"命天下郡县编赋役黄册"[⑤]。同时里甲之上还有都、乡等组织，因地而异，"北方地区多为乡（坊）、里（社）、甲三级，南方地区多为都、图、甲三级或乡都、图、甲四级，间或有乡、都、图、里、甲五级者。"[⑥] 从这里看出，明初设立里甲是以赋役为主要职能的职役组织，但明政府也试图使它承担古代乡官的某些职能，如和睦邻里关系、调节民事纠纷、实施互助保障、维持村社治安和督劝农桑等。清初承明制，设立里甲制。G县内的治政管理为乡、里、保制，全县划为东、南、西、北四乡，三十个里，九十八个保，弦乡境内所属为梅林里的白罗桥保、SL保和八水里的七里岗保、SW保的一部分。据清乾隆《G县志》记载，"盖其初里以地名，而户版田赋

---

① 《元史》卷93，食货志，农桑。
② 杨讷：《元代农村社制研究》，《历史研究》1965年第4期。
③ 杨殿梓总修：《G县志》（乾隆点注本），第155页。
④ 同上。
⑤ 《清史稿·食货一》。
⑥ 魏光奇：《官治与自治——20世纪上半期的中国县制》，商务印书馆2004年版，第19—20页。

系之，其后田赋有过割户籍，因有变易，而里名亦渐转移焉。盖康熙中，始复三十里旧额也。"① 但是在清代，城内外无坊厢之称，乡里制参差不齐，错综复杂，"兹志自城外而关内，而四乡。乡分四路：东乡一十九保，南乡二十三保，西乡二十五保，北乡三十一保，凡九十八保。其保大小不一，有一保而分东西，或分南北，或分上中下者，因是均派。各里所属，有两保、三保至四、五保不等，且参伍错综。有一里兼领两乡之保者。故分东南西北四乡，按保次叙，但于各保下注系某里所属；考其保可以知其里，而乡保亦井然在目矣。"② 清代规定，"令民间设立里社，则有里长社长之名"，"以一百一十户为里，推丁多者十人为长，余百户为十里，凡甲十人。岁役里长一人，管摄一里之事"③，里甲的主要职能是征调赋役。清代的保甲制度，其基本职能在于维持治安，其基础在于系统的人口登记，其基本特点在于邻里之间的连带法律责任，清代在农村基层还有乡约、社学、社仓、乡兵等组织④。这种乡、里、保区划制度延至清末，宋、元、明、清的基层组织变迁（表1—3）。

  我们虽然看到从隋唐中期到清后期，中央集权出现高度集中倾向，基层控制机制逐步完善和严格，然而宋、元、明、清的基层社会控制机制，只是被部分实现的理想模式，也就是说，真正意义上的监控、内部绥靖和一体化是不可能完全实现的，因为当时基层社会控制的制度是断断续续地进行的，随着朝代的衰落通常会走向式微，而且县以下的社会控制机制不是严格意义上的政府控制机制，它主要是依赖地方士绅或强人，"国权不下县，县下惟宗族，宗族皆自治，自治靠伦理，伦理造乡绅"⑤，同时这

---

  ① 杨殿梓总修：《G县志》（乾隆点注本），第155页。
  ② 同上。
  ③ 《清朝文献通考》卷21，《职役一》。
  ④ 有学者认为清代后来出现一种新的职役系统，即乡地组织。乡地组织结构的基本特点在于以自然村为基本单位，以地方为高一级单位的组织形态，同时在自然村与州县之间设置一级中间组织和区划，除了里、屯、铺、乡之外，还有地方、官村、镇、保、牌等等，乡地组织制度主要的转变就是改变过去乡官制度和乡村职役制度以一定数额的户口为单位而不是以一定的地域为单位，地域仅仅被视为这些户口的耕地和居住地，也就是说，乡地制度同样也对户口进行管理，但这种管理是建立在地域原则的基础之上的，贯彻了近代行政的地缘原则，但乡地组织本身决不等于保甲、联庄和团练。参见魏光奇：《官治与自治——20世纪上半期的中国县制》，商务印书馆2004年版，第40—44页。
  ⑤ 秦晖：《农民中国：历史反思与现实选择》，河南人民出版社2003年版，第220页。

些组织成为地方认同的载体，再加上传统社会的等级差别和城乡差别等等，使之这时期的基层政权组织并不是严格意义上的政府[①]。

表 1—3　宋、元、明、清末以前时期的基层治理组织变迁表

时代		制度特征	地方	基层			
宋	宋初	乡里制		乡		里	
	北宋中期	保甲制		都保	大保	保	甲
元				乡		里(村)	社
				都		图	保
明	明初	里甲制		乡	都	里(图)	甲
	明中后期	保甲制				保	甲
清	顺治五年	里甲制		乡	都	里(图)	甲
	雍正四年	保甲制		乡		保	甲	牌

从上面梳理和透视的情况看，在整个君主专制中央集权的传统国家时期内，中国虽然在基层设置了各种各样的基层政权组织以及社会控制机制，以至于许多学者得出中国自古以来就有监控制度的结论以及中国是大一统的专制主义国家[②]，但是中国真正大一统的局面存在的时间和广度却是十分有限的，葛剑雄认为，"（1）如果以历史上中国最大的疆域为范围，统一的时间是 81 年。如果把基本上恢复前代的疆域、维持中原地区的和平安定作为标准，统一的时间是 950 年。这 950 年中有若干年，严格说不能算是统一的，如东汉的中期、明崇祯后期等。（2）如果以秦始皇灭六国的公元前 221 年至清亡的 1911 年为计算阶段，第一标准的统一时间占总数的 4%，第二标准的统一时间占总数的 45%。（3）如果从有比较确切的纪年的周共和（公元前 841 年）算起，前者约

[①] 费孝通：《中国绅士》，惠海鸣译，中国社会科学出版社 2006 年版，第 1—26 页；Shue Vivienne, *The Reach of the State: Stretches of the Chinese Body Politic*, Stanford University Press, 1988, pp. 95-103. 参见王铭铭：《国家与社会关系史视野中的中国乡镇政府》，载《走在乡土上——历史人类学札记》，中国人民大学出版社 2003 年版，第 150 页。

[②] Michael Dutton, *Politicing the Chinese Household*, Economy and Society Press, 1988; K. Wittfogel, *Oriental Despotism*, Yale University Press, 1957.

占3%，后者约占35%。"① 这里所说的情况对中国传统国家基层政权的变迁有很多启示，即中央政权对城市以外的社会群体和地理空间的控制和渗透处于十分有限的状态，从而，基层政权即使存在，也只能是徒有虚名，"'虚拟'的乡村政权"②，"中国国家权力不能建立，是中国社会崩溃之因，也是中国社会崩溃之果。国家权力与人民无干涉，人民与国家无干涉，老是这样疏远客气的局面，像一根无力的线串成的一个国家，把线扯断，则国家崩裂"③，正如韦伯所说，"官僚制的理性主义在这里碰上了破釜沉舟的传统主义势力，从整体和长远的角度来看，传统主义都绝对占上风，因为它一直有影响"。④ 后面我们还继续讨论传统国家基层政权的生成逻辑和生存状态。

二 社会激变时期现代性基层政权生成：国家权力下延与地方自治

中国自19世纪中叶到20世纪中叶前期跨入近现代的一百年间，"现代世界体系"⑤ 对中国的冲击影响越来越深入，中国发生了前曾未有的"千年之变局"，社会进入激变时期。随着传统中华帝国的崩解，中国的基层政权组织体系也受到了严重的冲击，基层政权出现了历史性的嬗变。

（一）现代性基层政权的生成：官治与自治的纠葛

为了改变传统中华帝国统治秩序崩溃的局面，同时为了适应外国殖民者侵略中国的"需要"，清王朝统治者在"富国自强"的招牌下，积极推行新政、预备立宪和地方自治等改革措施，生成了区乡一级行政区划和组织，这种区乡行政区划改变了传统中国的"王权不下县"的局面，把基

---

① 葛剑雄：《统一与分裂》，生活·读书·新知三联书店1994年版，第78—79页。
② 张鸣：《乡村社会权力和文化结构的变迁（1903—1953）》，广西人民出版社2001年版，第14页。
③ 梁漱溟：《乡村建设理论》，上海人民出版社2006年版，第64页。
④ ［德］马克斯·韦伯：《儒教与道教》，王容芬译，商务印书馆1995年版，第150页。
⑤ ［美］伊曼纽尔·沃勒斯坦：《现代世界体系》，罗荣渠等译，高等教育出版社1998年版。

层政权的设置下延至乡村，强化其对基层人民的征敛和控制。

值得一提的是，1902年，袁世凯在保定府试办近代警察机构即警务局，令各州县"一律仿办"，1904年，袁世凯在农村地区实行了巡警制度，在殷富之地，按五十户设巡警一名；在穷僻之地，百户设巡警一名，并规定巡警军械服式一律统一，须经过正规的训练。正是在推行新政过程中由于某些单一行政职能的行使如警察、教育等，中国近代的区乡一级行政才得以滥觞，清王朝的统治权力下延至农村基层。1909年颁布的《城镇乡地方自治章程》中规定，在城镇乡实现地方自治，"以本地人、本地财办本地事"，自治事务包括教育、实业、卫生、道路土木工程、慈善救济、公共营业和其他公共事务以及地方财务，基本囊括了近代一般地方行政的基本内容。同时规定这些自治行政具有固定的行政区域，即在各府厅州县境内划分自治区，"城厢地方为城，其余市、镇、村、庄、屯、集等各地方，人口满五万以上者为镇，人口不满五万者为乡"，城、镇区域过大、人口满10万者可以再划分为若干区。同时设立自治机构，凡城镇均设议事会及董事会，乡均设议事会及乡董，乡议事会则依人口比例确定名额，少于2500人之乡，得举议员6名，超过2500人之乡，则依次递增，至多可选出18名，乡董、乡佐各设1名，由乡议事会就本乡选民中选举，呈请地方长官核准任用，任期为2年，其职权在是执行议事会议决事项与地方官府委任办理事务并负筹备议事会选举及议事之责。据1911年统计各省1000多个县成立了城议事会、董事会，许多地方选举产生了镇、乡议事会、镇董事会和乡董、乡佐[①]。虽然清末实行的制度没有完全得到落实和执行，如在弦乡，这段时期并没有采用新的行政制度，仍沿袭清代旧制，但清朝统治终结后其确立的乡镇地方自治制度却被政府较长期地继承下来，乡镇级政权由此被固定为政府的基层政权机构，然而，由于军阀割据和战争频繁，基层政权处于临时状态，"民国二三十年的日子，就这样常常处于一种临时状态中"[②]。

南京国民政府成立后，关于对基层政权正式法律规定的文件是《县

[①] 魏光奇：《官治与自治——20世纪上半期的中国县制》，商务印书馆2004年版，第127页。

[②] 梁漱溟：《乡村建设理论》，上海人民出版社2006年版，第14页。

组织法》，该法最初公布于1928年9月，此时规定县以下为区—村（里）—闾—邻共分四级；1929年6月重新进行修订并颁布为《重订县组织法》，改村为乡，改里为镇，即区—乡（镇）—闾—邻四级；1929年9月和10月，国民政府又先后公布了《乡镇自治施行法》和《区自治施行法》；1930年7月又修正《县组织法》并公布。这些法规定县、区、乡（镇）、闾、邻为地方自治单位，"区、乡、镇为自治单位，可以在不抵触中央和省、县法令规则的前提下，制定自治公约"，选民可以直接行使"四权"，即创制权、复决权、选举权和罢免权，同时完善并充实县、区、乡镇各级行政组织，使各类承担行政职能的人员纳入正式科层组织之中，由此使县以下区和乡镇两级行政得到统一，也由此导致中国古代地方行政以县为最基层的制度至此正式终结。

  然而，真正在G县实现国家权力的下延以及在基层设置国家权力组织还是在民国时期的20世纪30年代，同时还不同于全国的规定。据G县志记载，1931年，县以下行政区沿袭清制，设里、保。1932年，源于鄂豫皖苏区的红四方面军撤离该地，国民党为了彻底摧毁红军根据地，强化基层控制，稳定社会秩序，特制定了《剿匪区内各县区公所组织条例》、《剿匪区各县编查保甲户口条例》和《匪区封锁条例》，根据条例精神，规定食物类、军用原料类、卫生材料类等三大类物品严禁流入苏区，对苏区实行严密的经济封锁①，同时在鄂豫皖三省交界的地方实行保甲制，该制度规定以户为单位，10户为甲，甲设甲长，10甲为保，保设保长，旧时的保甲名称一律取消，以数代之，"令告各区、保、甲分头前进，按呈报次第之先后，编订各区、保、甲序数。因此，次序很乱，不少区保甲长还不知自己单位的名称。"② 全县共辖8个区，501保，6056甲，弦乡地属为第二区，下辖11个保。1936年全县8个区并为4个区，区下成立联保，4个区下辖34个联保、157个保，推行联保连坐制度③，弦乡地属第

---

  ① 中共G县党史工作委员会著：《G县革命史（1919—1949）》，河南人民出版社1993年版，第168页。
  ② 《G县PPH乡志》，G县城关印刷厂1986年版，第48页。
  ③ "联保连坐"制度，所谓联保，就是各户之间实现联合作保，公具保结，相互担保不做违法之事；连坐者即结内一家"通匪"，他户必相告发，如不举报，结内各户将连带坐罪。参见王云骏：《民国保甲制度兴起的历史考察》，《江海学刊》1997年第2期。

四区第八、九联保①。从这里可以看出，这种以户为基本单元的编民组织制度保甲制的复活，是传统的、静止的、封闭的农业社会的产物，实际上是加强对基层社会的控制，也是对前期地方自治潮流的反动，导致区、乡镇地方自治的停顿，官治重新居于主导地位②。

1939年9月，国民政府颁布《县各级组织纲要》，被人称为"新县制"。该制度的基本特点是"将地方自治与'官治'的国家行政相结合，将自治与保甲制度相结合。"③ 虽然这个制度出台在抗日战争时期实行受到了很大的局限，但是这个制度在内容上完整地体现了现代中国基层政权下延的状况以及国家权力向下渗透的情况。该纲要规定，县划分自治指导区域，凡教育、警察、卫生、合作、征收等区域应与这种自治指导区域合一，区的划分以15—30乡镇为原则，不满15乡镇的县不分区，设置区署，区署系"县政府辅助机关，代表县政府督导各乡（镇）办理各项行政及自治事务"。同时规定乡（镇）为县以下一级实体性组织，乡（镇）内编制保甲，以10保为原则，不得少于6保或多于15保，据"南京国民政府内政部"统计，到1947年6月，全国整编的保有431870个，甲有4997345个④。乡（镇）设乡（镇）公所、乡务会议，同时设置民政、警备、经济、文化四股。置乡（镇）长1人，副乡（镇）长1—2人，乡镇长的权力为政治、军事、教育三位一体。乡（镇）的民意机关为乡（镇）民代表会，由各保选举两名组成，保设保民大会，甲设户长会议。乡（镇）的主要任务有健全机构、编查户口、整理财政、规定地价、设立学校、推行合作、四权训练、推进卫生、开辟交通、实行救恤等12项⑤。在G县，1941年根据有关规定和实际情况，撤销了区级和联保建制，全县实行乡、保、甲体制，全县为15个乡和1个镇，330保，4886甲，弦乡所在地属于A乡，此制度一直沿袭到弦乡的解放。

---

① G县史志编撰委员会编：《G县志》，中州古籍出版社1991年版，第141页。
② 魏光奇：《官治与自治——20世纪上半期的中国县制》，商务印书馆2004年版，第194—211页。
③ 同上书，第212页。
④ 张厚安主编：《中国农村基层政权》，四川人民出版社1992年版，第53页。
⑤ 阮毅成：《地方自治与新县治》，台湾联经出版事业公司1978年版。

（二）民主革命基层政权：工农代表苏维埃到人民民主政权

中国共产党成立后纷纷在各地建立党的基层组织，领导农民进行革命斗争。从1927年开始的土地革命战争到1949年中华人民共和国成立的20余年间，弦乡同其他革命根据地一样，革命政权经历了工农代表苏维埃政权到人民民主政权的变迁历程。

1925年到1927年，弦乡人民在中共 G 临时县委的组织领导下，弦乡人民纷纷组织起来成立农民协会，农会向豪绅地主开展"借粮"斗争以度春荒，分了一部分豪绅的粮财衣物。农会还派出清算小组，清查公田、公产，把族长乡绅控制的祠堂、庙产、学产清查出来归农会管理，同时他们还多次进行反对高租重课和囤粮放贷的斗争。1929年3月，随着中共G 县委迁往 CS 堡，弦乡革命分子也前往工作，后来成为扩建县北苏区的骨干，1929年底，红军游击队第一大队在队长王树声的领导下，发动群众建立了红色政权。1930年红军游击队攻克 A 镇，农历四月 A 区苏维埃政府成立，苏维埃区委书记为韩家涛、刘国汉、唐子禄，区苏维埃主席张树田、骆定武、朱全新。苏维埃下设工会、经济公社、销售合作社、妇女会、赤卫民警局、少先队、俱乐部，还设有革命法庭、扣留所、土地委员会、红军招待所等单位。区苏维埃下辖7个乡苏维埃和 A 市苏维埃，弦乡地属 A 区苏维埃的第六乡，同时还建立了 A 区游击队、各乡苏分队[①]。5月，G 赤卫第一师在 A 镇成立，共4000余人，后编入红十一师，建立了儿童组织，创办了红色教育学校即列宁小学，师生在街头村尾唱革命歌曲以动员劳苦大众参加赤卫队，由此看来，"中国的苏维埃政权本质只是一种乡村政权"[②]。1931年在 A 镇以及弦乡等地，张国焘以所谓的"改组派"、"第三党"、"AB 团"等名义对红四军中高级干部和大批中下级干部以及党员革命战士进行逮捕并杀害，总数有2500余人，其中军级干部17人，师级干部35人，团级约44人，这次"肃反"对弦乡，乃至对中国

---

① 笔者访谈：YBQ—051123—SAISHAN—HYQ。
② 张鸣：《乡村社会权力和文化结构的变迁（1903—1953）》，广西人民出版社2001年版，第136页。

的革命事业造成极大损失①。红四军撤离鄂豫皖根据地后，国民党对苏区人民进行了更加严厉的控制和残杀。1935年恢复了部分党组织和便衣队，成立了ZHB便衣队。虽然在弦乡成立了这些政权组织，由于在革命战争年代很多都处于急剧变化之中，真正发挥作用十分有限，但是它们毕竟对弦乡基层政权建设产生了很大影响。

在抗日战争时期，坚持在A镇一带的中共G工委及所属组织在中国共产党抗日民族统一战线的策略方针和各项基本政策的指引下，根据"隐蔽精干、长期埋伏、积蓄力量、以待时机"的方针，运用各种方式，联系群众，建立了G抗日民主根据地，同时建立了两个抗日民主政权。但是从史志上发现，弦乡地属当时并没有建立抗日民主政权组织。到了解放战争时期，1946年1月，王震在A镇成立了"GS办事处"但仍利用伪乡政权及伪保甲长为我军征粮、收税和募集军需用品，同年9月在A镇建立GS县，县下辖六个区，弦乡地属YJ区。1948年6月，GS县与HC县南部的几个区合并为A县，成立A县民主政府，A县共辖9个区。

从上面梳理近现代以来基层政权的变迁来看，无论是清末民初、国民政府时期还是中国共产党领导革命时期，所建立的基层政权一改过去以县为基层政权组织的局面，将国家权力下延至乡村，统治形式较过去发生了急剧变化，从某种意义上来说："现代式的地方行政制度的设置，确实是社会变迁的一个主要方面，但它绝不是一个社会自主地展开的社会演化，而与确立国家权力现代性（modernity of state power）努力有着密切的关系。"② 基层政权的变迁并非简单的是一个经济过程，而是国家权力不断扩展与延伸的复杂过程。然而，由于国内政权一体化没有完全实现，传统农业经济基础依然存在，基层政权呈现出传统与现代的交融现象，特别是基层政权的"赢利型经纪人"以及乡村社会半官半民的"权力的文化网络"③的存在，由此提出了构建现代国家基层政权的迫切要求。

---

① 为了纪念这些革命烈士，1981年在A镇修建了"A殉难烈士纪念碑"，由徐向前同志题字。参见《G县志》，第19页。

② 王铭铭：《国家与社会关系史视野中的中国乡镇政府》，载《走在乡土上——历史人类学札记》，中国人民大学出版社2003年版，第154页。

③ [美]杜赞奇：《文化、权力与国家——1900—1942年的华北农村》，王福明译，江苏人民出版社1994年版，第37—48、218—226页。

三 新中国成立后国家政权建设:"政权下乡"及其转承

中国共产党建立了中华人民共和国国家政权后,"共产党政权的建立标志着国家政权'内卷化'扩张的终结"①,新政权在短时期内基本延续了革命阶段的"议行合一"的政权模式,然而在学习苏联以及意识形态的影响下,新中国为了迅速实现国家工业化以及集体化的目标,由此在农村基层政权方面发生了革命性的变化,出现了从1958年到1983年时期的"政社合一"的基层政权体制;随着经济与社会的发展,必然导致基层政权的变革,从而出现如今的向"乡政村治"的基层政权体制转化阶段。

(一)新中国成立初期的农村基层政权:"议行合一"模式

1949年10月中华人民共和国成立到1958年人民公社成立以前,新中国的农村基层政权基本延续了共产党在革命根据地时期的基层政权模式,实行"议行合一"的政权模式。这一时期,为了适应大规模工业化和农业集体化的需要,"从1951年土改到1958年的人民公社化运动,可以说是中国行政管理体制变革最频繁的历史时期。在这段历史时期,制度变革表现出明显的集中性特征。变革方向是由小到大、由少到多、由分散到集中"②。

1950年12月,中央政府颁布了《乡(行政村)人民代表会议组织通则》和《乡(行政村)人民政府组织通则》,规定:"乡(行政村)的政权组织形式为人民代表会议和人民政府委员会。乡人民代表会议的代表由本乡人民选举产生,任期为1年,由乡人民代表大会选举产生主席、副主席,负责主持会议和联系代表,协助乡人民政府进行下届人民代表会议的筹备工作。乡人民代表会议选举产生乡长、副乡长及人民政府委员会委员。乡长主持乡人民政府委员会会议,负责全乡工作,副乡长协助乡长工

---

① [美]杜赞奇:《文化、权力与国家——1900—1942年的华北农村》,王福明译,江苏人民出版社1994年版,第240页。
② 胡必亮:《中国村落的制度变迁和权力分配》,山西经济出版社1996年版,第49页。

作，下设各种经常性或临时性的工作委员会"。乡人民代表会议的职权为：听取和审查乡人民政府工作报告；向人民政府反映人民的意见和要求；议决本乡兴革之事；审议本乡人民负担及财政收支等；乡人民政府的职权为：执行上级人民政府的决议和命令；实施乡人民代表会议通过并经上级人民政府批准的议案；领导和检查人民政府各部门的工作；向上级人民政府反映本乡人民的意见和要求等。1951年4月，政务院又对农村基层政权进行了调整，发布了《关于人民民主政权建设工作的指示》，要求"已完成土地改革的地区，应酌量调整区乡（行政村），缩小区乡行政区域范围，以便利人民管理政权，密切政府与人民群众的联系，充分发挥人民政权的基层组织的作用，并提高工作效率"。截至1952年底，全国共建立了近28万个乡（镇）、行政村人民政府组织。随着新中国第一部宪法《中华人民共和国宪法》和《中华人民共和国地方各级人民代表大会和地方各级人民委员会组织法》等法律法规的颁布，为新中国农村基层政权提供了合法性的法律依据，由此新中国农村基层政权的结构与功能渐具雏形，乡镇成为县以下最基层的政权组织形式，原来的"区"都改为县级的派出政权，撤销了村级行政建制。《地方组织法》规定，乡镇政权设立人民代表大会和人民委员会，乡镇的国家权力机关为乡镇人民代表大会，乡镇的行政机关为人民委员会。乡镇人民代表大会的职权为：（1）保证法律、法令和上级人民代表大会决议的遵守和执行；（2）在职权范围内通过和发布决议；（3）批准农业、工业的生产计划，决定互助合作事业和其他经济工作的具体计划；（4）规划公共事业；（5）决定文教卫生、优抚和救济工作的实施计划；（6）审查财政收支等[1]。乡镇人民委员会的职权为：（1）根据法律、法令和本级人民代表大会的决议以及上级国家行政机关的决议、命令，发布决议和命令；（2）主持本级人民代表大会代表的选举，召集本级人民代表大会会议，向本级人民代表大会提出议案；（3）管理乡镇财政；（4）领导农业、手工业生产，领导互助合作事业和其他经济工作，管理公共事业；（5）管理文化、教育、卫生、优抚和救济工作等；（6）管理兵役工作；（7）保护公共财产，维护公共秩序，保障公民权利和

---

[1] 胡必亮：《中国村落的制度变迁和权力分配》，山西经济出版社1996年版，第172—173页。

少数民族的平等权利；（8）办理上级人民委员会交办的其他事项等①。随着农村大规模的合作化后，乡镇基层政权进行了大规模的调整，到1955年底，全国将原有的21000多个乡镇撤并为11000多个，几乎撤减一半，每个乡镇的面积几乎扩大了一倍②。

新中国成立后，G县地方基层政权废除了民国时期的保甲制，重新建立了农村基层政权组织。乡上设区，区成立区公所，为县级政府的派出机构。1949年春，全县设15个区，157个乡，乡下划分若干村。1949年10月，在157个乡的基础上，划分为231个乡。1950年，再划分为340个乡。1951年8月，全县划分为12个区，辖307个乡。1953年春，全县并为275个乡。1955年12月，根据宪法和《地方组织法》的规定，裁区并乡，原12个区减为9个区，275个乡合并为155个乡，并在此基础上分别设立41个中心乡，每个中心乡辖3—5个一般乡，1956年，撤销中心乡，实行区对乡的直接领导。1957年，撤销区建制，实行县对乡的直接领导，到1958年4月，全县境内并为21个乡③。弦乡所辖区域在新中国成立初期也经历过许多变化：1950年，G县辖15个区，A区下辖24个乡，弦乡属于A区其中的5个乡。1952年，A区中7个乡划归邻近的F区。1955年，A区下辖27个小乡，弦乡属于A区其中的9个乡，也就是相当于现在的村。1956年，邻近的F区将一部分划归A区，这是A区下辖37个小乡，弦乡属于A区其中的11个乡，基本上相当于弦乡成立后的下属村。而到了1957年，农村实行合作社高级化时期，为了适应大规模农村合作化的需要，A区37个小乡并为18个大乡，弦乡属于A区中的5个乡④。区设有党委、区人大、区政府等机构，乡设有乡党委、乡人大、乡政府等机构，再加上乡妇联、乡团委、乡武装部等机构，同时乡下设立村级政权组织。

总之，新中国成立初期，农村基层政权不断调整和变革，国家力量不断延伸到社会，对社会进行根本性的改造，逐步实现国家一体化，构建现代国家政权结构，以适应土地改革、合作化运动以及工业化的需要，"从清末民初开始，有许许多多的有权有力者，一直在努力将自上而下的政治

---

① 胡必亮：《中国村落的制度变迁和权力分配》，山西经济出版社1996年版，第175页。
② 张厚安主编：《中国农村基层政权》，四川人民出版社1992年版，第64页。
③ G县史志编撰委员会编：《G县志》，中州古籍出版社1991年版，第156页。
④ 《A乡乡志》（第一卷），未刊稿，1984年版。

轨道铺到农民从家门口，虽然这个轨道一直在延伸，但真正将它铺到目的地的却是合作化运动，经过这个运动以后，残存的民间社会的空间已经彻底丧失"①。然而，"中国是在农业社会的传统因子基本保留的状态下进入现代工业社会的"②，因此，"现代政治体制的确立和规范，不仅有待于现代财政制度的建立、社会公众思想观念的转变、新型行政管理人员的培养等等，而且有待于社会经济的进一步发展，不可能一蹴而就"③。

（二）人民公社体制："政社合一"模式

从1958年8月到1982年的25年间，是人民公社的"政社合一"体制时期。1958年8月，中共中央发布了《关于在农村建立人民公社问题的决议》，决定对农村基层政权实行变革，撤销乡镇人民委员会和农业合作社组织并建立人民公社，并对人民公社的体制和规模等作了规定，由此兴起了"人民公社化运动"。如在1958年，全国几乎在一夜间建立了26576个人民公社和265万多个公共食堂、475万多个托儿所、幼儿园，10万多个幸福院，1052个民兵师，24525个民兵团，民兵总人数达到4905.7万人，亿万农民群众普遍实现了组织军事化、行动战斗化和生产生活集体化④。据统计，从1958年人民公社化以后到1978年底，全国的人民公社及其下属生产队（包括生产大队）的归并和分立（主要是归并）几乎每年都有发生（如表1—4）。

人民公社发源于河南，那么G县的行政建制当然改变很快：1958年8月，G县将21个乡改成为21个人民公社。1958年11月，全县合成一个人民公社（联社形式），称为"G县新弦人民公社"，下设5个生产管理区，辖54个生产大队、368个生产队。1958年底，新弦人民公社撤销，成立5个人民公社，公社下设生产大队、生产队、生产小队，每个生产大队辖8—9个生产队，生产队为基本核算单位，每个生产队分别管理6—7个生产小队。1959年7月，全县划分为12个人民公社和1个县辖镇。

---

① 张鸣：《乡村社会权力和文化结构的变迁（1903—1953）》，广西人民出版社2001年版，第260页。
② 徐勇：《乡村治理与中国政治》，中国社会科学出版社2003年版，第213页。
③ 纪程：《"国家政权建设"与中国乡村政治变迁》，《深圳大学学报》2006年第1期。
④ 罗平汉：《农村人民公社史》，福建人民出版社2003年版，第51页。

1961年9月，又将原12个人民公社改成为12个区，下辖55个公社和3个镇。1962年3月，上级再次裁区并社，全县并为13个公社和1个县辖镇。1975年，在原14个社（镇）的基础上，增划7个公社，全县共有21个社（镇）①。弦乡所辖区域也发生了很大的变化：1959年，A管理区改建为A人民公社，公社下辖44个大队，弦乡所属区域为11个大队。1961年，A人民公社改建为A区人民政府，下辖5个小公社，5个小公社下辖44个大队。1963年，A区人民政府复位为A人民公社，成立A人民公社管理委员会，撤销5个小公社，将44个大队并为24个大队，弦乡所属区域为7个大队，全社共494个生产队。1968年成立A人民公社革命委员会，1969年，将原24个大队分为33个大队，弦乡所属区域为10个大队。以后，逐渐将一些较大的大队分开，1976年，A人民公社共辖26个大队。1977年，A人民公社下辖28个大队。1981年，A人民公社共辖29个大队，A人民公社管理委员会取代A人民公社革命委员会②。

表1—4　　　　1958—1979年全国农村人民公社发展情况③

年份	全国人民公社数（个）	全国生产大队数（万个）	全国生产队数（万个）	每人民公社有生产大队数（个）	每生产大队有生产队数（个）
1958	23 630				
1965	74 755	64.8	541.2	8.7	8.3
1975	52 615	67.7	482.6	12.9	7.1
1979	53 348	69.9	515.4	13.1	7.4

资料来源：农业部计划局供稿。

"政社合一"的人民公社体制，实际上包括了三层含义④：从理论上看，它是农村基层社会单位与基层政权单位合二为一，即"农村人民公社是我国社会主义社会在农村中的基层单位，又是我国社会主义政权在农

---

① G县史志编撰委员会编：《G县志》，中州古籍出版社，1991年版，第156页。
② 《A乡乡志》（第一卷），未刊稿，1984年版。
③ 周振华主编：《收入分配与权利、权力》，上海社会科学院出版社2005年版，第327页。
④ 张新光：《中国建构现代乡镇行政管理体制的理论探讨》，http：//www.chinaelections.org/NewsInfo.asp? NewsID=96816。

村中的基层单位","公社在现阶段是基层政权组织……公社是将来共产主义社会结构的基层单位"。① 从实践上看,它是农村基层生产单位与基层政权单位合二为一,即"人民公社发展的主要基础是我国农业生产全面的不断的跃进和5亿农民愈来愈高的政治觉悟"。于是,"从1958年夏季开始,只经过了几个月时间,全国74万多个农业生产合作社,就已经在广大农民的热烈要求的基础上,改组成了26000多个人民公社。参加公社的有1.2亿多农户,占全国各民族农户总数的99%以上"。这是当代中国乃至世界历史上的一大"奇迹"。从组织形式看,它是乡、社合二为一,即乡镇党委变成了公社党委,乡镇人民政府变成了公社管理委员会,即"共产党塑造公社,支配和领导着公社"。从此,人民公社变成了"工、农、商、学、兵、党、政、军、民、企"融为一体的独立王国,"公社包含地方政府的所有职能,如军事、公安以及地方贸易、财政、税收、会计、统计和计划工作,这些都受党的控制。"② 有的学者认为人民公社的制度基础是"一大二公",即指人民公社面积大、人口多,生产资料和资源的公有化程度高;人民公社的体制特征为"政社合一";人民公社的组织运行特征为"以党代政",人民公社兼具基层行政管理、生产管理和社区管理三种功能于一体的组织"怪胎"③。中国农村社会呈现出"政社合一"的凝固化结构。在这种结构中,国家的组织边界实际达到了村社组织一级,或者说,村社组织的行政化使公社权力以前所未有的规模和深度直接渗入乡村社会的各个角落,"最初的公社是巨大的集中化了的单位,包括几个标准的集市区域,它们既作为基层政府单位,也作为主要的经济单位"④,公社对农民进行以基层政权为中心的重新组织,将几乎所有的生产、经营、居住及迁徙活动都掌握在基层政权手中,主要的农业资源及其分配由基层政权支配,国家权力史无前例地下伸到社会底层,通

---

① 《郑州会议关于人民社若干问题的决议》,《人民日报》(1958年11月10日、12日)。
② [美]费正清:《美国与中国》(第四版),张理京译,世界知识出版社2003年版,第394页。
③ 朱宇:《中国乡域治理结构:回顾与前瞻》,黑龙江人民出版社2006年版,第94—96页。
④ [美]R.麦克法夸尔、费正清编:《剑桥中华人民共和国史:革命的中国的兴起(1949—1965)》,谢亮生等译,中国社会科学出版社1998年版,第318页。

过支配每个农民的日常生活而将农民整合到自上而下的集权体系之中，"不管是通过党支部还是生产队长，每个农民都直接感受到了国家的权力"①，"每一个人和每一个团体都是层层控制、无所不包的体系的一部分"②，基层"单轨政治"局面形成。

可见，在人民公社时期，农村基层政权的权力结构是比较简单的。一方面在党的一元化领导和毛泽东个人高度集权的体制下，国家权力在横向和纵向上基本都是同质的，其各层级包括公社都大体上是一个单纯接受（党）中央指令的受控体；另一方面，基层农村社会也是集中统一的国家权力支配下的一个行政区域，缺乏最低限度的自组织能力和自治权。这样的村庄权力结构是严重失衡的，一边倒的，甚至是单一的。它使国家配置社会资源的成本急剧升高，国家面临着向社会渗透的财政制约，社会发展的潜能受到极度抑制，窒息了社会经济活力，社会变迁停滞，农村政治发展受到阻碍，结果证明这种治理模式的创建是一次失败的尝试③。

（三）改革开放以来："乡政村治"模式渐具雏形

"三级所有、队为基础"的人民公社制度在实际运作中暴露出一系列弊端，克服这些弊端的传统方法是超经济的政治强制，是持续不断地开展阶级斗争和路线斗争，是不遗余力地向农民灌输社会主义思想，"人为地把几十个村庄扭合在一起的大单位不具合法性，也不能形成经济规模。忽视适合于小块土地原则的手工劳动最终是要完蛋的"④，根据马克思主义的观点，经济不会长期听任政治的摆布，经济演变的逻辑或迟或早会冲破政治的樊篱而表现出它的不以个人的意志为转移的特征；社会不会长期听凭与之不相适应的制度的控制，它或迟或早会迫使制度朝着更适合于它的发展的方向变革。20世纪70年代末80年代初，中国乡村进行了农业经营制度的变革：从农业的集体经营转变为农业的家庭经营。变革的导因深

---

① 陈吉元：《当代中国的村庄经济与村落文化》，山西出版社1996年版，第212页。
② [美]达尔：《当代政治分析》，任元杰译，巨流图书公司1992年版，第106页。
③ 程同顺、赵银红：《乡村管理模式的回顾与前瞻》，《上海社会科学院学术季刊》2000年第1期。
④ [美]弗里曼、毕克伟、赛尔登：《中国乡村，社会主义国家》，陶鹤山译，社会科学文献出版社2002年版，第313页。

植于农村的经济和社会现实之中，变革的推动力又一次来自中共中央，变革的实施依然是乡村政府①。

20世纪80年代，中国农村普遍实行了农业的家庭联产承包责任制，曾经推动这场改革的公社干部们很快发现，改革挖去了公社自身存在的基础，生产队失去了组织农民进行生产的职能，大队和公社也无须对农业发号施令。1982年12月，人大通过了新中国成立以来的第四部宪法，规定省、自治区、直辖市、县、市辖区、乡、民族乡、镇设立人民代表大会和人民政府。1983年10月，中共中央、国务院发出《关于实行政社分开建立乡政府的通知》，明确规定"当前的首要任务是把政社分开，建立乡政府。同时按乡建立乡党委，并根据生产的需要和群众的意愿逐步建立经济组织。要尽快改变党不管党，政不管政和政企不分的状况。"……"村民委员会是基层群众性自治组织，应按村民居住状况设立……有些以自然村为单位建立了农业合作社等经济组织的地方，当地群众愿意实行两个机构一套班子，兼行经济组织和村民委员会的职能，也可同意试行"②。这就从人民公社时期的"政社合一"模式、"文化大革命"时期的革命委员会"一元化领导"模式到改革开放时期的"三位一体"（乡镇政府、乡镇党委、乡镇经济组织）模式的过渡③，到1985年春，全国完成了社改乡的工作，全国的5.6万多个人民公社改建为9.2万多个乡（镇）人民政府，同时原有的生产大队和生产小队也被改建为村民委员会或村民小组，"随着农业的非集体化，公社被取消，乡再度成为国家最低级的行政机构"④。1987年11月，全国人大常委会通过了《中华人民共和国村民委员会组织法（试行）》。这部法律依据宪法第111条规定，对村民委员会的性质、地位、职责、产生方式、组织机构和工作方式以及村民会议的权力和组织形式等作了全面的规定，从而使村民自治作为一项新型的群众自治制度和直接民主制度在法律上确立起来，由此"乡政村治"模式渐具雏形。

根据宪法和中央通知精神，1983年，G县实行体制改革设立21个乡镇、辖328个行政村。1983年4月，A人民公社更名为A乡，同时将29

---

① 张乐天：《告别理想——人民公社制度研究》，东方出版中心1996年版，第447页。
② 《中共中央、国务院关于实行政社分开建立乡政府的通知》（1983年10月12日）。
③ 沈延生：《中国乡治的回顾与展望》，《战略与管理》2003年第1期。
④ ［美］黄宗智：《长江三角洲小农家庭与乡村发展》，中华书局2000年版，第178页。

个大队更名为 29 个村，共有 521 个村民小组，弦乡所属区域为 9 个村。1985 年，为了加快弦乡区域经济的发展，将 9 个村单独划出建制为弦管理区，即弦乡的前身。1986 年 7 月，将弦管理区改名为弦乡，弦乡由此生成。

表1—5　　　　　明清和 20 世纪的地方行政单位名称变迁

明清	民国	解放—1955 年	1956—1957 年	1958—1983 年	1983—现在
县	县	县	县	县	县
里/保	区	乡	高级合作社	公社	乡/镇
	行政村	行政村	初级合作社	生产大队	村民委员会
				生产小队	村民小组

资料来源：黄宗智：《长江三角洲小农家庭与乡村发展》，中华书局 2000 年版，第 178 页，稍有改动。

四　中国农村基层政权转型：权力、权利与治理困境

从上面梳理可以看出，弦乡无论是在传统国家时期、社会激变时期国家建设阶段还是新中国成立以来现代国家构建的努力阶段，农村基层政权治理困境频现，那么这里出现的内在逻辑是什么呢？

在整个传统国家时期，无论是自治抑或是官治，基层政权即使存在，也只能是徒有虚名，古代中国县以下的"政府机构"十分松散而不正规，在现实中形同虚设，毫无定制[1]。古代地方行政只不过是一种介于国家与地方势力之间的应变机制[2]，真正在县以下设立正规化的政府机构还是在清末，尤其是 1911 年民国革命以后的。然而，在新中国成立前，"乡是一个暧昧的单位——超越 100 户自然村自成一乡，小村庄则数个合并而作为一个'行政乡'。1941 年之前乡级机关没有列入县政府的预算中，也没有自己的收入。它们只在名义上存在，和过去的邻间制度一样。真正重要

---

[1]　[德] 马克斯·韦伯：《儒教与道教》，王容芬译，商务印书馆 1995 年版；瞿同祖：《清代地方政府》，范忠信等译，法律出版社 2003 年版。

[2]　王铭铭：《国家与社会关系史视野中的中国乡镇政府》，载《走在乡土上——历史人类学札记》，中国人民大学出版社 2003 年版，第 132 页。

的行政单位是区和村……民国时期的国家机器,不能将正式的官员和权力直接伸入到县以下的各级行政组织"①,"乡镇一级财政在大多数地区是个有名无实的空架子,乡镇、保经费以及部分县办事务的经费始终靠临时或固定性摊派维持。"② 而真正深入到农村基层社会、对整个社会进行全能治理③的还是中国共产党建立新中国政权以后,尤其是人民公社时期,并进而延续到改革开放以后一段时期。总之,"从20世纪的乡村政治的百年史看,国家政权下沉是一条主线。这对于整合离散的乡村社会无疑是有意义的……尽管乡级政权建立的得失至今仍然是一个颇有争议的论题,但它毕竟在乡村政治生活中扮演着特殊的角色"④。

从国家一体化和人民认同来看,由于中国传统社会经济内核是血缘性的小农家户经济,专制集权制度在相当程度上来自于这种经济社会结构。在农村家庭,男性家长居于全家核心地位,垄断着决定权,内部统一家人行动,解决冲突,对外是家庭共同体的象征,维护家族利益。人们的行为方式和社会关系便是费孝通先生所说的,是以家为本位,以家长为核心,由近及远,收放自如的"差序格局"⑤。中国的国家正是在一个个小农家庭基础上建立起来的,国家权力结构是家长制权力的延伸和放大,即"家天下"、"父母官"。根据对权力资源的占有和权力的影响程度,国家和社会形成以皇权为核心的边层结构,这种结构与家长制由近及远的差序格局相似,即以皇权为核心,由近及远,离皇权愈近,权力资源愈多或皇权的控制愈强;离皇权愈远,权力愈少或皇权的控制愈弱,所谓"关中

---

① [美]黄宗智:《华北的小农经济与社会变迁》,中华书局2000年版,第297—298页。
② 魏光奇:《官治与自治——20世纪上半期的中国县制》,商务印书馆2004年版,第391页。
③ 邹谠先生用"全能主义政治"表达政治与社会关系的某一种特定的形式,而不涉及该社会中的政治制度或组织形式。"全能主义"(totalism)仅仅指政治机构的权力可以随时无限制地侵入和控制社会每一个阶层和每一个领域的指导思想,"全能主义政治"指的是以这个指导思想为基础的政治社会。参见邹谠:《二十世纪中国政治——从宏观历史与微观行动的角度看》,牛津大学出版社1994年版,第3页。而"全能治理"是转借邹谠先生"全能主义政治"的某些含义,指的是政权组织为了发展经济和推进民众福祉,政治组织的权力采取非常规措施,可以随时无限制地侵入和控制社会的每一个领域的治理方式。
④ 徐勇:《乡村治理与中国政治》,中国社会科学出版社2003年版,第220页。
⑤ 费孝通:《乡土中国 生育制度》,北京大学出版社1998年版,第24页。

无地主"①，江南地主多，华北无家族，家族在华南的状况便是如此。当代西方学者吉登斯认为，"在民族—国家产生以前，国家机构的行政力量很少能与业已划定的疆界保持一致。"② 在帝国体制下，尽管皇帝拥有绝对权力，但由于地域辽阔，文化多样性和交通、信息等技术原因，"王权止于县政"，皇权—官僚组织体系直到县，县以下实行乡村自治。马克斯·韦伯在分析传统中国国家与社会关系时说："政权领域的各个部分，离统治者官邸愈远，就愈脱离统治者的影响；行政管理技术的一切手段都阻止不了这种情况的发生。"③ 为此，他认为，在传统中国"'城市'是没有自治的品官所在地——'乡村'则是没有品官的自治区！"④ "在中国，三代之始虽无地方自治之名，然确实有地方自治之实，自隋朝中叶以降，直到清代，国家实行郡县制，政权延于州县，乡绅阶层成为乡村社会的主导性力量"⑤。

传统国家尽管存在国家政权机构，但是并没有实施有效的统治，吉登斯认为"传统国家（阶级分化的社会）的本质特性是它的裂变性。其政治中心的行政控制能力如此有限，以至于政治机构中的成员并不进行现代意义的'统治'。"⑥ 由于社会的裂变性和科学技术等因素的影响，传统国家并没有垄断暴力，不是权力集装器，私人和黑社会暴力横行，"凡是大型的阶级分化社会，国家垄断暴力工具要求的实现与否就都受制于两个因素：组织军队的方式以及相对滞后的运输和传播手段。"⑦ 传统国家时期和社会急变时期的弦乡，就是一种被亚历斯山德罗·帕斯西林·德昂特里维斯（Alessandro Passerin d'Entreves）认为是

---

① 秦晖等：《田园诗与狂想曲——关中模式与前近代社会的再认识》，中央编译出版社1996年版，第48页。
② [英]安东尼·吉登斯：《民族—国家与暴力》，胡宗泽等译，生活·读书·新知三联书店1998年版，第59页。
③ [德]马克斯·韦伯：《经济与社会》（下卷），林荣远译，商务印书馆1997年版，第375页。
④ [德]马克斯·韦伯：《儒教与道教》，王容芬译，商务印书馆1995年版，第145页。
⑤ 吴理财：《民主化与中国乡村社会转型》，《天津社会科学》1999年第4期。
⑥ [英]安东尼·吉登斯：《民族—国家与暴力》，胡宗泽等译，生活·读书·新知三联书店1998年版，第4页。
⑦ 同上书，第67页。

一种无政府的状态①。传统国家没有实现国家一体化并由此出现"认同危机",根据盖尔纳的观点,民族认同形成的先决条件不是文化而是政治上中央集权国家的存在②。吉尔·德拉诺瓦认为,"民族是政治生活的存在形式,在现代世界里,则是主要的政治存在形式"③,民众只认同传统的部落、家庭、种族等局部性的单元,没有形成一个全国统一的认同目标,出现"权威的非理性化"特征;国家统一主权不被外部力量所承认④。

从国家权力与民众权利来看,无论是传统国家还是近代以来的现代国家建设时期,强大的权力机器与弱小的民众和有限剩余的小农经济形成了强烈的反差,《诗经》中"普天之下,莫非王土;率土之滨,莫非王臣"之类的经典辞句,也表明以皇权为核心的中央集权的政治系统与一盘散沙的弱小社会并存,表现出强国家弱社会的基本特征⑤。在中国历史上,中央集权的君主专制从表面上看,"王权止于县政";虽然没有渗透到社会每个角落,但是公权力的"超经济掠夺"在历代都是积重难返,农民负担不断加重,即"中国历史上的税费改革都是将杂费归到正税中征收而取消税外征敛,但是每次取消杂费后又会孳生出新的杂费,结果是每改一次就加重一次农民负担,形成了'积累莫返之害',反而害民",形成所谓的"黄宗羲定律"⑥。事实上,传统中国的"专制主义中央集权的国家政权对于乡族社会仍具有潜在的无限的控制力"⑦。也就是说,"无论在哪一个阶段,都谈不上'地方自治的民主体制',而集权专制与缺乏自治是两千年以来中国文明的一大特色"⑧。因此,中国农民自古以来"只是臣

---

① [英]亚历斯山德罗·帕斯西林·德昂特里维斯:《国家的观念》,牛津大学出版社1967年版,前言。

② 参见[美]张信:《二十世纪初期中国社会之演变——国家与河南地方精英,1900—1937》,岳谦厚等译,中华书局2004年版,第169—170页。

③ [法]吉尔·德拉诺瓦:《民族与民族主义》,郑文彬等译,生活·读书·新知三联书店2005年版,第22页。

④ [美]塞缪尔·P.亨廷顿:《变化社会中的政治秩序》,王冠华译,生活·读书·新知三联书店1989年版,第34页。

⑤ 李略:《市民社会和社团主义》,《中国社会科学季刊》1999年春季号。

⑥ 秦晖:《并税制改革与"黄宗羲定律"》,《农村合作经济经营管理》2002年第3期。

⑦ 虞和平:《中国现代化历程:前提与准备》(第1卷),江苏人民出版社2001年版,第14页。

⑧ 沈延生:《中国乡治的回顾与展望》,《战略与管理》2003年第1期。

民、小民、草民，而不是主权者的公民，因此处于政治之外"①。

传统国家的基层政权没有专门为农民的农业生产提供服务的机构，政权机构的职能单一，也就是收税、治安两大职能，有学者认为，"在大型非现代国家中，国家与民众（亦即农民）之间总体上的主要联系在于国家需要征税……'贵族帝国中要统治，首要的就是要征税'"②，"在帝制时代，县官的主要任务是征收赋税：田赋、征粮、盐税、关税以及包括货物过境税在内的种种杂税"③，"农民在自有土地上更精心耕作，官僚就能利用税收，从他们那里得到更多的剩余的产品"④。传统国家的政治与经济是"断裂"的，收税后并没有为农民提供服务，"比起现代社会秩序，阶级分化社会的经济活动和政治舞台，通常有着更为明确的区分。这就是说，即便是中央集权的官僚帝国，国家也极少'干预'经济生活，绝大多数农民是在独立于政治中心所发生的一切这种状态下从事劳作的"，"而且，在更大规模上也并不存在一系列业已划分出来的、独立于国家的'经济机构'"⑤。由此形成权责不对等，农民根本没有自己的权利，又由于所谓的"帕金森定律"，即"官僚机构都具有自我繁殖和持续膨胀的一般规律性。因此，机构庞大，人员臃肿，是官僚机构发展过程中惯有的通病"⑥，"政府作为有组织的'贪污集体'……中国式官僚制的突出之点是'勒索'和任人唯亲"⑦，加上小农经济有限的剩余，很难支撑强大的国家机器对农民的汲取，农民受到严重剥削。农民的政治参与也只有采取诸如农民暴动和农民起义等非制度化的参与形式⑧，"从某种角度来说，

---

① 徐勇：《乡村治理与中国政治》，中国社会科学出版社 2003 年版，第 214 页。
② ［英］安东尼·吉登斯：《民族—国家与暴力》，胡宗泽等译，生活·读书·新知三联书店 1998 年版，第 69 页。
③ ［美］费正清：《美国与中国》（第四版），张理京译，世界知识出版社 2003 年版，第 249 页。
④ 同上书，第 50 页。
⑤ ［英］安东尼·吉登斯：《民族—国家与暴力》，胡宗泽等译，生活·读书·新知三联书店 1998 年版，第 85—86 页。
⑥ 汪玉凯：《中国行政体制改革 20 年》，中州古籍出版社 1998 年版，第 87 页。
⑦ ［美］费正清：《美国与中国》（第四版），张理京译，世界知识出版社 2003 年版，第 106—107 页。
⑧ 方江山：《非制度政治参与》，人民出版社 2000 年版。

现代政体之有别于传统政体就在于它的政治参与水平"①。中国历史上的农民起义和农民战争的规模之大,是世界历史上所罕见的,这种只有王朝的更替但没有根本变化的社会结构,造成农民苦不堪言,也就是说,"农业财政来源和财政能力决定和制约着国家治理的基本格局和走向,也决定着传统国家对乡村的治理格局特性"②。

由此可见,没有形成国家政权一体化和国家认同、民众没有自己的政治权利和其他权利,以及国家权力的超经济掠夺等原因,导致传统国家政权与社会民众之间的严重对立状态,因此我国农村基层治理困境乱象频现。

---

① [美] 塞缪尔·P. 亨廷顿:《变化社会中的政治秩序》,王冠华译,生活·读书·新知三联书店 1989 年版,第 74 页。

② 徐勇:《现代国家的建构与农业财政的终结》,《华南师范大学学报》2006 年第 2 期。

第二章 制度安排与全能治理：乡级基础性权力的生成

农村基层政权弦乡建制的生成，最明显的标志就是弦乡基础性权力的生成。乡级基础性权力生成的制度安排，是指乡级基础性权力正式的制度安排。弦乡基础性权力处于农村基层政权权力结构中的内核①，基础性权力组织俗称为农村基层政权的"块块"②。弦乡基础性权力的生成由于处在后人民公社时期，其运作模式、行为方式和制度安排具有计划经济时期

---

① 基础性权力主要包括中国共产党 G 县弦乡委员会、乡人民代表大会及其常设机构——乡人大主席团、乡人民政府、政协联络组等 4 个正乡级机构，再加上中共弦乡纪委、乡武装部，被称为"六大班子"，同时包括官方设置的社会团体如乡工会、团委、妇联等社会团体的权力组织。这里把党、群众团体以及武装纳入农村基层政权中的基础性权力中，主要是根据中国"党政一体化"的实际情况来考虑的，同时也把它们作为一体来考虑便于分析。张立荣教授认为中国特色行政制度特征之一就是"多位一体、中共主导的政府决策与执行机制"，"因为中共组织在当代中国不仅事实上是一种社会公共权力，而且还是政府机构的领导核心……不能以西方的政党理论来解读中国的现实"。参见张立荣：《论有中国特色的国家行政制度》，中国社会科学出版社 2003 年版，第 88—89 页；林尚立教授认为，"在当代中国，党、国家和社会的关系，是以权力组织网络为基础确立的，这个权力组织网络的载体是党的组织体系。这个权力组织网络把党、国家和社会连接在一起，其中任何一个力量都无法离开这个权力组织网络而存在……党可以通过集权把国家、社会网络在自己的权力和组织范围内，从而形成'三位一体'的关系"。参见林尚立：《集权与分权：党、国家与社会权力关系及其变化》，载陈明明主编：《革命后社会的政治与现代化》，上海辞书出版社 2002 年版，第 200—201 页；朱光磊：《当代中国政府过程》（修订版），天津人民出版社 2002 年版，第 29 页。

② 所谓"块块"是指以行政区域为单位的水平管理，因其管理内容众多和繁杂，一般在政府内部设置十数个乃至数个机构和部门，分门别类配置其职能，它们结合在一起所形成的结构便形成地方政府的"块块"结构，而"条条"则是指以行业为单位的自上而下垂直管理，一般相对独立于地方各级行政机关，决策权基本由中央各部门控制，中央政府各部门的行政指令往往通过"条条"贯彻到基层，同时基层的情况可以通过"条条"渠道直接反映到中央政府，以此达到各部门依靠"条条"权力和信息通道来实现特定权限高度集中的目的。

很强地统制色彩,再加上在"压力型体制"的政治生态情境下,基层政权行政任务不断扩张,国家权力渗透到各个领域和行业,基础性权力出现"全能治理"的行政方式。基层治理是需要成本的,在"全能治理"的情况下,必然导致高额的治理成本。究其原因,在于基层政权以发展经济为中介,致使公共权力威力与公民权利式微之间的失衡。

一 渊源与演变:基础性权力生成的宏观背景

弦乡基础性权力的产生,必然涉及中国农村基层政权权力结构中的各个权力主体的渊源及其"来龙",现在分别对农村基层政权中的党委、人大、政府和政协以及乡团委、妇联等基础性权力生成的宏观背景进行简单的梳理和透析。

(一) 基础性权力中的"领导核心":乡党委生成的宏观背景

乡级基础性权力中的乡党委,它是中国共产党在乡镇一级设立的党的基层委员会。党的基层组织是党在社会基层组织中的战斗堡垒,是党的全部工作和战斗力的基础,是乡镇、村各种组织和各项工作的领导核心。基层党组织是"政党下乡"的重要表征,其重要作用就是作为整合基层社会复杂多元利益的重要制度安排和结构组织,"政党是当代社会的专业化利益综合结构"[1]。根据美国学者阿尔蒙德等的观点,中国共产党是等级制统治政党,"等级制统治的政党作为旨在进行统一的政策动员的工具,在许多致力于大规模社会变革的政治领导人眼中,似乎是很有吸引力的模式","它既不公开承认内部利益综合的合法性,也不承认自主的社会集团利益综合的合法性。只有受控制的机构性或社团性集团或许被允许进行某些形式有限的利益表达。但是公开动员民众支持各种不同的政策立场则是不允许的","实行等级控制的政党,是内部各个层次利益综合的核心,其利益综合可能超过政府正式承认的程度。"[2]

---

[1] [美]加布里埃尔·A.阿尔蒙德、小G.宾厄姆·鲍威尔:《比较政治学:体系、过程和政策》,曹沛霖等译,上海译文出版社1987年版,第242页。

[2] 同上书,第262—263页。

中国共产党从诞生起就宣布是"工农联盟"的政党,经过大革命失败后,毛泽东"声称中国的'革命先锋队'不是无产阶级而是'贫农'。他深信中国的革命必须依靠农民,因此他甚至在共产国际批准以前就着手建立农村游击部队,并创立'苏维埃'"①。经过工农民主专政政权到抗日民族统一战线政权,中国共产党一直把其组织建立在政权之中,"党建在支部上",并起着领导作用,"斗争的前提是共产党军队对土改地区农村的实际控制,以及中国共产党领导的民众抗日团体对乡村的组织和整合已经达到了一定的程度……中国共产党并不认为民意机构与行政机关是两个分立的权力实体,而强调它们是在民主集中原则下建立的立法与行政的统一体"②。从党的历史看,1925年1月在上海召开的中国共产党第四次全国代表大会,通过了《中国共产党第二次修正章程》,章程规定,"凡有党员三人以上均得成立一支部",在党的历史上第一次将党的支部规定为党的基层单位。党的五大以后,中央政治局于1927年6月通过《中国共产党第三次修正章程决议案》,确定党支部为党的"基本组织";党的七大党章改称为党的"基础组织","党的基础组织,是党的支部。在每一个工厂、矿山、农村、企业、街道、连队、机关、学校,等等之内,凡有党员三人以上者,即成立党的支部组织";中国共产党在全国建立基层党组织还是在新中国成立后,"共产党在农村建立党组织当然在与国民党斗争时期已经开始,双方的斗争促使各自向社会的基层纵深发展。但是只有1949年共产党获得最终胜利后,它才能在新的解放区充分建立党的机构"。③

中国共产党作为解放旧中国,把中国人民救出水深火热之中的革命政党,建立了新生的伟大的社会主义国家并开始了执掌中国的新政权。"革命的国家政权与以前的国家政权的区别主要在于新中国成立后的国家机器借助于另一种非正式的国家权力机构:中国共产党。党组织与正式的国家机构在每一层次上平行,直到公社级,再往下,在生产大队里,党支部代

---

① [美]费正清:《美国与中国》(第四版),张理京译,世界知识出版社2003年版,第268页。

② 张鸣:《乡村社会权力和文化结构的变迁(1903—1953)》,广西人民出版社2001年版,第172—185页。

③ [美]黄宗智:《长江三角洲小农家庭与乡村发展》,中华书局2000年版,第178页。

替了国家政权机构"①。作为一个后发外生型现代化国家，不是像西方国家先有市场经济、国家意识和现代民族国家，尔后才产生行使国家权力的政党，通过政党之间的竞争达到民主和自由，而是中国先有现代政党中国共产党，通过艰苦努力地革命和战争打破旧的政权体系，建立新的政权并开始真正有了现代化的民族国家，尔后政党通过强有力的领导，改造传统旧社会的经济、文化思想结构，真正达到人民的认同和合法性，所以说在中国，中国共产党是通过革命取得合法性，并且在现代化建设过程中坚持党的领导有着客观必然性。

新中国成立以来，党始终把加强农村基层组织建设作为党的建设和基层政权建设的重要任务，紧紧围绕党在不同历史时期的中心任务，不断推进农村基层组织建设。十一届三中全会以来，中共中央紧紧围绕解放和发展农村生产力，推动农业和农村经济加快发展，切实加强农村基层组织建设，强调农村基层党组织要坚持和完善家庭联产承包责任制，带领群众走共同富裕的道路。1983年10月，中共中央、国务院发出《关于实行政社分开建立乡政府的通知》，明确规定"当前的首要任务是把政社分开，建立乡政府。同时按乡建立乡党委，并根据生产的需要和群众的意愿逐步建立经济组织。要尽快改变党不管党，政不管政和政企不分的状况"。1985年春，全国基本完成了政社分开、建立乡级政权的工作。1985年，全国农村党的基层组织建设工作座谈会对适应农村改革需要，大力抓好农村党员教育，调整和建设好农村基层组织的领导班子，提出了明确的任务和要求。从1986年开始，全国整党转入农村，重点解决少数农村党员干部中存在的以权谋私和违法乱纪问题，有力地推动了农村基层领导班子建设。1986年9月，中共中央、国务院颁布了《关于加强农村基层政权建设工作的通知》，指出要"明确党政分工、理顺党政关系"，"乡党委要按照党章的规定和实行党政分工的要求，集中精力抓好党的路线、方针、政策的贯彻执行，抓好基层党的思想建设和组织建设，加强对共青团、妇联和民兵的领导，抓好农民群众的政治思想教育，促进党风和社会风气的稳定好转。乡党委对乡政府的领导，主要是政治、思想和方针政策的领导，对干部的选拔、考核、监督，对经济、行政工作中重大问题的决策，而不是包

---

① ［美］黄宗智：《长江三角洲小农家庭与乡村发展》，中华书局2000年版，第178页。

办政府的具体工作。乡党委要保证乡政府依照宪法和法律的规定独立行使职权，支持乡长大胆地开展工作。"① 党通过遍布全国各农村基层政权的党组织，把广大农村党员组织起来，使党成为一个有统一意志、统一行动的整体。

　　乡镇团体组织是指由乡镇社会成员自愿组成，按照一定章程开展活动，在乡镇社会生活某一方面和领域发挥作用的群众性组织。乡镇团体组织的产生，当然可以追溯到中国共产党革命根据地时期，"苏区的社会是被各种名目的群众组织武装起来的，每个群众组织都具有鲜明的军事和半军事化的特征，从半脱产的游击队到普及性的赤卫队，再到儿童的少先队，都是持有武器的团体，要经常进行军事训练，其他的群众组织如贫农团、农民协会、妇女协会、反帝同盟会等也是半军事化编制，基本上除了应该打倒的敌人，农村中所有的男女老少都在各种名目的组织中，其中的积极分子往往一身处在多个组织之中"②，"这些群众组织虽然是群众的，但与乡村政权却有着非比寻常的关系，也可以说，所谓的群众组织实际上是政权的衍生部分……事实上，这些社会团体已经通过与政权机构的链接，被赋予了政府的意义……不仅它们的经费与政权密切相关，而且其组织的构成、行动的方向莫不带有国家政权参与的印迹，从本质上讲它们是属于政治属于国家政权的"③。新中国成立后，乡镇团体组织，如共青团、妇联和工会等在中国共产党的领导下得到了进一步的发展和壮大，"1949年成立了一系列并行的群众组织：全国民主妇女联合会（1953年有7600万会员）；民主青年联合会（1957年有3400万会员）；农民协会（1956年有1.62亿会员）……群众组织可以按个人在社会和专业方面所起的作用，在他的同行同业之间对他进行政府所不能做到的工作。每个团体都是通过'民主集中制'由上面来控制的，虽然在名义上它的权力属于每隔多年召开一次的全国代表大会。群众组织主要作为类似政府的机构来完成政治任务，在由来已久的官员和民众之间的鸿沟上起了桥梁作用。用詹姆

---

　　① 中共中央文献研究室编：《十二大以来重要文献选编》（下），人民出版社1988年版，第1161页。

　　② 张鸣：《乡村社会权力和文化结构的变迁（1903—1953）》，广西人民出版社2001年版，第150页。

　　③ 同上书，第202—203页。

斯·汤森的话来说，它们'使一部分不关心政治的人口政治化'，是应用'群众路线'概念的一部分机构"。①

（二）"民意机关"和"行政机关"：乡人大、政府生成的宏观背景

虽然中国共产党通过革命掌握了中国的政治领导权，但是必须通过政权组织来实现，"中国近代以来产生的国共两党虽然与西方政党有着本质的区别，自身都带有强烈的权力控制的因素，但仍然无法具有政权本身的统治性魅力，必须而且只能借助政权来实现统治。老百姓一般只习惯于服从政权，而只有政权才能行使正式的权力……有政权就算不稳至少接近官家，而没有政权则近乎流寇。"② 如上所述，中国农村基层政权可以追溯到清末新政时期，而真正把国家权力的管道铺设到农村还是在新中国成立后，尤其是农业合作化时期以及人民公社时期。

乡级基础性权力中的乡人民代表大会，是中国农村基层政权的"民意机关"，也是中国地方国家权力机关中最基层的权力机关，是在中国乡镇一级设立的权力机关；乡镇人大在乡镇这一基层行政区域内代表人民，依法行使宪法和法律所赋予的权力，其做出的决定只在乡镇行政区域内具有法律效力③，是中国农村基层政权"合法象征的标志"，其常设机构为乡人大主席团。乡政府是乡人大的执行机关，是基层国家行政机关，它对本级人大和上一级国家行政机关负责并报告工作，同时接受乡镇党委的领导和监督。党的十一届三中全会以后，随着国家工作重心由"阶级斗争为纲"转向"以经济建设为中心"，"经济工作是当前最大的政治，经济问题是压倒一切的政治问题。所谓政治，就是四个现代化。"④ 中国农村实行联产承包责任制，由此人民公社管理体制的弊端日益凸显。1979年7月第五届全国人民代表大会第二次会议通过了《中华人民共和国地方各级人民代表大会和地方各级人民政府组织法》，对乡级人大、政府的产生、职能等作了明确规定。根据1982年宪法和地方组织法规定，乡镇人

---

① [美]费正清：《美国与中国》，张理京译，世界知识出版社2003年版，第350—351页。
② 张鸣：《乡村社会权力和文化结构的变迁（1903—1953）》，广西人民出版社2001年版，第207页。
③ 侯保疆：《中国乡镇管理研究》，中国社会科学出版社2006年版，第112页。
④ 《邓小平文选》（第2卷），人民出版社1994年第2版，第194页。

大不设常设机构和办事机构,乡镇人大主席团只是会议期间的临时机构,乡镇人大会议的召开和乡镇人大代表的选举由乡镇人民政府召集和领导。为了改变这种情况,1986年12月,六届全国人大常委会第十八次会议通过了修改地方组织法的决定,规定乡镇人大举行会议的时候,选举主席团,由主席团主持会议,并负责召集下一次本级人大会议,从此改变了由权力机关的执行机关来主持权力机关会议的做法,扩大了乡镇人大主席团的职能范围。

根据宪法和有关法律法规,全国各地普遍进行了政社分开、重建乡级人大和政府的工作,到1985年底,全国农村废除人民公社、建立乡政府的工作基本结束,大陆乡村5.6万多个人民公社,改建为9.2万多个乡镇级政权,其中1984年10月,国家民政部对1955年和1963年的建制镇标准进行了调整。同时,根据中央关于"应当建立乡一级财政和相应的预决算体制,明确收入来源和开支范围"的有关精神,财政部颁发了《乡(镇)财政管理试行办法》,规定乡镇财政要贯彻执行"统一领导、分级管理"的原则,乡镇财政收入和支出由国家预算内资金、预算外资金和自筹资金组成。1986年9月,中共中央办公厅、国务院办公厅联合下发《关于全国区、乡、镇党政机关人民编制的有关规定》,文件规定乡镇党政机关人员编制的审定标准;同月,发出《关于加强农村基层政权建设工作的通知》,文件就乡镇党政分开、政企分开、简政放权、完善乡镇政府职能等问题,作了明确的规定。1991年11月,中共中央通过了《关于进一步加强农业和农村工作的决定》,强调要"加强乡镇党委和政府自身建设,充分发挥乡镇党委的领导核心作用,健全乡镇政府的职能,使之成为有权威、有效能的基层党委和政权组织"。[①]

二 制度安排与人员下派:基础性权力生成过程

"制度安排是支配经济单位之间可能合作与竞争的方式的一种安排,制度安排可能最接近于'制度'一词的最通常使用的含义了……不过它

[①] 中共中央文献研究室编:《十三大以来重要文献选编》(下),人民出版社1993年版,第1778页。

必须至少用于下列一些目标：提供一种结构使其成员的合作获得一些在结构外不可能获得的追加收入，或提供一种能影响法律或产权变迁的机制，以改变个人（或团体）可以合法竞争的方式"。① 权力的运行过程，就是对权力活动的行为、运转、程序以及各构成要素，特别是各利益群体之间以及它们与政府之间的交互关系进行实证性的分析、研究和阐述，也就是，"要求和支持的输入通过一个转换过程变成了权威性政策的输出"②。弦乡基础性权力的生成，主要是国家权力规制和自上而下制度安排的结果，政治权力运行过程具有很大的任意性，明显凸显了在新时期党和国家"以经济建设为中心"的思想路线，同时也显现了地方政府在发展经济过程中的主动性及其与上级政府的博弈，其制度安排和人员下派体现了"政党下乡"和"政权下乡"的意蕴。

（一）责任状的签订与制度安排：基础性权力生成过程的全景透视

1978年十一届三中全会后，中国实行改革开放政策，以经济建设为中心，中国经济发展迈上了快速发展的轨道。由于弦乡地处深山，交通不便，自然灾害频繁，再加上战争创伤和"左"倾的影响，弦乡经济发展仍然落后，经济发展比较缓慢，文化、教育、卫生等事业比较落后，群众生产、生活都存在不少困难，部分群众温饱问题还未解决，成立弦管理区以前，1984年全区的总收入为98.3万元，人均收入只有56元，特别贫困户3150户，占总户数的82.9%。为了尽快改变苏区的贫困面貌，省委、省政府、县委、县政府多次就该议题进行讨论。省委领导认为，苏区的贫困，"省委、省政府感到十分不安。建国三十多年了，为革命牺牲最大、贡献最多的老苏区困难还如此之大，说明我们的工作没有做好，感到很对不起苏区人民"③。从一定程度上可以说，"贫困问题是个管理评价的

---

① ［美］L. E. 戴维斯、D. C. 诺斯：《制度变迁的理论：概念与原因》，载［美］R. 科斯、A. 阿尔钦、D. 诺斯等：《财产权利与制度变迁——产权学派与新制度学派译文集》，刘守英等译，上海三联书店、上海人民出版社1994年版，第271页。
② ［美］加布里埃尔·A. 阿尔蒙德、小G. 宾厄姆·鲍威尔：《比较政治学：体系、过程和政策》，曹沛霖等译，上海译文出版社1987年版，第16页。
③ 河南省人民政府文件（1984年3月23日）。

课题,可以用管理评价来为贫困的定义确定界限"①,为此,省委专门下发了扶持苏区发展的文件,要求举全省之力支援苏区的发展。

笔者在进行社会调查和查找历史档案过程中,发现在1985—1986年期间,G县县委就弦管理区及弦乡的设立及其有关事宜的讨论就达15次之多。县委认为:"现在最困难的A乡东南八个村,人口两万多。A乡太大,干部不好管理,工作很难开展"②,所以,县委、县政府为了改变贫穷面貌,采取了物质和身份激励措施,"只要愿意到弦区的干部,工作最少三年时间,解决干部家属商品粮问题。"③为了开始使管理区良性运作和健康发展,县委决定遴选和配备优秀领导干部,"要下决心挑选好一把手。职务低于乡,但能力不能低于乡党委书记",同时要求"一把手组阁,立下军令状"④。即将担任中共A乡弦管理区总支委员会书记的JWM于1985年3月4日与G县县委书记XCL签下"三年建设特区责任状"⑤:

三年建设弦特区责任状

一、指标:

1. 三年内全区人均产值从79元达到300元;

2. 三年内区办企业产值从零达到100万元,实现税利10万元;

3. 全区实现"三通",即通水、通路、通电。

二、措施:

1. 三年内70%的农户建有沼气池;

2. 三年内人均养五只长毛兔;

3. 基本消灭欠水田;

4. 每户平均一亩苎麻;

5. 宜林荒山、荒坡全部造林,基本上实现绿化。

---

① [法]弗朗索瓦·佩鲁:《新发展观》,张宁等译,华夏出版社1987年版,第35页。
② G县委1985年会议记录(1985年2月23日)。
③ 在中国20世纪80年代,能吃上商品粮的待遇既是经济优厚的象征,也是显示身份和荣誉的标志。G县委1985年会议记录(1985年2月23日)。
④ G县委1985年会议记录(1985年2月23日)。
⑤ 弦乡1985年档案文件。

三、特殊政策：

1. 区、村、队兴办企业三年内免税，三年免征工商行政管理费；

2. 三年内苏区建设款每年县安排 70 万元；

3. 特区三年作为扶贫重点；

4. 三年内每年供应计划内煤炭 200 吨，供计划内汽车一辆；

5. 建区开办费县财政合计 7 万元，A 乡分家定给 6 万元。

四、奖惩：

1. 凡调入区、区直单位工作的干部，职工家属在农村的妻子、子女解决城镇户粮关系；

2. 调入区工作的干部、职工工资（除山区补助外）向上浮动一级，三年完成任务定为固定级。三年后还在那里工作的再向上浮动一级；

3. 三年内完不成上述任务，个人要求调出的、违犯严重错误开除和动刑的干部、职工取消浮动工资，注销这次解决城镇户粮关系。领导班子完不成上述任务就地免职，三年不准调出；

4. 对年老同志三年验收完成任务后调入县直单位安度晚年。

此状签字后生效，到期验收兑现。

紧接着县政府下发文件成立弦管理区的通知，"为了振兴农村经济，加快苏区建设步伐，必须进一步加强对山区、边远地区的领导……管理区组织本地区的经济文化等方面的建设，尽快改变面貌，赶上发展快的地区"[①]，组建中共 A 乡弦管理区总支委员会、A 乡弦管理区政府、A 乡弦管理区经济联合社：由 JWM、YYB、ZFX、CSX、LHY、LJK 等同志组成中共 A 乡弦管理区总支委员会，JWM 任总支书记，YYB、ZFX 任总支副书记；YYB 兼任 A 乡弦管理区区长，LJC 任副区长；CSX 任 A 乡弦管理区经济联合社主任，XRY、FCX 任副主任，过了一个月，县委增派 YMY 任经济联合社副主任，作为基层政权的弦管理区权力结构是党、政、企三位一体的组合。1985 年 5 月，G 县人民武装部发文，任命 QLH 负责民兵工作；同年 9 月，G 县团委发文，由 SCY 负责区团委工作。不到一年的

---

① G 县 1985 年档案文件（1985 年 3 月 5 日）。

时间，县级政权由30多个职能部门纷纷下派干部组建弦管理区的站、所、办等机构，承担起国家权力下延的"落脚点"，"麻雀虽小，五脏俱全"，以此体现国家"政权下乡"的现代国家建构过程，弦管理区作为国家农村基层政权的基本架构由此形成。

弦管理区的成立，当然需要安置办公地点和悬挂党及政权的牌子，"名正言顺"的体现"政权下乡"及"政党下乡"的表征，才能成为合法的政权组织。在1985年5月25日召开的党政联席会议上，弦区干部纷纷发言：

> 建设集镇和街道，现在不为出名，今后不留骂名，要充分发扬民主，抓紧时间，力争11月搬进新房。方案有以下几个：1. 张铁畈，它是三镇的中心，水源充足，山势良好。2. 雷洼后畈，四面环山，有山有水，有先天独厚的自然环境，投工少，占农田面积大，水源不十分充足。3. LT大队部对面山。（书记JWM语）
>
> 这个问题是要我们认真考虑的大问题，主要是经济中心的形成，但是文化中心是一部分人的，政治中心是少数人的问题。形成经济中心的条件：中心地带；交通方便；人口密集；水源充足；风景尽可能的美。（党委委员LHY语）[①]

经过讨论和协商，会议最后形成初步意见，乡政府建在ZT作为第一方案，曹洼作为第二方案，当年经过地委赵书记视察并同意后正式开工建设并在12月份完工，弦管理区政权的牌子"中国共产党G县A乡弦管理区总支委员会"和"G县A乡弦管理区人民政府"挂在政府办公地点大门前。

（二）再次博弈与人员安排：弦乡正式成立

政治权力的运行，"除了找到执行功能的结构外，我们的结构—功能图还必须确定存在于政治结构之间的基本关系，尤其是关于影响和自主的关系"[②]。弦管理区的成立为了得到省级政府的认可，在"合法程序下的

[①] 弦乡1985年档案文件。
[②] ［美］加布里埃尔·A. 阿尔蒙德、小G. 宾厄姆·鲍威尔：《比较政治学：体系、过程和政策》，曹沛霖等译，上海译文出版社1987年版，第77页。

非法操作"[1] 的情境下，县政府随后向上请示把弦管理区改为乡级政权[2]，但是这次没有被省级政府许可，"区划调整问题，涉及增加建制、编制和财力问题，需进一步考虑，故暂缓调整"[3]。然而，这并没有挡住县级政权的利益冲动，于是将弦管理区下辖的其中两个行政村划分为四个行政村：LT 分为 LT 和 ZT，LZ 分为 LZ 和 XGQ，认为是"便于行政领导，振兴经济"[4]。时隔一年后县级政府又向上级请示把弦管理区更名为弦乡，不是同一文件文号，但是同样的文件内容，同样的所谓理由，"有利于推动工作，有利于发展商品生产，有利于搞活经济和有利于行政管理出发"[5]，于是省级政府批复了此次请示准予由区改乡[6]，"当前有许多权力，未经过理性或服从者的良知就被成功地行使"[7]，由此，弦乡行政区划基本形成和弦乡农村基层政权的诞生。

当时的弦管理区老百姓对单独设立弦管理区有什么看法呢？笔者访谈了村干部和农民：

> 当时老百姓很想通路、通电和通水，认为建立乡政府是好事，能够发展经济，带动老百姓致富，政府可以大力支持发展经济。区划带有计划经济的概念，争取国家对这些区域的扶贫。[8]（村干部语）
>
> 成立弦乡，当然好，很快通路了，电也架上了。但是不应该来这么多干部啊，还有很多无关的家属都来了，不知道他们来做么事。[9]（村民语）

---

[1] 杨雪冬：《市场发育、社会成长和公共权力构建——以县为微观分析单位》，河南人民出版社 2002 年版，第 178 页。

[2] G 县 1985 年档案文件（1985 年 4 月 9 日）。

[3] 河南省政府 1985 年档案文件（1985 年 10 月 3 日）。

[4] G 县 1986 年档案文件（1986 年 2 月 20 日）。

[5] G 县 1986 年档案文件（1986 年 5 月 15 日）。

[6] 河南省政府 1986 年档案文件（1986 年 7 月 28 日）。

[7] ［美］C. 赖特·米尔斯：《社会学的想象力》，陈强等译，生活·读书·新知三联书店 2001 年版，第 43 页。

[8] 笔者访谈：YBQ—051222—XZF—YZM。

[9] 笔者访谈：YBQ—051222—JGC—FSS。

从上面签订的责任状和访谈可以看出，弦管理区以及弦乡的成立完全是为了当地民众的福祉和经济的发展考虑的，民众也想通过弦乡的设立帮助其带来福音。弦管理区的领导干部和人民群众在县级政权的大力支持下，发扬艰苦奋斗的精神，当年就实现了"三通"，即通电、通路与通水，当时这种改变苏区贫困面貌的大干精神被《人民日报》和《河南日报》等媒体全面报道。在弦乡政府的大力倡导下，短短三年时间兴办和新建了许多乡村企业，出现"遍地开花"现象，当地人民生活水平和生活环境也有所改善。但是，从上面"责任状"和系列文件可以看出，这些经济发展指标和奖惩措施充分展现了当今中国"压力型体制"和实行"目标责任制"[①] 管理的基本意蕴，也充分体现了政府成为经济发展的主体作用，政府成为"全能政府"。

虽然弦管理区的成立完全是为了民众的福祉、经济的发展和行政管理的便利，"通过政治优势带动农村的发展，同时国家对贫困乡有很多优惠政策"[②]，但是，我们从弦管理区以及弦乡的建制和设立来看，真正体现了政治权力的巨大作用：根据国家有关规定，乡镇级行政区划由省级政府审批，由于涉及编制、财力问题等原因，省级政府并没有审批弦乡的行政区划建制，但是这并没有改变县级政权不遗余力的努力方向，县级政权于是把弦管理区以"A乡弦管理区"名义进行工作，同时把大村化为小村，在县委会议上有的同志认为，"先划个区比较现实些，乡要报省政府审批。先搞区打个基础，扎个摊"[③]，县级政权在行政区划问题上打了个"擦边球"，由此就规避了省级政权的监管。虽然以"A乡弦管理区"名义进行工作，但是管理区领导干部的待遇是按照乡级待遇实行的，"事实上按乡级干部配备的，承担的是乡级干部的工作量，但只缺少省政府的批准手续。要从实际出

[①] 所谓"目标责任制"，就是在"压力型体制"下，地方政府为了完成其工作目标，而将当年的工作目标进行细化分解，并与下级政府和组织签订目标责任书，要求下级政府和组织如期完成各项指标，并严格进行考核、奖优罚劣的管理制度。在"目标责任制"的管理模式下，乡级政府围绕着上级政府下达的目标开展工作。参见徐勇、黄辉祥：《以民主政治建设增强村级组织的"草根性"——中部地区四县调查》，载徐勇、项继权等：《参与式财政与乡村治理：经验与实例》，西北大学出版社2006年版，第293页。

[②] 笔者访谈：YBQ—051222—XZF—ZYH。

[③] G县县委1985年会议记录（1985年2月24日）。

发，按正、副乡级干部对待"①。那么，县级政权为什么两次向上级请示要求变更行政区划并终于如愿以偿呢，这里主要还是利用行政手段争取国家或者省级的更大援助和扶持。如上所述，该县是老苏区，国家对苏区建设有很多优惠措施和扶持政策，正如弦管理区领导在总结新区成立一周年经验的讲话里所道破，"在苏区建设扶贫工作上，还可以争取优惠政策，集中资金，重点扶持"②。

根据党和国家的有关规定，1986年8月建立了中共弦乡委员会和纪律检查委员会，下辖13个基层党支部，党员355名；书记JWM，副书记YYB、ZFX、LJK三人，还有党委委员两名；LYF任纪检书记，纪检委员2人。在1986年8月到1988年10月期间，乡党委认真贯彻上级文件精神，积极稳妥地开展了反对资产阶级自由化斗争，认真开展"扶贫致富带头人"活动，乡办起了党校，村办起了活动室，在1987年对全乡基层党支部进行了换届，吸收了一批先进人物入党。乡纪委认真查处党员违纪案件2起，1人受到党纪处理，做好信访纪检工作，等等。1988年10月召开了中共G县弦乡第一次代表大会和中共G县弦乡纪律检查委员会，出席会议正是代表45名，选举产生了中共G县弦乡第一届委员会和纪律检查委员会，第一届乡党委克服"等、靠、要"、"穷光荣"的思想，发扬"艰苦创业，自力更生，争取外援，但不依靠外援"的"弦乡精神"，经过苦干、实干，弦乡的经济有了新发展，群众生活水平有了提高。

在弦管理区区政府的基础上，1986年8月成立了弦乡人民政府，并在1987年4月召开弦乡第一届人民代表大会，出席会议的人大代表42名，听取并审议了政府工作报告、人大主席团工作报告，选举产生第一届人大主席团和乡人民政府乡长、副乡长。乡人大主席团主席由乡党委书记JWM兼任，选举了乡长YYB，副乡长FCX、LJC、FYX、ZG等，到1990年2月，弦乡内设9个机构，编制22人，实有人数47人。

---

① G县县委1985年会议记录（1985年10月23日）。
② 弦乡1986年档案文件。笔者访谈一位当过县委书记秘书的县直干部，他也认为当时"设立乡镇，有经费"，见笔者访谈：YBQ—051221—XIANZHI—WCY。

三 "全能治理"与高额治理成本：
归属权利的争取与经济发展

农村基层政权行政区划的变动，是制度变革和结构变化的过程，同时也是利益调整的过程，"每次事件都证明，每次行动怎样从直接的物质动因产生，而不是从伴随着物质动因的词句产生"①。所以，弦管理区以及弦乡的单独建制和设立必然触及某个群体或个人的利益。同时，由于行政任务的扩张和"全能治理"的行政方式，必然导致高昂的乡镇治理成本及浪费有限的资源。

（一）归属权利的争取：民众权利的凸现

现代国家构建的过程就是一个将辖区内的各社区的居民转换成全国性的公民的过程，在这个过程中，现代性生产机制必然会导致"脱域机制"的生成②，国家机器"跨越时空距离对社会关系进行规则化的控制"③。在弦乡设立过程中，国家或者说地方政府以行政命令和国家意志把弦乡居民纳入到整个国家政治整合体系内，但是，民众为了维护自己的切身利益也会积极行动起来，争取自己的合法权益。

笔者在查阅县级政权进行弦乡行政区划调整的档案中，显示弦乡所属的 JG 村这个"村级共同体"在 1985 年 10 月 22 日向上级反映并要求维护其权益、不愿上级政府的强行划分的情况：

致县委、人大、政府、政协的一封信

县委、县人大、政府、政协领导：

　　在全县广泛深入开展"建设苏区、振兴经济"的热潮中，由于乡级体制改革的变动，我村经上级党组织决定将我村划分到弦管理区范围。至 1986 年元月份以来，通过近半年之余的工作实践证明，由

---

① 《马克思恩格斯选集》第 2 卷，人民出版社 2012 年版，第 9 页。
② ［英］安东尼·吉登斯：《现代性的后果》，田禾译，译林出版社 2000 年版，第 18 页。
③ ［英］安东尼·吉登斯：《现代性与自我认同》，赵旭东等译，生活·读书·新知三联书店 1998 年版，第 17 页。

于历史所形成的自然条件限制,地处偏僻,干群一致认识到,它不利于开展本区及本村的工作。因而,特地写出报告,请示上级政府将我村恢复到原 A 乡。

其原因所在:其一,原 A 乡是我村自然条件所导致的首集,群众办事十分方便。尤其是近年来在上级政府对苏区人民的关怀下,花费了巨大的代价,解决了交通问题,为振兴我村经济奠定了良好的基础,而到弦管理区的弊端之多,害处之大,即门前大河相隔,新区尚无经济,无法解决这一问题,当然,这是我村群众最最关心的重大疑难问题。

其二,由于大河相隔,学生到弦区上学,一年四季过河,夏天热沙蒸烫,冬天受寒冬之苦,如遇洪水就会有生命危险。

其三,弦管理区所属的九个行政村都尚已解决了交通问题,唯一的 J 村不解决这一主要问题。

其四,区委轻视我们新建公路,没有给我们发过奖金,其他村都有奖金。

其五,扶贫分配。原在 A 乡,我村属县乡两级扶贫重点村,通过检查属实贫困,而到弦区却成为最富裕、最好村。

其六,群众负担重,由于十年混乱造成群众生活底子差、空,经济贫困,而弦管理区区委决定每村为区集资办学、建设机砖瓦房,每人平均摊派 3—4 元。

其七,扣发扶贫款。我村于 1984 年底经县苏区办批准拨款 2 万元,区委为办砖瓦厂,至今还扣发村办企业扶持款 4000 元。

根据群众要求,一致同意返回 A 乡政府。

现有党员、小队干部签名盖章(略)①

这封按有党员、村干部、小队干部和群众手印的请求信,送到县委领导手里,我看到有"存档处理"的批语,但是行政区划还是按照原先的计划继续把 JG 村划分到弦管理区及弦乡所属,一直到 2005 年弦乡的撤并,JG 村又回到 A 镇所属,"秩序是在社会生活中形成的,是人们在自

---

① 弦乡 1985 年档案文件。

身的行为方式发生变化之后相互间的预期和行为方式的磨合"①，JG村又恢复到重新整合的政治和社会秩序之中。

1987年，弦乡有12个行政村，181个生产队，234个自然村，3860户，18025人，总耕地面积10481亩，人均六分。其中水田8609亩，人均四分九；山地1872亩，人均一分一。在三年期限结束后，1988年县级政权对任期目标责任状况实现情况进行调查和审计，认为"三年建设目标基本完成，工农业产值超额完成，农民人均纯收入逐年增长，完成了三年内乡办企业产值的奋斗目标"②。弦乡政府在总结三年的成绩时，认为自然面貌和生产条件大为改观，封闭型的自然经济已向开放型的商品经济转变。

由于沿海一部分农村乡镇企业的成功，国家将大办企业作为一种村工业化的道路在全国宣传，这种宣传在弦乡便转化成一种实际行政行为，在行政行为的干预和催生下，弦乡大力兴办各种乡村企业，村户联合体四级企业不断发展：1985年区、村办13个企业，劳动力976人，年产值40.93万元；1986年区、村办企业21个，增加就业120人，年产值105.97万元；到1987年，有50个乡村办企业，初步形成了以苎麻、草帽、塑料、皮革和建材等工业体系（如表2—1）。在1985年，总收入134万元，人均77元，有贫困户2900户，占当时总户数的76%；1986年，全乡总收入229.4万元，人均129元，有贫困户2318户，占当时总户数的61%；1987年，全乡总收入270万元，人均纯收入150元，有贫困户1056户，占总数的27.6%。弦乡虽然兴办了许多乡、村办企业，吸纳了很多就业人员，但是这些企业大多数设在各个行政村里，并非设在乡政府所在的"中心地点"，国家政策仍有力地限制着人口的迁徙，农民在这些企业上班并不意味着迁出农村，仍然是住在农村里并仍以大部分时间由其本人或由其家人干农活，他们还是农村户口，被称为是"离土不离乡"的工人，这些乡村工业的发展，并没有带来如西方的城市化现象。在20世纪80年代的弦乡，村庄虽然不是如黄宗智所说的"半农半工"

---

① 苏力：《阅读秩序》，山东教育出版社1999年版，第12页。
② G县统计局1988年档案文件（1988年5月18日）。

的村庄①，但绝大多数还是以务农为主，是"多农少工"的村庄，村庄还带有很强的自然经济色彩的传统乡村文明。

表 2—1　　　　弦乡 1985—1987 年乡村办较大企业登记表

企业名称	建厂年月	投产年月	厂址	工人(人)	资金来源（万元）			
					扶贫款	贴息款	低息款	自筹款
苎麻脱胶厂	86.10	87.7	LBC	163	16	20	20	179
草帽加工厂	85.7	85.8	ZZC	53	6.2	8	9.6	
猪鬃加工厂	85.4	85.5	WHC	40	2.5			3
砖瓦厂	85.3	85.6	FZC	85	4.5	6		6.1
皮件厂	85.6	85.7	武汉市	70	3.4	3		6.1
皮革制品厂	87.10	87.11	G县	38	3			4.228
塑料拉丝厂	87.9	87.10	LTC	9	2.05			
建材门市部	87.4	87.4	LTC	5			1	0.85
建筑工程队	85.8	85.8	LTC	45		1		3.3
客运站	86.9	86.10	LTC	3	2			

资料来源：弦乡 1988 年档案文件。

（二）"全能治理"与高额治理成本：经济发展的行政化

从理论上来说，"政社分开意味着政府部门取消了原有的生产组织职能，它专门从事管理，政府退出生产组织者角色，使得农民的日常生活渐渐离开了政府处理事务的范围，它标志着 50 年代以来，随着新政权建立起来的、个体农民对国家体制的有组织内聚结构正处于变化之中：一方面，基层生产资源的控制结构在分化，乡属机构、乡镇企业等实力单位的多中心化；另一方面，支配性权威的中心也在下落，由县、公社下落到村庄层次"②，可是，事实上在弦乡，政社分开的意义主要是体制表征上发生了变化，而深层次的政府行政行为并没有发生变化，"传统体制的制度

---

① [美] 黄宗智：《长江三角洲小农经济与乡村发展》，中华书局 2000 年版，第 291—304 页。

② 张静：《村民自治建设面临的问题》，《粤港信息日报》，1998 年 7 月 14 日。

惯性不仅体现在制度的沿袭方面,更主要的表现为人的行为惯性……制度的导入和行为的滞后使国家与农村基层社会、国家与农民之间存在不少缝隙,由此衍生出许多影响农村发展的不利因素"[1]。就拿弦乡发展苎麻种植产业来说,弦乡不遗余力发展苎麻产业并全面介入经济发展过程,层层分解播种面积,下达到基层每个生产队或者个人,对微观经济体实行行政干预,依然实行"全能治理"和超经济控制,政府成为"万能政府",如同政府在建国后到1978年一样(如表2—2),弦乡每年都下达农作物种植计划面积。弦乡大力发展的经济作物——苎麻,又称"中国草",它作为天然植物纤维早已得到人类的赏识,弦乡认为"金苎麻,银兔子,养鱼是个正路子"。弦乡根据县委精神以及当地的自然环境,大力发展苎麻种植产业,同时利用苏区扶持款兴办了"弦乡苎麻脱胶厂"。据统计,弦乡1984年苎麻为275亩,1985年为1263亩,1986年5101.5亩,全乡户均1.3亩,人均三分;1985年产麻12万斤,收入45万元,人均25元;1986年30万斤,收入150万元,人均85元;1987年产麻50万斤,收入150万元,人均85元。在发展苎麻种植产业过程中,弦乡通过下发红头文件、评比达标、奖惩措施等激励农户种植苎麻(如表2—3),同时为了发挥村干部的模范带头作用,弦乡对村干部工作情况以及自家种植情况进行评比(如表2—4),还有对全年工作成绩进行量化打分进行评比(如表2—5)。

表2—2　　　　　1952—1978年农作物播种面积构成　　　　　(%)

项　　目	1952年	1957年	1962年	1965年	1978年
总播种面积	100	100	100	100	100
一、粮食作物	87.8	85	86.7	83.5	80.3
其中:稻谷	20.1	20.5	19.2	20.8	22.9
大豆	8.3	8.1	6.8	6.0	4.8
二、经济作物	8.8	9.2	6.3	8.5	9.6
其中:棉花	3.9	3.7	2.5	3.5	3.2

---

[1] 张厚安、徐勇、项继权等:《中国农村村级治理——22个村的调查与比较》,华中师范大学出版社2000年版,第7—8页。

续表

项　　目	1952 年	1957 年	1962 年	1965 年	1978 年
油料	4.0	4.4	3.0	3.6	4.1
三、其他作物	3.4	5.8	7.0	8.0	10.1

本表根据《中国统计年鉴（1985）》，中国统计出版社 1985 年版，第 254 页编制。

表 2—3　　　　　1986 年完成和超额完成苎麻生产任务的单位

单　位	名　次	分配任务（亩）	完成数量（亩）	占任务率（％）
LBC	1	400	470.28	117.57
LZC	2	500	501.08	100.2
ZZC	3	600	606.6	100.1
TMC	4	350	310	88.6

资料来源：弦乡 1986 年档案文件。

表 2—4　　　　　JG 村干部包队苎麻移栽情况统计表

村干部	包队数	人口	分配任务	完成数（亩）			完成任务（％）	人均面积（亩）	村干部自家		
^	^	^	^	总面积	新麻	老麻	^	^	人口	亩数	人均
FSS	2	227	90	65.22	45.16	20.06	50.18	0.24	3	1.17	0.39
CDH	2	163	58	58.03	34.54	23.49	59.55	0.37	8	3.51	0.43
FCJ	2	249	76	63.26	45.63	17.63	60.04	0.26	3	0.55	0.18
FJC	2	185	56	41.43	35.64	5.79	63.64	0.23	3	0.8	0.26
ZFG	2	219	66	43.02	27.07	15.95	41.02	0.20	4	1.35	0.34

资料来源：弦乡 1986 年档案文件。

表 2—5　　　　1986 年完成主要工作评分表　　　　1987 年 2 月 7 日

单位	名次	总分	苎麻	推广良种	改冲	圈猪	修路	提成	计生	村办企业	挖山
ZZC	1	87	30	3	6	7	10	12	9	5	5
ZTC	2	81	21	4	6	6	10	12	8	10	5
LTC	3	78	20	3	4	8	9	12	9	8	5

续表

单位	名次	总分	苎麻	推广良种	改冲	圈猪	修路	提成	计生	村办企业	挖山
LBC	3	78	27	1	5	9	8	12	11	1	4
LZC	4	75	28	1	5	5	8	12		4	4
XGQC	4	75	24	2	3	8	8	12	10	4	4

资料来源：弦乡1987年档案文件。

从上面表格可以看出，弦乡为了发展经济，采取了各种措施，全面介入经济的发展，由此各种发展经济以及评比达标活动的表格比比皆是，而这只是仅仅第一步。1987年，由于市场行情的变动，苎麻价格出现剧烈下滑。出于经济利益的考虑，许多农户纷纷毁麻并改种其他农作物。为了保护现有苎麻面积，弦乡做出了《关于保护现有苎麻面积的决定》，该决定认为，"'毁麻风'在全乡越刮越紧，眼看全乡人民辛苦种下的苎麻将要毁于一旦，为了确保我乡苎麻面积不受损失，渡过眼前难关，以便力争明年价格回升取得主动……做出如下决定"：

（一）乡村两级党政组织，必须进一步提高对保麻的认识，把保护它当作一种过硬的工作来完成，采取强硬的措施，彻底在全乡杜绝毁麻现象……（四）对目前仍继续毁麻的农户，经教育不改，说服不理者，责成毁麻户（人）退回原定粮食指标（按毁麻面积计算）；另收回种麻国家扶持款，每亩50元；对党员、干部带头毁麻的将要给予党纪政纪处分。（五）发现乡直单位党、团员、专业户、乡村厂（场站）点人员或其家属毁麻的，除收回定补粮食指标外，还收回其家属近年来的苏区扶持款。麻厂职工及其家属有毁麻者，除按上述规定处罚外，一律辞退，任何人不得讲情。（六）乡包片干部所包片的苎麻面积一点不毁的除政治表扬外，另奖励50元奖金，发现毁麻现象的要追究包村干部行政纪律责任……村包队干部如所包队苎麻面积减少五亩以上者，作为自动辞职或由乡给予免职处分……[①]

---

① 弦乡1987年档案文件。

据笔者访谈，为了发展苎麻，弦乡政府对奖惩措施执行得有点不近情理：有的长势很好的花生、黄豆等作物都被当时的工作组连根拔去，强迫种植苎麻；毁麻农户的亲属在乡镇机关及其直属单位工作的同时要受到"牵连"处罚①。但是这些行政命令并没有改变市场规律的法则，苎麻市场价格并没有如基层政府所期待那样的回升，农户还是大量毁麻。"良好的政治与行政管理制度能与经济增长携手并进"②，然而这种不顾市场经济规律、行政直接干预农户的经济行为不仅不利于农村经济的发展，而且导致乡镇基层政府把大量的治理成本花费到发展微观经济上，农民种什么、种多少，怎么种也就没有自主权，这种"全能治理"的方式必然带来行政任务的扩张，乡镇工作量巨大，如乡镇工作人员到田间地头查看种植情况、评比达标、奖惩兑现等，乡镇干部疲于奔命，不得不增加机构和人员，冗员增多，机构庞大，管理和监督等治理成本居高不下，造成"生之者寡、食之者众"的局面，从而出现挤占建设性资金，财政不堪重负的局面。再加上乡镇官僚和村组干部在确定发展思路和选立项目时，脱离实际，不讲科学，决策的随意性很大，违背自然规律和经济规律，结果导致乡村公共决策的失误，如投资兴建各种小型乡村企业、乱上项目等，其结果是有限的财政资金没有充分发挥其作用，弦乡不仅蒙受了巨大的直接经济损失，而且丧失了经济发展的大好时机。

众所周知，任何组织的生存和运转都需要一定的人、财、物等资源的支持，需要花费一定的治理成本，政府也不例外。科斯指出，"政府行政机制本身并非不要成本。实际上，有时它的成本大得惊人"③，"事实上，任何政权管理都是需要成本的，且成本极不稳定。'官'字下面的两个'口'，这意味着不仅维持政府运行需要成本，而且政府官员有自身的利益追求"④。政府运作既有直接支出，也有间接支出，政府成本就是为政

---

① 笔者访谈：YBQ—060512—XIANGZHI—FJC。
② 世界银行：《2000/2001 年世界发展报告：与贫困做斗争》，世界发展报告翻译组译，中国财政经济出版社 2001 年版，第 113—115 页。
③ [美] R. H. 科斯：《社会成本问题》，载 [美] R. 科斯、A. 阿尔钦、D. 诺斯等：《财产权利与制度变迁——产权学派与新制度学派译文集》，刘守英等译，上海三联书店、上海人民出版社 1994 年版，第 22 页。
④ 徐勇：《乡村治理与中国政治》，中国社会科学出版社 2003 年版，第 220 页。

府运作所支付代价的总和,即"政府组织和管理社会而产生的费用"①,政府成本包括显性成本和隐性成本。乡村治理成本主要包括两部分,即乡镇政府成本和村级党组织及村民自治组织的运营成本,可以包括以下部分:(1)乡镇官僚机构、村级自治机构和组织运行的维持成本;(2)国家政令贯彻执行成本和乡镇官僚、村组干部忠诚程度的监督费用;(3)选拔乡镇官僚和村组干部及建立他们的威信所耗费用;(4)乡镇官僚和村组干部不切实际的政绩追求所带来的损失;(5)乡镇官僚、村组干部的同级内耗成本与上下协调成本;(6)乡镇官僚、村组干部的盲从或被迫执行所带来的效率损失和强制成本;(7)乡镇官僚、村组干部的自利倾向和乡政村治的制度缺损所带来的败德成本和效率损失;(8)为有效防止潜在的民众抗暴危险,不断强化国家机器和其他控制措施的费用支出;(9)司法过程中所发生的信息成本、谈判成本、司法成本等;(10)为提升乡镇官僚、村组干部和农民群众的道德水准、法制观念等所花费的教育投资费用等。"善治"要求治理主体树立成本的概念,不但应当节省开支、压缩预算,减少显性成本,而且更重要的是应当尽量减少隐性成本②。本文只是对账面的显性治理成本进行讨论。

如前所述,G县为了吸引工作人员来弦乡工作,凡是来弦乡工作的都解决工作人员家属的商品粮问题,我们发现在1985年至1987年间,先后在1985年5月解决"农转非"19户共68人,在1986年4月解决了25户共96人,1986年12月解决了130户共521人,1987年元月解决了36户138人,1987年2月解决了23户共67人,其中1986年有16个单位总计有263户567人解决了商品粮。1986年解决的"农转非"各单位以及户数和人数情况(如表2—6)。

表2—6　　　　　弦乡1986年解决"农转非"户数和人数　　　单位:户、人

单位	户数	人数	单位	户数	人数
区机关	42	168	粮食	18	46
财政	2	2	食品	23	50

---

① 何翔舟:《论政府成本》,《中国行政管理》2001年第7期。
② 朱宇:《中国乡域治理结构:回顾与前瞻》,黑龙江人民出版社2006年版,第207—212页。

续表

单位	户数	人数	单位	户数	人数
卫生	4	6	农机	14	37
税务	12	26	道班	2	4
营信	11	21	畜牧	6	10
工商	6	13	外贸	14	28
学校	70	91	邮电	6	3
供销	32	61	法庭	1	1
合计	179	388		84	179

资料来源：弦乡1986年档案文件。

可以看出，弦乡是一个农业型财政，也是一个典型的"讨饭"财政。乡干部的到来，需要解决家属就业与生活问题（如商品粮问题），这里不仅仅是工作人员的所需所用来自农业产值，而且工作人员的家属所需也同样由农民和国家来承担和消化：据资料显示，从1984年到1990年的七年间，国家对弦乡苏区建设扶持的款项总额为3223294元，其中扶持款1317914元，贴息款1149380元，低息款776000元（如表2—7）。其中在1985年至1987的3年里，县扶贫苏区款236.8712万元，加上1984年扶持25.25294万元，总计269.2294万元，其中有106.0912万元投入到兴办乡办企业中去，占扶贫资金的40.3%；扶持村办企业38.4万元，占扶贫资金的10.7%，两者合计达到51%。这些款项本来是国家支援贫困地区发展农业生产和乡村企业的周转资金①，但其根本没有得到充分地集约化使用，宝贵的扶贫资源造成了大量浪费，很多款项被挪作他用或者被贪污私吞，为此上级撤销乡党委书记和乡长的职务并追究刑事责任。基层政权作为乡村企业投资主体，产权不清晰，加上乡村企业的管理人员都是人员素质不高的乡村干部，企业管理不善，企业运行不到3年，都出现不同程度的亏损，并面临停产和破产的边缘。同时为了配套企业的发展，弦乡不得不加大农业税和提成的收缴力度，农民负担不断加重：虽然在资料和文件里看出农民税收不超

---

① 县纪检委1990年档案文件（1990年9月）。

过上年收入的5%，但是经过笔者访谈，有的年份每人税收和收费高达300—400元，为此投河自杀以及干群之间打架现象时有发生，干群关系非常紧张①。而此时弦乡农民人均纯收入106.50元，农业总产值381万元，工业总产值163万元，人均工农业产值303.47元；还有60%的处于贫困线以下的特困户②。

表2—7　　　　1984—1990年县拨苏建三款情况表　　　　单位：元

年度	扶持款	贴息款	低息款	合计
1984	295202	32380	—	327582
1985	488000	152000	—	640000
1986	243712	428000	—	671712
1987	153000	450000	449000	1052000
1988	128000	73000	127000	328000
1989	10000	14000	120000	144000
1990	—	—	60000	60000
合计	1317914	1149380	756000	3223294

资料来源：弦乡1990年档案文件。

四　基础性权力生成解析：权力、权利与经济发展

弦乡的诞生，弦乡基础性权力的产生，我们从中可以看出公共权力的威力、民众权利的式微和国家突出"以经济建设为中心"三者的角力。

首先，弦乡的诞生，凸显了公共权力的威力。20世纪80年代中期以"财政包干"为特点的分权改革带来的主要变化就是地方政府获得了更多的经济决策权，开始拥有实现独立利益的手段，这种权力结构的变化，既赋予了地方政府追求本地经济快速增长和进行制度创新的动力，也增加了地方政府寻求新财源的压力，所以地方政府利用改革获得的资源配置控

---

① 笔者访谈：YBQ—060104—ZHZ—YBY。
② G县统计局1988年档案文件（1988年5月18日）。

权和改革政策提供的发展机会，运用新旧体制转轨中的"模糊地带"，获取地方经济利益显得尤为主动①。然而，政府作为公共利益的代表，"政府也完全被看作产生功利目的，而且完全为功利目的而存在，若没有政府，个人便无法实现这些目的。政府为公共利益而存在"。②从 G 县发展贫困地区经济来看，他们的着眼点都是好的，"有利于推动工作，有利于发展商品生产，有利于搞活经济和有利于行政管理出发"，同时也是促进本地经济和社会的发展。"政府被概念化为在干预市场过程中具有纠正各种市场失灵的潜在能力的中立仲裁者"，然而，我们从弦乡的诞生过程来看，虽然当地老百姓希望早日通公路并改变贫困面貌，但是弦乡的"出生"主要是基于当地政府的自身利益来考量的并以权力来"催生"的。

从原则上说，政府的经济行为在总体上是一致的，但地方政府更多代表的是局部利益，"不用说也知道政府有自己的利益。更为现实的是，每一个政府机构可能都会反映各自利益的不同目标，并且政治经济过程反映了相互冲突的公有或私有利益之间复杂的相互作用关系"。③ 马克思主义认为，政治权力是以经济权力为基础的，经济权力是在生产、交换、分配和消费过程中，以所有权为基础，通过经营管理权、产品和财产分配权等多种权力形式表现出来的控制、支配乃至统治他人的权力④，而经济权力和经济关系首先表现为经济利益，"每一个社会的经济关系首先是作为利益表现出来"⑤，政府利益的实现和维护并不是一个自发和自动的过程，"权力可以定义为有意努力的产物"⑥，G 县政府为了争取更多的扶持利益，他们更加自觉地、能动地争取扶持倾斜的利益活动过程，G 县政府尽可能地调动各个方面的有效资源，如到国家部委游说、向原先的战斗过 G

---

① 周振华等：《收入分配与权利、权力》，上海社会科学院出版社 2005 年版，第 371 页。
② [美] J. 熊彼特：《经济分析史》（第 1 卷），商务印书馆 1991 年版，第 144 页。
③ [日] 青木昌彦等：《东亚经济发展中政府作用的新诠释：市场增进论》，载孙宽平主编：《转轨、规制与制度选择》，社会科学文献出版社 2004 年版，第 385 页。
④ 王沪宁主编：《政治的逻辑：马克思主义政治学原理》，上海人民出版社 1994 年版，第 231 页。
⑤ 《马克思恩格斯选集》（第 2 卷），人民出版社 2012 年版，第 537 页。
⑥ [美] 伯特兰·罗素：《权力论——新社会分析》，吴有三译，商务印书馆 1998 年版，第 23 页。

县的老红军和老首长求援[①]、通过上级领导向省级政府施压等手段,争取G县经济的发展,或者向苏区弦乡投入更多的扶持和援助。由于中国改革开放以来,利益多元化、组织多样性迅速发展,乡镇政权、村庄乃至地方政府等都是迅速成长的自主的分利集团,都在建构"自由政治空间"[②]。美国经济学家曼库尔·奥尔森认为,任何国家均有分利集团(distributional coalitions)的存在,否则便不会有相应的集体行动;而分利集团有着特定的作用,即促进人们参加相关集体行动的利益。但在或是扩大蛋糕本身以增加集体分享的份额或是在蛋糕本身既定的前提下着力于扩大自己的份额,这样两条途径的选择中,分利集团通常会选择第二条途径。其原因很简单:增加蛋糕并非轻而易举,而且仍无法排除"搭便车",因而对于分利集团来说,选择第二条途径才是最优的[③],G县也不例外,以此来争取国家对苏区的援助。

不仅如此,围绕着弦乡的发展,G县多次向上级申请弦乡的单独建制,"所以权力的一个基本前提是,与掌握权力的他人选择相关而存在的不确定性",利用政府的公共权力进行上下级之间的博弈,借用的手段也是丰富多样的,"如果权力持有者,以他的权力为基础,可以实施越是多样、越是多种类型的决策,那么他的权力就越大"[④],于是,"借助资本形成的组织(以有财产/无财产的划分为基础)界定加入和退出的条件和服从指导权力的条件,因而构成自主的权力。这适用于国家,也适用于私人政府官员"[⑤]。所以,政府为了地方经济的发展,在一个缺失良性制度安排的情况下,也只有采取政府之间的博弈,中央政府与地方政府之间、地方政府之间"权力分配不均并非纯粹是个人品质和能力分配不均的结果,

---

[①] G县作为苏区县,原先战斗过的老红军以及老首长在北京有很大的权力资源和关系资源可以利用,G县领导多次赴京向这些人汇报过苏区发展情况,以求得更多援助。

[②] 杨善华:《家族政治和农村基层政治精英的选择、角色定位和精英更替》,《社会学研究》1997年第5期。

[③] 张小劲、景跃进:《比较政治学导论》,中国人民大学出版社2001年版,第270—271页。

[④] [德]尼克拉斯·卢曼:《权力》,瞿铁鹏译,上海世纪出版集团、上海人民出版社2005年版,第11页。

[⑤] 同上书,第103页。

而是一个社会主要机构以及这些机构的合法性运作的反映"①,这种再分配也导致"没有增长的再分配"②,只是在分配一个"蛋糕"时谁分的多谁分的少而已,虽然"为了获得国家垄断和分配的资源,与国家建构的政治竞争原则保持一致"③。

然而,基层政权在转型期的现代国家构建过程中,不仅仅是国家权力的一体化的问题,更重要还在于"规范各级政权本身的角色改变及治理规则的改变,使其成为真正意义上的公共机构——保护公民权利、提供公共产品和服务、管理公共财富"④。作为一级政权组织,执掌公共权力的弦乡党员干部和职工为了该地区的发展,舍弃他乡较好的工作环境而来到弦乡,他们是为了工作的需要或者是上级组织的委派,但是也不可否认有很多干部主要是为了解决家属的商品粮问题,在短短3年时间有几百人解决了商品粮问题,"'为集体生存做好准备'这一措辞遮蔽了社会福利国家新增功能的多样性,也遮蔽了功能增进的基础,即由集体组织起来的错综复杂的私人利益"⑤。公共权力的具体行使者,相当于经济社会中的经济个体,即是"经济人",以追求自身利益最大化为目标,"政治领域中的人也如包括市场在内的其他领域中的人一样追逐私利,一样的卑鄙"⑥,而从公共权力的根本来源和权力设置的目的来看,掌权者所掌握的权力是公权,公权应该为谋取公众的利益服务,以追求公众利益最大化为目标,然而,当现实中的公共决策不可能同时实现公众利益和具体决策个人利益最大化的目标时,当权力的具体行使者追求公共利益最大化的动力不足、道德自律不足时,在对公共权力缺乏严密而有效的制约和监督的社会环境

---

① [美]丹尼斯·朗:《权力论》,陆震纶等译,中国社会科学出版社2001年版,第15页。
② [英]拉尔夫·达仁道夫:《现代社会冲突》,林荣远译,中国社会科学出版社2000年版,第17页。
③ [美]弗里曼、毕克伟、赛尔登:《中国乡村,社会主义国家》,陶鹤山译,社会科学文献出版社2002年版,第366页。
④ 张静:《村庄自治与国家政权建设》,载[美]黄宗智主编:《中国乡村研究》第一辑,商务印书馆2003年版,第216页。
⑤ [德]哈贝马斯:《公共领域的结构转型》,曹卫东等译,学林出版社1999年版,第176页。
⑥ [美]詹姆斯·M.布坎南:《自由、市场与国家——80年代的政治经济学》,平新乔等译,上海三联书店1989年版,第12页。

中,"不负责任的权力必定是不受制约的权力"①,具体决策人就有可能利用手中的权力以实现个人利益最大化为目标,在弦乡,则主要表现为乡党委书记JWM、乡长CSX权力很大,有人向县委反映,"他们独断专行,把自己的亲属都弄到乡里各个单位"②,以致在经济上犯了错误并触犯了法律,由弦乡的创立者最终沦为犯罪分子。

其次,弦乡的诞生,也是民众权利式微的表征。马克思认为,权利是"社会的产物,是社会的产儿,而不是自然的个人的产物"③,"权利观念来自社会的存在,没有社会承认,权利等同无物,而权利需要社会承认,表示那个社会有能力形成一个观念,认为公益在于相互承认权利"④,从本质上说,权力是打着维护权利的旗号产生和发展的,一个强大的公权,既有助于保护私利,也容易侵犯私权,"强大的足以保护产权和实施合同的政府也同样强大到足以剥夺公民的财产。"⑤ 民众权利之所以在权力面前溃不成军,恐怕确有一个"奥尔森问题":"有理性的、寻求自我利益的个人不会采取行动以实现他们共同的或集团的利益"⑥。

在20世纪80年代的弦乡,小农经济色彩比较浓厚,是"多农少工"的村庄,对传统村庄有很强的认同感,从JG村党员、干部等社会精英采取共同行动来看,他们组成了"村级共同体"⑦,同时造就了局部的公共领域,以此来维护共同体的切身利益。弦乡JG村级共同体的行为并没有

---

① [英]阿克顿:《自由与权力》,候健等译,商务印书馆2001年版,第343页。
② 笔者访谈:YBQ—060512—XIANGZHI—FJC。
③ 《马克思恩格斯全集》(第1卷),人民出版社1956年版,第377页。
④ [英] A. J. M. 米尔恩:《人的权利与人的多样性》,夏勇等译,中国大百科全书出版社1995年版,第143页。
⑤ [日]青木昌彦:《比较制度分析》,周黎安译,远东出版社2001年版,第156页。
⑥ [美] M. 奥尔森:《集体行动的逻辑》,陈郁等译,上海三联书店、上海人民出版社1995年版,第2页。
⑦ 布坎南认为,"没有任何人是完全孤立的,也没有任何人真正孤傲地认为他自己是一个孤立的意识单位。每个人都会在某种程度上认同某个共同体(或某些共同体),而不管这个共同体是核心家庭、扩大的家庭、氏族或部落,一组地方的、民族的、种族的或宗教的人群,工会、厂商、社会阶级,还是国家。大部分人会以不同的忠诚程度,同时认同几个规模、类型和价值观根源不同的共同体"。参见 [美]詹姆斯·M. 布坎南:《自由、市场与国家——80年代的政治经济学》,平新乔等译,上海三联书店1989年版,第158页。

改变公共权力的行为,村民权利在强大的公共权力面前无能为力,"历史并不是由道德上无辜的一双双手所编织的一张网,在所有使人类腐化堕落和道德败坏的因素中,权力是出现频率最多和最活跃的因素"[①],而且村级共同体的请求信反而落到当地政府手里并存档,使公民权利与公共权力没有形成很好的互动。尤其令人费解的是,他们认为本村属于县乡两级扶贫重点,在A乡,国家的扶贫政策对本村有利,而到另一个乡可能影响本村的国家扶贫资源的分配,这样就产生了来自外部的"相对剥夺感"[②]:"区委轻视我们新建公路,没有给我们发过奖金,其他村都有奖金","原在A乡,我村属县乡两级扶贫重点村,通过检查属实贫困,而到弦区却成为最富裕、最好村。"村级共同体的"相对剥夺感"与国家资源的分配关系可以表示(如图2—1)[③],如果我们考察到JG村的"情景空间性"[④],就会发现,在资源相对短缺的条件下,这是其"强外在约束下的选择"的"自然结果"[⑤]。

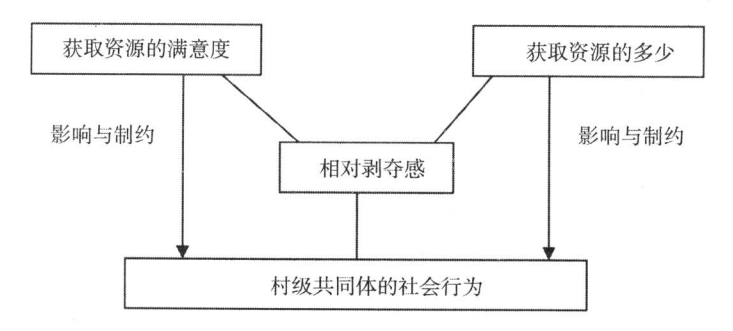

图 2—1　村级共同体与国家资源分配关系图

---

① [英]阿克顿:《自由与权力》,候健等译,商务印书馆2001年版,第342页。
② "相对剥夺感"主要是指人们从期望得到的和实际得到的差距中(discrepancy between expectation and actuality)所产生出来的或所感受到的,特别是与相应的参照群体的比较过程中所产生出来的一种负面的主观感受。参见李路路、李汉林:《中国的单位组织——资源、权力与交换》,浙江人民出版社2000年版,第56—57页。
③ 李路路、李汉林:《中国的单位组织——资源、权力与交换》,浙江人民出版社2000年版,第57页。此图表有所变动。
④ [英]安东尼·吉登斯:《社会的构成:结构化理论大纲》,李康等译,生活·读书·新知三联书店1998年版,第139页。
⑤ [美]安迪·克拉克:《经济理性:个人学习与外部结构的互动》,载[美]约翰·N.德勒巴克、约翰·V.C.奈编:《新制度经济学前沿》,张宇燕等译,经济科学出版社2003年版,第323页。

马克思认为，"利益本身已经是社会所决定的利益，而且只有在社会所创造的条件下并使用社会所提供的手段，才能达到；也就是说，私人利益是与这些条件和手段的再生产相联系的。这就是私人利益；但它的内容以及实现的形式和手段则是由不以任何人为转移的社会条件决定的"①，"人的天性一半反社会；一半却必须透过社会生活才能满足"②，这些乡村精英，通过内聚村级共同体，虽然他们具有反抗和监督的作用，"但并不企图促进这些局部作用走向联合、统一和扩展，从而使村民作为公民参加到现代政治过程中去。"③ 他们根据自然条件的约束以及交通通讯的不便，认为 JG 村应该所属 A 乡，由此感觉"赶集"方便，便于商品流通和货物贸易，而且孩子上学、出行都比较方便。他们实质上是个人利益（personal interests），区别于现代意义的个体利益（individual interests），中国社会仍然是"大共同体本位而不是小共同体本位，更不是个人本位。但小共同体的缺失造成了一种'伪个人主义'现象"④，这种个人利益"是一个实体存在，它特别指向某个个人，他的特别利益可以和其他人分别开来。个人利益需要依附于具体实体，离开了这个实体，个人利益就无法存在"⑤，"因此维护组织和维护支持组织的团结对实现个人利益至关重要，而这种个人利益原来是孤立地追求的，或者通过与集体中其他成员竞争追求的"⑥，问题是，从相似的个人权利到共同利益以及形成集体力量之间的机制并不容易轻松获得，更何况，每阶层被组织起来的具体机制也各不相同，例如，"'团结'之于工人相当于'荣誉'之于封建秩序、'诚实'之于资产阶级：使人感到是一种无条件的要求，因为个人依赖它才得以生存"。⑦

最后，弦乡的诞生，也是突出"以经济建设为中心"的产物。在传

---

① 《马克思恩格斯全集》（第 46 卷·上），人民出版社 1979 年版，第 102—103 页。
② [美] J. 麦克里兰：《西方政治思想史》，海南出版社 2003 年版，第 225 页。
③ 张静：《现代公共规则与乡村社会》，上海书店出版社 2006 年版，第 90 页。
④ 秦晖：《农民中国：历史反思与现实选择》，河南人民出版社 2003 年版，第 271 页。
⑤ 张静：《现代公共规则与乡村社会》，上海书店出版社 2006 年版，第 27 页。
⑥ [美] 丹尼斯·朗：《权力论》，陆震纶等译，中国社会科学出版社 2001 年版，第 207 页。
⑦ G. L. Arnold (George Lichtheim), "Collectivism Reconsidered", *British Journal of Sociology*, 6 (March 1955), p. 9.

统国家时期,"阶级分化社会的经济活动和政治舞台,通常有着更为明确的区分。这就是说,即便是中央集权的官僚帝国,国家也极少'干预'经济生活,绝大多数农民是在独立于政治中心所发生的一切这种状态下从事劳作的"①,也就是说,在传统国家时期,国家政权很少就经济发展问题设立专门机构进行督促和监督,也就是政治与经济是"断裂"的,"非现代社会中并不存在明晰的'经济'领域……在更大规模上也并不存在一系列业已划分出来的、独立于国家的'经济机构'"。② 真正出现政治与经济相"疏离"而不是"隔绝"及"断裂",还是出现在近代以来资本主义经济的发展和现代国家的出现,"随着现代资本主义及其相伴的政治形态(民族—国家)的发展,政治与经济才得以最密切地配合起来"。③ 在中国,虽然中国的现代化进程开始于清末民初,但是国家基层政权真正出现发展经济的"经济机构"并多有成就的还是在中华人民共和国成立以后,"在明清和民国的国家政权来说,农村经济主要是征税的对象,而农民则主要是一种税源。除了征税以外,国家政权对农业和农民生活干预不多。然而,新的革命政权则不仅是希望从农村取得剩余价值;根据它的'社会主义改造'的计划,新政权决心重组农村,并促进农村经济的发展。这个政权远不止是个征税者;它意在控制农村的商业,并掌握每家每户的经济抉择权","在这方面,封建王朝要求的基本上只是征税和维持治安的权力,而党政体制则通过革命改组社会,通过计划经济控制贸易和生产,并通过党组织控制意识形态"④。

中共十一届三中全会以后,党和国家的工作重心转向"以经济建设为中心"。邓小平强调,"经济工作是当前最大的政治,经济问题是压倒一切的政治问题。所谓政治,就是四个现代化"⑤,发展是硬道理,"以经济建设为中心"在基层政权政府工作人员眼里逐渐化约成了一种"现代

---

① [英]安东尼·吉登斯:《民族—国家与暴力》,胡宗泽等译,生活·读书·新知三联书店1998年版,第85页。

② 同上书,第86页。

③ 同上书,第85—86页。

④ [美]黄宗智:《长江三角洲小农家庭与乡村发展》,中华书局2000年版,第167、321页。

⑤ 《邓小平文选》(第2卷),人民出版社1994年第2版,第194页。

化的意识形态"①，由此包括基层政权在内的各级政府组织作为发展经济的色彩更浓了，基层政权把发展经济作为其工作任务中的重中之重。我们从弦乡所签订的责任状也可以看出，弦乡的产生就是发展经济的产物：经济指标、经济措施、奖惩措施等。然而，"政治领域"与"经济领域"的紧密联系并不代表政治与经济的错位，也不代表由政府作为发展经济的主体，这样导致权力在市场中游弋和政府管理成本过高，市场风险加大，同时也容易出现腐败滋生。弦乡的生成以及成立后的几年中，以经济发展为名，权力介入经济，权力忽视民众权利，政府过度地干预经济，由政府投资兴办企业，政府成为市场主体；政治与经济不分，通过发布"红头文件"干预市场活动等，都是政府与经济没有形成"距离"的结果，弗里德曼认为，"政府的必要性在于：它是'竞赛规则'的制定者，又是解释和强制执行这些已被决定的规则的裁判者。市场所做的是大大减少必须通过政治手段来决定的问题的范围，从而缩小政府之间参与竞赛的程度。通过政治渠道的行动的主要特征是：它在相当大的程度上趋于要求和强制执行对命令的服从；一方面，市场的巨大优越性是它允许广泛的多样性的存在"②，但是，弦乡政府作为发展经济的主体，不仅仅以政治权力干扰了市场秩序，而且带来管理成本的大幅上升，由此形成了以经济发展为中介，联结政府权力与民众权利的彼此角力，故而形成了三者之间如何平衡和协同的问题。

---

① 汪晖：《当代中国的思想状况与现代性问题》，载许纪霖主编：《二十世纪中国思想史论》（上卷），东方出版社 2000 年版，第 624 页。
② ［美］米尔顿·弗里德曼：《资本主义与自由》，张瑞玉译，商务印书馆 2004 年版，第 19 页。

第三章 制度安排与农村公共服务：
乡级扩展性权力的生成

农村基层政权的诞生，不仅需要基础性权力的产生，而且为了实现其权力的预定目的，还必须铺设政府职能和职权的下延管道以及承接载体，即扩展性权力机构的设置。乡级扩展性权力主要指县级各功能性部门下延至乡级的各站、所，俗称"七站八所"，也称之为"条条"，其设置形成了貌似"科层化"体制，基层治理出现"条块共治"的局面，即以职能分工为基础的"条条"体制和以地域划分为基础的"块块"体制相结合的"全能"体制。乡级扩展性权力以基础性权力为核心，把政府权力弥散到社会各行各业以及各个角落，实行对各个行业和领域实行"全能治理"。由于扩展性权力机构的形成和公共服务体系的建立大都是由政府作为单一供给主体，没有考虑到农民对公共服务的需求状况，由此产生农村公共服务供给与需求之间产生失衡，造成公共服务体系的低效率甚至无效率，并导致基层治理成本急剧上升。扩展性权力的生成充分展现了后发外生型现代化国家在现代国家建构中公共权力的扩张和科层化体制设立初衷的背离、民众权利救济途径的短缺与现代经济发展的张力。

一 渊源与演变：扩展性权力机构生成的宏观背景

中国现代乡级扩展性权力机构生成的渊源，可以追溯到清末民初时期区乡一级某种单一职能的行政，如教育行政、警务行政、地方保卫行政等,同时设立各种专职人员,如户籍干事、经济干事、警卫干事等[①]。新中国成立后,为了适应大规模工业化和农村集体化建设的需要,农村基层政权为农村提供公共服务的机构逐步建立,逐渐形成了一套农村公共服务体系和机构,这也是现代国家构建的重要内容和表征[②]。

新中国成立初期,政务院颁布的《乡(行政村)人民政府组织通则》规定:可以视工作需要设立各种经常的及临时的委员会,其主任委员由乡政府委员兼任。1954年,随着农业合作化运动开始兴起,社会生产关系以及生产规模都发生了重大变革,乡政府的工作量大大增加。1954年1月27日,国家内务部(国家民政部门前身)发布了《关于健全乡政权组织的指示》,规定:乡人民政府应设置各种工作委员会,一般应按照生产合作、文教卫生、治安保卫、人民武装、民政、财政和粮食、调解等方面设立相应的经常工作委员会,但最多不超过7个;确因工作需要,可以在县政府批准的情况下设立临时的工作委员会。1954年9月通过的宪法和地方组织法对乡人民政府职能部门的设置进行了规定:乡政府按需要可设立民政、治安、武装、生产合作、财粮、文化教育、调解等工作委员会。人民公社时期,中国农村基层政权体制发生了重大变化,农村基层相继建立了农业技术推广站、农业机械管理站、水利站、畜牧兽医站、经营管理站等农业生产和农业经济服务机构;建立了供销合作社,作为农村的唯一流通部门,负责农业生产资料和农民生活资料的供应;设立了粮管站,负责粮食的统一购销、储存与调配,此外,还设立了文化站、广播站和卫生院,承担农民的精神文化服务和医疗保健服务职能(如图3—1、表3—1)[③]。

[①] 魏光奇:《官治与自治——20世纪上半期的中国县制》,商务印书馆2004年版,第121—127、238—241页。

[②] 叶本乾:《现代国家构建中的均衡性分析:三维视角》,《东南学术》2006年第4期。

[③] 徐小青主编:《中国农村公共服务》,中国发展出版社2002年版,第62—63页,对图表有所改变。

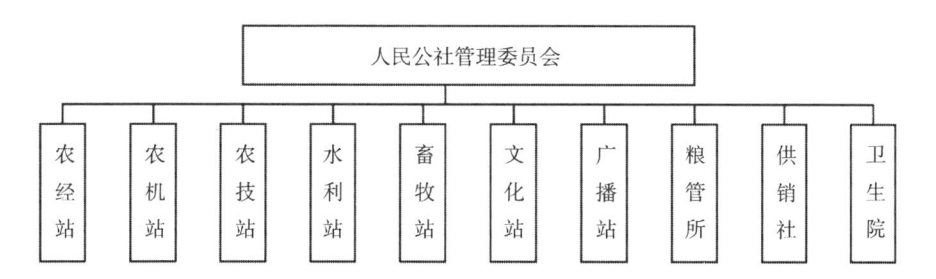

图 3—1　人民公社的农村公共服务机构图

表 3—1　　　　　　　人民公社时期农村公共服务机构一览表

机构名称	设立时间（年）	定员（人）	主要职能
农业技术推广站	1958 年	3—5	农业技术推广；新技术示范、试验；病虫害防治等。
农业机械管理站	1959	3—5	农业机械的管理、维修与保养；农机使用安全监督等。
水利站	1961	3—5	农田水利规划、建设；水利设施管理，水资源分配协调等。
经营管理站	1959	5—8	社队财务管理与监督；农村经济规划；集体财产管理。
畜牧兽医站	1959	3—5	防疫、检疫；疫情通报；畜禽医治；优良品种推广等。
供销合作社	1958	30—50	生产资料和生活资料供应；农产品统一收购；化肥等专营。
粮食管理所	1958	10—25	粮食储存、供应、调拨；粮食统一征购等。
卫生院	1962	10—20	农村医疗保健；传染病防治；卫生咨询与宣传；计生指导。

资料来源：徐小青主编：《中国农村公共服务》，中国发展出版社 2002 年版，第 62—63 页，图表有所改变。

这一时期农村公共服务体系的特点是：以"条条"管理为主，各站、所、办都是上级行政或职能部门的下属机构，其业务活动服从上级部门的计划安排；工作人员工资和事业费由财政统包，财务管理实行"统收统支"；工作人员享受国家干部待遇，由国家人事部门统一调配等，其组织体系是基本健全的，功能上是基本完善的，对农村公共服务和社会福利事业起到了关键作用[1]。人民公社对农民进行以基层政权为中心、为主导的重新组织，将几乎所有的生产、经营、居住及迁徙活动都掌握在基层政权手中，主要的农业资源及其分配由基层政权支配。人民公社时期的农村公共服务的供给虽然由国家财政渠道给予解决，但绝大部分供给是由集体经济组织提供的（如表3—2），基层政权（包括公社及生产队和生产大队）起着极为重要的作用，这种农村公共服务由农村基层政权自上而下、统一供给的。

表3—2　　　　人民公社时期部分农村公共服务的筹资渠道

公共服务项目	筹　资　渠　道
社队兴办的小型农田水利工程	凡是社队有能力全部承担的应自筹解决；对困难社队国家给予必要的补助。
所有水利工程	新中国30年兴修的水利工程，国家投资总共763亿元，而社队自筹及劳动积累估计达到580亿元。
教育部门举办的农村中小学	国家预算支出为主，社区集体支出一部分，个人需承担少部分。
农村社队集体办学	集体负担为主，国家财政给予必要的补助，另由个人负担少量学杂费。
公社卫生院	实行"社办公助"，主要依靠公社集体经济力量。
农村合作医疗	由大队统筹全体农民的医疗费用，基本医疗服务费用主要由社区集体承担；财政补助用于培训医务人员的经费和支持穷队办合作医疗。
大队卫生所	几乎完全依靠集体经济投资和维持。
公社范围内农村事业单位	国家财政预算内经费及公社自有资金。
公社文化和广播事业	公社社有资金为主，国家预算内支出中适当补助。

资料来源：程漱兰著《中国农村发展：理论和实践》，中国人民大学出版社1999年版，第269—295页。

---

[1] 徐小青主编：《中国农村公共服务》，中国发展出版社2002年版，第62页，对图表有所改变。

从 1983 年开始，由于各地乡镇规模大小不一，各地乡镇政府的机构设置模式不尽一致。在规模较小的乡镇，一般实行助理员制，即乡镇政府机关除正副乡镇长之外，由若干个干部分工负责各业务工作，一般设有民政、司法、财政、文教卫生、计划生育、计划统计、土地管理、乡镇建设、经济生产等助理员。在规模较大的乡镇，一般实行站、所、办制，俗称"七站八所"，即乡镇政府的职能部门由站、所、办组成，一般设有民政所、财政所、工商所、税务所、派出所、土地管理所、农技站、农机站、文化站、广播站、水利站、农经站、计生办等。还有的乡镇实行委办制，即乡镇政府的职能部门由委、办组成。一般设有政府办公室、工交财贸办公室、农业委员会、教科文委员会、计划生育办公室、城镇规划建设与管理办公室等。

要追溯弦乡农村公共服务体系的渊源当然要从其分开独立的 A 乡农村公共服务体系说起。下面分别介绍 A 乡"农业生产经营服务机构"和"农村社会管理机构"① 的有关情况。

■ A 乡"农业生产经营服务机构"：（1）食品经营处。成立于 1956 年，当时有房子 10 间，职工 4 人，直属于 G 县食品公司。1958 年，食品经营处与供销合作社合并，属供销社统一领导、管理，设猪场 2 个，在北门外养猪、东门外杀猪。1962 年食品经营处与供销社分开，成立食品经营处，办公地址在 A 乡街道，有主任 1 人，副主任 1 人，会计 1 人，炊事员 1 人，屠夫 3 人，收购员 3 人，共计 10 人，有房子 18 间。1963 年在 A

---

① 乡级扩展性权力大多数涉及农村公共服务和公共产品的提供，所以，为了便于分析，根据农村公共服务和公共产品的性质和作用，把这些"七站八所"分为两类，一是为农村提供公共服务并涉及农业生产的服务机构，称之为"农业生产经营服务机构"，包括农业技术推广站、农业机械管理站、水利站、畜牧兽医站、农业经济管理站、林业站、供销合作社、粮管所、民政所、文化站、教育辅导站、广播站和卫生院等机构；二是为农村提供公共产品，但是以汲取资源和维护农村社会管理秩序为主要职能的机构，称之为"农村社会管理机构"，包括公安派出所、司法所、财政所、土管所、税务所、工商所、计生办等机构，基层政权出现"条块共治"的局面。这里对提供农村公共服务的机构进行分类，主要是这两类机构所发挥的作用是不一样的，"农业生产经营服务机构"主要是针对农业生产服务的，主要提供农业生产服务职能；而"农村社会管理机构"虽然也提供农村公共服务，但是其主要还是以汲取资源、维护政治统治以及政治管理职能服务的，而且还有出于分析方便的考虑。A 乡扩展性权力机构的情况主要由 A 乡乡志等有关资料汇编而成，虽然乡志里有很多机构及其资料没有记载，但并不妨碍对弦乡扩展性权力机构的梳理和叙述，参见：《A 乡乡志》（一）（二）（三），未刊稿，1984 年版。

乡 SL 村设立食品经营点，该点职工 3 人，干部 1 人，收购员 3 人，租房 2 间（1964 年买房子 6 间）。1964 年在 A 乡 LT 设立食品经营点，该点职工 3 人，租房 2 间。1965 年，LT 点取消，在 1967 年复建。在 1969 年由于精简机构和人员，食品经营处、供销合作社和粮食管理所合并，成立"财贸服务站"。1971 年，食品经营处从财贸服务站分出，直属于县食品公司领导，有房子 17 间，共计 18 人。在弦乡与 A 乡分开以前，在 1983 年，A 乡食品经营处，有猪圈 18 间，饲养室 5 间，收购鸡蛋门市部 6 间，售卖肉食门市部 2 间，猪肉保管室 3 间，办公室 3 间，暖房 4 间，住房 24 间，共有职工 30 人，负责人 LWD、LWH，会计 WHH。食品经营处的职工福利为，职工药费全报，实报实销；家属解决药费的 50%。（2）粮食管理所。A 乡在 1952 年成立了粮食仓库，属 G 县粮食管理所领导，担负包括 A 乡在内的邻近 4 个乡的粮食征购、储备、调运任务。1953 年，粮库负责粮食管理，供销社负责代销，正式成立粮库机构，有主任、会计和工作人员 4 人。1954 年成立 A 乡粮食管理所，工作人员发展到 14 人，仓容量达到 100 多万斤，年征购粮食 100 万斤左右。1955 年，下设 LT 粮点、SL 粮点，人员发展到 24 人。1956 年，粮管所修建房子 20 间，1958 年盖房 4 幢，库容量 800 万斤，增设 WH 粮点。1959 年工作人员发展到 36 人，实行大购大销，收购 700 多万斤粮食，配有支部书记、所长、主任、会计等职务。1962 年精减人员，粮管所工作人员为 27 人。1963 年，人员又增到 32 人，将下设粮点改为粮食购销站。1964 年，省粮食厅授予 A 乡粮食管理所为先进单位。1974 年，有人员 32 人。1975 年，在有一个下设粮站划分到邻近乡的情况下，工作人员有 34 人。从 1978—1983 年，粮食管理所不断在修建房子和仓库。粮管所采取定量供应城镇居民、粮食供应、定销供应①、统销供应、食油补助等形式。（3）供销合作社。A 乡供销合作社可以追溯到 1932 年 2 月由苏维埃政府拨款建立的"苏维埃经济合作社"和 1946 年开设的"军用消费合作社"。新中国成立后，1951 年 2 月建立了 A 乡供销合作社，门市部 3 间，主任 1 人，会计 1 人，营业员 3 名，炊事员 1 名，共计 6 人，集市贸易按照传统隔日逢集一次，合作社

---

① "定销供应"主要是国家针对林业区的口粮不足部分实行的林区定销补助。笔者访谈：YBQ—051222—A—LSM。

还分两个组送货下乡，每组2—3人。1953年工作人员达到13名，增加到5个门市部，1954年增加到9个，1957年增加到14个，分销处由1个发展到7个。1958年A乡供销社改为商业部，设部长、副部长、秘书等职务。1959年秋改为综合商店。1961年秋由综合商店改为办事处，下设五个小供销社：SL供销社、LT供销社、WH供销社、LT供销社、A中心供销社。1963年由办事处改为A供销合作社，设主任、支部书记等职务。1969年设有主任1人，副主任1人，股长1人，经理2人，会计1人，助理会计1人，统计1人，共有干部职工67人。1972年，供销社共有干部职工120人。1982年，有主任1人，副主任3人，经理4人，股长2人，秘书1人，助理会计2人，有干部职工128人，退休老干部职工17人，设立分销处3个，门市部43个，固定资金622600元，固定资产333300元。(4)民政所。新中国成立后，设立民政委员1人。(5)营业所、信用社。A乡营业所建于1951年8月，主要任务是发放贷款、支持工商业发展、组织储蓄存款，营业所资金为国家调拨，是国家银行的基层机构，有主任1人，出纳员1人，会计1人，农经员1人，共4人。A乡信用社建于1954年10月，信用社为集体所有制，资金为社员自筹，任务为组织农村闲散资金，解决贫下中农生产和生活困难，打击高利贷。当时A区有44个乡建有22个信用社。1958年改信用社为大队信用部，财权下放，每个大队建立一个信用部，有44个信用部。1962年改为信用社，以经济片为单位，分为5个小信用社。1965年合并为一个信用社。(6)文化站。建于1978年3月，建立影剧院，活跃了人民文化生活。(7)农村广播放大站。建于1967年6月，1972年全乡有497个生产队，其中通广播的小队有455个。(8)教育辅导站。1950年政府设有文教委员1人。1956年，设有文教助理1名。(9)卫生院。1952年初乡医院成立，始名为A乡卫生所，职工5人，另设联合诊所2处，共11人。1953—1956年，设立中医门诊，职工10人。1958年，卫生所更名为A乡卫生院，实行全民合作医疗，农村及街镇医生统一由卫生院领导，建立了农村医疗网络，共有人员51人，房间48间，床位20张。1962年精减人员，医院只有14人。1983年共有人员49人，设有手术室、透视室、护理室、妇产科、外科室等。(10)林业管理站。建于1979年8月，林业站取得了优异成绩受到林业部的表扬。(11)农业技术推广站。建立于1957年，在1983年农技站有3

人，站长1人，技术员1人，经管人员1人。

■A乡"农村社会管理机构"：（12）工商行政管理所。A乡在新中国成立前，市场管理以群众组织为主，1948年12月，设立A乡商务会，主要任务为革命部队收管"菜金"钱。1954年由商务会改为工商联合委员会，是群众组织，但是供销社设有"市改股"，有主任1人，干事1人，这2人工资由供销社发放，任务是市场管理，而工商联合委员会工作人员实行误工补贴。1955—1958年，实行统购统销政策，管理粮棉油茶不准上市。1960年由政府有关人员联合成立了市场管理委员会，主任由公社副书记兼任。1979年将市场管理委员会改为工商行政管理所。1984年有市场管理人员7人，其中全民工6人，临时工1人，交易服务人员5人，属于县工商管理局直管人员，工资从交易费中发放。1983年，有个体工商业287户，从业人员590人，饮食业42户，总营业额达63万余元；没收款2590元，粮票265斤，证照费2454元，管理费2162元，交易费1020元。（13）财政所。新中国成立前，A乡没有财政管理单位。新中国成立后，区、乡都设有财政室，一般设有会计1人，主要任务是机关的经费收支、支农资金的转拨等。1984年财政工作人员有3人，其中财政助理1人，助征员2人。（14）税务所。A乡税务所建于1949年3月，工作人员有4—5人，房子10间。1950年有工作人员7人。1953年，有工作人员8人。1955年，有工作人员11人。1968年有工作人员8人。从1970年到1984年，工作人员15人。（15）计生办。1972年开始实行计划生育政策，1973年配备计划生育专干2人，1975年设立计划生育办事机构，由书记、主任分管。（16）司法所。1979年4月成立了司法机构，同时各大队成立了民事调解委员会。（17）法庭。1981年4月设立法庭。（18）派出所。1949年成立，配有所长、指导员等干部。1957—1961年改为特派员。1969年后恢复派出所的名称，1984年派出所共有4人，29个村、镇分别设有治安主任1人。其主要任务是维护本地区的社会治安和社会秩序。

在1977年底，A人民公社职工374人，其中实有干部171人，职工38人，临时工55人，打条工75人，队员35人。干部有：书记、主任1人，副书记、副主任4人，公社常委4人，武装部长1人，副部长1人，派出所所长1人，农机站站长1人，工交助理3人，计划统计助理1人，文卫助理2人，宣传干事1人，党委干事1人，革委干事2人，财政助理

1人，民政助理1人，林业助理1人，农业助理1人，水利助理1人，组织干事1人，武装干事2人，林业技术员1人，农业技术员3人，农技站站长1人，兽医站长1人，团委书记1人，粮库11人，食品4人，营业所2人，税务所4人，医院9人，供销社15人，学校78人。从这些数字中，我们看到人民公社时期机构与人员的膨胀情况。

二 "条条下乡"与科层体制：扩展性权力生成的过程

基层政权为了工作需要，需要建立扩展性权力机构组织，"基层政府在农村发展中扮演主导角色，而组织是政府推动农村发展的体制性力量"[1]，"组织和职能分工具有一种导向个体性权力的内在趋势，这种趋势是源于管理和协调的需要"[2]，这就需要建立科层化的行政组织体系。基层站所在计划经济时期作为国家在基层经济、政治和社会的整合工具，在后人民公社时期和改革开放年代，由于"路径依赖"[3]的作用，基层站所基本延续其固有的体制和机构，但是其功能不断发生了变化。弦乡作为国家基层政权，基础性权力机构成立以后，顺理成章地要下派人员组建扩展性权力机构。

---

[1] 童庐、吴从环：《组织重构：农村现代化的社会基础》，《天津社会科学》1998年第4期。

[2] ［英］迈克尔·曼：《社会权力的来源》（第一卷），刘北成等译，上海人民出版社2002年版，第9页。

[3] "路径依赖"指的是一种制度一旦形成，不管是否有效，都会在一定时期内持续存在并影响其后的制度选择，就好像进入一种特定的路径，制度变迁只能按照这种路径走下去。"路径依赖——小事件和环境可以决定某种发展的结果，而且一旦某些小事件和环境的结果占据主流，就导致这种发展进入特定的路径。"North, Douglass C., *Institution, institutional change and Economic Performance*, Cambridge University Press, 1990, p. 94. "路径依赖"有广义和狭义之分，广义上的"路径依赖"说明"历史上某一时间已经发生的事件将影响其后发生的一系列事件"。Sewell, W. H., "Three Temporalities: Toward an Eventful Sociology." In *The Historic Turn in the Human Sciences*, ed. Terrance J. McDonald. Ann Arbor: University of Michigan Press, 1996, pp. 262 – 263. 狭义上路径依赖意味着"一旦一个国家或地区沿一种轨迹开始发展，改变发展道路的成本非常高。尽管存在着其他的道路选择，但已建立的制度会阻碍对初始选择的改变"。Levi, Margaret, "A Model, a Method, and a Map: Rational Choice in Comparative and Historical Analysis." In *Comparative Politics: Rationality, Culture and Structure*, ed. Mark I. Lichbach and Alan S. Zuckerman. Cambridge University Press, 1997, p. 28.

(一)"条条下乡"与职能定位：扩展性权力生成过程的全景透视

韦伯认为"理想的行政组织体系"或理想组织形式应具有明确的分工："把组织内的工作分解，按职业专业化对成员进行分工，明文规定每个成员的权力和责任；按等级原则对各种公职或职位进行法定安排，形成一个自上而下的指挥链或等级体系。每个下级都处在一个上级的控制和监督下。每个管理者不仅要对自己的决定和行动负责，而且要对下级的决定和行动负责"① 等特点，官僚体制组织具备技术优越性，"官僚体制的组织广泛传播的决定性的原因，向来是由于它的纯技术的优势超过任何其他的形式"②，这就是乡级扩展性权力设置科层化体制的内在逻辑。为了尽快建立农村公共服务体系和网络，县级政府利用行政命令的机制迅速地在弦乡建立各种公共服务机构并下派人员，构建貌似"科层制"的现代行政体制。我们可以全景透视弦乡扩展性权力及其机构生成的"场景"：

> 1985年3月8日，G县组织部发文，任命CXR为弦管理区林业助理员。
>
> 1985年4月1日，G县计生办发文，任命SCX为弦管理区计生专干；同年5月4日，任命YCS为计生指导所所长。
>
> 1985年4月6日，G县组织部发文，任命YMY为弦管理区经济联合社副主任。
>
> 1985年4月9日，G县林业局发文，任命YJF、FCX等五位同志负责弦区林业管理站工作。
>
> 1985年4月20日，G县信用合作社联合社发文，任命WCR为弦管理区理事主任，LSH负责会计工作。
>
> 1985年5月8日，G县水利电力局发文，介绍LJS负责区水利工作。
>
> 1985年7月1日，G县邮电局发文，任命HYY为弦管理区邮电

---

① [德]马克斯·韦伯：《经济与社会》（下卷），林荣远译，商务印书馆1997年版，第278—286页。同时参阅周三多：《管理学》，高等教育出版社2000年版，第24页。

② [德]马克斯·韦伯：《经济与社会》（下卷），林荣远译，商务印书馆1997年版，第296页。

第三章 制度安排与农村公共服务：乡级扩展性权力的生成　　131

所主任；DPL等二位同志为话务员。

1985年7月15日，G县农业机械管理总站发文，任命YYC、LGM负责农机管理工作。

1985年7月21日，G县供销社发文，任命PQH为弦管理区分销社主任；同年另派两位同志前往该处工作。

1985年7月28日，中共中国农业银行G县支行党组发文，任命FZN为县农行A乡营业所党支部副书记、副主任，主管弦管理区农村信贷工作。

1985年8月2日，G县财政局发文，由WSX负责筹建弦管理区财政所的工作。

1985年8月3日，G县农业畜牧局发文，任命YGH负责农业技术指导工作；WZL负责农业经营管理工作。

1985年8月12日，G县组织部发文，任命ZJF、YFX为弦管理区公安特派员。

1985年8月12日，G县组织部发文，任命CNJ为弦管理区文教助理员。

1985年8月19日，G县工业局发文，调任LGM、YYC、LML到区工作。

1985年8月20日，G县教育局发文，调任YCH到弦管理区负责文教工作，同时调往15名老师任教，同年9月3日、9月4日、9月20日，分别任命WQY为弦管理区中学总务副主任并分配7位同志到该区任教。

1985年8月22日，G县税务局发文，派LFK、LWY到弦管理区负责税务工作，同年9月7日、10月6日共派3人到弦管理区税务工作。

1985年9月2日，G县交通局发文，调动LYD到该区WH道班工作，并于1986年3月25日，再派1名同志到该处工作。

1985年9月8日，G县商业局发文，关于设立弦管理区食品分销处并任命SFY为主任、DJM、ZGR、LWD为副主任，还有会计、出纳、全民工等20人。

1985年9月19日，中共中国农业银行G县支行党组发文，任命

NJR为弦管理区银、信党支部书记。

1985年9月24日，G县农业银行人事股发文，任命YBQ负责弦管理区农村信贷工作。

1985年9月27日，G县卫生局发文，任命ZGM为弦管理区门诊部主任；并于同年10月15日、12月11日分别派往3位同志到门诊部工作。

1985年10月13日，G县外贸局发文，关于设立弦管理区外贸购销门市部并任命LCZ为主任，同时还任命6位同志到该部门工作。

1985年11月7日，G县人民法院发文，弦管理区的司法工作由A乡人民法庭管辖，法庭中的DHP、DFG负责主持弦管理区的工作。

1985年11月7日，G县工商行政管理局发文，任命SWY、CDZ、XZY负责区工商行政管理工作。

1986年1月13日，G县文化局发文，任命YSH主持弦管理区文化站工作，并指明每年经费500元。①

从上面可以看出，在短短几个月的时间，县级近30个部门，不仅仅包括行政部门，而且还包括一些银行金融机构、经营机构，向新成立的弦管理区派往干部及职工：

> 弦管理区成立那段时间，每天就有很多人来报到，各个机构也很快成立，机关很快就增多了许多人，原先这块地方根本就没多少人，这些人的家属也来到区里，那时很热闹。机关的成立带来很多人。②

按照国家人事制度规定的职位序列，这些扩展性权力机构为股级，其主要负责人一般为正股级或副股级，只是乡财政所、计划生育办公室、派出所等重要部门，为了突出其重要，其主要负责人也可由高半级（即副科级）的职别人员担任。这些扩展性权力机构成为各个部门在弦管理区的"腿"，伸到弦管理区区域范围内统治、管理和服务的各个领域，以往所说的基层是"上面千条线，下面一根针"，现在实际成了"上面千条

---

① 弦乡扩展性权力机构生成的有关情况主要是参考弦乡1985年档案文件以及1986年档案文件的有关资料汇编而成，我们可以看出弦乡机构生成的基本情况。

② 笔者访谈：YBQ—060513—XZF—LJY。

线,底下千根针",弦乡扩展性权力机构以及人员配备的架构型态基本形成。

(二) 组织完善与机制缺失:扩展性权力及其机构的真实图景

扩展性权力的制度安排,其主要功能就是提供农村公共服务,"安排如果是一种政府形式,它将直接包括政府的强制权力;如果它是一种自愿的形式,它可能是现有产权结构的强制权力的基础"①。为了更好地完善和加强新成立的乡、区服务体系,G县政府于1987年12月8日发文,要求建立和完善包括弦乡在内的五个新乡、区服务体系。文件要求和规定的内容如下:

> 八四年以来,我县为加强对边远山区、库区和经济困难地区经济工作的领导,先后划出了弦等五个管理区(弦区已于八五年批准建乡)。新乡、区设立后,集中精力组织群众开发利用资源,发展商品生产,为改变我县贫困地区的落后面貌做了大量工作,取得了一定的成绩,初步显示出新管理体制的优越性。但是,由于新乡、区各类服务体系没有很快地随之建立,给那里群众的生产、生活带来了诸多不便。随着形势的发展,情况的不断变化,建立和完善五个新乡、区服务体系非常必要,为此,根据上级有关指示,结合我县实际情况,现提出如下意见:(一)成立NWG、CXZ管理区农技站、畜牧兽医站,人员由县农牧局选派,并分别确定站长一名。三个新乡农技、兽医站已经建立,要逐步加以完善。新乡、区都要成立水利管理站,为集体单位,受县水渔局和乡、区政府双重领导,并由乡、区确定一名副乡、区长兼任站长,工作人员可以由县水渔局选调,也可以从农村招聘,一般以两至三人为宜。(二)新乡、区粮食、商业、供销服务体系,在上级主管部门未正式批准前,先设立粮管站、食品经营点和供销门市部,分别由县粮食局、商业局、供销社在新乡、区原所在乡、

---

① [美]L.E.戴维斯、D.C.诺斯:《制度变迁的理论:概念与原因》,载[美]R.科斯、A.阿尔钦、D.诺斯等:《财产权利与制度变迁——产权学派与新制度学派译文集》,刘守英等译,上海三联书店、上海人民出版社1994年版,第273页。

镇粮管所、食品经营处和供销社选调一名副所长、副主任到新乡、区负责，直属县主管部门领导，同原单位仍保持正常的业务关系。（三）新乡、区的信贷、税务、工商部门暂不设立，这方面的工作由县有关部门从原所在乡、所中选派一至两名干部，并确定一名负责人分管，其隶属关系不变，但可以参加新乡、区政府统一组织的一些活动。（四）成立五个乡、区文化站，人员由文化局与新乡、区政府共同选定。成立 NWG、CXZ 管理区教育辅导站，由县教育局选任站长一人，配备教师两至三人，尽快开展工作；三个新乡教育辅导站已经建立，要逐步加以完善；新乡、区暂不建立邮电所，由县邮电局指定邮政代办，属新乡、区政府领导。（五）公安局派出所，新乡已经建立，两个管理区在未改建乡以前，不设立派出所，由县公安局调配一名干警到新区工作。

从县政府文件可以看出，弦乡的公共服务体系建构工作逐步完成并加以完善，文件所说的农技站、畜牧兽医站、水利管理站、粮食站、食品经营点、供销社、信贷、税务、工商、文化站、教育辅导站、邮电所以及公安派出所都属于公共服务体系，在前面所列的县级各个职能部门下延到弦乡的各个站、所人员及安排来看，弦乡刚刚成立，这些公共服务体系已经建立或者处在逐步完善之中，与我们上面所列的有一定的出入，但是弦乡所有的农村服务体系的机构和人员配备都是很齐全，我们在1989年弦乡工作人员花名册看到，除了文化辅导站和中小学教职工没有列上外，乡政府机关加上15个站所，工作人员有81人，其中干部有39人，占总人数的48.1%；全民工有12人，占职工总数的14.8%；工作人员还有很多"打条工"，俗称"地方公务员"[①]（如表3—3），占职工总数的34.5%。

[①] 所谓"打条工"，俗称"地方公务员"，与"国家公务员"相对，主要是当地政府为了工作需要或者是"关系"的缘故所聘用的职工，他们的工资主要以"打白条"借用的方式发放，工资来源于地方政府的收费、罚款等，不列入财政预算和支出，所以称为"打条工"，也称为"地方公务员"。其实，乡镇站所人员的身份很复杂，有全民固定工、集体固定工、全民合同工、集体合同工、亦工亦农、计划内临时工、计划外临时工、聘工、离休、退休、遗属补助、落实政策等。参见《莱芜市直各局（含乡镇）人员统计表》（1986年6月1日）和《莱芜市直各局在乡镇人员、经费统计表》（1986年6月16日）。

这些站所中，其中的农技站、农机站、畜牧兽医站、水利站、粮食站、食品经营点、供销社、文化站、教育辅导站、邮电所、林业站、民政所、养路队等机构都是以服务农业生产经营为目的，占站、所机构总数一半以上，人员数量占扩展性权力机构人员总数的一半以上，但不包括银行金融机构在内。

表3—3　　　　　　　　1989年弦乡工作人员花名册　　　　　　单位：人

单　位	干部	全民工	打条工	其他	合计
乡政府机关	19	-	1	2	22
卫生院	2	4	1	-	7
林业管理站	2	-	5	-	7
财政所	1	3	-	-	4
水利站	-	-	1	-	1
农技站	2	-	-	-	2
派出所	2	-	1	-	3
司法所	1	-	-	-	1
民政所	1	-	2	-	3
土地管理所	2	-	7	-	9
文化站	1	-	-	-	1
广播站	2	-	-	-	2
计生办	2	-	4	-	6
企业办	-	-	1	-	1
农机站	2	3	2	-	7
养路队	-	2	3	-	5
合计	39	12	28	2	81

资料来源：弦乡1989年档案文件。

我们再看乡计生办、水利站和养路队工作人员的情况（表3—4），乡计生办共有6名职工，其中干部2人，占33.3%，"打条工"有4人，占66.7%；初中文化程度有3人，占50%，小学有3人，占50%。水利站只有1人，而且是"打条工"，文化程度为中专，笔者访谈他时，他说是在地区农校进修的，后面还要讲到这位多年的水利站长①。养路队共有5人，其中全民工2人，占40%，"打条工"有3人，占60%；初中文化程度有2人，占40%，小学文化程度的有3人，占60%。这三个单位共有12人，其中，中专文化程度1人，占总数的8.3%；初中文化程度有5人，占41.7%；小学文化程度有6人，占50%。我们看出，弦乡扩展性权力机构的工作人员文化程度不高，专业技术人员缺乏，虽然是科层制设置，但是专业性、技术性不够，其中很多站所名为一个机构，但是只有1名工作人员；从工作人员来源看，虽然有上级下派的，但是有很多像"打条工"这些由基层政权自己聘用的职工，素质显得参差不齐。

表3—4　　　　乡计生办、水利站和养路队工作人员的情况　　　　单位：人

单　位	职工姓名	学历	年龄	干部	全民工	打条工	合计
乡计生办	FSY	初中	46	√			
	SCY	初中	35	√			
	CJR	初中	40			√	
	WMF	小学	36			√	
	HBL	小学	40			√	
	ZMC	小学	39			√	6
水利站	ZRL	中专	37			√	1
养路队	SQL	初中	46		√		
	HNR	初中	50		√		
	LZF	小学	47			√	
	ZNY	小学	50			√	
	YBX	小学	42			√	5

资料来源：根据弦乡1989年档案文件中有关资料汇编而成。

---

① 笔者访谈：YBQ—051224—XZF—ZRL。

三 政府供给与民众需求：农村公共服务体系

弦乡扩展性权力机构的形成以及公共服务体系的建立，虽然是在中共十一届三中全会后中国农村改革事业启动和中国农村的经济结构和社会结构正在发生了深刻变化的背景下进行的，但是，G县和弦乡的政府行为方式还是处在人民公社和计划经济时期惯性思维运作方式之下。农村公共服务的供给只有很好地满足农民对农村公共服务的需求，才能说农村服务供给是有效的供给。如上所述，扩展性权力机构的形成和公共服务体系的建立大都是由政府作为单一供给主体，没有考虑到农民对公共服务的需求状况，由此产生农村公共服务供给与需求之间产生失衡，造成公共服务体系的低效率甚至无效率，同时导致基层治理成本急剧上升。

我们看到，在短短一年左右的时间，G县政权及各个职能部门在弦乡建立了近20个公共服务体系的机构，那么这些机构在弦乡开始的3—5年运作情况如何，农民对建立这些机构有何反应和农民公共服务需求情况如何，由此笔者选择了弦乡具有代表性的30户农户进行了问卷调查和访谈。这些调查涉及政府机构设立的合理性、农业技术推广、农资购买、农户机耕、农田灌溉和水利建设、畜禽疫病防治、农户生产信息的获得和社会秩序管理等情况[①]。

（一）数字与访谈：农户调查数据结果

（1）农户对政府机构设立合理性情况调查结果（如表3—5）。农户对卫生院、林业管理站、财政所、农技站、派出所、民政所、土地所、文化站、计生办、教育辅导站的设立合理性都在70%以上，但是对卫生院、财政所、派出所、民政所、计生办的设立持有10%以上认为不合理。而对司法所、广播站、企业办、农机站、养路队等机构的设立认为有很大的不合理性，司法所认为有40%的合理性、50%的不合理性；广播站有

[①] 这些调查主要是弦乡农户针对弦乡刚成立时段（1985—1991年）农村公共服务体系提供服务的情况调查，所以大部分是由农户记忆所填写的问卷，这里也参考徐小青主编：《中国农村公共服务》，中国发展出版社2002年版，第97—106页。

56.7%的合理性，40%的不合理性；企业办有40%的合理性，53.3%的不合理性；农机站有20%的合理性，70%的不合理性。

表3—5　　　　　　　政府机构设立合理性情况统计表　　　　　　（%）

政府机构	合理	不合理	无所谓	其他
卫生院	76.7	13.3	3.3	6.7
林业管理站	90.0	3.3	6.7	0.0
财政所	73.3	10.0	10	6.7
水利站	86.7	6.7	6.6	0.0
农技站	90.0	3.3	6.7	0.0
派出所	83.3	10.0	0.0	6.7
司法所	40.0	50.0	6.7	3.3
民政所	80.0	10.0	6.7	3.3
土地管理所	90.0	3.3	3.3	3.4
文化站	76.7	10.0	6.7	6.6
广播站	56.7	40.0	3.3	0.0
计生办	83.3	10.0	3.3	3.4
企业办	40.0	53.3	3.3	3.4
农机站	20.0	70.0	3.3	6.7
养路队	67.7	20.0	6.7	6.6
教育辅导站	90.0	3.3	6.7	0.0

资料来源：农村公共服务体系调查。

虽然农户对弦乡政府机构的设立情况可能知之不多，但是基本反映了弦乡农村公共服务体系的设立情况。根据访谈情况得知，弦乡由于地处丘陵和山区，交通不便，农户种植还是依靠传统的耕作方式，有传统的木犁、木耙、石磙、架子车等，只有肩挑背驮，所以根本就没有大型、中型的农业机械，对农机站的设立感觉到很费解，有的农户还不知道农机站这个机构：

我们这里都是山区，主要以林业为主，拖拉机来这里派不上用场,还是肩挑背驮,收割主要靠劳力。我们不知道农机站有哪些人。它们都是当官的吧。①

这里公路主要是土路,养路队来这里也不行,只有对道路很好的大修才行。设立养路队起的作用很小。②

我们对司法所不知道,邻里之间有矛盾找熟人或者找村干部调解,不知道司法所做什么的。是不是法庭啊?③

(2)家庭在农业生产过程中,遇到农业技术问题怎么解决?由农户自己解决为主,占83.3%,农户解决占绝大部分。由县农技推广站或者乡农技站解决占10%,政府机构设立在那里,由政府提供的农技服务却很少;由村、组农技员提供服务占6.7%,而民间组织提供服务根本没有,说明在弦乡这个偏僻的山区为农户提供技术的如协会、企业等民间组织没有发展起来(如表3—6)。有的农户认为:

过去种植的比较简单,还是过去的种植技术,农民需要什么技术啊,只要有苦力、劳力就行,那时候出外打工的少,大多数时候请教年龄大的就行。④

表3—6　　　　　　农户技术问题的解决途径统计表　　　　　　(%)

解决途径 百分比	农户自行解决	县、乡农技站服务	村、组农技员服务	民间组织解决	其他
	83.3	10.0	6.7	0.0	0.0

资料来源:农村公共服务体系调查。

(3)农户家庭良种主要有哪些购买途径?农户自己解决购买的为主,占46.7%;县乡种子公司通过乡级政府系统帮助统一购买占23.3%;村组集体统一联系解决占20%,企业统一提供帮助没有,通过其他途径购

---

① 笔者访谈:YBQ—051225—JGC—FCL。
② 笔者访谈:YBQ—051225—ZZC—YBY。
③ 笔者访谈:YBQ—051225—JGC—FJC。
④ 同上。

买良种的占 10%（如表 3—7）。在访谈中，大多数农户要求国家对种子部门能够加强监管并及时提供良种信息，保证种子质量。但是，有些村干部这样说道：

> 前些年我们统一提供的杂交水稻种，发到农户手中，有的农户根本不用，把（杂交）稻种拿去喂鸡、鸭了，我们没办法去推广这些好品种。现在还是种的"84 矮 63"（注：属中籼性中熟品种，米粒细而长，1974 年引入 G 县）[①]。

表 3—7　　　　农户良种问题的解决途径统计表　　　　（%）

解决途径 百分比	农户自行解决	县、乡种子公司	村、组统一联系	企业统一提供	其他
	46.7	23.3	20.0	0.0	10.0

资料来源：农村公共服务体系调查。

（4）农户家庭化肥供应主要靠哪种方式解决？农户自己购买占 86.7%，是化肥供应的主体部分。供销社组织统一购买占 6.6%，村集体统一联系解决占 3.3%，说明改革开放以来原先有集体购买农资的做法有比较大的改变，转向为农户自己购买。其他不详占 3.4%（如表 3—8）。在访谈过程中，很多农户认为，国家应该对化肥等重要农资实行经常性的监督和检查，以确保产品质量，保护农民的合法权益。

表 3—8　　　　　　化肥购买途径统计表　　　　　　（%）

购买途径 百分比	农户自行购买	村集体统一解决	供销社统一购买	其他不详
	86.7	3.3	6.6	3.4

资料来源：农村公共服务体系调查。

（5）农户家庭机耕问题主要靠哪种方式解决？农户自家耕地占 93.3%，是机耕的主体部分。不存在村集体统一安排并收费机耕，主要是

[①] 笔者访谈：YBQ—051225—ZZC—YZM。

第三章 制度安排与农村公共服务：乡级扩展性权力的生成

弦乡处于丘陵和山区地带，地块和田地分散，很难统一耕作。但是也有农户请他人帮助机耕，占3.3%，这主要是家庭劳动人手少或者是村干部家庭。其他不详的占3.4%（如表3—9）。

表3—9　　　　　　农户家庭机耕问题的解决途径统计表　　　　　　（%）

解决途径 百分比	农户自行解决	村集体统一安排机耕收费	他人机耕收费	其他不详
	93.3	0.0	3.3	3.4

资料来源：农村公共服务体系调查。

（6）农户灌溉和农田水利建设问题主要靠哪种方式解决？农户自主安排灌溉占66.7%；集体灌溉设备统一安排并收费占26.7%；农户间合作灌溉费用分摊占6.6%（如表3—10）。农田水利建设由县乡水利部门统一组织，村集体和农户共同投资占43.3%；由村集体组织，农户分担费用并出劳力的占30%；而农户自行解决的占26.7%（如表3—11）。在访谈过程中，一位多年在水利站工作的老职工说：

> 在80年代后期，农村的塘堰就很少有集体组织修了，水利设施破坏，集体工程没打算搞；上面投资不到位，很多塘堰成为"碟子塘"[①]，淤泥严重，不能存水，引水渠有很多不能用，只有在特别干旱时期，才有人倡议并组织起来进行抢修。有时为了争抢水灌溉农田，发生打架现象很多。[②]

表3—10　　　　　　农户灌溉问题的解决途径统计表　　　　　　（%）

解决途径 百分比	农户自行安排	村集体统一安排	农户间合作	其他不详
	66.7	26.7	6.6	0.0

资料来源：农村公共服务体系调查。

[①] 所谓"碟子塘"，是对塘堰发生淤泥淤积现象的一种形象说法，这种塘堰无法存水，发挥不了塘堰存水的功能，同时洪水来临也容易发生水灾。

[②] 笔者访谈：YBQ—051224—XZF—ZRL。

表 3—11　　　　　农田水利建设问题的主要解决渠道　　　　　　（％）

解决途径 百分比	农户自行解决	水利部门组织，村、农户投资	村集体组织，农户分担费用	其他不详
	26.7	43.3	30.0	0.0

资料来源：农村公共服务体系调查。

（7）农户家庭畜禽疫病防治主要靠哪种方式解决？乡政府统一组织进行畜禽疫病防治占83.3%；村畜牧技术员承包统一进行防治占10%；完全由农户自己进行畜禽疫病防治占6.7%；进行畜禽疫病防治的企业却没有进入弦乡（如表3—12）。

表 3—12　　　　　农户畜禽防治问题的解决途径统计表　　　　　　（％）

解决途径 百分比	农户自行解决	乡政府统一组织进行防治	村畜牧技术员进行统一防治	企业收费防治	其他
	6.7	83.3	10.0	0.0	0.0

资料来源：农村公共服务体系调查。

（8）农户生产经营信息主要靠哪些渠道获得？农户间互相学习和传播占56.7%；县乡政府提供占33.3%，村集体提供占10%；根本就没有专门提供农业生产经营信息的专业协会（如3—13）。

表 3—13　　　　　农户生产经营信息的获得途径统计表　　　　　　（％）

获得途径 百分比	农户间相互学习、传播	县乡政府提供	村集体提供	专业协会提供	其他
	56.7	33.3	10.0	0.0	0.0

资料来源：农村公共服务体系调查。

（9）农户需要哪方面的医疗卫生保健服务？调查显示，农村的日常小病通常由乡村"赤脚医生"解决，只有大病才到医院就诊。大多数人希望县乡卫生医疗机构经常下乡指导和检查，建立农村医疗保险制度，提高农村医生技术水平，新建乡村卫生医疗设施，并由国家报销一部分大病的医药费（如表3—14）。

第三章 制度安排与农村公共服务：乡级扩展性权力的生成　143

表3—14　　　　　农户需要医疗卫生保健服务统计表　　　　　　（％）

解决途径 百分比	县乡医生下乡指导和检查	建立农村医疗保险制度	提高农村医生技术水平	新建乡村卫生医疗设施	大病由国家报销一部分医药费
	83.3	96.7	96.7	73.3	86.7①

资料来源：农村公共服务体系调查。

（10）农户对社会治安和社会管理方面有哪些不满意？农户对社会治安大部分满意，占83.3％；对乱收费、乱罚款、乱摊派满意度只有43.3％；计划生育工作满意度有76.7％；民政扶贫工作满意度只有66.7％；土地管理工作满意度有86.7％（如表3—15）。在访谈过程中，很多农民对"三乱"行为深恶痛绝，认为政府收费存在不合理、不透明等现象；同时认为计划生育工作很多是表面文章，偷生现象严重，罚款对象主要看人，罚款没有标准等。

表3—15　　　　农户对社会治安和社会管理满意度统计表　　　　（％）

满意项目 百分比	社会治安秩序	乱收费、乱摊派、乱罚款	计划生育工作	民政扶贫工作	土地管理
	83.3	43.3	76.7	66.7	86.7②

资料来源：农村公共服务体系调查。

（二）调查结论与讨论：供给与需求的失衡

问卷调查和访谈表明，弦乡虽然建立了农村公共服务机构，但是政府、村集体和民间组织对农户生产经营服务所起的作用还是相当有限的，在社会管理方面还有很多工作要做，绝大多数是由农户自己解决农业生产经营中出现的问题。同时在弦乡特殊的自然环境和条件下，有很多机构根本没有存在的必要，如农机站、企业办、广播站等。弦乡的扩展性权力机构所提供的农村公共服务与农户的需求存在的问题有③：

---

① 此项是多项选择题，可以选择多个答案。
② 同上。
③ 参见徐小青主编：《中国农村公共服务》，中国发展出版社2002年版，第102—106页。

首先，农村公共服务机构强行设立，没有考虑当地实际情境。弦乡农村公共服务机构的设立还是延续新中国成立后计划经济体制模式，大都是由各级政府和部门自上而下决策并建立的，进行强制性设立并供给服务，针对这种情况，农民缺乏规范和有效的公共选择机制。弦乡单独建制的设立，主要是为了改变贫穷面貌和发展经济，所以弦乡农村公共服务机构的设立，也是为了弦乡经济的发展，设立的目的并不是在上一章所看到的为了解决干部、职工的待遇（如商品粮）和为了争取上级援助的资金支持。然而，在弦乡小农经济及自然经济色彩还很强的情况下，如设立农机站、企业办等机构，根本没有考虑弦乡当地的实际情势，造成工作人员急剧膨胀和服务的低效率，由此政府管理、运行费用及成本都有农户承担，农户必然对此不满意。

其次，政府对农村公共服务的有效供给不足，不能满足农户需求。政府提供的公共服务大多数是为了升级达标和"政绩"的需要，供给总量与结构多数是由县乡政府以文件和政策规定的形式下达的，带有很强的主观性、指令性和统一性，而不是按照农民的需求进行供给，决策的主体不是农民和农户，这里涉及的问题"不仅仅是政策问题，而更重要的是结构问题"[1]。农户真正需要的服务提供不足，而不需要政府提供的服务却存在供给过剩现象，如我们看到的农民不需要的杂交水稻稻种却拿去喂鸡、鸭了，造成本来有限的公共服务经费得不到合理的利用和配置。农民需要的基础设施建设、医疗卫生服务等都没有得到很好解决，由此农民对政府满意度降低，"真正的问题在于国家在某些领域必须弱化，但在其他领域却需要强化"[2]。

再次，农民缺乏农村公共服务需求的有效表达机制，没有反映农民的意愿和要求。由于千家万户需求各异，基层政权机构很难掌握千变万化的信息，由此造成农村公共服务的供给对农户的需求动态反应性不强。同时农民组织化程度很低，不能形成有效的表达机制，曹锦清认为，"农民的基本特点是他们无力在各自利益的基础上，通过平等协商的途径形成共同

---

[1] 孙立平：《断裂——20世纪90年代以来的中国社会》，社会科学文献出版社2003年版，第75页。

[2] ［美］弗朗西斯·福山：《国家构建：21世纪的国家治理与世界秩序》，黄胜强等译，中国社会科学出版社2007年版，第5页。

利益，缺乏共同利益的意识，也就不可能通过平等协商的途径建立共同的合作组织，并通过有约束力的章程与领导来解决自己的共同事务"，这样会造成农村公共服务供给的扭曲和错位，"将缺乏自我表达与自我组织的广大村民引导到能够自我表达与自我组织的现代公民之路上去，是中国农村现代化的核心任务。这一任务不解决，我们无法完成小农经济与大市场的有效衔接问题，也无法解决乡村社会的民主与法制建设问题。让千百万村民学会自我组织与自我管理，是农村现代化的基本发展目标"[①]。如果农村公共服务供给缺乏民主机制，则会出现"寻租"行为，使有限的公共资源得不到合理的配置和利用。

最后，农村公共服务供给制度的低效率。由于没有按照农村公共服务的性质进行分类，认为所有的公共服务都应该由政府来提供，但是，政府作为公共权力机构，管理色彩较浓，服务色彩较弱，大部分的工作是围绕政府"中心"工作，诸如征收税费、计划生育，是"服务政府"，而不是"服务农民"。应由市场主体提供的服务却由政府来提供，这样造成农村公共服务制度上的低效率，供给成本过高。我们看到，弦乡的民间组织根本没有发展起来，缺乏竞争活力，"正式组织只有存在非正式组织的情况下才具有活力和生存的前提……任何一方都缺少不了另一方"[②]，所以对民间组织能够提供农村公共服务要予以高度重视。

四 扩展性权力生成解析：权力、权利与农村公共服务

弦乡扩展性权力机构的生成及其工作人员的安排，充分展现了后发外生型现代化国家在现代国家建构中公共权力的扩张和科层化体制设立初衷的背离、民众权利救济途径的短缺与现代经济发展的张力。

[①] 曹锦清：《黄河边的中国——一个学者对乡村社会的观察与思考》，上海文艺出版社2000年版，第174—175页。

[②] "在正式组织中，非正式组织一个不可或缺的功能就是交流（communication）。另一个功能是，通过提高工作热情和权威的稳定性来保证正式组织中的凝聚力。第三个功能是保持个人整体感、自尊感和独立的选择感。"参见［美］埃里克·弗鲁博顿、［德］鲁道夫·芮切特：《新制度经济学：一个交易费用分析范式》，姜建强等译，上海三联书店、上海人民出版社2006年版，第24、51页注释部分。

首先，弦乡扩展性权力的生成，其权力来源于中央、地方政府及其各个职能部门的决策和政策。我们看到，弦乡各个职能部门的建立，在短短一年左右的时间就基本建立，然而，这些职能机构的建立没有考虑到当地实际情势和农户的需求。如上所述，在弦乡的治理体制中，乡级政权机构与县级完备政权层级的组织系统基本相似，组织机构和专业分工高度精细和完备，"吃皇粮"的人员很多，特别是对农业型地区的弦乡来说，社会分化并不像现代都市那样精细化、专业化，除了乡政府所处的"中心地点"之外，农村乡镇农民的基本生产和生活方式有的还处在传统农业文明时代，现代工业文明并不发达，后现代文明刚刚从外界所学不多，这样的社会经济结构并不需要专业分工高度精细的治理结构来治理，在社会结构和经济结构还没有充分分化的情况下建立诸如农机站、企业办等机构，实在是没有必要，同时传统农业文明和农民的素质以及已获得温饱但并不富裕的农民无法对设计精美的科层化体系产生浓厚的兴趣和认同感，"乡村治理，固然要贯彻国家的意图，但也不能忽视国家的每项政策、制度安排以及实际的治理形式都要具有一定的社会基础。尤其是乡镇政府，更须植入乡村社会的'权力的文化网络'之中；科层化治理根本不可能在这个'文化网络'中立足、生存"[①]，科层化机制不仅导致政府机构臃肿和冗员过多，而且机构的管理费用以及运行成本都落到当地农民头上。

其次，弦乡扩展性权力机构的设置和运行，基本上背离了设立"科层制"机构的初衷。韦伯认为，官僚制是政治和行政管理领域中最有效的形式，"在行政管理领域，要么采用官僚制度，要么是外行作风，否则别无选择"[②]，弦乡各个职能部门的设立与其说是体现了中国发展经济的决心，倒不如说体现了中国要建构一个貌似现代国家机构框架。这些科层化的机构设施，貌似现代科层体制，然而，"'现代性'的外表一再暴露出了深层的古旧"[③]。韦伯认为，官僚科层体制的建立是需要很多前提条件和伴随现象的，资本主义经济的理性化和现代政治和法律的理性化，和

---

① 吴理财：《科层化治理：乡村治理的一个误区》，《学习月刊》2005年第12期。
② [德] 马克斯·韦伯：《社会和经济组织的理论》，牛津大学出版社1947年版，转引自 [美] 安东尼·奥罗姆：《政治社会学》，张华青等译，上海人民出版社1989年版，第71页。
③ [英] 佩里·安德森：《绝对主义国家的系谱》，刘北成等译，上海人民出版社2001年版，第14页。

法制兼官僚制的现代国家之间有着高度的亲和性[1]，"正如资本主义在其当今的发展阶段中需要官僚体制——虽然两者成长的历史渊源不同——一样，资本主义也是官僚体制可能以最合理形式赖以存在的最合理的经济基础，因为从财政上讲，这个经济基础提供必要的货币资金"[2]，"因为根据历史的经验，没有货币经济的发展，官僚体制的结构会大大地改变着它的本质，或者正好变为一种别的结构，这几乎是难以避免的"[3]，"官僚政治在原则上并依赖市场制度"[4]，"除了财政上的前提外，对于官僚体制的行政管理还存在着十分重要的流通技术的条件"[5]；行政管理任务数量上的发展，例如在政治领域里，官僚体制化的典型基础是：大的国家和群众性的政党[6]。然而，与行政管理任务范围的延展性和量的扩大相比，其强度和质的扩大和内在的发展，更加是官僚体制化的诱因[7]。官僚体制组织的技术优越性，"官僚体制的组织广泛传播的决定性的原因，向来是由于它的纯技术的优势超过任何其他的形式"[8]，等等。

我们看到，弦乡的扩展性权力机构是建立在传统的小农经济和自然经济的基础上，甚至连温饱问题都没有解决，还建立这么多的职能化机构，怎么能够达到科层化体制建立的初衷呢？即使建立了科层化的机构，有的机构长年就是1—2人，而且这些工作人员并不是专业人员，"根本不确认专业是否合格"[9]，有很多是小学文化程度，同时他们不做本部门的本职工作，而是围绕乡政府的中心工作，如税费征收、计划生育工作来进行工作。

---

[1] [英]迈克尔·H.莱斯诺夫：《二十世纪的政治哲学家》，冯克利译，商务印书馆2001年版，第24—26页。

[2] [德]马克斯·韦伯：《经济与社会》（上卷），林荣远译，商务印书馆1997年版，第249页。

[3] [德]马克斯·韦伯：《经济与社会》（下卷），林荣远译，商务印书馆1997年版，第287页。

[4] [英]约翰·希克斯：《经济史理论》，厉以平译，商务印书馆1987年版，第19页。

[5] [德]马克斯·韦伯：《经济与社会》（上卷），林荣远译，商务印书馆1997年版，第249页。

[6] [德]马克斯·韦伯：《经济与社会》（下卷），林荣远译，商务印书馆1997年版，第291页。

[7] 同上书，第293页。

[8] 同上书，第296页。

[9] [德]马克斯·韦伯：《儒教与道教》，王容芬译，商务印书馆1995年版，第173页。

即使自上而下地建立某种貌似"现代"的制度也许容易,但推行某种最"现代"的观念形态,但却难以深入地建立真正多元、能动的理性化机制。在韦伯所分析的西方社会中,尽管其理性化存在着形式理性与实质理性的矛盾,尽管其科层制存在着效率与自由的两难抉择,但是正如有的学者所指出的,在现代西方社会,"分化的程序技术(它们彼此之间构成了相互渗透和相互制衡的关系),多样化的抽象价值、观念或范畴知识与自主的伦理实践,构成了理性化的内在张力,使多元的理性化成为一种内在推动的过程,一种通过制衡得以发展,通过冲突得以生存,通过历史来建构的普遍性,甚至通过风险、不确定性乃至危机得以整合的动态机制",而在中国等后发外生型的发展中国家,"理性化的移植都变成了单纯移植程序技术。在世界系统中的'经济话语'的背景下,这些程序秩序被认为是提高国家或民族竞争力的唯一手段。文明的发展被化减为一种技术的发育,无论是国家的社会动员能力、军事力量还是经济实力,都完全从这种工具性的角度来理解"[1]。在弦乡,国家及其县级政权垄断了整个制度建设的过程,使官僚体制等技术从来没有真正成为"程序技术"。而且这些国家推动所谓"现代"制度建设的一元化权威及路径依赖的惯性,往往对"无序"或"失范"抱有根深蒂固的恐惧,对普通人自身的努力与尝试满怀狐疑。实际上,韦伯当年就担心社会主义在对形式科层制的要求远甚于资本主义,理性化会向某种极端发展,社会主义的"实质理性"并不能克服其"形式理性"不足[2]。因此,官僚体制(科层制)几乎往往在不到几代人的时间内,就会从所谓的"自由"或"现代"的守卫者与推动者,转变为理性化的障碍或者赘疣。在治理架构中,尽管1949年后的社会虽然建立了科层制的构架形式,但其构架的核心内容却是与西方现代科层制迥异的政党伦理,政党伦理是一套以现代意识形态面目出现的真理话语或真理体制,政党伦理发挥着资源分配、社会控制和人格塑造的重要作用[3],从而导致中国科层化体制的"结构"科层化与"功

---

[1] 李猛:《论抽象社会》,《社会学研究》1999年第1期。
[2] 苏国勋:《理性化及其限制——韦伯思想引论》,上海人民出版社1987年版。
[3] 魏沂:《中国新德治论析——改革前中国道德化政治的历史反思》,《战略与管理》2002年第2期。

能"科层化的相互背离①，前者是正规的科层组织取代或废弃了所有的传统组织形式，中国成为一个各种资源和社会生活几乎完全由全新的、大规模的组织（如中国共产党）所垄断的社会，后者是指正式科层组织的各种理性化的形式规则、规范化程序被有意识地加以拒绝或无意地被忽视，在这些大规模组织中通行的并非"法理型权威"，而是韦伯所说的"卡里斯玛型权威"或"传统型权威"②，甚至就是简单的强制和恐怖，如弦乡对苎麻发展就是如此。

再次，弦乡农村公共服务体系的建立及其公共服务的供给，缺乏民众需求的选择及利益表达机制。建立现代国家是中国国家建设的奋斗目标，当然，这需要民众的认同和支持才能达到目标，"公共政权的建立需要权威和社会互为依赖的关系，理想的基层公共政权应当传达或代表地方社会多数者的利益，依赖对这些利益的实现提供必要服务而存在。它的公共目标应当是社会目标的集合并为之所需，使之宁愿以纳税换取（或称'购买'）公共服务"③。我们看到的是，弦乡的基层政权及其扩展性权力机构的公共服务供给，主要是自上而下的决策供给的，弦乡的基层政权及其扩展性权力机构与民众很少有切身的利益关联，主要是着眼于自己的政绩考虑，根据政治学"谁授权、对谁负责"的原则，这些机构和人员当然是对上级负责和考虑自己的利益而并不考虑民众的利益。

从理论上讲，"退出权"是保护个体权益的最佳手段，也是社会调节方式的一个重要内容，成员通过行使退出权能够避免继续受损，因为这种权利的存在，团体的领导层和所有成员都能做到自我约束，从而解决了昂贵的监督成本问题④，当然，任何政权都不会允许社会成员随意"退出"。中国是城乡分割的二元体制，并随着新中国成立以来所采取的城乡不同的

---

① M. Whyte, "Who hates Bureaucracy?", *Remaking the Socialist Economic Institutions*, Stark. D & Nee. V（ed.）. 1989. pp. 239－241. 也可参见应星：《大河移民上访的故事——从"讨个说法"到"摆平理顺"》，生活·读书·新知三联书店2001年版，第360页。

② ［德］马克斯·韦伯：《经济与社会》（上卷），林荣远译，商务印书馆1997年版，第251—331页。

③ 张静：《基层政权——乡村制度诸问题》，浙江人民出版社2000年版，第83—84页。

④ 张军：《社会主义的政府与企业：从"退出"角度的分析》，《经济研究》1994年第9期。

政策，"城乡分治，一国两策"①，弦乡民众没有退出的权利，也无法实现"用脚投票"②的权利，村民无法改变或者退出这个辖域，"权利关涉的是主体的自由"③，"自由是指一个人在多大程度上能够自行其是……以及在多大程度上根据自己所执着追求的目标，而不是根据别人为实现其意图所设定的强制条件去行动"④，民众只有待在这个辖域里，"一个人如果不喜欢俱乐部的规则，他可以退出。但政府用强力对付那些不想遵守其规则的人"⑤，私权受到公权的不断侵害。民众权利被忽视历来是中国历史上王朝轮替的重要原因之一，强大的公权淹没了私权的声张，而在西欧封建制度中的权利原生发展中，自由权利确实构成了第一步，亨利·皮朗说："市民阶级最不可少的需要就是个人自由。没有自由那就是说没有行动、营业与销售货物的权利，这是奴隶所不能享有的权利；没有自由，贸易就无法进行。他们要求自由，仅仅是由于获得自由以后的利益"⑥。

　　由于受到决策目标和资金的限制，弦乡政府提供的公共服务数量有限，质量不高，难以满足农民对公共服务多样性、高质量的需求，这样既影响了农村经济的发展，也造成农民对政府的不满和抵触，农村公共服务供给不足的问题，不仅仅是一个财政的问题，它更是一个重要的政治问题。同时，由于农民居住分散、组织化程度低，农民微弱的个体与强大的政府组织处于不对等的关系，再加上弦乡地处山区、市场发育不充分，民

---

　　① 陆学艺：《农村发展新阶段的新形势和新任务——关于开展以发展小城镇为中心的建设社会主义新农村运动的建议》，《中国农村经济》2000年第6期。

　　② 丹尼斯·C.缪勒认为，"用脚投票模型"的条件有：1. 所有市民的完全流动性。2. 所有社区（俱乐部）特征的完整知识。3. 社区（俱乐部）可能选择的范围涵盖了市民希望的公共物品可能性的所有范围。4. 没有生产公共物品方面的规模经济和/或没有相对于人口规模的最小生产的最优规模。5. 社区之间没有溢出效应。6. 人们没有关于收益的区位约束。参见 [美] 丹尼斯·C.缪勒：《公共选择理论》，杨春学等译，中国社会科学出版社1999年版，第192—194页。

　　③ 常健：《当代中国权利规范的转型》，天津人民出版社2000年版，第21页。

　　④ [英] 弗里德利希·冯·哈耶克：《自由宪章》，杨玉生等译，中国社会科学出版社1998年版，第31页。

　　⑤ 陈舜：《权利及其维护——一种交易成本观点》，中国政法大学出版社1999年版，第223页。

　　⑥ [比] 亨利·皮朗：《中世纪欧洲经济社会史》，乐文译，上海人民出版社1964年版，第46页。

间组织不发达，私人投资难以大规模进入农村公共服务供给领域，很难与政府竞争公共服务的供给，造成供给的服务质量不高，成本过高，农民的利益表达和诉求很难得到满足和实现，农民的权利无法通过制度化的机制得到维护，导致基层政权的政治权力与社会利益是隔绝的，它不能从社会汲取权力来源，也无法得到合法性权威的支撑资源。从表面上看，现代国家构建是国家各级机构的建立和延伸以及意味着国家权力向社会各个角落扩张，然而，现代国家构建更为实质的内容是，公民取得各种权利，建立与现代国家制度化的各种关系，政权成为管理公共财产、受到宪政规范并授权的公共服务机构，而不是侵犯和剥夺公民的权利，也就是建构民主—国家，"建构民主—国家的目的就在于能以法律制度的方式确认其本国国民为享受法定权利的公民。公民权利是主权在民原则在国内政治生活中的具体体现。主权在民和公民权利可以说是现代民主—国家的两个基本准则，并体现在国家基本法律制度之中"①，所以，在构建现代国家，不仅仅是权力的集中与弥散，更需要的是公民权利的维护和民主制度的建立，以民主制度凝聚政府权威的合法性资源，"民主是一种社会管理体制，在该体制中社会成员大体上能直接或间接地参与或可以参与影响全体成员的决策"，"民主政府及其公民之间的这种结构上的关系，必然会极为广泛地赢得后者的忠诚与献身"②。

最后，弦乡基层政权及其职能部门提供农村公共服务，是其作为公共政权的本质要求。在西方，从自由资本主义发展到垄断资本主义的过程（列宁语），也可以说就是国家政权通过各种手段发展和干预经济的过程，西方国家一改过去亚当·斯密所认为的"守夜人式"政府③对经济发展采取"自由放任"政策，转变为积极干预经济的"凯恩斯式"政府，政府机构不断庞大，政府工作人员不断增多，出现了"从摇篮到坟墓"无所

---

① 徐勇：《"回归国家"与现代国家的建构》，《东南学术》2006年第4期。
② [美]科恩：《论民主》，聂崇信等译，商务印书馆1988年版，第10、232页。
③ 亚当·斯密认为，政府的"第一职责就是保卫本国社会不受其他独立社会的侵略与欺侮。""第二个职责是尽可能保护社会所有成员不受其他成员的欺侮或压迫，即设立严正的司法机构。""第三种义务就是建立和维持某些对于一个大社会当然是有很大利益的公共机构和公共工程。"参见[英]亚当·斯密：《国富论》，唐日松等译，华夏出版社2005年版，第501—509页。

不在的"福利国家"到程度不同的国家干预,资本主义成为"有组织的或者说由国家官制的资本主义"①(organized or state regulated capitalism),但是随着时间的推移和社会的发展,政府过度干预经济和社会生活的弊端日益显现,于是西方出现以哈耶克、布坎南为代表的"新保守主义"思潮,纷纷要求减少政府干预,"最弱意义上的国家"(minimal state)重新被证明是唯一合理的国家②,如美国里根政府、英国撒切尔夫人政府等采取措施减少政府干预。但是,政府作为发展经济的助推器以及政治与经济的融合,是当今各个国家发展经济的重要手段之一,只不过是各个政府干预经济的强度和力度不同而已,"经济的成功取决于政府干预的质量,而不取决于它的消失……市场经济发展还需要政府在生产领域的积极参与"③。对社会主义国家来说,政府干预经济一直伴随着社会主义国家的建立与成长。

从弦乡扩展性权力机构的设立和初衷来看,也可以看出政府设立的多数职能机构如企业办、农技站、农机站等,都是为了经济的发展和民生的福祉考虑的,为农村提供公共服务产品的,也体现了"以经济建设为中心"的社会发展理念。但是,在以发展经济为幌子而没有建立民主化、制度化的维护民众权利的情况下,政府作为推动经济发展的工具必然会侵害和危害公民权利,更何况在20世纪80年代中期,中国实行的城乡户籍隔离政策以及国家建设主要依靠农村的资源汲取的情势下,维护农民权利更为艰难。所以,如何平衡好经济发展、公共权力机器的干预以及农民权利的维护,成为农村基层政权建设乃至整个现代国家构建过程中的重要问题之一。

---

① [德]哈贝马斯:《合法化危机》,转引自陈学明:《哈贝马斯的"晚期资本主义"论述评》,重庆出版社1993年版,第31页。

② [美]罗伯特·诺齐克:《无政府、国家与乌托邦》,何怀宏等译,中国社会科学出版社1991年版,第1页。

③ [日]大野健一:《通向市场经济的路径选择和政府的作用——90年代日本的主流发展观》,载孙宽平主编:《转轨、规制与制度选择》,社会科学文献出版社2004年版,第336—337页。

第四章　制度安排与政务下伸的"腿"：
　　　　网络性权力的生成

正如国家是"按地区来划分它的国民"① 的产生情况一样，弦乡基层政权的产生，不仅需要乡级政权机构的产生，如基础性权力机构和扩展性权力机构，还必须铺设政府职能和职权在其辖域范围内的承接载体，使其权力渗透到社会各个角落，实现其在社区范围内进行有效治理，"一个社会乃是一个社会的互动的网络，在这一网络的边界，存在它和它的环境之间的一定层次的互动的离断（cleavage）……这就是说，如果与跨过其边界的互动相比较，它是从内部按照某种式样构成的"②，这就需要在其辖域内所属各村建立其网络性权力及其机构。网络性权力及其机构主要是指基层政权所属的各行政村的村党支部和村民委员会等权力体系，同时包括村民小组等权力机构③。改革开放以后，农村经济和社会结构发生了深刻的变化，基层治理也发生了重大变革，由村民自治组织村民委员会代替人民公社时期具备行政性质的大队管理委员会。在后人民公社时期，由于网络性权力是国家行政命令规制的结果，具有很大的任意性和随意性。网络性权力所在的行政区划过程凸显了部分民众争取归属权利的积极性及其无奈感。在"政党下乡"和"政权下乡"的情境下，网络性权力的机构设

---

① 《马克思恩格斯文集》（第4卷），人民出版社2009年版，第189页。
② ［英］迈克尔·曼：《社会权力的来源》（I），刘北成等译，上海人民出版社2002年版，第18页。
③ 由于村党支部及其人员受基层政权党委的领导和任免；农村虽然实行村民自治，村民委员会除完成"村务"工作外，还需要协助党委和政府完成下派的"政务"，村民委员会行政化色彩非常浓厚；同时1982年宪法第111条对村民委员会的有关规定，列于宪法第五节"地方各级人民代表大会和地方各级人民政府"中，所以可以把村级权力体系称之为基层政权的网络性权力。

置、人员配备和运作模式依然具备行政的特征，网络性权力成为贯彻国家"政务"的"腿"，网络性权力及其机构具有"准政权组织"的性质[①]。网络性权力的生成，展示了以农村经济发展为中介，权力、权利之间的相互角力以及计划经济时代"全能治理"行政方式的概貌。

一 渊源与演变：网络性权力生成的宏观背景

网络性权力及其机构是建立在传统的自然村或村庄的基础上的，所以对网络性权力的研究当然要追溯到传统中国时期自然村或者村庄以及整个经济、政治和社会权力结构的有关情况。

自然村或村庄是长期生活、聚居、繁衍在一个边缘清楚的固定地域的农业人群所组成的空间单元，是农村政治、经济、文化生活的宽广舞台[②]，它主要是一个"乡村社区"概念。乡村社区一般指生活在一特定地方上的一群人，有其共同连属意识，并通过组织与制度共享或共同参与一些有共通兴趣或共通利害的活动。它主要有以下要素：一群以农业为生的人在一特定地方上过互有关系的生活；他们有相同的文化及社会价值；在其特有的社会结构内参与共同行为，并遵循同一行为规范；有相当数目的社会制度或社会组织，足以维持或满足其生活上各种需要；有带感情的共同意识，即感觉他们属于一个可与别的团体区分开的团体[③]。黄宗智认为，传统中国的村庄，同时具有形式主义、实体主义和"传统的"马克思主义各自分析中所突出的三种特征：认为中国的村庄既可能是一个由个别农户组合的街坊，各个小农家庭分别成为市场生产的单位，也可能是一个闭塞的、或许是紧密的共同体，是自给自足的经济单位，同时一般的村庄都存在一定程度上的租佃和雇佣关系，其中部分人榨取其他村民生产的剩余，"村庄多半具有三种特征，但其混合的比例，则随村庄的经济和社

[①] 朱宇：《中国乡域治理结构：回顾与前瞻》，黑龙江人民出版社2006年版，第173页。
[②] 刘沛林：《古村落：和谐的人聚空间》，上海三联书店1997年版，第1页。
[③] 《云五社会科学大辞典·社会学》，台北商务印书馆1973年版，第201—202页，转引自中国社会科学院农村发展研究所组织与制度研究室：《中国农村的工业化模式》，社会科学文献出版社2002年版，第2页。

会机构而变化,也因村庄所遭受的外来势力的性质不同而变化"①。在传统中国,国家为了保持社会稳定和税收汲取的需要,"必须控制大量分散而闭塞的村庄。但在一个前近代的国家机器,对为数可能到百万的村庄没有可能直接控制。明清时期的国家政权,采取了间接的统治方法",主要是通过科举制度控制地主阶级,"正式的官僚机构力所能及的范围以下,地主是国家政权借以控制自然村的不可少的居间人。国家机器可以说是依靠小农经济和地主制两条腿走路的"②。

历史研究表明,传统中国的治理结构有两个不同部分,其上层是中央政府,并设置了一个自上而下的官制系统,其底层是村落地方性的管制单位,由族长、乡绅或地方名流掌握③,"事实上,中国权威分配的两个特征是其村社和家庭的继续存在和繁荣"④,村落以家族、宗族为中心,聚族而居形成大大小小的自然村落,每个家族、宗族和村落是一个天然的"自治体",这些"自治体"结成为"蜂窝状结构"(honeycomb-structure)⑤。这种治理结构的基本特点是两种情况的结合:文化、意识形态的统一与管辖区域实际治理权的"分离"。在基层社会,"中国乡土社会的基层结构是一种我所谓'差序格局',是一个'一根根私人联系所构成的网络'"⑥,乡绅控制着地方区域的内部事务,他们并不经由官方授权,也不具有官方身份,而且很少与中央权威发生关系,这在事实上限制了中央权威进入基层治理。表面上,中央下达政令,有一个自上而下的正规渠道贯彻着帝国的整体秩序,但在实际运作中,经过各级人员的中介变通处理,帝国秩序并不能真正触及地方管辖的事务。在这种情况下,双方都默认并谨慎对待管制领域的边界,除非在基层无法处理的事务才上达官方。地方权威的"自主"管辖权没有受到严重挑战,它们各成一体。虽然正

---

① [美]黄宗智:《华北的小农经济与社会变迁》,中华书局2000年版,第21—22页。
② 同上书,第257—258页。
③ 王先明:《近代绅士》,天津人民出版社1997年版,第21页。
④ [美]吉尔伯特·罗兹曼主编:《中国的现代化》,国家社会科学基金"比较现代化"课题组译,江苏人民出版社2003年版,第449页。
⑤ Vivienne Shue, *The Reach of the State: Sketches of the Chinese Body Politic*, Standford University Press, 1998. 转引自秦晖:《农民中国:历史反思与现实选择》,河南人民出版社2003年版,第221页。
⑥ 费孝通:《乡土中国 生育制度》,北京大学出版社1998年版,第31页。

式官制制度并没有承认这种分治局面,但事实是分治的迹象"随处可见","强有力的中央政府,紧密的地方控制和巨大的城乡差距,这三条总是和现代化后起之秀的国家形影不离"①。这样,传统中国事实上有着两种互不干扰的秩序中心,一个是官制领域,以国家为权威中心,对于社会而言,它的整合意义多是文化象征性的;而另一个则更具有实质性,因为它承担着实际的管辖权力,这就是地方控制领域中的权威。经过多年的实践,这两种秩序在各自的领域中形成了各自的权威中心,并学会了在互相的礼节性交往之外,小心避免触及他人领地,这在两种秩序中间形成了安全的隔层(gap)②。

传统中国存在双层权力结构的原因,主要是因为:第一,在古代中国,乡村社会的一个鲜明特点就是高度分散性,以家庭为单位,自我生产,自给自足,与外界联系甚少,这种分散的小农经济很容易使社会处于如马克思所说的"袋装的马铃薯"的状况,因此,历代王朝无不自上而下,将高度集中统一的国家权力延伸到乡村社会,以获得赋税和劳役,维护大一统的社会秩序。第二,小农经济和家族社会有一定的社区自组织功能。"中国社会中充斥着眼睛向下的劝世榜样和眼睛向上的思齐热情"③,这样就形成了中国封建社会长期超稳定的等级社会④。

如第一章所述,中国近代以来,国家权力不断下延,"政权下乡",改变过去"王权不下县"的局面。"政权下乡"的目的主要有两个:一是将政治权力从散落于乡里村落集中到国家,纵向集权,形成统一的国家"主权";二是从统一的权力中心发散,纵向渗透,使政治权力的影响范围在地理空间和人群上不断扩大,覆盖整个领土的人口,渗透到广泛的社会领域,特别是分散的乡里村落,由此国家政权不断延伸到社会基层,"村级政权,其实比区政权更为重要,因为它是国家直接接触自然村权力

---

① [美]吉尔伯特·罗兹曼主编:《中国的现代化》,国家社会科学基金"比较现代化"课题组译,江苏人民出版社2003年版,第449页。

② 张静:《基层政权——乡村制度诸问题》,浙江人民出版社2000年版,第18—19页。

③ [美]吉尔伯特·罗兹曼主编:《中国的现代化》,国家社会科学基金"比较现代化"课题组译,江苏人民出版社2003年版,第85页。

④ 程同顺、赵银红:《乡村管理模式的回顾与前瞻》,《上海社会科学院学术季刊》2000年第1期。

结构和农村人民的点"[1]。近代以来,"机器时代给中国人带来了现代化,同时,中国被迫进入世界社区"[2],清末民初的"新政"措施、国民党通过了《农民运动决议案》及其基层政权体制改革措施,尝试通过对农民进行经济和政治的动员,地方权威变为国家在基层的政权分支,使地方权威成为服务于国家目标——征兵、收税、进赋——的组织机构,并进入国家官制的控制范围。由于国家权力的不断下延及其基层政权机关、武装单位和学校的建立,各项社会事业和经济建设的启动,需要汲取大量的财富和资源,由此加重了农民的赋税负担,导致自然村内部的社会关系结构和权力结构发生了重大变化,国家与自然村的关系也发生了根本性的变动,地方政权出现了土豪、恶霸等恶性势力蹂躏村庄,即"赢利性经纪人"[3]的出现,"反常的地方统制机构遂得以发展成为一种滥施淫威的强权,并且尾大不掉。这形成了地方主义以及后来的军阀主义最丑恶的特征","中国社会仍然滞留在适宜地方交换的居住模式之中,满足于地方的自给自足状态,中国相对来说是无法把资源汇聚到大规模居住区的。简言之,中国人并没有发展出一套更为有效的方法去开发乡村的生产基地"[4]。

随着新中国各级政权的建立,新一轮的基层政权重建计划开始进行,对社会重新进行整合和改造。中国共产党通过"三反"、"五反"、土地改革、合作化等一系列运动,将分散而弱小的小农力量凝聚起来,实现国家一体化和制度化,建构起对国家认同感,"这些早期的群众运动扩大了群众组织,建立了宣传网络,吸收了新的积极分子和党员,清除了反对者并创建了新的社会关系,因此而大大加强了共产党的政治整合"[5],同时国家通过"政权下乡"和"政党下乡"的过程,逐步建立和完善人民政权体系和中国共产党的组织体系,将国家的权力进一步向社会渗透,不断整

---

[1] [美]黄宗智:《华北的小农经济与社会变迁》,中华书局2000年版,第299页。
[2] 费孝通:《中国绅士》,惠海鸣译,中国社会科学出版社2006年版,第124页。
[3] [美]杜赞奇:《文化、权力与国家——1900—1942年的华北农村》,王福明译,江苏人民出版社1994年版,第37—48页;[美]黄宗智:《华北的小农经济与社会变迁》,中华书局2000年版,第284—299页。
[4] [美]吉尔伯特·罗兹曼主编:《中国的现代化》,国家社会科学基金"比较现代化"课题组译,江苏人民出版社2003年版,第86、192页。
[5] [美]詹姆斯·R.汤森、布兰特利·沃马克:《中国政治》,顾速等译,江苏人民出版社2004年版,第78页。

合社会分散的力量,将权力覆盖整个社会,尤其是人民公社时期达到了顶峰,"在新中国,国家主导社会,就是在中国共产党的主导下实现的。在这方面,中国共产党的作用主要通过两个途径实现:一是党对国家的领导;二是党对社会的领导。党对国家的领导,是国家主导社会获得组织和体制上的基础;而党对社会的领导,使国家主导社会获得广泛的社会基础"[①]。经过集体化建立的人民公社体制,则将散落于农民社会之中的经济社会权力也高度集中在国家之手,乡村权力的集中程度达到从未有过的程度,"从政治经济的层面看,公社化造成了完整的、自上而下的经济控制网络。这是一种集体化的生产和产品再分配制度"[②]。

然而"三级所有、队为基础"的人民公社制度在实际运作中暴露出一系列弊端,克服这些弊端的传统方法是超经济的政治强制,是持续不断地开展阶级斗争和路线斗争,是不遗余力地向农民灌输社会主义思想,"改革前农民的权利和自由状态虽然很大程度上具有前现代化的特征,却是服务于现代化(工业化)进程的基本目标的。据估计,30年来在农产品价格剪刀差形式内隐蔽的农民总贡赋为6000亿元以上,这是中国农民对国家工业化做出的历史性贡献。"[③] 但是,经济不会长期听任政治的摆布,经济演变的逻辑或迟或早会冲破政治的樊篱而表现出它的不以个人的意志为转移的特征;社会不会长期听凭与之不相适应的制度的控制,它或迟或早会迫使制度朝着更适合于它的发展的方向变革。

20世纪70年代末80年代初,中国乡村进行了农业经营制度的变革:从农业的集体经营转变为农业的家庭经营。变革的导因深植于农村的经济和社会现实之中,变革的推动力又一次来自中共中央,变革的实施依然是乡村政府[④],20世纪80年代,中国农村普遍实行了农业的家庭联产承包责任制,曾经推动这场改革的公社干部们很快发现,改革挖去了公社自身

[①] 林尚立:《集权与分权:党、国家与社会权力关系及其变化》,载陈明明主编:《革命后社会的政治与现代化》,上海辞书出版社2002年版,第163页。

[②] 王铭铭、[英]王斯福主编:《乡土社会秩序、公正与权威》,中国政法大学出版社1997年版,第70页。

[③] 周其仁:《农民、市场与制度创新——包产到户后农村发展面临的深层改革》,载:《产权与制度变迁——中国改革的经验研究》,社会科学文献出版社2002年版,第50页。

[④] 张乐天:《告别理想——人民公社制度研究》,东方出版中心1996年版,第447页。

存在的基础：生产队失去了组织农民进行生产的职能，大队和公社也无须对农业发号施令，"经济体制的'诱致性变迁'和政治体制的'强制性变迁'互不同步，导致农村发展出现'治理型问题'，即农村的治理还远远难以适应农村发展和良好治理的需要"①。20世纪80年代初，广西北部的宜山、罗城一带出现了农民自发形成、由农民群众共同参与建立村民委员会（名称不一，有的称"议事会"，有的称"村管会"或者治安大队），并通过这一组织管理公共性事务的组织②，这一农民自发创造的管理机制很快引起了当时主管中央政法工作的彭真的重视，并视为新时期整合和管理农民的好方式。1982年通过的宪法第111条规定："城市和农村居民居住地区设立的居民委员会或者村民委员会是基层群众性自治组织。居民委员会、村民委员会的主任、副主任和委员由居民选举"。1983年10月，中共中央、国务院发出《关于实行政社分开建立乡政府的通知》，明确规定"村民委员会是基层群众性自治组织，应按村民居住状况设立……有些以自然村为单位建立了农业合作社等经济组织的地方，当地群众愿意实行两个机构一套班子，兼行经济组织和村民委员会的职能，也可同意试行"。从1983年开始，全国绝大多数地区以原生产大队管辖范围为基础建立了村民委员会，以生产队的管辖范围为基础建立了村民小组。到1985年，全国共设立村民委员会948628个③。在彭真等领导人的积极推动下，1987年11月六届全国人大常委会第二十三次会议通过了《中华人民共和国村民委员会组织法（试行）》。该法对村民委员会的性质、地位、职责、产生方式、工作方式作了比较具体的规定。从1988年6月1日起，村民委员会组织法（试行）进入试行期，尽管这一法律条文明确限定为试行，但它对于确立村民委员会的自治组织的性质和法律地位，对于广大农民通过村民委员会参与基层治理，提供了基本的法律保障。到1988年12月，全国共有村民委员会84.5万个④。截至1989年底，全国有福建、浙江、

---

① 张厚安、徐勇、项继权等：《中国农村村级治理——22个村的调查与比较》，华中师范大学出版社2000年版，第7页。
② 徐勇：《伟大的创造从这里起步——探访中国最早的村委会的诞生地》，载《乡村治理与中国政治》，中国社会科学出版社2003年版，第3—13页。
③ 侯保疆：《中国乡镇管理研究》，中国社会科学出版社2006年版，第142页。
④ 张翼之等：《中国农村基层建制的历史演变》，四川人民出版社1992年版，第198页。

甘肃、湖北、贵州、湖南6省人大常委会，依据村民委员会组织法制定了本省的贯彻实施办法①。这之后，全国共有二十多个省、市、自治区陆续制订了有关村民委员会组织法的实施办法，针对性更强，更具体。

那么具体到A乡，国家通过基层政权建设和党的基层组织建设，不断调整行政区划和行政建制，来达到国家汲取资源和整合社会力量的目的，"在现代化进程中，对一个个分散孤立的村落加以整合，实现国家的一体化是重要任务"②，其过程为：在新中国成立前，1932年，A乡属于G县第二区，下辖11个保，保下分甲，每十户或二十户为一甲；1936年，全县分为四区，区下成立联保，联保下设保甲，A乡属第四区第八、九联保，其中弦乡区域属于第八联保的第四保、第九联保的第二、三、四保区域里。新中国成立后，保甲体制保留一段时间。1950年，全县分为13个区，A区建立中共A区党委会、区人民政府，设立书记、区长等职务，内设组织委员、宣传委员等，A区下辖24个乡，其中弦乡区域包括在WH、SZ、SX、JG、LB等5个乡区域里。1955年，A区下辖28个小乡，其中弦乡区域包括在FZ、SZ、LZ、TM、SX、JG、FZ、ZZ、LB等9个小乡区域里。1956年，A区下辖37个小乡，其中弦乡区域包括在ZZ、WH、SZ、LZ、FZ、ZT、LT、SX、TM、JG、LB等11个小乡区域里。1957年高级社时期，A区37个小乡合并为18个大乡，其中弦乡区域包括在LB、FZ、LZ、TM、ZZ等5个乡区域里。从建国到1957年这段时期，基层政权设立有党支部、村政权。1959年，A管理区改为人民公社，公社下辖44个大队，其中弦乡区域包括在LB、LT、TM、JG、ZT、SZ、LZ、FZ、SX、ZZ、WH等11个大队区域里。1961年，A人民公社改建为A区人民政府，下辖5个小公社，共辖44个大队，其中弦乡区域包括在LB小公社区域里，有11个大队。1963年，将A区人民政府恢复为A人民公社，撤销5个小公社，将原44个大队并为24个大队，全社有494个生产队，其中弦乡区域包括在SX、LZ、FZ、JG、LT、WH、FZ等7个大队里。1969年，A人民公社将原24个大队分为33个大队，其中弦乡区域

---

① 高杰：《村民委员会组织建设的背景、现状和政策导向》，《法学研究》1994年第2期。
② 张厚安、徐勇、项继权等：《中国农村村级治理——22个村的调查与比较》，华中师范大学出版社2000年版，第92页。

增加了 LB、TM、ZZ 等 3 个大队，这时弦乡区域有 10 个大队。在 1975 年至 1981 年间，A 人民公社的辖域变动了 4 次，主要是邻近乡的设立、合并等。我们可以看看在 1980 年弦乡所辖区域 10 个大队人口等情况（如表 4—1）。在人民公社时期，各个大队都设有大队党支部、大队管理委员会等权力机构。

1983 年 4 月，根据宪法和中央的有关通知精神，A 人民公社更名为 A 乡，同时将 28 个大队更名为 28 个村，其中弦乡区域包括在 FZ、LZ、WH、SX、TM、LT、ZZ、LB、JG 等 9 个村区域里（如表 4—2）。我们可以看出，在新中国成立后，弦乡在成立以前从来没有出现作为单独建制存在的基层政权，只是 A 乡的一部分区域并分为几个大队（村），同时这些村级行政区划基本固定下来并延续到弦乡成立时。

表 4—1   1980 年弦乡区域所辖基层组织人口基本情况表   单位：户、人

大队名称	户 数	人 口	男	女	每户人口
FZ	355	1811	923	888	5.1
LZ	491	2553	1320	1233	5.2
WH	293	1478	792	686	5.0
LT	508	2333	1244	1089	4.6
SX	258	1241	667	574	4.8
TM	301	1419	755	664	4.7
ZZ	363	1734	891	843	4.8
LB	301	1411	756	655	4.7
JG	328	1546	838	708	4.7
FZ	372	1830	995	835	4.9
合计	3570	17356	9181	8175	4.9

资料来源：G 县 1980 年档案文件。

表 4—2   弦乡区域所辖基层组织变迁表

年 代	体制名称	基层组织名称	数 量
1936	联保、保	第八联保的第四保和第九联保的第二、三、四保	4 个保

续表

年代	体制名称	基层组织名称	数量
1950	区、乡	WH、SZ、SX、JG、LB	5个乡
1955	区、乡	FZ、SZ、LZ、TM、SX、JG、FZ、ZZ、LB	9个乡
1956	区、乡	ZZ、WH、SZ、LZ、FZ、ZT、LT、SX、TM、JG、LB	11个乡
1957	区、乡	LB、FZ、LZ、TM、ZZ	5个乡
1959	人民公社、大队	LB、LT、TM、JG、ZT、SZ、LZ、FZ、SX、ZZ、WH	11个大队
1961	区、人民公社、大队	LB、LT、TM、JG、ZT、SZ、LZ、FZ、SX、ZZ、WH	LB公社、11个大队
1963	人民公社、大队	SX、LZ、FZ、JG、LT、WH、FZ	7个大队
1969	人民公社、大队	SX、LZ、FZ、JG、LT、WH、FZ、LB、TM、ZZ	10个大队
1983	乡、村	FZ、LZ、WH、SX、TM、LT、ZZ、LB、JG	9个村

资料来源：《A乡乡志》（第一卷），未刊稿，1984年版。

二 制度安排与行政规制：网络性权力生成过程

弦乡单独建制的设立，其网络性权力及其网络性权力机构相应地随之生成和设立。弦乡网络性权力生成过程中，国家意志或者说地方政府的行政化命令起着决定性作用，"可以说，现代的农村变化都是在一定的政治与行政网络中生存、发展和变动的"[1]，网络性权力"既非自然村落和熟人共同体，又非适当行政区划的'行政村'，以'国家民主'的标准程序建立一个既是自治组织又是政权末梢、职能相互冲突的机构"[2]，具有很

---

[1] 吴毅、吴淼：《村民自治在乡土社会的遭遇——以白村为个案》，华中师范大学出版社2003年版，第7页。

[2] 秦晖：《农民中国：历史反思与现实选择》，河南人民出版社2003年版，第29页。

大的任意性和随意性，其中也凸显了弦乡部分民众争取归属权利的积极性及其无奈感。

（一）制度安排与争取归属权利：网络性权力生成过程的透视

弦乡网络性权力的生成，必然要追溯其历史发展过程，"如果我们想理解当代社会结构中的动态变化，就必须尽力洞察它的长期发展，并根据这些发展设问：这些趋势发生的机制是什么，该社会结构变迁的机制是什么"[①]，所以，应该对弦乡网络性权力的生成过程及其发生的机制以及社会结构变迁的机制进行历史性的探讨和审视。

对弦乡来说，其网络性权力有很大一部分继承和延续了 A 乡所属的网络性权力及其机构，这些行政村"已经越来越成为农民生活，尤其是政治生活的基本单位，村民行政上的归属已越来越强于血缘和地缘等自然性的归属。这是国家权力深入农村社会的结果，同时也是国家对农村社会控制、规划变迁的保证。村一级管理组织不管其名称怎么变化，但在法律和事实上成了一个法人实体"[②]。弦乡的前身是 A 乡弦管理区，在其 1985 年 3 月成立时共有 9 个行政村：

弦管理区所辖 9 个行政村：LT、JG、LB、ZZ、WH、LZ、FZ、TM、SX……各管理区独立地行使所在乡授予的行政权力。[③]

1985 年 3 月县政府通知中，说明弦管理区成立时有 9 个行政村，但是我们发现档案文件中，同年 4 月和年末统计中 A 乡的 FZ 村也在其列，经过访谈得知，FZ 村与前面所讲的 JG 村是同样的情况和原因：

当时 FZ 村闹得很厉害，不愿意到弦管理区，弦管理区很穷。中

[①] [美] C. 赖特·米尔斯：《社会学的想象力》，陈强等译，生活·读书·新知三联书店 2001 年版，第 163 页。

[②] 吴毅、吴淼：《村民自治在乡土社会的遭遇——以白村为个案》，华中师范大学出版社 2003 年版，第 19 页。

[③] 弦乡 1985 年档案文件。

间有一段时间既不属于 A 乡，也不属于弦管理区。①

但是村级网络性权力终究拗不过政府强大的政治权力，"农村秩序不可回归地纳入了国家的整个规划过程之中，农村中的任何重大制度变革都基本上源于国家，至少需要得到它的认可"②，我们发现，在弦乡总结工作成绩（如表4—3）和介绍弦管理区基本情况时，这样说道：

> 弦区共有10个行政村，180个村民小组，234个自然村，3751户，17451人，总耕地面积10795亩，其中水田8609亩，山地1872亩，人均4亩山地、5分水田，山林面积65270亩，年口粮人均不到300斤，全区有初级中学1所，在校学生210人；小学教学点13个，学生为2603人。③

表4—3　　　　　　　1985年人均增收汇总数　　　　　　单位：人、元

村名	户数	人口	1984年收入 金额	1984年收入 人平	1985年收入 金额	1985年收入 人平	1985年与1984年相比 增收	1985年与1984年相比 人平增
FZ	345	1802	100638	55.8	294391	163.3	193753	107.6
LZ	538	2615	123895	47.3	365119	139.6	2402224	92.3
WH	307	1491	77684	52	229206	153.7	151522	101.6
LT	542	2346	180301	76.8	454729	193.8	274428	117
SX	256	1264	77195	61	212648	168.2	135453	107.2
TM	308	1478	52262	35.3	181176	122.5	128914	87.2
ZZ	364	1700	101549	59.7	276342	162.5	174793	102.8
LB	300	1433	129399	90.2	278503	194.3	149104	104.1
JG	338	1537	62453	40.6	203269	132.2	140816	91.6

---

① 笔者访谈：YBQ—060512—JGC—FJC。
② 吴毅、吴淼：《村民自治在乡土社会的遭遇——以白村为个案》，华中师范大学出版社2003年版，第19页。
③ 弦乡1985年档案文件。

续表

村名	户数	人口	1984年收入		1985年收入		1985年与1984年相比	
			金额	人平	金额	人平	增收	人平增
FZ	396	1802	72775	40.3	246808	136.9	174033	96.6
合计	3694	17468	978151	56	2742191	156.9	1763040	100.9①

资料来源：弦乡1985年档案文件。

蹊跷的事情还没有完，在弦乡成立当年的年末，我们发现弦乡又增加了一个行政村，即 XGQ 村（如表4—4），而真正成立并被县政府批准新设立的村为 XGQ 村和 ZT 村的日期为1986年2月，县政府的文件认为：

> 我县 A 乡弦管理区所辖的 LT 和 LZ 两个行政村，是由原 LT、ZT 和 LZ、XGQ 四个行政村（大队）合并组成，地处偏僻山区，交通闭塞，经济文化落后。为便于行政领导，振兴经济，根据当地政府和群众的迫切要求，同意将现在的 LT 村划为 LT、ZT 两个行政村，LZ 村划为 LZ、XGQ 两个行政村，划分后的具体事宜由有关单位负责落实。②

表4—4　　　　　　　　　1985年年末人口情况统计表　　　　　　单位：户、人

村名	户数	人口	男	女	每户人口
FZ	361	1796	963	833	4.97
LZ	294	1460	768	692	4.96
WH	324	1507	832	675	4.65
LT	554	2368	1282	1086	4.27
SX	266	1251	674	577	4.70
TM	321	1413	786	617	4.40

---

① 此表与前面介绍的情况有出入，主要是因为统计时间和统计目的不一样。我们在访谈乡党委书记时，他说，人口统计方面，有三套资料，即公安统计、计划生育统计和统计局统计三种。参见笔者访谈：YBQ—051221—XZF—ZYH。

② G县1986年档案文件。

续表

村 名	户 数	人 口	男	女	每户人口
ZZ	363	1691	904	787	4.65
LB	308	1430	766	664	4.64
JG	361	1563	866	697	4.32
FZ	389	1809	952	857	4.65
XGQ	249	1183	623	560	4.75
合计	3390	17521	9416	8105	5.16

资料来源：弦乡1985年档案文件。

所以到了1986年2月后，弦乡的网络性权力及其机构增加到12个行政村。而我们看到的是，G县政府于1986年5月15日在向上级请示要求将弦管理区改为弦乡建制时，只是要求将其中的10个行政村上报并设立弦乡，我们在河南省政府批复的文件中可以看到：

> 省政府同意G县行政区划作如下调整：设立弦乡。将原A乡的TM、SX、FZ、LZ、FZ、JG、ZZ、LT、LB、WH十个村划归弦乡管辖。[①]

然而，老百姓的切身利益、村级干部与政府的角力等因素，FZ村在1988年终于又回到A乡，弦乡所属的村委会个数由原先的12个减为11个，这个数字一直持续到弦乡的消逝。"仪式是促使社会群体不断强化认同感的手段"[②]，让我们来看FZ村回到A乡签字的"仪式"现场：

> 为了巩固DJS林场基地，促进林业生产的发展，正确处理FZ村与DJS之间的关系，发展安定团结的大好局面，县委、县人大、县政府、县政协四个班子于1988年8月2日在弦乡WH村召开了现场办公会。参加会议的有：县委书记XCL，县委副书记、

[①] 河南省人民政府1986年档案文件（1986年7月28日）。
[②] 迪尔凯姆语，转引自［美］安东尼·奥罗姆：《政治社会学导论》（第4版），张华青等译，上海人民出版社2006年版，第74页。

第四章 制度安排与政务下伸的"腿"：网络性权力的生成

县长 ZPX，县政府顾问 HLR，县人大主任 LYZ，县政协主席 RZY，县委常委、县委办公室主任 HLB，人大常委会副主任 LTQ，县苏建领导小组副组长 QXW 同志；县委办、政府办、农委、林业局、司法局、土地管理办公室的负责同志；A 镇、弦乡党委和政府的主要负责同志；FZ 村的村队干部、群众代表和 DJS 各分场的负责同志，共计六十余人。①

会议在座谈、协商、对话，广泛听取群众意见的基础上，达成以下协议：

（一）本着从有利于保护 DJS 林业、发展 DJS 林业生产和有利于群众利益出发，尊重历史习惯，按照"人随山走"的要求，将原弦乡所辖的 FZ 村 21 个生产队划归 A 镇管辖；FZ 村范围内的 DJS 林场林业面积随之划归 A 镇辖属，以保护 DJS 林场的完整。（二）根据 FZ 村划归 A 镇后，按综合考虑，由 A 镇从 DJS 林木收入中付给弦乡款 180 万元，从 1989 年 1 月 1 日起到 1993 年 12 月 30 日分 5 年每年 36 万元。（三）FZ 村划归 A 镇后，原欠弦乡的提成、农业税和办电借支款，办理手续应如数积极还交 A 镇。由苏建办、农行、财政局负责对 FZ 村扶贫的款物，理顺双方关系……（六）如果出现纠纷，由所在乡镇自行处理。A 镇、弦乡及所属村队必须严格执行本协议，不得违反。从协议签订后，由政府办公室牵头，组织有关部门对协议中的有关事宜逐项落实。本协议由司法局、林业局、土地管理办公室等单位共同监督执行。②

这份协议经过县领导亲自监督协调，A 镇、弦乡双方负责人和 FZ 村党支部书记、村主任签字，同时生产队长代表、群众代表、林场代表以及县司法局、林业局和土地管理办公室等负责人签字生效。笔者在访谈参加会议的当事人时，他说道：

---

① 弦乡 1988 年档案文件。
② 同上。

会场上气氛很紧张，县里领导都来了，群众言辞激烈，认为本来我们就不想分到弦乡，我们的收入越来越少，DJS 林场分到弦乡后我们得不到好处，有的村民直接质问县领导，不回 A 乡我们提成和农业税都不交纳。村民经常上山偷砍树木，发生打架事件，公安还逮捕了很多偷砍林木的人。①

（二）组织角色与待遇确定：网络性权力的行政规制

弦乡所辖区域在 1988 年基本确定，在这之前，每个村都有村党支部、村委会两个村级网络性权力机构并在原来生产小队的基础上组建村民小组，设立村民小组组长一职，代替人民公社时期的生产大队党支部、生产大队管理委员会、生产小队，这种制度变迁和转化的内在原因是，"引入制度创新的可能性，不管它是通过扩散过程，还是通过社会、经济与政治程序所进行的制度转化，它们都会进一步降低制度变迁的成本"②，村级权力结构本身成为国家"规划性社会变迁"的一个重要内容。

村党支部是中国共产党在农村基层设立的党组织，它是党在农村各项工作和战斗力的基础，是村级各种组织和各项工作的领导核心。村民委员会是设立于农村社区的基层群众性自治组织，一般可设立人民调解、治安保卫、公共卫生等委员会。一般来说，村党支部、村民委员会是在各个村内唯一合法的基层政权权力体系中的网络性权力机构。尽管体制和称谓上有如此多的变化，但在实际运作中，乡镇一级仍将村级组织作为下级政府进行行政上的管理，不仅规定其完成各种行政性、政治性任务，而且对村干部的产生和任用随意干涉，村干部的待遇也受到乡镇一级的节制；村干部也将自己作为一级官员，仍按人民公社时期的思维模式和管理方式进行工作，"农村改革后，乡镇对村级治理的影响方式呈现出多样化的趋势，主要有行政干预、干部任职、财务监控、价值分配、支持协助、情感沟通

---

① 笔者访谈：YBQ—060513—FZC—HRX。
② ［美］V. W. 拉坦：《诱致性制度变迁理论》，载［美］R. 科斯、A. 阿尔钦、D. 诺斯等：《财产权利与制度变迁——产权学派与新制度学派译文集》，刘守英等译，上海三联书店、上海人民出版社 1994 年版，第 350 页。

等方式"①。

弦乡从1985年3月到1985年5月有9个村级党支部、村委会；到1985年年末，有11个村党支部、村委会；1986年2月到1988年8月，有12个村党支部、村委会；1988年8月以后，有11个村党支部、村委会，这时弦乡各村建立各村的村办公地点，办公地点悬挂"中共弦乡××村支部委员会"和"弦乡××村村民委员会"两块牌子，办公室内悬挂各种规章制度和锦旗、奖状，村干部召开重要会议时一般到村办公地点召开，对一些小事情，村干部就临时碰头讨论和协商。我们看看1985年弦乡其中一个村JG村的村党支部、村委会人员配备情况（如表4—5）：

表4—5　　　1985年弦乡JG村党支部、村委会组成人员情况

姓　名	性别	年龄	学　历	职　务	备　注
FSS	男	46	初中	党支部书记	
FCX	男	43	高中	村主任	兼党支部副书记
ZZZ	男	50	初中	党支部副书记	
CDH	男	45	初中	村经济联合社经理	属于村委成员
FCJ	男	37	初中	民兵连长	
FJC	男	32	初中	文书兼会计	
XCY	女	34	初中	妇联主任	

资料来源：JG村干部1985年工作笔记。

这里要介绍的是，弦乡JG村村名因村东南部有一山脉呈南北走向的山的主峰犹如鸡冠子式而得名，在村里以付、张两大姓为主，其中付姓占了很大部分，据史书记载，付姓的祖籍地就发源于此村，历史上的A镇第一个在此落户的就是姓付的人家。我们从表中可以看出，村党支部、村委会成员中，付姓成员占了57%，而其中妇联主任的男方家庭也姓付，付姓占了村党支部书记、村委会主任的位置，而且会计、民兵连长也是付姓，更是凸现了付姓在JG村占绝对权威。张姓人员只是在村里当了党支

---

① 张厚安、徐勇、项继权等：《中国农村村级治理——22个村的调查与比较》，华中师范大学出版社2000年版，第77—80页。

部副书记，陈姓人员当了村经济联合社经理。笔者在访谈过程中，得知在弦乡很多村存在与 JG 村类似的大姓在村里"掌权"现象，也被称为"传统—村落权威主导型"[①]：

> 担任村干部，除了你有能力外，大多数有家族、宗族的背景，不然，你当不下去，还讲宗族的门户，看你是大门还是小门。[②]

当然，弦乡建立村民委员会并不代表其能够脱离乡级政权的控制，最明显的表现就是村干部的工资收入继续由乡级政权审批、发放，我们可以看看在 1979 年人民公社时期与 1985 年 JG 村村干部工资发放比较情况（如表 4—6、表 4—7），能够看出弦乡区政府对村级组织控制还是很严格的，同时村干部大多都是任命的，"任命 WMN 为 LC 村村主任，LWX、ZSQ 聘请到区经联社安排工作"[③]。

表 4—6　　　　　　　　1979 年 JG 大队干部分配情况

姓名	职务	每天工分	劳动日	工分合计	备注
DXJ	大队支书	12	310	3720	其中补助原粮按工日，每日 3 斤计算报酬，并报公社批准。
FSS	大队长	12	300	3600	
ZZZ	大队副支书	12	290	3480	
FCX	治安主任	12	290	3480	
FJH	妇联主任	12	240	2880	
FCJ	民兵连长	12	260	3120	
FJC	文书兼会计	12	290	3480	

资料来源：JG 村干部 1979 年工作笔记。

[①] "传统—村落权威主导型"是"传统型"村级治理的一种模式，其特点是村级治理受村落共同体内生的某一强势力量如家族、强人的影响，自上而下的行政权威由于村落强势力量的消解甚至强力抵制而难有成效，村级治理寻求内生于村落共同体中的习俗、信仰、威慑等力量维持社区秩序。参见张厚安、徐勇、项继权等：《中国农村村级治理——22 个村的调查与比较》，华中师范大学出版社 2000 年版，第 83 页。

[②] 笔者访谈：YBQ—060515—XZF—ZYH。

[③] LWX 原是 LZ 村村主任，ZSQ 是 LZ 村会计，新的村主任以中共弦乡区总支的名义任命的。参见弦乡 1985 年档案文件。

表4—7　　　　　弦乡管理区1985年JG村报酬审批表　　　　　单位：元、斤

姓名	职务	1984年A乡数目 合计	款数	粮食	1985年村意见数 合计	款数	粮食	区政府审批数目 合计	款数	粮食	奖励	备注
FSS	村支书	410	410	300	410	410	300	492	410	300	82	
FCX	主任	400	400	300	400	400	300	460	400	300	60	
ZZZ	副支书	380	380	250	380	380	250	418	380	250	38	
CDH	经理	380	380	250	380	380	250	460	400	300	60	
FCJ	民兵连长	370	370	250	370	370	250	407	370	250	37	
FJC	文书会计	380	380	250	380	380	250	418	380	250	38	
XCY	妇联主任	300	300	250	300	300	250	330	300	250	30	

资料来源：弦乡1985年档案文件。

三　网络性权力："政务"[①]延伸的"腿"与"全能治理"

如上所述，弦乡网络性权力成立时还是冠名为"行政村"，是"国家政权末梢"，"'行政村'并非乡土人际关系自然形成的共同体，而只是国家基于管理需要划定的，社区公共职能薄弱而'国家经纪'色彩浓厚……广大纯农区乡村的'行政村'权力基本上是单纯的'国家政权末梢'"[②]。弦乡成立时，时间已经到了1986年，离1982年宪法颁布已有四年了，距《村民委员会组织法（试行）》将要颁布与试行还有一年时间，但是由于国家政策落实"时滞性"[③]等原因，村民自治制度真正在弦乡开始运行和实践是到20世纪90年代以后的事情了。因此，在实际运作中，乡镇一级仍将村级组织作为下级政府进行行政上的管理，规定其完成各种行政性、政治性任务。那么，弦乡在其成立初期，网络性权力及其机构做

[①] "政务"相对"村务"而言的，"政务"主要是由国家及政府布置和下达的事务，涉及国家的命令和指示，"村务"主要是村级组织发展过程中涉及的事务，如人民调解、治安保卫、公共卫生等等公益事业和公共事务等，但是基层"政务"和"村务"是很难区分开来。

[②] 秦晖：《农民中国：历史反思与现实选择》，河南人民出版社2003年版，第29页。

[③] 政策落实"时滞性"主要是指国家政策出台后，由于各级政府传达和落实有很长时间，当政策到基层就延迟了一段时间，笔者称之为政策落实"时滞性"。

了哪些事情呢，我们可以从具有多年村干部经历的日记本里看出"村务"与"政务"的纠葛不清以及网络性权力机构成为"政务"延伸的"腿"的有关情况，"上面千条线，下面一根针"。笔者主要截取这位村干部1986年工作日记的片断：

1.1月3日，上报1986年JG村基本情况统计表。内容包括各个村民小组的户数、人口、男女人数、耕地面积（水田面积、山地面积各多少）、耕牛情况（包括黄牛、水牛各多少）、劳力多少（男、女劳力）、小麦种植面积、油菜种植面积、草籽种植面积等；2.2月21日，分配尿素化肥情况和统计缺少耕牛情况；3.2月27日，徐主任讲话关于生产救灾情况；4.2月28日，金书记报告，总结工作；同日，区委召开党员小队干部情况；5.3月7日，生产队运树苗情况和缺粮情况；6.3月12日，村发展苎麻情况；7.3月13日，计划生育上环孕检情况；8.3月14日，分配统销粮；9.4月1日，分配杂交水稻良种；10.4月28日，党员干部情况；11.5月3日，陈主任讲话，苏建款分配数字；付乡长讲话贴息贷款安排；12.5月5日，分配区洗麻厂人员；13.5月7日，村计划生育情况统计；14.5月11日，区文会计讲记账前准备工作，松树苗圃情况；15.5月15日，贴息贷款还款；16.5月17日，各村分配村油料任务会议，分配国库券任务，每人0.30元；粮油收购价，小麦每公斤一等0.474元，二等0.462元，三等0.448元，四等0.434元，五等0.422元；17.5月21日，付主任讲话，关于菜籽收购、国库券完成情况、苏区建设等问题；廖主任讲话农校招生；18.5月23日，村队干部会议，汇报苎麻移栽情况；19.6月5日，分配柴油抗旱情况；20.6月8日，余区长讲话，收购苎麻；金书记讲话，收购价格；21.6月18日，收购苎麻数目；22.6月19日，收购苎麻数目；23.6月22日，关于1986年扶持款发放情况；24.6月30日，交区苎麻数目；25.7月9日，余区长讲话，关于收款，如提成、粮食、国库券、农业税及欠款等情况；26.7月16日，小河流域治理情况汇报，对治理所需款物进行分解；27.7月22日，村支书传达区会议精神，生产救灾、整党会议、苎麻栽培、苏区建

第四章 制度安排与政务下伸的"腿"：网络性权力的生成　　173

设，并成立清账小组。28.7月25日，曹助理讲话，清理财务从联产承包责任制以来开始；整党任务；29.8月10日，村研究绳厂情况；30.8月19日，调整责任田情况，修水沟；苎麻种植情况；31.8月31日，付主任和余区长讲话，小麦种子购买；32.9月5日，与区政府结账；33.9月6日，廖主任和金书记讲话，关于计划生育工作、教师节慰问、确保小麦、油菜播种面积和苎麻种植面积；34.9月10日，绳子厂结账情况；35.9月30日，收缴农房保险费、分配贴息贷款；36.10月10日，结算区政府账目。37.10月23日，提成款收缴；38.11月20日，乡政府发放救灾衣物。[①]

从村干部工作笔记发现，截取的30多天所办的这些事务中，涉及经济发展、账目清算、计划生育、税收征缴、教育发展、苏区建设、流域治理、生产救灾、党的建设等各个方面，其中涉及"政务"工作方面的占84%，大多是贯彻上级政府，尤其是弦管理区以及弦乡政府下达的任务，如分配物质、救灾、收款、收购、计划生育、整党、播种面积计划等；涉及"村务"工作方面的占16%，主要是建厂、传达会议、责任田调整、发展苎麻等情况。同时，为了扩大农村经济作物的种植，弦乡政府对一些重要农作物实行计划管理及下达播种面积（如表4—8），规定得如此精细和详尽：

　　　　为认真贯彻县政府秋播工作方案，种足种好小麦、油菜，结合乡实际情况，扩大秋播面积，制定方案如下：（一）要求全乡人均种植油菜面积1分，小麦面积4分，秋播面积要达到8000亩以上，高标准、高质量地种好小麦、油菜，不宜种植小麦、油菜的面积要保证80%以上种草籽；（二）品种实现良种化。油菜以秦油2号、郑杂1号为主导，移栽面积要达到80%以上，施足底肥（农家肥3—4方/亩，硼肥1.5—2斤/亩，磷肥60—80斤/亩，碳铵80—100斤/亩，钾肥20斤/亩）。特别注意种植密度（1亩1万—1.4万株，行距1—1.2尺，株距4.5—6寸），加强田间管理。小麦以

---

① 由JG村干部1986年工作笔记整理而成。

豫麦17号为科技师范品种，小麦良种面积为105亩，以7023、信阳12为当家品种，搭配种植杨麦5号、力争90%以上条播、100%达到条播，施足底肥（农家肥3.5—4方/亩，碳铵60—70斤/亩，磷肥70—80斤/亩，钾肥10斤/亩）。油菜育圃、植播要在9月25日完成，小麦在10月15日—25日按质按量播下去。（三）建立机构，成立领导组。乡以乡长为组长，通过会议培训、检查、抽查、现场会、评比等形式落实秋播工作。乡党政班子成员每人100亩小麦、油菜丰产方。各行政村重点抓支书、主任指挥田、科技户的示范田、党员干部和社会骨干带头田、先进文明农户的丰产田。对完不成乡政府规定标准的，乡、村、组有权采取行政干预、经济处罚，无故荒芜田地要征收荒芜费。①

表4—8　　　　　　弦乡1991年秋播计划面积安排表　　　　　　单位：亩

村名	油菜面积	其中杂交	小麦面积	其中豫麦17号	草籽面积	备注
ZT	150	135	550	40	60	
LT	125	120	450	9	50	
WH	150	120	550	9	60	
LZ	155	120	500	9	60	
XGQ	125	120	450	5.5	50	每个村都有包村干部带队检查落实。
TM	140	110	550	5	60	
SX	125	120	450	9	50	
JG	155	120	500	5	50	
LB	150	120	550	5	60	
ZZ	160	120	700	9	80	
FZ	165	135	750	9	80	
合计	1600	1340	6000	104.5	660	

资料来源：弦乡1991年档案文件。

---

① 弦乡1991年档案文件。

网络性权力机构和人员不仅仅是贯彻"政务",而且弦乡要对各个村级网络性权力机构和人员完成情况进行考评和打分(如表4—9、表4—10),在表4—10中,我们看到,经济发展方面有企业利润占30%,苎麻管理占10%,稻麦收成占5%,合计占总分的45%;社会公共事务和公益事业方面有脱贫户情况占5%,新建校舍占10%,修筑公路占5%,通电照明占5%,社会治安占5%,合计占总分的30%;社会管理方面有征收费用占5%,计划生育占10%,土地管理占5%,林业管理占5%,合计占总分的25%,将这些细化项目对村级完成情况评比排队进行奖优罚劣,以激励网络性权力及人员积极投入到发展经济和完成政府任务中去。

表4—9　　　　　　　　1986年完成主要工作评分表

单 位	名次	总分	苎麻	推广良种	改冲	圈猪	修路	提存	计生	村办企业	挖山
ZZC	1	87	30	3	6	7	10	12	9	5	5
ZTC	2	81	21	2	6	6	10	12	8	10	5
LTC	3	78	20	1	4	8	9	12	9	8	5
LBC	3	78	27	1	5	9	8	12	11	1	4
LZC	4	75	28	1	5	9	8	12	8	4	4
XGQC	4	75	24	2	3	8	8	12	10	4	4

资料来源:弦乡1987年档案文件。

表4—10　弦乡1988年度对JG村支部书记目标管理验收考评结果

企业利润(30分)		人均提成(5分)		脱贫户情况(5分)		稻麦收成(5分)	
计划	完成	计划	完成	计划	完成	计划	完成
8000元	6000元	7元	7元	28户	26户	500	400
得分:22.5分		得分:5分		得分:3分		得分:4分	
苎麻管理(10分)		新建校舍(10分)		修筑公路(5分)		通电照明(5分)	
得分:9分		得分:10分		得分:2分		得分:4分	
计划生育(10分)		林业管理(5分)		土地管理(5分)		社会治安(5分)	
得分:9分		得分:4分		得分:5分		得分:3分	

资料来源:弦乡1988年档案文件。

四 网络性权力生成解析:权力、权利与农村发展

弦乡网络性权力及其机构的生成,进一步展现了以农村经济发展为中介,权力、权利之间的相互角力以及计划经济时代"全能治理"的概貌。

首先,凸显了在改革开放后政府权力的任意性和统制性经济发展模式以及政府延续人民公社时期的"全能治理"。1978年以来,中国农村经济改革——实行家庭联产承包责任制和政治改革——实行"乡政村治"的二元分离,虽然都源于农民的自发创造,从制度变迁的角度来考察,是一种"诱致性的制度变迁",但其推广与合法性仍取决于国家权力的认可、推广,并以法律形式最终确定下来,这显然属于典型的"规划性制度变迁"①的范畴。弦乡网络性权力及其机构的生成,虽然说延续了历史上曾经的行政区域规划以展现"政权下乡"和"政党下乡"的标志,但从弦乡网络性权力及其机构的产生来看,它是国家意志的产物和"政权下乡"及"政党下乡"规制结果的延续。

我们看到,弦乡各个网络性权力及其机构的诞生,虽然国家把正式的国家权力及其机构上收到乡镇一级,把村级组织改为村民自治组织,但国家权力还是以发展经济的方式渗透到国家村庄的各个角落,政府权力通过资源汲取、人员任命、资金安排和强制话语方式等途径来实现自己的意图,"只有现代民族—国家的国家机器才能成功地实现垄断暴力工具的要求,而且也只有在现代民族—国家中,国家机器的行政控制范围才能与这种要求所需的领土边界直接对应起来"②,国家化作为一个过程,标志着国家整体和代表国家主权的中央权威日益深入地渗透于国家各个领域,并支配整体社会。我们从档案及其文件来看,弦乡从原先

---

① 林毅夫把制度变迁分为两种类型:诱致性制度变迁和强制性制度变迁。这里我把"强制性制度变迁"改为"规划性制度变迁",在此认为村级网络性权力制度变迁的缓和性。参见林毅夫:《关于制度变迁的经济学理论:诱致性变迁与强制性变迁》,载[美]R.科斯、A.阿尔钦、D.诺斯等:《财产权利与制度变迁——产权学派与新制度学派译文集》,刘守英等译,上海三联书店、上海人民出版社1994年版,第384页。

② [英]安东尼·吉登斯:《民族—国家与暴力》,胡宗泽等译,生活·读书·新知三联书店1998年版,第165页。

弦管理区规制的9个村党支部和村民委员会，在短短的三年时间经历过10个、11个、12个，再到11个，行政区划改变过于频繁，而且G县政府及其以上政府根本就不知道弦乡村级划分的具体情况，弦乡政府只是让这些成为既成事实后，才向上级政府报告要求改变村级行政区划，政府之间的信息是区隔的，政府认为对己有利的情况下才向上级反映，"基层权威仍然垄断着对上的信息传递和对下的资源分配，国家只能通过报表和工作组了解情况……在一般情况下，如果没有基层干部的'邀请'或双方'合议'，国家很难单独越过基层直接同个体发生关系，村民的生产生活秩序还主要的是在基层权威的控制中"[1]，由于天然的信息优势，作为政治代理人的地方政府就会扩展其自己的权力和影响力，地方政府往往能够"通过运用被授予的权威，来取得对未被授权的某个领域的控制，权威得到了扩展"[2]。

在理论上讲，"退出权"（exit right）是保护个体权益的最佳手段，是社会调节方式的一个重要的内容，成员通过行使退出权能够避免继续受损，因为这种权利的存在，团体的领导层和所有成员都能做到自我约束，从而解决了昂贵的监督成本的问题[3]，然而，弦乡农民并没有自由选择归属的权利，基层政权与村民之间没有"合约的自由"，政权只是强制地实现自己的意志和意图，"如果公民们接受统治者的权威是慑于他的胁迫或恫吓，那么，我们讨论的仍然是一个被迫的契约合同"[4]，然而，"合约自由包括有自由：(1)签约还是不签约，(2)选择合约的一方或多方，(3)决定合约的内容（即合约双方不能被强制在给定的法律合约种类中进行选择，而不是可以发明新的合约类型），以及(4)选择合约的形式"[5]。行政区划的随意改变，由此造成对农户财产无偿的调拨和调整，"财富或财产

---

[1] 张静：《基层政权——乡村制度诸问题》，浙江人民出版社2000年版，第45页。
[2] [美]查尔斯·林德布洛姆：《政治与市场：世界的政治—经济制度》，王逸舟译，上海三联书店、上海人民出版社1991年版，第30页。
[3] 张军：《社会主义的政府与企业：从"退出"角度的分析》，《经济研究》，1994年第9期。
[4] [美]查尔斯·林德布洛姆：《政治与市场：世界的政治—经济制度》，王逸舟译，上海三联书店、上海人民出版社1991年版，第33页。
[5] [美]埃里克·弗鲁博顿、[德]鲁道夫·芮切特：《新制度经济学——一个交易费用分析范式》，姜建强等译，上海三联书店、上海人民出版社2006年版，第162—163页。

是权力的根本源泉。但是财产本身是由政府创造的一个权威形式。财产是一种控制资产的权利"①, "产权的改变,即否定了个人对其过去一直拥有的资源的权利,而这些权利已被人们作为习惯或公正予以承认"②, "利益分离状态及社会授权的缺乏,使得基层政权不受社会约束,它可能任意地处置社会财产"③。FZ村就是对G县不经老百姓同意就划归到弦乡感到不满而经常"闹事",两边都不上交农业税和提成,认为经济和社会利益受到损害,感觉到属于弦乡人是很丢人的事情,主要是因为弦乡太穷、交通闭塞的原因,"调整后我们在DJS林场的好处得不到了。我们平时不说是弦乡人,感觉到很丑的事"④。

我们看到,弦乡虽然建立了村民委员会组织,大多数时间还是贯彻政府下达的"政务",政府要求种什么、按照什么标准种植、施肥数量多少,都有明确的规定,政府对下属村级网络性权力机构通过评比达标、奖惩等措施来控制其按照政府的意图发展经济,实行全能治理,"计划经济有所差异地分配它所控制的商品,这恰好加强了等级制度的中央集权的统制经济结构"⑤。同时我们看到,在FZ村由弦乡划归到A镇的"仪式"现场上,县委书记、县长、县政府顾问、人大主任、政协主席和各个有关职能部门负责人以及乡镇领导和群众代表等悉数到场,通过协议来决定FZ村的归属,显现了对此事的重视和宣示国家权力的"进场","它们存在于仪式的结构、它的主题以及它的内含意蕴里"⑥,国家权力的代表县级政府的"权威不总是出现在仿佛要出现的地方——这在很大程度上是不错的。可是,如果一组权威关系是表层

---

① [美]查尔斯·林德布洛姆:《政治与市场:世界的政治—经济制度》,王逸舟译,上海三联书店、上海人民出版社1991年版,第32页。
② [美]道格拉斯·C.诺斯:《经济史中的结构与变迁》,陈郁等译,上海三联书店、上海人民出版社1994年版,第55页。
③ 张静:《基层政权——乡村制度诸问题》,浙江人民出版社2000年版,第40页。
④ 笔者访谈:YBQ—060513—FZC—HRX。
⑤ [美]弗里曼、毕克伟、赛尔登:《中国乡村,社会主义国家》,陶鹤山译,社会科学文献出版社2002年版,第365页。
⑥ [美]克利福德·吉尔兹:《地方性知识——阐释人类学论文集》,王海龙等译,中央编译出版社2004年第2版,第52页。

的，必有另一组权威关系（不是另一种社会过程）藏匿其后"[1]，由于"个人与政府的基本心理关系是一种压制型的关系"[2]，参加过此次会议的人说"会场上气氛很紧张，县里领导都来了"，面对国家权力的人格化代表，虽然村民激烈争取自己的权利，但是还是有点紧张，毕竟是围绕利益问题展开，"'思想'一旦离开'利益'，就一定会使自己出丑"[3]，他们尽力争取自己的权益。

再次，弦乡网络性权力及其机构的生成，凸显了民众权利的式微和弱小。宪法和村民委员会组织法规定，村民委员会属于基层群众性自治组织，村民委员会的主任、副主任和委员由居民选举。我们从弦乡网络性权力及其机构的生成来看，由于政策"路径依赖"和"时滞性"等原因，弦乡各村村民还无法对村内公共事务和公益事业做出自己的决策：村主任是由弦乡党总支以红头文件形式任命的，村级事务大多数是由乡级政府决定的，村民没有"用脚投票"的权利和选择的自由，村民没有对事情有决策权。同时，农户想种什么，种多少，怎么种以及收获后自己留多少，都没有很好的预期安排和自己的决定权，"农业的成功取决于决定种什么，何时种，何时收获，以及怎样处理种植和收获之间所必需的协调工作"[4]，正如孙立平所说，农村建立村委会自治组织后，基层社会的自治性与国家对农村资源的抽取方式开始形成尖锐的矛盾；农村家庭单元管理得井井有条与农村公共事务管理的混乱和无人负责形成尖锐对照；农民在获得相对自由的同时丧失了组织的保护[5]。农村和农户的生产事务完全由乡级政府的公共权力通过网络性权力机构来控制和决定，由"人民当家做主"变为"为民做主"，按照政治学"谁授权、对谁负责"的基本原则

---

[1] [美]查尔斯·林德布洛姆：《政治与市场：世界的政治—经济制度》，王逸舟译，上海三联书店、上海人民出版社1991年版，第31页。

[2] [美]詹姆斯·M.布坎南：《民主财政论》，穆怀朋译，商务印书馆1993年版，第5页。

[3] 《马克思恩格斯全集》（第2卷），人民出版社1957年版，第103页。

[4] [美]道格拉斯·C.诺斯：《经济史中的结构与变迁》，陈郁等译，上海三联书店、上海人民出版社1994年版，第104页。

[5] 孙立平：《转型与断裂——改革以来中国社会结构的变迁》，清华大学出版社2004年版，第53—54页。

和社会的"生存心态"①（habitus），网络性权力及机构和人员的眼睛只有向上和对上级负责，才能保证自己的利益和好处，网络性权力与村民利益很难有机连接，没有形成利益关联结构，"基层政权与社会利益连接关系微弱，它的授权来源对社会利益的必要依赖消失，基层政权整合社会的角色的消失，因而发生基层政权和社会整体疏离"②，造成民众对政府倡导的项目及完成任务的积极性不高，效果很差，"政治和经济组织的结构决定着一个经济的实绩及知识和技术存量的增长速率"③。周其仁认为，"在一个国家可以任意指定所有权和改变所有权合约而无须经由与社会协商的环境里，即使由国家全盘照搬一个最有效或最现代的产权制度，也无助于长期经济增长"④。

当国家公共服务的职能逐渐退出农村，由不完全的市场来组织民众生活以及通过"货币"和简单的"数字"来说明成绩的时候，市场的残酷性就暴露无遗，"大多数的现代人在他们生命的大部分时间里都必须把赚钱当作首要的追求目标，由此他们产生了这样的想法，认为生活中的所有幸福和所有最终满足，都与拥有一定数量的金钱紧密地联系在一起。在内心中，货币从一种纯粹的手段和前提条件成长为最终的目的。金钱只是通

---

① 布迪厄认为，"与存在条件的特定阶级相联系的条件作用形成了习性：它是持久的、可变换的一些性情系统，是一些被建构的结构，这些结构倾向于作为建构性结构而起作用，也就是作为这样一些原则而起作用：它们产生和组织了实践和表征，从而，即便并未有意识瞄准一些目标，或者并未明确掌握为达至这些目标必具的运作程序，就可以客观地适应到其结果中去。"Bourdieu P, *The Logic of Practice*, Standford: Standford University, 1990, p. 53. 很多学者对 habitus 翻译是不一样的，如译为习性、惯习、习气等，高宣扬教授对此翻译成"生存心态"的解释："很多人只是从这个词的表面意义去理解，很容易同原拉丁文 habitus 以及同其他学者，例如埃里亚斯所用过的同一个 habitus 概念的意涵相混淆，以致将它误译成'习惯'、'惯习'、'习气'等等。我将它译成'生存心态'，主要就是全面表达其意义。并凸显布迪厄的创意性。他在多次的解释中强调，即使就其拉丁原文来说，它并不表示其'习惯'；除此以外，更重要的是，描述人的仪表、穿着状态以及'生存的样态'。"参见高宣扬：《布迪厄》，台北生智文化事业有限公司 2002 年版，第 vii—viii 页。这里把它译为"生存心态"是比较合适的。
② 张静：《基层政权——乡村制度诸问题》，浙江人民出版社 2000 年版，第 37—38 页。
③ ［美］道格拉斯·C. 诺斯：《经济史中的结构与变迁》，陈郁等译，上海三联书店、上海人民出版社 1994 年版，第 17 页。
④ 周其仁：《中国农村改革：国家与土地所有权关系的变化——一个经济制度变迁史的回顾》，《中国社会科学季刊（香港）》1995 年第 6 期。

向最终价值的桥梁,而人是无法栖居在桥上的"①,波兰尼认为,"容忍市场机制成为人类命运及其自然环境、甚至购买力数量和使用的唯一主宰者,将会导致社会的毁灭"②,目标为手段所遮蔽,意义为工具所窒息,成为传统文明向现代文明转型的突出特征。所以,在市场机制还不健全,市场发育还不完善的情况下,需要政府的规制和监控,规制"治理结构使一个社会形成一种机制,约束了规制者的任意决定权范围,解决了这些约束造成的冲突"③,但这并不代表政府可以为所欲为,任意侵犯民众权利,由政府为民众自己做出决策,这样必然造成政府机构日益庞大,冗员日益增多,政府管理成本急剧上升,网络性权力及其机构只是作为一个民主和自治的"花瓶"供人观赏,其制度设计的优越性无法发挥出来,从而更加导致社会失序和乱象。

最后,网络性权力及其机构的生成,是适应国家和社会形势发展需要而确立的。十一届三中全会以后,国家的工作重心转向以经济建设为中心,各级政府组织把经济发展工作和 GDP 的增长作为考核工作成绩的重要依据,以"数字"考核干部,当然,这些规则和制度同样适用到网络性权力及其机构。根据宪法和村民委员会组织法的有关规定,村民委员会"办理公共事务和公益事业,调解民间纠纷、协助维护社会治安,并向人民政府反映群众的意见、要求和提出建议",网络性权力是作为村民行使权利的公共权力,有其自治性、自主性、公共性和公益性,然而,我们看到,在"压力型体制"和"目标管理责任制"的情境下,弦乡政府对村级网络性权力及其机构下达的目标责任很多,要求达标的事情也很多,必然造成村级网络性权力把发展经济和完成"政务"作为其首要任务,如第二章所列的现象,各个村级组织积极向上争取资金或者通过民间借贷等方式,兴办了不是由村民自己决定兴办的而是作为政绩工程兴办的一大批作坊式的村办企业,这些村办企业由村党支部和村委会干部任企业负责

---

① [德] G. 齐美尔:《金钱、性别、现代生活风格》,顾仁明译,学林出版社 2000 年版,第 10 页。

② Karl Polanyi, *The Great Transformation: The Political and Economic Origins of Our Time*, Boston: Beacon Press, 1957, p. 73.

③ [美] B. 列维、P. 斯皮列尔:《规制、制度和承诺:电信比较研究》,载孙宽平主编:《转轨、规制与制度选择》,社会科学文献出版社 2004 年版,第 184 页。

人,雇用了很多不具备专业技能而与村干部关系亲近的家属和亲戚作为工人,俨然成为家族企业,同时使网络性权力及机构犹如"经济公司",基层干部则相当于"政治企业家",是"地方政府法团主义"[①](local state corporatism),导致公共权力的畸变,出现权力"寻租"[②]现象,同时这些企业存在时间都不长,纷纷倒闭和破产,资金浪费严重,村级组织欠下大笔债务并转嫁到村民身上。笔者访谈时,有好几位村干部在兴办企业过程中出现经济问题[③]。由此,在农村经济和社会发展的中介下,国家权力通过延伸的"腿"规制农村社会,民众权利式微,使公共权力、民众权利与农村经济发展的三者关系出现严重失衡,在强大的公共权力与正式组织面前,必然对民众权利造成侵害,农村发展也得不到长时间地持续下去,在村民自治制度安排下的本来的社会活力得不到充分展现。

[①] Jean C. Oi, Fiscal Reform and the Economic Foundations of Local State Corporatism in China, *World Politics*, Vol. 45, No. 1 (October, 1992), p. 99.

[②] 所谓"寻租"(rent-seeking),就是人们凭借着政府保护进行的寻求财富转移而造成的浪费资源的活动,是一种典型的直接的非生产性寻求利益的活动。参见[美]布坎南:《寻求租金与寻求利润》,《经济社会体制比较》1988年第6期。

[③] 笔者访谈:YBQ—060512—JGC—FJC。

第二部分　发展篇

本篇主要考察弦乡基层政权治理结构出现功能和结构的某些问题及其缘由。第五章着重考察和分析基础性权力发展过程中出现的问题及其缘由。第六章着重分析扩展性权力发展过程中出现的问题及其缘由。第七章主要考察网络性权力发展过程中出现的问题与原因。本书认为，随着社会主义市场经济体制的逐步确立，原先建立在传统经济基础之上的乡村治理结构已经很难适应整个农村治理的需要，由此出现农村基层政权的治理结构与功能发生衍变：由于基层政权的一体化结构权力，在"非制度化运作"的情况下，农村基层政权在后人民公社时代依然采用人民公社时期"全能治理"的行政方式，但财政供给却是相对不足，即基层政权处于"短缺财政"状态，由此形成"全能治理"与"短缺财政"的悖论，基层治理出现困境。在扩展性权力中，由于站所改革造成部分站所事业经费和人员工资失去保障并运转困难，在"经济人"和公共权力异变的作用下，扩展性权力"自利化"与"赢利性"倾向日益严重，其公共性、服务性与合法性受到严重削弱或者丧失。扩展性权力的不断衍变与农村公共服务日益增长的需求形成了结构性矛盾，农民不满情绪不断上升，农村公共服务的提供出现困境。在网络性权力中，"自治"与"官治"出现张力，民主选举与民主管理、民主决策、民主监督出现失衡与脱序现象。农村基层政权出现这些现象的根源主要是在中国现代国家构建过程中，农村基层政权的治理结构没有处理好公共权力、公民权利与民生公共品之间的良性互动，由此农村基层政权的重构问题提上政治体制改革的重要议事日程。

第五章 一体化结构与治理困境：
基础性权力的衍变

弦乡的成立与发展，其权力运行和职能行使的实践情况与国家的有关文本规定存在着一定的距离，黄宗智认为，"只有着眼于实践过程，我们才能避免理念化了的建构的误导，尤其是意识形态化了的建构的误导。同时，着眼于实践中未经表达的逻辑，正是我们用以把握不同于现有理论框架的新的概念的一条可能的道路"①。由于基层政权的一体化权力结构，在"非制度化运作"的情况下，必然出现以赶超为目标的经济和社会发展模式，它基本延续了中国计划经济中的动员体制，也就是"压力型体制"在新时期经济发展过程中的再现。农村基层政权在后人民公社时代依然采用人民公社时期"全能治理"的行政方式，即行政机构和任务无限扩张，基层政府成为"全能政府"或"万能政府"，但财政供给却是相对不足，即基层政权处于"短缺财政"状态，由此形成"全能治理"与"短缺财政"的悖论，基层治理出现困境。

一 宏观政策线条演变：基础性权力发展的背景

1992年，在邓小平南方谈话推动和党的十四大政策引导下，中国经济体制改革的目标为逐步确立社会主义市场经济体制。随着改革开放

---

① ［美］黄宗智：《认识中国——走向从实践出发的社会科学》，《中国社会科学》2005年第1期。

和社会主义现代化建设的不断推进，中国农村的经济结构和社会结构都发生了深刻的变化，由此中国农村基层政权面临的经济和社会环境也发生了重大的变化，国家对农村基层政权的有关政策进行了很多调整和修订。

（一）基础性权力中的"领导核心"：基层党委的有关政策演变

社会主义市场经济体制的逐步确立，农村基层政治体制的改革，其目的不是政权与基层社会的"断裂"，而是通过有效的手段实现政党对社会的整合、引导和服务。中国农村的现代化，只能是一个广泛的有组织的稳定的变迁过程，不能缺少政权力量的保证和推动，要求政权对农村改革具有有效地推动能力、政治调控能力以及制定和实施政策的能力。在新时期，农村基层党组织作为社会多元力量的整合者，面对多元的社会利益结构，必须充分发挥政党的整合作用，有效地实现其利益综合功能。有的学者对乡镇党委的职责进行了归纳：执行、决策、领导、激励与用人、党的自身建设、经济建设、精神文明建设等七项内容。[①]

党的十三届四中全会，特别是十四大以来，基层党委紧紧围绕农村改革发展稳定、全面建设小康社会的任务，大力加强农村基层组织建设。江泽民强调："党的农村基层组织是农村各种组织和各项工作的领导核心。加强农村基层组织建设，是党在农村工作的一项重要而紧迫的任务，也是农村改革、经济发展和社会进步的重要政治和组织保证"[②]。1990年8月，中央有关部门在山东省莱西市召开全国村级组织建设工作座谈会，进一步明确了农村基层党组织的领导核心地位，确立了以党支部为核心的村级组织配套建设的工作格局，这次会议在党的基层组织建设史上具有重要意义。1997年，中央决定再用三年时间对后进乡镇党委和村党组织进行整顿建设；同年，提出乡镇党委建设总的目标要求

[①]《中国共产党农村基层组织工作条例》，1999年2月13日；侯保疆：《中国乡镇管理研究》，中国社会科学出版社2006年版，第101—103页。

[②] 江泽民：《论党的建设》，中央文献出版社2001年版，第403页。

是达到"六个好"①。1999年2月,中共中央颁布《中国共产党农村基层组织工作条例》,这是专门针对农村基层党组织建设工作的党的文件,对农村基层党组织的组织设置、职责任务、干部队伍建设和党员队伍建设等作了详细的规定。2000年12月到2002年6月,在全国农村开展了"三个代表"重要思想学习教育活动,有1520多万名农村基层干部参加,学习教育活动基本达到了中央关于"让干部受教育、使农民得实惠"的要求,取得了明显成效。十六大以来,新的中央领导集体对农村基层党组织建设继续加强。

截至2005年年底,全国农村有乡镇党委3.75万个,村党组织64.5万个,乡镇、村党组织数约占全国基层党组织总数的19.7%;农村党员3029万名,约占全国党员总数的43%;乡镇机关干部约110万名,乡镇站所干部约170万名,村干部约为400万名。经过多年来的不懈努力和扎实工作,农村基层组织建设取得了历史性的成就。这一切,都与我们党适应形势发展的要求,不断推进农村基层组织建设是分不开的。②

(二)"民意机关"和"行政机关":乡人大、政府的有关政策演变

乡级基础性权力中的乡人民代表大会及人大主席团,是中国地方国家权力机关中最基层的权力机关③。1995年2月八届全国人大常委会第十二次会议通过了关于修改地方组织法的决定,该决定充分肯定了各地设立乡镇人大主席团常务主席的做法,并把它固定了下来,乡镇人大设主席,并

---

① "六个好"是指选配一个坚决贯彻党的路线方针政策、公正廉洁、团结合作、战斗力强的好班子,首先要有一个党性强、作风正、能力强的乡镇党委书记;建设一支精干高效、素质优良、群众拥护的好的乡镇干部队伍;选准一条符合本地实际的发展经济、共同富裕的好路子;建立一套行之有效的工作、管理和监督的好制度;保持一种密切联系群众、艰苦奋斗、实事求是的好作风;形成一个坚持"两手抓、两手硬",促进物质文明和精神文明协调发展的好的工作格局。2003年开展农村党的建设"三级联创"活动中,将"三级联创"活动规范为创建"五个好"村党组织、"五个好"乡镇党委和农村基层组织建设先进县(市)活动。"五个好"即:一是领导班子好;二是党员干部队伍好;三是工作机制好;四是小康建设业绩好;五是农民群众反映好。中共中央办公厅:《关于深入开展农村党的建设"三级联创"活动的意见》,2003年9月6日。

② 贺国强:《大力推进农村基层组织建设,为建设社会主义新农村提供坚强组织保证》,《求是》2006年第7期。

③ 陈夷茁主编:《中国乡镇人大制度的理论与实践》,重庆出版社1995年版,第29页。

可以设副主席1人至2人，主席和副主席由本级人大从代表中选出，任期同本级人大每届任期相同。此后，各地陆续出台和修订了有关乡镇人大制度建设的地方性法规，建立健全乡镇人大机构，配备乡镇人大干部。有的学者对乡镇人大各项职权概括为：保证权、决定权、选举监督权、保护保障权等四项职权。[①]

随着社会主义市场经济体制的逐步确立，乡镇人民政府机构与职能要相应地随之进行改革。1992年中央下发《县级机构改革方案》，其中对乡镇机构改革的要求为，围绕农村经济建设这一中心，健全乡镇政府职能，强化服务功能，精兵简政，提高效率；依据乡镇社会总产值、人口和面积三个因素对乡镇进行分类，将全国5.6万个乡镇分为大、中、小三种类型；调整乡镇机构设置，在大的乡镇，设置四五个综合性的办事机构，在中等规模的乡镇设置一两个办事机构和一些助理员职位，在小的乡镇仍实行助理员制，一般不设办事机构；重新核定乡镇编制人数[②]。1993年3月中共十四届二中全会通过了《关于党政机构改革方案》，指出大型乡镇的人员编制控制在45人以内，中型乡镇控制在30人以内，小型乡镇控制在15人以内，全国乡镇机关的编制总数控制在200万人左右[③]。随着农村税费改革的深入，乡镇机构改革进入精简机构、裁减人员和转变政府职能的综合配套改革阶段。2000年12月，中共中央办公厅、国务院办公厅下发《关于市县乡人员编制精简的意见》，强调指出，市县乡机关行政编制总的精简比例为20%，有条件的地方，可以在不影响社会稳定、有利于生产发展和小城镇建设的前提下，适当撤并乡镇。2004年2月，中共中央、国务院公布的《关于促进农民增加收入若干政策意见》要求，要巩固和发展税费改革的成果，"进一步精简乡镇机构和财政供养人员，积极稳妥地调整乡镇建制，有条件的可实行并村，提倡干部交叉任职"[④]。

[①] 侯保疆：《中国乡镇管理研究》，中国社会科学出版社2006年版，第116—117页。

[②] 《中国地方政府机构改革》编辑组编：《中国地方政府机构改革》，新华出版社1995年版，第219—220页；侯保疆：《中国乡镇管理研究》，中国社会科学出版社2006年版，第130—131页。

[③] 《中国地方政府机构改革》编辑组编：《中国地方政府机构改革》，新华出版社1995年版，第43页。

[④] 《人民日报》2004年2月9日。

如前所述，从 1998 年至 2003 年年底，全国五年来共撤并了 7400 多个乡镇，平均每天撤并 4 个乡镇①。2000 年全国共有 23199 个乡、1356 个民族乡，2001 年年底为 18847 个乡、1165 个民族乡，2003 年年底为 16636 个乡、1147 个民族乡，2004 年年底为 16130 个乡、1126 个民族乡②。相应地，2000 年建制镇个数达到 19692 个，占全部乡镇的比例达到 45%；2002 年全国建制镇达到 19811 个，占全部乡镇的比例达到 50.7%，首次超过乡的个数③。2003 年年底全国共有建制镇 20226 个，占全部乡镇的比例为 52.8%。

二 一体化结构与非制度化运作：基础性权力的衍变

弦乡的生成和发展，必然按照有关文本规定的制度要求和自身逻辑开展工作。由于乡人大主席团和乡政府机关人员大多数是党员和党在政府机关设立党的组织以及历史的原因，张立荣教授认为，根据中国行政结构实际运行情况，可以把中国行政体制区分为党政结构与宪政结构，党政结构为中国共产党为核心的当代中国政策与执行结构，宪政结构主要是宪法所规定的政权组织，即人民代表大会和人民政府，"党政结构基本上是决策性结构，而宪政结构则基本上是执行结构……在实际结构中，党政结构占据主导地位……宪政结构虽然基本上是执行结构，但绝不是可有可无"④。弦乡基础性权力结构中，党委是执政党的基层组织，人大是地方国家权力机关，政府是地方国家行政机关，政协联络组是地方性的统战组织。居于核心位置的是乡党委，具有重要宪政职能的是政府和人大，乡妇联、共青团、政协、纪委、武装部都是乡镇基础性权力的重要组成部分。弦乡党政机构在制度安排和实际运作过程中是一体化结构，政府的成员如乡长、副

---

① 《政府冗员多农民负担重 中国撤并乡镇 7400 个》，http://www.csonline.com.cn/news/guonei/t20040302_131668.htm.
② 《中华人民共和国行政区划简册（2001—2005 年）》。
③ 国家统计局农村经济调查总队：《我国建制镇发展迅速，聚集能力和经济实力不断增强》，《调研世界》2003 年第 9 期。
④ 张立荣：《论有中国特色的国家行政制度》，中国社会科学出版社 2003 年版，第 106—107 页。

乡长都是党员，甚至是党委委员；乡党委和人民政府是在整个弦乡决策过程中起主导地位，尤其是党委书记更是起着决定性作用，乡人民政府起着执行的角色，乡人大主席团只是在召开人代会时发挥作用，作用被虚置；人民团体组织更是被"边缘化"，弦乡基础性权力结构关系图如下（图5—1）：

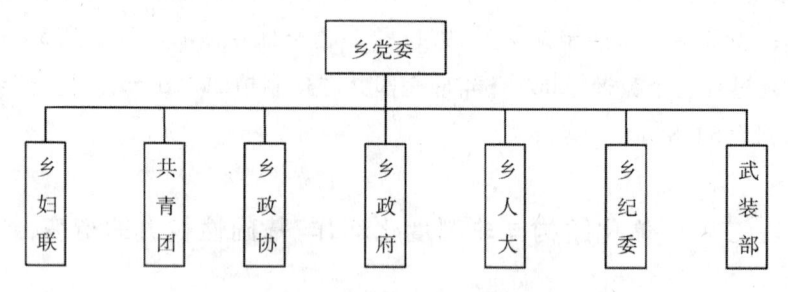

图5—1　弦乡基础性权力组织结构图

（一）基础性权力的核心：乡党委及党委书记

农村基层党委是执政党在农村基层各项工作的领导核心。弦乡从1987年至2002年，中共弦乡委员会共召开六届党员代表大会。1992年7月28日至29日，中共G县弦乡第二次代表大会在乡政府召开，出席会议正式代表61人。会议听取乡党委书记YGS同志代表中共弦乡第一届委员会所做的工作报告，WQY代表中共弦乡第一届纪律检查委员会所做的工作报告，会议采取无记名投票和差额选举的办法选举产生中共G县弦乡第二届委员会委员7人，第二届委员会任期为1992年7月至1996年3月，书记为YGS，副书记为HGY（弦乡乡长）、FGF、ZBH，委员有YFK、HYX、WQY、LJH、FZ①。纪律检查委员会委员3人，其中纪检书记为WQY，兼任乡党委委员。1996年弦乡党委第三届换届选举的工作方案规定，从2月2日到2月7日为宣传发动阶段；2月7日到2月10日为推荐代表候选人报乡党委审查阶段；2月10日到2月15日为召开党员大会正式选举阶段；2月7日到2月28日为起草报告、决议草案阶段，2月28日到3月8日为会务筹备阶段，3月9日召开弦乡第三届党员代表大会。正式代表55名，党委设委员5—7名，纪委委员3名。这次党代会及

---

①　这里党委委员超过7人，主要是在任期内由于工作变动和调整而出现的情况。

其选举基本上都是按照上级党委确定的人选进行的,特别是对于主要领导人不许可发生任何偏离"县委意图"的事情。在这种意义上来说,党委会成员的选举主要还是一种组织性安排,是上级党组织直接控制乡镇的一种重要的工作方式,"这一方面保证了上级党委的指令在乡镇能够得到贯彻执行,自上而下的权力体制确保了国家政权的权力范围和效力,另一方面则造成基层政治体制的民主性规范形式化"①。到 2002 年 12 月,中共弦乡委员会下辖 16 个基层党支部,其中政府机关党支部 1 个,政法党支部 1 个,教育党支部 1 个,电信支局党支部 1 个,粮食党支部 1 个,村级党支部 11 个;党员 410 名,其中正式党员 381 名,预备党员 29 人,男性党员 379 名,女性党员为 31 名。

在中国农村基层政权的权力结构中,由于基础性权力结构是一个以乡镇党委为核心、"党政权力高度一体化和政治、经济、行政与社会权力高度集中的金字塔的权力结构"②,同时,中国乡村政治的一个显著特征就是"组织的人格化,村民们往往将某一职位的人完全等同于某组织或机构"③,因此党委及党委人员的地位远远高于行政体制的同职别的人员,村民就认为乡党委书记就是乡党委的象征。乡党委作为核心组织的领导作用可以通过党政联席会议决定乡内经济和政治等重要问题,弦乡每次重大的经济和政治决策都要党委全体成员、政府副乡长和乡人大专职副主席参加讨论,党政联席会议所作出的决策具有权威性。党委主要人员兼任政府和人大的主要职务,通过党内决策来影响行政决策,在弦乡,党委书记兼任人大主席,党委副书记兼任乡长,组织委员兼任人大专职副主席,党委委员兼任武装部长,党委委员兼任副乡长等(如表 5—1)。同时在乡直单位和村级的党员成立党支部来保证党委的权力得到秩序,乡党委完全可以通过党内决定要求这些干部服从组织决定,还有就是通过对群众团体的领导来贯彻党的意图。乡党委的决策涉及方方面面,无论经济发展、党的建设、干部任免还是税收征管、计划生育等,党委基本上管理各种业务(如表

---

① 于建嵘:《岳村政治——转型期中国乡村政治结构的变迁》,商务印书馆 2001 年版,第 329 页。

② 王雅林:《农村基层的权力结构及其运行机制》,《中国社会科学》1998 年第 5 期。

③ 于建嵘:《岳村政治——转型期中国乡村政治结构的变迁》,商务印书馆 2001 年版,第 352 页。

5—2），基础性权力结构设置与职能实践出现错位，是结构性的矛盾。

表 5—1　　　　　2003 年弦乡党、政、人大班子分工情况

姓名	职务	分管工作
ZYH	党委书记	主持党委、人大全面工作，联系 WH 村。
ZZF	党委副书记 乡长	主持政府全面工作，侧重项目、林业生产、基础设施建设、乡财政，联系 FZ 村。
LK	党委副书记	主持乡党委日常工作，主管政工、政法、综治、乡直单位、机关党支部、武装、共青团、妇联、信访、乡机关财务、联系人大、政协工作，主抓"双强"工程，联系 TM 村。
HQY	党委副书记 纪委书记	主持乡纪委工作，主抓"三个观念"学习整顿工作，分管农房、土地、矿管、项目、水利，联系 ZT 村。
WX	人大副主席 组织委员	主管组织、工会工作，主持乡人大主席团日常工作，协抓"双强"工程，分管计生、工商税收、保险工作，联系 ZZ 村。
YFK	武装部长	主持武装工作，分管民政、救灾工作，联系 LZ 村。
HJ	宣传、统战 委员	主管宣传、统战工作，分管文化、广播、教育、卫生、科技工作，联系 LT 村。
WDQ	党委秘书	主管党政办公室工作，分管乡镇企业，联系 JG 村。
HJX	副乡长	分管交通、通讯、政法、综治工作，联系 XGQ 村。
CLQ	副乡长	分管农业、林业、畜牧业、农电工作，联系 SX 村。
ZY	副乡长	协管财政，分管农经、财经管理、审计、物价、农民负担、统计、目标管理，联系 LB 村。

资料来源：弦乡 2003 年档案文件。

在弦乡，乡党委书记对本乡一切重大政治、经济事务有最终决定权，因此被称为"一把手"或"老板"、"书记当家"。我们看到上面党、政、人大领导班子各位成员分工各有不同，侧重点各异，但是实际情况又怎么样呢？在访谈中，当年参加上访的乡村"体制外精英"[①] 告诉笔者，在弦

[①] 体制外精英主要是在乡村中有一定政治社会影响的村民，包括宗族精英、宗教精英、帮派势力和经济乡绅等。参见叶本乾：《村庄精英：村庄权力结构的中介地位》，《中国农村观察》2005 年第 1 期。

乡，乡党委书记说话才算数：

> 在 2001 年 7 月，有一李姓人家被外姓所打。李姓在弦乡是大姓，李姓宗族头面人物组织李姓每家每户来一个人共计 200 多人，来到乡政府大门前向乡政府讨说法。当时乡长分管弦乡政法、综合治理工作，乡长表态由他负责处理此事，但是李姓宗族头面人物认为，乡长说话不算，必须要乡党委书记出来当面表态他们才撤回，他们相信一把手。最后书记出面拿出处理意见才了结此事。①

我们看到，虽然乡长分管政法、综合治理工作，但是民众还是不认同乡长的权威，只好由乡党委书记出面解决。

表 5—2　　　　　　　2002 年弦乡党委下发文件涉及的事项

文件序号	时　间	涉及的事项
弦发〔2002〕01 号	2002.1.16	关于同意 ZRL 同志为试用村干部的通知
弦发〔2002〕02 号	2002.1.26	关于成立弦乡村民委员会换届选举工作领导小组的通知
弦发〔2002〕03 号	2002.3.29	关于成立林业生产领导小组的通知
弦发〔2002〕04 号	2002.4.1	关于乡直单位联系村计划生育工作的情况通知
弦发〔2002〕05 号	2002.4.5	关于实行村级政务公开、加强民主监督的实施方案
弦发〔2002〕06 号	2002.6.2	关于认真做好汛期险情排查工作的紧急通知
弦发〔2002〕07 号	2002.7.20	关于成立整治企业经营环境领导组的通知
弦发〔2002〕08 号	2002.8.5	关于进一步加强我乡计划生育工作的意见
弦发〔2002〕09 号	2002.8.10	关于印发《弦乡依法治乡五年工作规划》的通知

---

① 笔者访谈：YBQ—060513—ZZC—YBS。

续表

文件序号	时　间	涉及的事项
弦发〔2002〕10号	2002.9.16	关于加强税收征管工作的意见
弦发〔2002〕11号	2002.10.3	关于成立弦乡智能气功研究会的通知

资料来源：弦乡2002年档案文件。

(二) "民意机关"：公民权利实现渠道和法定权力虚置

人民代表大会制度是我国的根本政治制度，公民通过各级人民代表大会"管理国家事务，管理经济和文化事业，管理社会事务"，乡级人大是所辖公民权利实现的重要途径。弦乡依据宪法和有关规定，乡镇人民代表大会的代表由选民直接选举产生，每届任期3年。从1987年至2002年，共召开了六届人民代表大会。1993年2月23日召开弦乡第三届人民代表大会第一次会议，出席会议正式代表46名，会议听取和审查了乡人民政府工作报告、乡1992年财政预算执行情况和1993年财政预算安排的报告、乡人大主席团工作报告、乡减轻农民负担监督委员会的报告，选举产生了弦乡第三届人大主席团主席、常务主席和乡人民政府乡长、副乡长，通过了减轻农民负担的决议。乡人大主席团常务主席由党委书记兼任，常务副主席2名；乡人民政府乡长1名，副乡长4名，其中内设9个结构，规定编制人数为22人，实有人数61人。1996年3月，弦乡召开第四届人民代表大会第一次会议，出席会议正式代表51名，其中非党员代表24人，青年21人，各类科技专业技术人员5人，党政干部6人（表5—3），选举产生乡人大主席团主席1名，副主席2名；乡长1名，副乡长3名，乡政府内设9个机构，编制人数为23人，实有人数71人。2002年，弦乡有选民12373名，参加投票选民11832人，初步代表候选人97人，正式代表候选人66人，实选代表47人。6月3日，弦乡召开第六届人民代表大会第一次会议，选举产生乡人大主席团主席1人，副主席1人，乡长1人，副乡长3人。

表 5—3　　　　　　弦乡第四届人民代表大会代表基本情况

代表政治面貌

代表总数	党员		非党员	
	人数	%	人数	%
51	27	53	24	47

代表文化程度

代表总数	大专文化		中专或中学文化		小学文化	
	人数	%	人数	%	人数	%
51	3	6	41	80	7	14

代表职业及其他组成情况

代表总数	农民代表		工人代表		党政干部代表		知识分子代表		妇女代表	
	人数	%	人数	%	人数	%	人数	%	人数	%
51	34	66.7	3	5.9	6	11.8	5	9.8	15	2.94

资料来源：弦乡 1996 年人民代表大会构成比例情况统计情况。

从上表可以看出，弦乡人民代表大会的代表中党员比例占大部分，中专或中学文化程度占绝大部分，小学文化程度的也不少；农民代表占绝大部分，其中大多数都是村干部当选为人大代表，再加上党政干部代表更是决定了人大开会的内容，同时，这些代表候选人的产生也是根据乡党委做出的决定和村干部商量的结果，保证了人代会的顺利召开。在开会过程中，也有很多代表提出了议案，但是所提议案内容的质量都不是很高，办理议案的结果也不是很理想：

代表组：2 组
题目：公路建设、税收征管　议案人：TRF
1. 请求乡党委政府领导着重考虑税收工作，因村干部征收名不正、言不顺，邻邦乡镇直接由财税部门征收，所以对我们村干部收税影响特别大，困难更为突出。2. 个别单位人员超编。3. 改造好本乡范围内的公路建设，纳入统一管理、统一养护。[①]

---

① 弦乡 2002 年档案文件。

弦乡的人大主席由乡党委书记兼任，还专门设置了乡人大副主席1人，在开人代会期间，主持会议的一般都是由弦乡党委成员主持。人大主席团在人民代表大会闭会期间，只有专职副主席1人。虽然人大副主席级别是副科级，但是很多时间都在赋闲在家：在弦乡任职多年的人大副主席ZSF，除了通知开会去乡政府以外，很少到弦乡上班，也没有给他分管工作，他主要在A镇做自己的生意和照看自己的孙辈，他认为自己现在是"退居二线"，等于"政治生命已经结束"[①]，即使分管一些工作也是协助某个副乡长。民众也认为到人大工作等于是闲差，没有实权[②]。我们从文件来看，很少有人大发文和管理事情，也很少有人大的日常运作情况，人大主席团的工作基本上是虚置的工作机构，主要是将要离退休工作人员安排的场所，其主要职能没有得到充分的发挥，由于公民素质等原因，公民表达其意志的沟通渠道功能也没得到充分有效的利用。

（三）乡人民政府：结构安排及其功能的失衡

乡人民政府是乡人民代表大会的执行机关，也是地方国家行政机关，不仅要受到上级党委和政府的领导，而且要受到同级党委的领导。弦乡设乡长1人，副乡长3—4人，乡长、副乡长由乡人民代表大会选举产生，在弦乡，乡长、副乡长的候选人都是由县级组织部门确定再通过乡人大选举产生，基本上是上级意志的体现。乡长兼任乡党委副书记被称为"二把手"，实行乡长负责制，负责行政工作，乡长职位在国家规定的职责里面有很多权限，然而有很多职能都由党委成员分别管辖，如上面所列的分工，武装部长分管民政工作、组织委员分管计生工作，宣传统战委员分管文化、教育、科技，政府的财务也是由乡党委副书记主管，三位副乡长协助并分别主管工交、农业、社会治安，同时，乡长对这些副乡长甚至各职能机构负责人影响十分有限，无法有效地节制下属的行为，乡长负责制很难实现，"镇政府在法律上、名义上是镇内一切行政事务的最高领导机构，但实际上镇党委才是镇内一切事务的领导机构，镇党委几乎包揽了镇一切事务的行政决策权和部分重要的行政执行，镇政府反而成为镇党委的

---

① 笔者访谈：YBQ—051213—A—ZSF。
② 笔者访谈：YBQ—060515—JGC—FJC。

附属工作机构"①，无论是有关乡内的政治性决策，还是经济发展性决策、人事决策以及对重大事件的处理的决策，党委特别是党委书记都处于绝对核心位置，乡长负责制只能是"党委领导下的乡长负责制"或者是"党委书记领导下的乡长负责制"，乡长大多数还是执行某项具体工作。

同时，新中国成立以来为了保证全国政治和经济的统一，在制度设计上必然会考虑地方利益向中央靠拢和集中的结构和机制，其基础就在于"块块"的行政隶属关系和"条条"在"块块"中的渗透②，以此把乡镇政府建设成为职、权、责、利相统一，有权威、有效能的基层实体，由此在乡镇形成今天的"条块分割"的治理体制。在实际运行过程中，国家在推进基层政权建设的同时，要促进农村各项事业的发展，就要在中央和地方建立一系列相应的办事机构和安排人员，并由这些政府部门去分头实施各类任务。中央及上级各部门强调各级机构应对口设置、纵向联系，职能配置上下统一，要求地方各级政府层层设置对口机构和配备编制并形成独立的部门工作体系，这就使表面统一的基层"块块"权力被几十根"条条"分割开来。这些乡镇"条条"部门相对独立于地方各级行政机关，决策权基本上由中央各部门控制，中央依靠"条条"权力和信息通道来实现特定权限的高度集中，于是，乡镇权力被这些"条条"部门分割，形成了自上而下的"条条"的权力部门化格局③。在权力部门化格局中，各部门分头要人员、要编制、要经费，形成了"政出多门"、"事出多门"的发展格局，"这些部门往往从自己的部门利益出发，不断扩张自己的管理范围，将许多本应属于镇政府的管理事项也纳入自己的职权范围，这不可避免地与镇政府管理权限形成矛盾"④，同时这些部门通过合法或不合法的途径收费，甚至采取不正当的手段"吃、拿、卡、要"，为本部门、本单位人员牟取权力扩张和经济利益，1985年以来，一些地方的农民负担不断增加，固定性提留达到12项，而临时性收费也有9项，

---

① 张全在、贺晨：《镇政府管理》，中国广播电视出版社1998年版，第104页。
② 关山、姜洪主编：《"块块"经济学》，海洋出版社1990年版，第24页。
③ 袁方成：《使服务运转起来：基层治理转型中的农村公共服务——湖北咸安乡镇事业站所改革研究》，博士学位论文，华中师范大学，2006年，第35页。
④ 张全在、贺晨：《镇政府管理》，中国广播电视出版社1998年版，第106页。

这与乡镇"条条"的部门利益化有着直接的关系①。如弦乡的某一站所，为了达到创收的目的，在办理结婚证时，假如早孕，罚款1000—1500元；早婚罚款500—1000元，手续齐全的办理结婚证也得200—300元左右，有"关系"的也得100元。该所所长说，这些罚款与相近的乡镇比较还是较低的，所以有很多邻近乡镇及邻县的都到这里办理结婚证②。

以上讨论的乡政府，无论在权力结构安排上还是在其职权行使过程中，都处于失衡状态，正如安德里·贝特尔指出的，"在一个平衡的社会里，现有秩序和规范秩序是相互一致的；在一个失衡的社会里，它们是相互冲突的"③，这些问题产生的根本原因是基础性权力结构中的体制问题，乡政府的权力来源、责任取向和动力机制存在的问题都亟待解决。

三 全能治理与短缺财政：基础性权力的治理困境

财政是行政的基础，行政是财政的凭借。一级行政必须有一级相应财政的支撑，才能为行政运行提供相应的财力支持；相应地，必须有行政的存在和运作，才能谈得上是财政的存在和运行。当然，中国农村基层政权的存在和设立，必须有财政的支持。然而，由于农村基层政权在后人民公社时代依然采用人民公社时期全能治理的行政方式，即行政机构和任务无限扩张，政府成为"全能政府"或"万能政府"，但财政供给却是相对不足，即基层政权处于"短缺财政"状态，由此形成"全能治理"与"短缺财政"的悖论现象，必然造成农村基层政权出现治理困境。

（一）"压力型体制"与"全能治理"：基础性权力行政任务的扩张

中国是个后发现代化国家。虽然后发国家有很大的"后发优势"，但是所谓"后发外生型"的"现代化"国家的内在痼疾，比如"后发劣势"④等现象，即使自上而下地建立某种貌似"现代"的制度较为容易，

---

① 谢庆奎：《中国地方政府体制概论》，中国广播电视出版社1998年版，第66页。
② 笔者访谈：YBQ—060513—XZF—LXJ。
③ [美] 塞缪尔·亨廷顿：《失衡的承诺》，周端译，东方出版社2005年版，第13页。
④ 杨小凯：《后发劣势》，《新财经》2004年第8期。

推行某种最"现代"的观念形态,但却难以深入地建立真正多元、能动的理性化机制。在现代化和市场化压力下,貌似"现代"的政府体制必然出现以赶超为目标的经济和社会发展模式,它基本延续了中国计划经济中的动员体制,也就是"压力型体制"在新时期经济发展过程中的再现,是中国经济转轨过程中的产物,"它将经济上的承包责任制引入政治生活,用物质刺激来驱动政治过程,使各种组织、个人为了获得更多的物质满足去争资源、争名次、争个人升迁。在经济运行上则体现为膨胀性的经济扩张。"[1] 在这种压力型体制和目标责任制的政治生态环境中,乡镇是完成县级下达任务的主要力量,乡镇一级的行政任务大幅扩张,由此动员各方面的力量和资源完成上级交办的各种任务,乡镇的各种权力渗透到社会的各个角落和各行各业,出现"全能治理"的景观。

我国是一个有中央、省、市(地级)、县(市)、乡(镇)多级机构构成的政权体系。由于现代化建设事业蓬勃展开,政府任务逐步增多,到最低一级的乡级时,政府任务和目标呈几何级的增加。在弦乡,作为 G 县的下属机构,其工作就是如何将上级下达的各种任务落实到管辖范围和完成上级交办的各种任务。每年的年初,县委书记、县人民政府县长与各乡镇的党政一把手签订总的目标管理责任书,这个责任书涉及的事项包罗万象,包括党务目标、经济发展、社会事业、社会治安等各方面:

G 县弦乡目标管理责任书[2]

一、党务工作目标

1. 坚定不移地贯彻执行党和政府的各项方针政策,保证本乡镇所签订的粮食产量、粮油合同定购、计划生育、财政收入、乡镇企业、林业和水利建设等经济和社会发展目标的完成。2. 深入农村各项改革。3. 端正党风、严肃党纪。4. 加强党的基层组织建设……

二、经济发展目标

1. 国内生产总值 3871 万元,增长 13%。2. 工业生产总值 4880

---

[1] 荣敬本等:《从压力型体制向民主合作体制的转变——县乡两级政治体制改革》,中央编译出版社 1998 年版,第 35 页。

[2] 弦乡 2002 年档案文件。

万元,其中限额以上共有企业产值1700万元,工业增加值1380万元,其中的限额以上工业企业增加值533万元,增长9%。3. 农业产值2270万元。4. 财政总收入83.8万元;其中地方财政收入78.8万元。5. 农民人均现金收入1310元以上,比上年增长20%。6. 农民人均纯收入1505元。7. 乡镇企业入库税金50万元,比上年增长10%。8. 全社会固定资产投资完成1150万元,比上年增长7%。9. 种植水稻6600亩、小麦1500亩、油菜3000亩,三项良种覆盖率达到88%以上。10. 加大农业结构调整,建立2个调整示范点。11. 新发展个体工商户10户,新发展私营企业1家,完成非公经济税收22万元。12. 引进计划外县外资金50万元。

三、社会发展目标

1. 广泛开展群众性精神文明建设活动;切实加强廉政建设。2. 加大对教育的投入,确保中小学教师工资按时足额发放;消灭中小学危房,确保师生人身安全。大力发展非义务教育,初中升高中人数达到72人。3. 抓好计划生育工作,计划人口自然增长率控制在8‰以内,确保计生目标,人口出生率控制在10.01‰以内。4. 认真做好民兵预备役工作,后勤保障到位有力。5. 按时完成乡镇机构改革任务,做好机关人员精简分流任务。6. 解决800人以上贫困人口的温饱问题。

四、保持稳定目标

1. 全面完成农村税费改革工作,切实减轻农民负担。2. 社会治安综合治理各项措施落实,确保本地社会、政治大局稳定。3. 做好信访工作,不发生赴京、赴省集体上访事件。4. 牢固树立安全第一的意识,切实落实安全生产责任制,确保本辖区不出安全生产事故。5. 积极推行村务、政务公开工作。6. 乡镇管辖的乡直单位社会保险金征收完成2.1万元。7. 辖区内所有建设项目无违犯环保法规行为,所有工业企业不得超标排放,出境河流的水质达到规定的指标。8. 加快小城镇建设规划实施建设工作。9. 完成县委、县政府与乡镇签订的单项工作目标。

还有县级有些重要工作部门与乡镇签订的目标管理责任书,一般有主管副书记、副县长与乡镇主管领导相互签订目标管理责任书；乡镇签订责任书后，再将这些目标分解到各个行政村、乡直各部门并与之签订责任书，以此考核村级领导班子和乡直各部门的工作成绩并实施奖惩措施。这些任务不仅仅有数字量化和目标管理，而且还有各种奖惩措施，特别是对官员的晋升产生很大的影响，其中计划生育和社会治安综合治理工作实行"一票否决"制度。从县级考核来看，弦乡每次都超额完成任务，据悉，每次自查和检查过程中，大量的数字充斥其间，很少有人认真核实，有位干部说，"乡里根本没有完不成的任务，完成没有不超额的，只有收不上的农业税和提成，造数字和表格容易啊"。[1] 下面所列的各种各样目标责任书种类只是其中的一部分（如表5—4）：

表5—4　　　　县级与弦乡签订的各种目标管理责任书

责任书名称	责任事项及奖惩措施	签订人
县弦乡目标管理责任书	党务工作目标、治理整顿目标、经济和社会发展目标、保持稳定目标、奖惩措施	县委书记、县长乡书记、乡长
县造林绿化目标责任书	成片造林、森林防火、奖惩办法	县长、乡长
县社会治安综合治理目标责任书	上访数量、发案数量、奖惩措施	县委书记、乡党委书记
乡成人教育发展目标责任书	文盲率、教室数量、奖惩措施	副县长、副乡长
1995—1998年乡教育发展目标责任书	文盲率、中小学教育规模、经费数量、教室数量、奖惩措施	副县长、副乡长
县主要卫生工作任务目标管理责任书	病床数量、HIV发病率、传染病数量、奖惩措施	副县长、副乡长
县计划生育目标管理责任书	计划生育率、流动人口办证率、招待费、生育证合格率、信访结案率、奖惩措施	县长、乡长

---

[1] 笔者访谈：YBQ—060513—JGC—FJC。

续表

责任书名称	责任事项及奖惩措施	签订人
县处理"法轮功"问题工作责任书	零进京、零聚集、零插播目标、一票否决	县委副书记、副乡长
县农村沼气建设国债项目责任书	沼气建设数量、利用国债数量、偿还数量	县政府、乡政府、县农业局
县既往有偿供血者HIV抗体普查和HIV感染者CD4+T淋巴细胞检测工作目标责任书	检测数量、发病率、采取的措施等	县政府、乡政府

资料来源：根据弦乡历年档案文件整理而成。

由于地方政绩驱动的需要，弦乡还要从事许多能够显示出其地方政绩的事务，如兴办乡镇企业、小城镇改造、基础设施建设、农业产业结构调整，等等，再加上完成这些上级下达的各项任务和目标，乡级政权只有采取干预农民微观经济活动和全能治理的经济发展模式，以便于从农民手中汲取资源，"国家需要以更好一些的方式来控制地方社会，以便从那里获得更多的资源"[1]，以此完成现代化和市场化过程中各项现代化事业，这样，赋税成为国家和乡村社会关系的主要内容，国家政权与农民大众在此方面的接触最深[2]。

弦乡基础性权力全能治理涉及的事项比较庞杂、种类繁多且要求精细，如由乡政府下发文件要求各村对屠宰税[3]、工商税、国税、地税等税收的征缴[4]

---

[1] [美]孔飞力：《地方政府的发展》，载[美]费正清主编：《剑桥中华民国史》（第二部），上海人民出版社1992年版，第360页。

[2] [美]杜赞奇：《文化、权力与国家——1900—1942年的华北农村》，王福明译，江苏人民出版社1994年版，第37页。

[3] 1996年弦乡政府办公室下达各村屠宰税任务，实行按人口分配任务，标准是按每二十人平均年终屠宰一头猪，按政策规定自宰自食的每头按8元征收屠宰税。其中LT村1210人，屠宰税480元；JG村1645人，屠宰税676元，ZZ村1810人，屠宰税720元，11个村合计6641元的屠宰税。

[4] 弦乡人大代表在乡人大会议上提出议案就认为："建议工商税收进行调整，不能由村进行包税，应该每个季度由税收部门领导到村与税员直接收款，村由专人配合，实行对口收税。村干部收款，纳税户不给，以免一年一次性收款难度大。"参见《弦乡人民代表大会第五届二次会议议案》，弦乡2000年档案文件。

（如表 5—5）、各村银行存款任务的细化分配①、由政府出面推行食用碘盐的供应及分配工作②、政府推销人寿保险业务③、由政府安排棉花生产计划和生产指标的分配（如表 5—6）、政府对小麦种、杂交油菜种统供分配④、对计划生育检查的各种应对"政策"⑤ 以及应对联合国"4355 项目"⑥ 检查所准备的材料，连同第二章所讲的种植结构调整的专断做法和政府出资兴办各种乡镇企业，等等。基层政权的这些工作，有的本来由市

---

① 1995 年，弦乡要求各村按照人均 30 元在银行或信用社存款，如 ZT 村人口数 1519 人，应存款为 45570 元；ZZ 村 1852 人，应存款为 55560 元。这次通知要求全乡 17040 人，总计应存款 511200 元。

② 弦政字〔1997〕2 号：《关于在全乡推行食用碘盐供应分配制工作的通知》，要求供销社是食用碘盐分配工作的送销单位，其他任何单位和个人不得经营食用碘盐。

③ 弦政字〔1997〕21 号：《关于加快发展我乡人寿保险业务的意见》，弦乡 1997 年档案文件。

④ 1997 年，弦乡要求对小麦、杂交油菜种统供，其中小麦统供面积为 3200 亩，小麦统供种子为 64000 斤；杂交油菜统供面积为 1200 亩，杂交油菜种子统供为 480 斤。

⑤ 1993 年，弦乡为迎接省级计划生育基层基础建设检查时专门印发"农民须知"。要求已婚育龄妇女须知的：只说本户的，不说别人的，发现说别人的罚款 5000 元；回答问题时，要大胆冷静，如实说话；重点户要按照乡村的安排，一口咬定，不要变。问：你最后生育的两个孩子是男孩还是女孩？哪年出生的？有无指标？答：四种答法，1. 如果两个孩子都是 1991 年农历十一月二十七日以前出生的，可以照实回答；2. 我只是生了一个孩子（如果是今年生的，必须答有指标）；3. （已经生了两个孩子，第二个孩子是今年生的，但暂没安排结扎，可临时上环，今年生的孩子必须弄走，留大孩）这种情况要一口咬定只是生一个孩子，指标、出生日期可照实回答；4. 如果生了两个孩子，最小孩子是今年出生的，并且已经结扎，必须按处理后回答。全体群众须知的：调查人员入村后不准围观，不准跟随，不准乱说话；每户确定一个明白人答话，最好是育龄妇女；话说错后，要立即向乡村干部报告，以便及时纠正；发现有乡村干部在场，不要打招呼，不要喊职务，陪调员要紧跟上级调查人，不让无关的人员与调查人接近，村级陪调员要明白、精干，反映问题快，能全心全意维护集体，与乡村保持一致。参见：弦乡 1993 年档案文件。

⑥ 联合国"4355 项目"是中国政府与联合国世界粮食计划署在河南省大别山区共同实施的贫困县低产田综合开发项目，项目总投资 2505.08 万美元，项目区涉及 22 个乡镇、344 个行政村，受益农民 62.1 万人。当时联合国计划署官员检查时，弦乡给全乡农民准备了一套问题提要以备回答问题：1. 问：你喜欢吃小麦吗？答：喜欢吃小麦。2. 问：今年收成怎么样？答：今年旱灾严重，小麦减产一半，水稻减产 3 成以上。3. 问：你家吃返销粮没有？有多少？答：有，每人 180 市斤。4. 问：你家有救济款没有？有多少？答：有，救济款和扶贫款人均 47.4 元。5. 救济款和扶贫款干什么？答：买粮食吃或买衣服、农具等。同时要求的注意的事项有：农户不要有电视室外天线、录音机、自行车等高档商品；家里存放的家具和粮食、耕牛、生猪等要少；来人来车时群众不要围观，没安排回答问题的农户要主动锁门出走；熟悉本区申报援助的开发项目。参见：弦乡 1993 年档案文件。

场主体来完成的事务如种植农作物、社会保险、碘盐的分配等，却由政府督促和计划完成，有的如收税，由税务部门完成的任务，却由政府来下发文件要求各村统一按人头来完成，同时，任何制度的维持、运作都是有成本的，国家机构的运转也不例外。弦乡由于应付计划生育和扶贫开发等事项的检查所做的各种"上有政策、下有对策"的工作，不仅仅导致国家政权的"内卷化"[1]，而且这些工作任务量大，需要动员很多人来完成此项任务，花费大量的时间和人力，并且需要大量的财力才能支撑这些活动，基层政权治理成本不断上升，"国家扩张的直接后果是国家费用（the state expense）[2] 的上升，因为国家要维持更多的机构和人员；因为国家代替社会制度来管理更多的社会事务就要花费更多的收集信息、处理信息和监督实施的费用；因为国家调节范围越大它决策失误的可能性越大，所造成代价越大"[3]，财政紧张趋势加重，"国家权力对乡村的介入，赋税征收机构的膨胀，又反过来大大加剧了国家的资源需求"[4]，这些国家机构的

---

[1] ［美］杜赞奇：《文化、权力与国家——1900—1942年的华北农村》，王福明译，江苏人民出版社1994年版，第66—68页。杜赞奇分析传统中国在近代以来遭遇到了前所未有的危机，为了摆脱危机，中国通过各种方式重建独立和统一的国家政权，以缓和日益激化的社会矛盾，同时抗衡来自外部的冲击和压力。面对现代化的压力，国家迫切需要加强对乡村社会的控制和提高汲取各种资源的能力，进行国家政权建设以"自强"，但在这一过程中，乡村社会的"赢利型经纪人"通过各种手段牟取私利，"没有实际发展的增长"，结果政府权力的延伸导致乡村社会的进一步被压榨乃至破产，"赢利型经纪"导致了"国家政权的内卷化"。1949年后，由于中国共产党"从基层开始建立了与国家政权相联结的各级组织"，"完成了民国政权所未完成的'国家政权建设'的任务"，"共产党政权的建立标志着国家政权'内卷化'扩张的终结"。然而，1978年中国改革开放以后，一些历史弊病重新出现，"一些学者开始将乡村干部视为国家政权与村民之间的'承包者'或经纪人。管理机构与集体机构的分离、土地的逐渐私有化以及基层政权的削弱肯定会造成国家对地方社会的失控。"参见［美］杜赞奇：《文化、权力与国家——1900—1942年的华北农村》，王福明译，江苏人民出版社1994年版，第240—241页。

[2] "国家费用"类似于"政权治理成本"。"国家费用"是指为了维持一定规模的暴力机构、为了提供有效的保护、服务、秩序，国家所占用或耗费的剩余资源总量以及国家活动所造成的损失，国家费用主要包括机构与人员的开支、决策及政策执行费用、管理费用等，只要有国家的存在就有国家费用，从社会成员的角度看，国家费用是他们"购买"国家制度所带来的好处，向国家支付的费用和付出的代价。参见曾峻：《公共秩序的制度安排——国家与社会关系的框架及其运用》，学林出版社2005年版，第110—111页。

[3] 曾峻：《公共秩序的制度安排——国家与社会关系的框架及其运用》，学林出版社2005年版，第107页。

[4] 彭勃：《乡村治理——国家介入与体制选择》，中国社会出版社2002年版，第67页。

过度扩张与官僚行为、官僚主义的特征密切相关，如对官僚行为进行定量的经济评价较为困难、官僚行为不受利润意识约束、存在所谓的"帕金森定律"、追求机构人员最大化、厌恶风险、回避竞争等[①]，"统治阶级和官僚、政治家的利益意识构成国家扩张的内在动力机制，国家的'虚幻的共同体形式'和国家对'有组织的暴力'的垄断构成国家扩张的体制保障"[②]。由此，这些现代化事务以及政府活动所耗费的财力既是无效率的也是惊人的，同弦乡有限的财力形成激烈地冲突和矛盾，同时乡村干部还感觉到乡镇事务繁杂、整天忙碌。产生这些问题的根本原因就是基层政权依然延续计划经济时代的全能治理模式，干预微观经济活动，事务性工作繁多，政府职能不能适应新时期经济和社会发展形势的需要。

表5—5　　　弦乡1999年工商税、国税、地税等税收分配表　　单位：万元

村　名	税　收		工 商 税
	国税	地税	
FZC	0.65	1.45	1.55
TMC	0.25	0.85	2.0
XGQC	1.6	5.2	1.6
ZZC	0.3	0.9	1.48
LBC	0.2	0.45	1.24
SXC	0.2	0.65	1.45
LZC	0.2	0.6	1.57
LTC	0.25	0.65	1.44
JGC	0.2	0.6	1.0
WHC	0.75	2.65	2.1
合计	6.0	18	18.43

资料来源：弦乡1999年档案文件。

[①] [美]约瑟夫·E.斯蒂格里兹：《政府经济学》，曾强等译，春秋出版社1988年版，第191—197页。

[②] 曾峻：《公共秩序的制度安排——国家与社会关系的框架及其运用》，学林出版社2005年版，第107页。

表 5—6　　　　　弦乡1998年棉花生产计划技术指标分配表　　单位：亩、公斤

村名	生产计划指标			麦棉菜套	主要技术指标						
	面积	单产	总产		统一供种	统供种数	两膜棉	平衡施肥	全程化调	病虫统治	高产开发
FZC	120	40	4800	60	120	220	50	60	120	20	30
TMC	110	40	4400	30	60	100	30	30	60	10	20
XGQC	60	40	2400	60	100	180	50	60	100	20	30
ZZC	130	40	5200	60	100	180	50	60	100	20	30
LBC	110	40	4400	60	130	240	50	60	130	20	30
SXC	80	40	3200	60	100	180	50	60	100	20	30
LZC	100	40	4000	60	110	200	50	60	110	20	30
LTC	100	40	4000	60	110	200	50	60	110	20	30
JGC	100	40	4000	60	80	140	50	60	80	20	30
WHC	100	40	4000	60	100	180	50	60	100	20	30
ZTC	100	40	4000	60	100	180	50	60	100	20	30
合计	1110		40420	630	1110	2000	530	630	1110	110	320

资料来源：弦乡1998年档案文件。

（二）短缺财政[①]与负债政权：基础性权力的治理困境

财政制度对一个国家的兴衰至关重要，"专制者之间也好，国家之间也罢，其真正的竞争在于制度的竞争，尤其是财政（政府融资能力）制度优劣的竞争"[②]，财政是行政的基础，任何国家或者政府组织的生存和运转都需要一定的财政支持，"从某种意义上讲，财政机制即财政制度是整个政治过程中的经济因

---

① 项继权教授认为，财政短缺已经成为中国乡镇政府的一种常态，政府和干部的种种行为及乡村干群关系、政府与农民的矛盾和冲突可以从财政短缺的环境和压力中得到部分的解释。参见项继权：《短缺财政下的乡村政治发展——兼论中国乡村民主的生成逻辑》，《中国农村观察》2002年第3期。

② 张宇燕：《民主的经济意义》，载刘军宁等编：《经济民主与经济自由》，生活·读书·新知三联书店1997年版，第28页。

素……财政制度是经济制度,也是政治制度。"① 对于面向广大农村社会行使管理和提供服务职能的基层政权组织来说,稳定的财源是有效管理和服务的前提和基础。新中国成立以来,尽管处于现代国家构建过程中的农村基层政权一直面临着财政的压力和重负,但那时农村社会分化和差异还不明显,经济结构和社会结构依然处于农业文明或者是前工业文明的社会之中,政府和农村之间的矛盾和紧张尚不明显,在意识形态的主导下国家与农民的合作氛围很浓。

然而,不是乡村社会资源最为贫乏的时期,而是在乡村社会经济状况相对而言有了巨大改善的20世纪90年代以后,由于"相对贫困"② 的原因,农村基层政权普遍出现了生存资源紧缺的局面,"尤其是1994年开始的分税制改革强调财政上中央集权但不集责,出现所谓'财权上收,事权(应为事责)下放'的趋势。一方面上级财政的'汲取能力'迅速扩大,国家调控加强,大城市基础设施日新月异;另一方面基层教育、医疗等公共品供应出现短缺,尤其以农村为甚,而在维持'事责'的名义下,农民负担却日益加重,以致出现'农村真苦,农民真穷,农业真危险'的呼声"③。同时,"尽管中央和地方的税收来源有所划分,但县政府与省政府之间的报解和截留却无明确的界限"④,同样县、乡政府之间也没有明确的划分,在"压力型体制"下,乡级以上政权都像"吸管"一样汲取和抽取下级资源,由此乡镇政府面对日益缩小的财政收入,财政供给和财源相当有限,与此同时,处于现代化过程中的乡镇政府又必须有所作为并显示自己的政绩,必然要兴办大量的现代化事业,如基础设施建设、公办教育、卫生、文化等事业,行政机构和任务无限扩张,由此财政的短缺与行政任务和机构的扩张相应地形成严重的矛盾。

农村基层政权短缺财政的最明显表现就是债务负担沉重。其一是债务总量庞大。1999年国家对乡、村两级债务进行了清查,结果显示,湖南

---

① [美]詹姆斯·M.布坎南:《民主财政论》,穆怀朋译,商务印书馆1993年版,第180—181页。
② [英]杜德利·西尔斯:《发展的含义》,载罗荣渠主编:《现代化理论与历史经验的再探讨》,上海译文出版社1993年版,第49页。
③ 秦晖:《雄关漫道:第二轮改革的十五年社会公正问题越来越突出》,《中国工人》2010年第10期。
④ [美]杜赞奇:《文化、权力与国家——1990—1942年的华北农村》,王福明译,江苏人民出版社1994年版,第69页。

省乡镇负债85.4亿元；浙江省乡镇政府负债36.4亿元；安徽省乡镇债务为50.23亿元；青海省乡镇负债为4219万元。有学者认为，中国基层政权的乡镇负债达到2200亿元左右，如果将村级组织的债务一并考虑，两项合计大约是4000亿—5000亿元。其二是负债面相当广。1999年清查结果显示，湖南省2000多个乡镇中，负债面达88.2%；福建省乡镇负债面更高达95.9%，每个村民委员会平均负债32.1万元，负债面达81.3%；四川省调查的100个乡镇中，负债的乡镇占82%，有的县乡镇负债达100%；湖北省乡镇负债面在95%以上，村级负债面也在90%以上。其三是债务增长快。从1994年的分税制改革开始，我国乡村债务呈现明显增长的趋势。据统计，实行分税制前的1993年，全国县乡两级财政赤字已是42.21亿元，推行分税制当年，赤字就猛增17倍，达726.28亿元，1995年进一步扩大到827.7亿元。如河南许昌的调查表明，1994年，该县乡镇财政赤字为922万元，到1999年达到7494万元，净增长6572万元，年递增52%，相比较而言，自1994年以来，乡镇财力的年增长率仅为8%，远远低于支出的年均增长速度（21%），滚动财政赤字的年增长率更达到52%；湖北省监利县1995年有30%的乡镇负债或收支平衡，但到了2000年，90%的乡镇财政有赤字，平均赤字不少于400万元，平均负债不少于800万元。[①] 同时，由于乡级存在大量超编人员和乡级机构的运行成本愈来愈高，乡镇财政逐步陷入"吃饭财政"并进而演化为"讨饭财政"的窘境："保干部工资、保机构运转"，在"权力离心取向导致权力内部的利益矛盾"[②] 的作用下，乡镇领导的主要精力放在如何找钱发放职工工资上，只要工资能够发放，职工就认为你是好领导，而不管你钱从哪里来的，单位领导如果拒绝谋求和设法满足本单位的利益，"他的管制力就会面临巨大的困难，他的地位合法性就会受到挑战"[③]。在单位组织内形成了"资源与交换"的依赖性结构[④]，寻求制度

[①] 参见袁方成：《使服务运转起来：基层治理转型中的农村公共服务——湖北咸安乡镇事业站所改革研究》，博士学位论文，华中师范大学，2006年，第40—43页。
[②] ［韩］咸台灵：《中国政党政府与市场》，经济日报出版社2002年版，第167页。
[③] 张静：《国家与社会》，浙江人民出版社1998年版，第187页。
[④] 李路路、李汉林：《中国的单位组织——资源、权力与交换》，浙江人民出版社2000年版，第86页。

外的"生存机会"①,这已成为一种知而不言的历史"潜规则":"合法地祸害别人的能力,乃是官吏们的看家本领。这是一门真正的艺术,种种资源和财富正要据此分肥并重新调整"②。

地方财政收入有三大来源:地方本级财政收入,上级政府转移收入,来自摊派(包括乡统筹、村提留和集资)、收费和罚款的收入。前两者构成地方政府预算收入。地方财政支出可以分为三类:本地区政权机关运作所需支出(如行政支出),本地区公共事业和公益事业支出(如文化、教育、卫生支出),促进本地区经济发展的支出(如基础设施建设支出)。下列表中可以反映这些情况(如表5—7、表5—8)③。

表5—7　　　1992—1996年度浙江TD镇财政收入情况　　　单位:百元

年度	上级拨入	税收分成	企业上缴	预算外收入	自筹资金	收入合计
1992	2567	6520	6133	2458	486	18164
1993	3030	12652	8684	3675	1144	29185
1994	7747	12789	11568	4424	5411	41939
1995	7968	13243	25499	8706	21550	76966
1996	8976	13162	17899	9065	12332	61398

资料来源:该镇财政统计表,1997年8月。

表5—8　　　1992—1996年度浙江TD镇财政支出情况　　　单位:百元

年度	合计	工资	补助	福利	保障	公务	购置	修缮	业务	其他
1992	17775	2653	2414	1089	1449	282	60	667	1144	8017
1993	28021	3129	3022	1081	1776	796	135	4544	300	13238
1994	41326	4551	4655	1764	4748	1456	590	6200	240	17122
1995	77879	5536	4696	4936	6213	867	—	4980	1476	49175
1996	60667	5123	5391	2940	3084	1380	—	3800	380	38569

资料来源:该镇财政统计表,1997年8月。

---

① [英]拉尔夫·达仁道夫:《现代社会冲突》,林荣远译,中国社会科学出版社2000年版,第31页。

② 吴思:《血酬定律——中国历史中的生存游戏;潜规则——中国历史中的真实游戏》,中国工人出版社2004年版,第326页。

③ 张静:《基层政权——乡村制度诸问题》,浙江人民出版社2000年版,第257页。

乡镇预算收入包括本级财政收入和上级政府的拨入,而本级财政收入主要由工商税、企业所得税、契税和农业税构成①。我们可以看出:收入中的"上级拨入"、"税收分成"和"企业上缴"三项合计与支出的需要有很大缺口,这样只有通过"预算外收入"和"自筹资金"来弥补,收入和支出才能达到平衡。这些缺口由上级财政来弥补,在中国现实是不可能的,"中国各级政府财政收入总和占 GDP 的比重不足 15%,从中央到乡镇,各级政府都是捉襟见肘,几乎没有什么钱可以用来补贴下级。在中西部地区农村,乡镇的直接上司——县政府绝大多数入不敷出。它们自顾尚且不暇,不向乡镇伸手就谢天谢地了。即使它们有补助乡镇之心,也没这个能力。省政府面对的是嗷嗷待哺的县级财政,连县级财政的赤字问题都解决不了,岂有余力补助乡镇财政?"② 1998 年,G 县全县财政总收入为 9449 万元,而当年全县财政支出却达 12295 万元,当年财政赤字为2746 万元,那么县财政怎么能够对弦乡财政进行补贴呢?所以地方财政(包括基层政权财政)只有靠预算外收入及其他收入即摊派、收费、罚款。在任何体制下,收费和罚款也许都是必要的。不过收费和罚款本身不是目的,而仅仅是达到其他目的手段。因此,在正常情况下,收费和罚款的收入在政府收入中所占的比重微不足道。一旦收费和罚款的收入变成了主管机关的主要收入来源,它们的性质便会产生异化:主管部门会本末倒置,把收费和罚款本身变为目的,千方百计使收费和罚款收入最大化,即使与设置收费和罚款的本来目的背道而驰也在所不惜。曹锦清观察到,"说实在的,有不少机构整天忙着、想着的就是如何搞钱,哪有心思与精力去做本该做的工作"③。这些收费和罚款,就上级政府而言,尤其中央政府而言,由于信息成本太高,有效监督各类收费和罚款是完全不可能的。

与全国很多地区一样,弦乡财政更是"雪上加霜",G 县是国家级贫困县,弦乡是农业型乡镇,由于国家费用的存在,再加上投资决策失误和

---

① 李慷:《乡镇政府》,载熊景明主编:《进入 21 世纪的中国农村》,光明日报出版社 2000年版,第 31—37 页。
② 王绍光、王有强:《公民权、所得税和预算体制》,《战略与管理》2001 年第 3 期。
③ 曹锦清:《黄河边的中国——一个学者对乡村社会的观察与思考》,上海文艺出版社2000 年版,第 287 页。

第五章 一体化结构与治理困境：基础性权力的衍变

管理混乱，大多数乡镇企业基本上停产、破产或者承包私人，税源不足，工商税收更少，主要依靠从农民收取农业税收和罚款等途径养活乡村干部及超编人员，弦乡财政完全是"讨饭财政"。在1993年，弦乡财政收支基本平衡（如表5—9），自从1994年实行分税制体制改革以后，出现了乡镇财政"收入上收"和"支出下移"的效应[①]：到了1999年，弦乡财政收入为80.80万元，其中工商税收为15.3万元，农业"四税"收入为37.2万元，罚没收入、行政性收费收入为15万元，其他收入为13.3万元；1999年财政支出为176.9万元，支出与收入相比，多支出96.1万元，支出比收入整整多一倍还多，其中行政管理支出为17.6万元，文教卫生支出为50.5万元，抚恤和社会救济支出为54.7万元[②]。

弦乡为了贯彻上级要求的普及九年义务教育的目标，实行层层负责制并纳入了目标管理，在1995—1998年教育集资过程中，总征收为1066575元，其中1996年征收为237229元，1997年征收为268106元，1998年征收为561240元，而建教学楼及配套设施共投入1386575万元，普及九年义务教育的花费就负债32万元。[③] 在2001年度，弦乡共负担各类工资1451000元，其中教育工资为115300元，政府及其他部门的工资为298000元，在2002年3月只兑现各方工资999000元，占应付工资的68.8%。[④] 到2004年，弦乡实有人数81人，其中机关24人，在编21人（含工勤2人），超编3人；事业单位57人，在编45人，超编12人，总共超编15人，超编比例18.5%。

不断膨胀的机构和日益高昂的行政开支致使弦乡财政不堪重负。2004年弦乡本级财政收入为50.6万元，支出为161.4万元，是一个典型的"要饭财政"，零散的工商税收是财政收入的唯一来源。截至2005年，弦乡乡本级财政实际负债为464.4万元，其中银行信用社贷款2万元，占债务总额的0.5%，农村合作社基金或其他非金融机构贷款77万元，占

---

① 周伟林：《中国地方政府经济行为分析》，复旦大学出版社1997年版；朱钢等：《聚焦中国农村财政：格局、机理与政策选择》，山西经济出版社2000年版。

② 弦乡2000年档案文件：《弦乡1999年财政预算执行情况和2000年财政预算（草案）的报告》。

③ 弦乡1999年档案文件：《弦乡关于1995—1998年教育集资情况的报告》。

④ 弦乡2002年档案文件。

17%，向上级财政借款 286 万元，占 61.5%，其他应付未付款 99.4 万元，占 21%；这些债务其中用于乡镇基层政权建设 26.4 万元，占债务总额的 6%，用于"普九"建设为 77 万元，占 17%，用于日常管理开支 54 万元，占 12%，用于兴办企业投资 70 万元，占 15%，用于公益性基础设施建设和农田水利基本建设为 19 万元，占 4%，用于其他为 218 万元，占 46%。村级负债 814.6 万元，平均每个村负债 74.1 万元，有一个村在 1999 年底就负债高达 1285870.70 元，招待费、租车费居高不下。这些村级债务其中向银行信用社贷款 613.8 万元，占 75%，向个人借款 7.2 万元，占 0.9 万元，向本级所属单位借款 12.4 万元，占 1.5 万元，其他应付未付款 181.4 万元，占 22.6%；这些村级债务其中用于生产性支出 173.5 万元，占 21.3%，公益性支出 34.26 万元，占 4.2%，管理费用支出 47.7 万元，占 5.9%，上缴税费支出 32.8 万元，占 4%，其他支出 526.2 万元，占 64.6%。弦乡乡村两级债务高达 1279.1 万元。而在相邻的 A 镇，全镇实有干部职工人数为 271 人，其中机关在编人数 32 人，超编 10 人，事业单位在编人数为 88 人，超编 141 人，全镇行政、事业站所超编 151 人，超编比例为 55.7%，事业单位工资缺口达 112 万元；乡级负债 570 万元，村级债务高达 2437 万元，两级负债高达 3007 万元。[①]

表 5—9　　　　　　　　1993 年度弦乡财务平衡表

借方			贷方		
科目	金额	备注	科目	金额	备注
经费支出	151241.83		拨入经费	119898.10	
党团支出	37526.23		党团	25407.00	
行政支出	88358.26		行政	74731.10	
公安支出	11168.49		公安	8058.00	
司法支出	3478.70		司法	2658.00	
农业支出	6278.95		农业	5544.00	
广播支出	3000.00		广播	3000.00	

---

① 弦乡 2005 年档案文件：《弦乡关于乡镇撤并有关问题的调查与建议》；A 镇 2005 年档案文件：《A 镇机构改革调研报告》。

第五章　一体化结构与治理困境：基础性权力的衍变　　213

续表

借　　方			贷　　方		
科目	金额	备注	科目	金额	备注
文化支出	1431.20		文化	500.00	
预外支出	158769.85		预外收入	189699.05	
"4355"支出	628.39		党员救灾款	150.00	
公安支出	5319.22		水泥厂	3000.00	捐款
文盲费	2150.00	财政罚款 1000 扫盲费 1150	林业	4107.50	1993 年度下欠 1150.00
其他支出	62187.95		其他收入	23241.55	
伐树	31868.71	含树分成 28729	伐树	48000.00	
企业排污	800.00		企业排污	16700.00	
目标奖	2000.00		目标奖	2000.00	
利息	13425.58		售房款	89500.00	
生活费	40390.00	含人代会 1960	土管所	3000.00	下欠 50.00
专用资金支出	52813.49		专用资金收入	90396.10	
林业	23842.04		林业公积金	34106.00	
计生	18199.95		计生费	44353.00	
民兵	5029.00		民兵训练费	6821.20	
公路	5742.50		公路养路费	5115.90	
暂付款	163603.82		暂收款	306398.28	
应弥补亏损	84314.93				
国库存款	42193.34				
经费现金	-33493.73				
库存现金	86948.00				
合计	706391.53		合计	706391.53	

说明：预算外收入、专用资金收入在相应的支出科目调平后，结余 68511.81 元，用于弥补经费超支 31343.73 元，弥补上年亏损 37168.08 元。补充数字：（一）经费支出中，年差旅费 22837.82 元，客餐及烟条 38430 元，另加未付未结账烟酒伙食条约为 16000 元；（二）乡现有资金为，茶叶税 7000 元，营业所 5000 元，Z 主席 10000 元，开发区 10000 元，教育附加费 3137.30 元，共计 36662.30 元。

资料来源：弦乡 1993 年档案文件。

众所周知，财是政的基础，一级行政必须有一级相应财政的支撑，才能为行政运行提供相应的财力支持。分税制的实行，仅仅是对中央与地方的财权进行了划分，而中央并没有在中央与地方及地方各级政府之间进行事权的明确划分，这样，"财权上收，事权下放"的结果造成财权与事权出现严重不对称格局，事务的办理缺少财政的支持，再加上中国实行中央集权的领导体制和各级政府之间的压力型体制，干部任免权在上级，必然造成农村基层政权的干部职工为了政绩和升迁的需要，以各种手段向农民伸手汲取资源，农民负担不断加重，同时基层政权向农民提供农村公共服务又不足，农民不满情绪由此而生。

四 小结：权力、权利与治理困境

基层政权在发展经济过程中，由于权力的一体化结构与非制度化运作、公民权利实现渠道的虚置与全能治理和短缺财政的颉颃，基层政权由此出现治理困境。

在弦乡基础性权力体系中，乡党委处于基础性权力结构中核心地位，是"政党下乡"和政党整合各种社会力量的表征。乡人民代表大会及人大主席团作为实现公民权利的渠道和制度平台，其主要目的是体现"中华人民共和国的一切权力属于人民"的宗旨，也体现基层政权及其"人民政府"属于人民所有，对人民负责，但由于乡人大及其主席团的权力虚置，并没有发挥其应有的职责和作用，国家对其公民意志的整合作用没有实现。乡人民政府由于制度设计缺失和权力结构失衡，党政不分、"条块共治"，导致政府功能缺失、"条块分割"，很难实现行政首长负责制政府职能的完整性。各种群众团体组织在乡党委的领导下发挥各自领域的作用。然而，由于"权力的文化网络"以及各种原因，党政机构在制度安排和实际运作过程中是一体化结构，在整个决策过程中起主导地位，尤其是党委书记更是起着决定性作用，基础性权力运作具有突出的"非制度化运作"的特点，黄宗智认为其"表达"与"实践"之间的"背离"是清代法律的制度性本质："县官老爷们的道德辞令和具体做法乍看似相互抵牾，正像一些诉讼当事人表面上的怯懦温顺与实际上的无耻和狡诈看上去难以共存一样，——这些似是而非的矛盾，只有放在一个同时考虑表达

第五章 一体化结构与治理困境：基础性权力的衍变

和实践这两个矛盾方面的解释体系中，才能得到理解"①，在弦乡，国家法律规定与基层实践情况也有同样的问题。虽然基层政权建立了现代国家政权的基本架构，但构建现代国家的目标还远远没有实现。这些问题产生的根本原因是基础性权力结构中体制安排和运作的失衡问题：基础性权力的制度设计和体制安排并没有真正解决基层政权的权力来源、责任取向和动力机制存在的问题，"要建立这样一个平衡的结构，基层权威的授权来源问题就必然提上议事日程"②，基础性权力亟待重构以形成良性互动和协同。

由于中国是个后发现代化国家，在现代化和市场化压力下，再加上基层政权的一体化结构性权力，在"非制度化运作"的情况下，必然出现以赶超为目标的经济和社会发展模式，它基本延续了中国计划经济中的动员体制，也就是"压力型体制"在新时期经济发展过程中的再现。同时农村基层政权在后人民公社时代依然采用人民公社时期"全能治理"的行政方式，即行政机构和任务无限扩张，基层政府成为"全能政府"或"万能政府"，但财政供给却是相对不足，即基层政权处于"短缺财政"状态，由此形成"全能治理"与"短缺财政"的矛盾，基层治理出现困境。究其根本原因是由于基层政权辖域内的公民没有充分表达自己的意志，整个社会也不具备"无代表就不纳税"的公民意识，由此在现行的国家财政制度安排下汲取和配置资源也没有得到民意的支持并具备合法性，"正是在'无代表，不纳税'的基础上形成的纳税人认同，使现代国家拥有比传统国家更强的征税合法性和更大的实际征税能力。纳税问题的实质是公民与国家的关系问题，它表面上是个财政概念，实际上却是个政治范畴"③。在当今中国，缺乏真正意义上的农民利益的政治表达机制，是中国农村逐渐衰落和农民沦为弱势群体的一个重要原因。然而，现代财政组织和制度的准则应当是，"允许个人通过集体决策制度的结构'购买'公共商品和服务，购买方式应使他们在公共商品和服务与通过私人市场过程生产的商品和服务之间的选择尽可能地保持'中性'和'不被

---

① ［美］黄宗智：《民事审判与民间调解：清代的表达与实践》，中国社会科学出版社 1998 年版，第 3 页。
② 张静：《基层政权——乡村制度诸问题》，浙江人民出版社 2000 年版，第 46 页。
③ 秦晖：《农民中国：历史反思与现实选择》，河南人民出版社 2003 年版，第 25 页。

扭曲'。"① 当基层政权以行政命令的方式干预和介入经济发展时，其行为没有与公民利益形成紧密联系并形成利益关联结构，导致基层政权发展经济的盲目性、预决算制度的随意性以及财政收支的非制度化。当然，只有"以制度化的方法确立权威的社会性来源，强化权威的社会基础，是保证基层长治久安的根本"②。

---

① ［美］詹姆斯·M. 布坎南：《民主财政论》，穆怀朋译，商务印书馆1993年版，第147—148页。

② 张静：《基层政权——乡村制度诸问题》，浙江人民出版社2000年版，第46页。

第六章　站所改革与治理困境：
扩展性权力的衍变

随着 20 世纪 70 年代末中国启动了农村经济的市场化改革和 90 年代初中国社会主义市场经济体制改革目标的确立，特别是中央与地方政府的财政体制先后实行"财税包干"和"分税制"等政策后，基层政权的财政短缺成为农村基层治理困境形成的重要因素，在此背景下，"条条"所属的乡镇站所纷纷进行不同形式的改革，由此部分站所事业经费和人员工资失去保障并运转困难，在"经济人"和公共权力异变的作用下，扩展性权力"自利化"与"赢利性"倾向日益严重，其公共性、服务性与合法性受到严重削弱或者丧失。扩展性权力的不断衍变与农村公共服务日益增长的需求形成了结构性矛盾，农民不满情绪不断上升，农村公共服务的提供出现困境。农村基层政权扩展性权力及其机构亟待重构以满足农村公共服务日益增长的需求。

一　宏观政策线条演变：扩展性权力发展的背景

如上一章所述，随着改革开放与社会主义现代化事业的不断推进和农村各项改革事业不断深入，农村的经济与社会结构都发生了深刻的变化，特别是中央与地方政府的财政体制改革后，中央政府和各级地方政府通过"压力型体制"以责任下移、财权上收的方式以改进自身政府绩效，但最终结果是乡镇一级财政的短缺和乡镇政权的负债运转，并严重削弱了农村公共服务体系的财政基础。在这种背景下，尽管人民公社时期建立的基层公共服务体系的各种机构依然存在，但其职能结构、管理体制和经营方式却已发生了重大变化，国家对乡镇"七站八所"的有关政策进行了重大调整。

在20世纪80年代的中国行政体制改革过程中，政府机构改革成了行政体制改革的四条主线之一①。在放权让利改革的思路下，并在山东省莱芜县将设立于乡镇一级的涉农服务机构全部下放给乡镇政府管理，并将其事业经费以当年拨付额为基数"捆绑"下拨给乡镇政府，今后逐年减拨，同时加大乡镇的财政包干底数的做法和经验基础上，1988年，中央政府将莱芜县的做法作为成功经验面向全国推广，决定将乡镇的农技站、农机站、水利站、畜牧兽医站、农经站等直接为农业生产服务机构的人、财、物管理权限由县级下放到乡镇一级，实行"条块结合、双重领导、以块为主"的管理体制。1991年11月，中共十三届八中全会通过的《关于进一步加强农业和农村工作的决定》强调，"县有关部门设在乡镇的机构，除少数不宜下放的实行双重领导外，一般都要放到乡镇管理。实行双重领导的机构，干部的调动、任免、奖惩应征得乡镇党委的同意。乡镇党委和政府对这些单位要加强领导，使之相互配合，形成合力，共同为农村的经济和社会发展服务"②。1992年，中央下发《县级机构改革方案》，其中对乡镇机构改革作了具体部署：依据乡镇社会总产值、人口和面积三个因素对乡镇进行分类，将全国5.6万个乡镇分为大、中、小三种类型；调整乡镇机构设置，在大的乡镇，设置四五个综合性的办事机构，在中等规模的乡镇设置一、两个办事机构和一些助理员职位，在小的乡镇仍实行助理员制，一般不设办事机构；重新核定乡镇编制人数③。1994年11月，中共中央在《关于加强农村基层组织建设的通知》中再次指出，"要增强乡镇的管理和协调功能，理顺条块关系"。1998年10月，中共十五届三中全会通过的《中共中央关于农业和农村工作若干重大问题的决定》指出："乡镇政府要切实转变职能、精简机

---

① 汪玉凯主编：《中国行政体制改革20年》，中州古籍出版社1998年版，第34页。
② 中共中央文献研究室编：《十三大以来重要文献选编》（下），人民出版社1993年版，第1779页。
③ 《中国地方政府机构改革》编辑组编：《中国地方政府机构改革》，新华出版社1995年版，第219—220页；侯保疆：《中国乡镇管理研究》，中国社会科学出版社2006年版，第130—131页。

构、裁减冗员,目前先要坚决把不在编人员精简下来,做到依法行政,规范管理。"① 2000年12月,中共中央办公厅、国务院办公厅下发《关于市县乡人员编制精简的意见》中指出,要进一步理顺县(市)、乡关系,县(市)直部门派驻乡(镇)的机构,凡能下放给乡(镇)的,要坚决下放;乡(镇)机构改革要与农村税费改革密切配合,重点压缩财政供养人员,归并乡(镇)的"站、所",要将设置过多、过散的"站、所"归并成综合性的"农业服务中心"、"文化服务中心"等,有条件的地方要走企业化、社会化的路子;优化乡镇教师队伍结构,按照生源的数量和分布等实际情况,适当合并现有农村中小学校,对教师队伍进行必要的整顿和压缩,合理调整和配置现有教育资源;改革乡镇医疗卫生和计划生育办事机构②。2001年9月召开的全国市县乡机构改革工作座谈会强调:"除政法系统和已经明确实行省以下垂直管理的系统外,其他有关部门的站所,原则上都要下放给乡镇",政法系统的部门有派出所、司法所、法庭等,实行省以下垂直管理的部门为地税、工商、烟草、盐务、医药、技术监督、土地管理等。

其中部分农村公共服务体系演变的政策线索为③:

■农业技术推广站 1988年,全国推广山东"莱芜经验",将乡镇农技站的人、财、物管理权限由农业局下放到乡镇。1991年,国务院发布《关于加强农业社会化服务体系的通知》,要求各级政府必须"充分发挥专业经济技术部门的职能作用,加强乡级技术推广机构建设,鼓励大中专毕业生到农村一线服务"。1992年,农业部和人事部为保证乡镇农业技术推广站的机构和人员编制,先后颁发了《乡镇农业技术推广机构人员编制标准(试行)》和《关于乡镇农业技术推广机构定编后补充人员有关问题的通知》。1993年,农业部组织的农技推广现状调查的结果认为,在商品经济和市场经济大潮的冲击下,农业科技推广网络已是"网破、线断、人散";大约41%的乡镇农技推广机构被减拨或停拨事业费;约有1/3的农业技术推广人员离开了技术推广岗位。同年,中共中央、国务院《关

---

① 中共中央文献研究室编:《十五大以来重要文献选编》(上),人民出版社2000年版,第273页。
② 侯保疆:《中国乡镇管理研究》,中国社会科学出版社2006年版,第131—132页。
③ 参见徐小青主编:《中国农村公共服务》,中国发展出版社2002年版,第67—74页。

于当前农业和农村发展的若干政策措施》中指出,"抓紧落实乡镇农业推广机构的定编定员,稳定农村科技队伍,各级财政用于农业事业单位的经费要逐年增加"。1993年7月,八届全国人大常委会第二次会议通过的《中华人民共和国农业技术推广法》中规定:"国家扶持农业技术推广事业,促使先进的农业技术尽快应用于农业生产"。这标志着我国的农业技术推广体系进入了一个法制建设和规范运作的阶段。1994年,中共中央、国务院《关于1995年农业和农村工作的意见》中指出,"农业技术推广体系是支持农业发展的重要力量,机构要稳定,队伍要充实,经费要增加,手段要加强。在机构改革中,不能搞'脱钩断奶',更不能撤销"。

■农机管理服务站 1985年,原农牧渔业部为稳定乡镇农技站的组织机构和人员队伍,发布了《关于加强农机化管理工作的意见》规定,"任何单位和个人都不准以任何名义侵占、平调和挪用农机经营单位和农机经营者的资金和固定资产。"1988年,全国推广山东"莱芜经验",乡镇农机站人、财、物管理权限下放到乡镇。1990年,国务院下发《关于加强农业社会化服务体系的通知》,鼓励农机站等单位兴办农业服务实体,开展有偿服务,其收入可用于改善工作条件。1992年,农业部颁布《全国乡镇农机管理服务站管理办法(试行)》,规定"农机站是国家设在基层的全民所有制事业单位,是乡镇政府行使农机管理职权的职能部门,具有管理和服务的双重职能,接受县(市、区)农机管理部门和乡镇政府的双重领导","农机站以为农业生产、农民生活和农村建设提供综合服务为根本宗旨,坚持'以农为主、综合经营、有偿服务、增强活力'的办站方针,实行管理、服务、经营一体化的经营管理机制。"

■水利站 1985年,原水利电力部发布的《关于加强农田水利设施管理工作的通知》要求,"加强基层水利队伍建设,挑选热爱水利工作的职工充实水利基层机构,不要把基层水利管理单位变成安排老弱病残的地方"。1988年,水利站人、财、物的管理权下放到乡镇,实行块块为主的领导体制。1989年,国务院颁布了《关于大力开展农田水利基本建设的决定》要求对农田水利实行管理责任制,加强农村水利的统一管理。1993年全国人大通过的《农业法》规定,"农业的生产投入和农田水利建设等基本建设，国家应当给予扶持"。1996 年，国务院颁布《关于进一步加强农田水利基本建设的通知》，要求"各级水利部门要依法治水，加强水资源的统一管理，统一规划，统一调度，统一发放取水许可证"。

■畜牧兽医站　1985 年，国务院发布了《家畜家禽防疫条例》。1988 年，乡镇畜牧兽医站的人、财、物主管权下放到乡镇政府。1993 年，农业部发布《乡镇畜牧兽医站管理办法》，规定加强乡镇畜牧兽医站管理和建设，增强其推广服务功能，促进畜牧业发展；鼓励乡镇站开展有偿服务，兴办经济实体，不断增强自身经济实力。

■卫生院　1994 年 8 月卫生部颁布《医疗机构管理条例实施细则》，对乡镇卫生院的规范化管理提出了具体的要求。1997 年 1 月，中共中央、国务院发布《关于卫生改革与发展的决定》要求，必须对县、乡、村卫生组织建设实行目标管理，完善三级卫生服务网；乡镇卫生院要做好预防保健工作，努力提供医疗质量，重点加强急救和产科建设；巩固与提高农村基层卫生队伍；合理解决农村卫生人员待遇，村集体卫生组织的乡村医生收入不低于当地村干部的收入水平；开展多种形式培训，严禁非卫生技术人员进入卫生技术岗位。全国农村乡镇卫生院病床位与从业人员情况（如表 6—1）。

表 6—1　全国农村卫生院病床位与从业人员增长情况表

年份 类别	1965	1975	1985	1990	1995	2000
病床数（万）	13.2487	62.0281	72.0619	72.2877	73.3064	73.575
从业人数（万）	21.4427	74.9912	78.407	77.6925	91.887	95.009

资料来源：徐小青主编：《中国农村公共服务》，中国发展出版社 2002 年版，第 74 页。

二　站所改革与政权"内卷化"：扩展性权力的衍变

在 20 世纪 80 年代末，国家就对乡镇站所改革进行了部署，全国部分省份实施了站所改革，到 1993 年，全国基本完成了将"三农"服务机构下放到基层乡镇的管理体制改革。然而，随着改革的不断深入和市场经济的进一步发展，加之县乡两级财政普遍紧张，全国各地的农业服务机构大都被推向市场，各地纷纷刮起了中断财政供应的"断奶"之风，同时，由于国家就业政策和其他政策等原因，乡镇站所机构急剧膨胀，冗员不断增多，在"经济人"的惯性作用下，乡镇站所由此出现"自利化"[①]和"赢利性"倾向，"在一定程度上，近年来中国的'开放搞活'又使一些历史弊病重新出现，一些学者开始将乡村干部视为国家政权与村民之间的'承包者'或经纪人"[②]，"国家政权内卷化"和"软政权化"局面逐渐显现，农村公共服务供需矛盾不断凸显，基层治理出现困境局面。

（一）下放与"断奶"：站所改革的过程透视

虽然说国家对乡镇站所改革的部署是在20世纪80年代末，但具体到弦乡，乡镇站所改革却是在90年代初才开始实施并完成。根据国家有关的规定，涉农公共服务机构的人、财、物要下放到乡镇，由乡镇管理为主，实行"条块结合、双重领导、以块为主"的管理原则和管理体制。1992年，由上级主管部门移交到弦乡管理的站所有：畜牧兽医站、计生所、广播站、文化站、教育辅导站、农业技术推广站、林业工作站，其中农技站、文化站、教育辅导站、广播站人员的工资来源为事业经费，由财政拨款，文化站的事业经费每年500元；畜牧兽医站、计生所人员的工资为经营费或者超生费，畜牧兽医站是负债经营，管理与经营一体，政企不分、政事不分；林业站乡里安排

---

① 根据S.N.艾森斯塔得的观点，政府及官员的自利化主要是一种"政治倾向，强调的是官僚自身的自主和自我利益。在有些时候，这种取向甚至达到了要摆脱一切来自其上的政治监督，或取代其为不同阶层提供服务的目标的程度"。政府及其官员自利化倾向的主要特征有：(1)吏员铨选主要是通过在行政机构内部引荐亲私的方式进行；(2)官僚将其职位重要地（或仅仅地）视为薪俸之源，视之为其私有的、甚至是世袭的财产的观念；(3)由之而来的是官僚吏员的膨胀超出其完成任务所需的数量；(4)官僚事务之中越来越多的形式主义和繁文缛节，这既表现在官僚内部的关系上——部门急剧增多，其间的协作却日益困难，也表现在他们与其服务对象的关系之中——效率低下，公共责任感极差。参见［以］S.N.艾森斯塔得：《帝国的政治体系》，阎步克译，贵州人民出版社1992年版，第284—285页。

② ［美］杜赞奇：《文化、权力与国家——1900—1942年的华北农村》，王福明译，江苏人民出版社1994年版，第241页。

有9名职工,只有县林业局拨建站费2000元。到了1993年,弦乡站所改革和下放工作基本完成。下面是弦乡畜牧兽医站改革的下放移交协议书:

G县弦乡畜牧兽医站下放移交协议书[①]

协议单位:G县农业畜牧局(以下简称甲方)

弦乡人民政府(以下简称乙方)

为了进一步深化乡级站所的改革,转变职能,强化服务,根据县委〔1992〕26号文件精神和有关具体要求,甲乙双方共同对乡站的人、财、物等情况进行了澄清登记,经双方核实无误。甲方将站的人、财、物及管理权全部移交给乙方,并由乙方管理。现将有关事项达成协议如下:(一)人、财、物情况。人:该站现有工作人员四人(以劳动人事局档案为依据),其中全民合同制工一人,大集体工三人,在干部职工中,没有离退休人员(见表6—2)。财:该站属集体事业单位,现由财政供给经费的零人,自收自支的四人。现有固定资产7838元,家具用具为338元,无流动资金(见表6—3)。物:无。(二)该站下放到乡镇政府管理以后,按照上级要求,由乡镇统一管理,但必须坚持:单位的所有制性质不变,人员工资的供给渠道不变,人员的政治、经济待遇不便,业务指导关系不变,专业技术干部要从事技术工作。(三)该站下放后,其财产、资金、固定资产、物质,甲乙双方均不得平调,人员调入调出及大中专毕业生分配、复员军人安排,均由县劳动人事局分配和办理手续。(四)其他需要说明的问题:1. ZZS同志于1984年10月进兽医站,目前已是业务技术骨干,建议继续留用;2. 该站无债权债务明细表,应由该站会计负责列出,属乡政府暂存应付或由该站暂存应付要笔笔理清,由该站会计负责落实清算……

接交单位:弦乡人民政府　　　　移交单位:G县农业畜牧局

一九九二年十月二十四日

---

① 弦乡1992年档案文件。

表6—2　　　　　　　弦乡畜牧兽医站所基本情况统计表

人员情况		人员工资		固定资产			服务经营		
全民合同工	大集体工	年总额（元）	自收自支（元）	总额（元）	站所面积	房屋面积	总收入	总支出	净收入
1	3	8318.40	8318.40	7838.00	896m²	72m²	502.00	2374.24	-1872.24

资料来源：弦乡1992年档案文件。

表6—3　　　　　　　弦乡畜牧兽医站人员移交花名册

姓名	性别	出生年月	身份类别	文化程度	参加工作年月	工资标准	工资来源	职务	专业技术职务
ZXF	男	1954.11	全民合同工	初中	1976.3	82.00	经营费	站长	兽医技术员
ZGQ	男	1939.12	集体工	初中	1959.6	111.00	经营费	—	兽医师
GMR	男	1939.5	集体工	初中	1959.6	111.00	经营费	—	助理兽医师
GJY	男	1964.6	集体工	初中	1987.8	70.00	经营费	—	—

资料来源：弦乡1992年档案文件。

再看看弦乡计生所的人员移交情况：

表6—4　　　　　　弦乡计生所人员移交花名册　　　1992年12月25日

姓名	性别	出生年月	身份类别	文化程度	参加工作年月	工资标准	工资来源	职务	专业技术职务
ZZC	男	1954.6	聘用	高中	1985.1	50.00	超生费	—	—
HBL	男	1962.4	聘用	高中	1989.4	40.00	超生费	—	—
CJR	女	1964.3	聘用	中专	1985.1	45.00	超生费	—	—
WMF	女	1963.3	聘用	中专	1985.1	45.00	超生费	—	—

资料来源：弦乡1992年档案文件。

中央当时决定将站所下放乡镇管理的改革政策，"是以两个错误判断为前提的而做出的"[①]：第一，认为只要将事业费"捆绑"下拨到乡镇，

---

① 徐小青主编：《中国农村公共服务》，中国发展出版社2002年版，第66页。

这些机构的运行就可以得到保障;第二,认为这些涉农服务机构下放到乡镇之后,有利于促使他们走向经济建设第一线,提高其服务水平和经济效益。然而事实并非如此,因为绝大多数乡镇上报的财政收入数字是掺有水分的,在这种情况下,这些机构的事业经费下拨到乡镇以后,自然一部分将被统一调用,而一旦几年后事业费不再下拨,其经费保障也就无从谈起。在弦乡,2000 年财政收入不实部分为 521,780 元,这些资金都是通过账户"空转"显示财政收入,挪用专项资金 1614521.25 元,其中乡政府预备金专账借用 106 国道专款 23000 元用于政府机关支出,"4355 项目办"借支挪用 30000 元,将农民统筹款 1069619.35 元拨作政府机关经费[①];同时下放到乡镇管理的站所,与县以上业务部门之间发生了断裂,不能及时得到业务指导,加之经费紧缺,反而造成服务直线下降。我们从上面协议书看到,名义上乡镇的各个站所实行"以块为主"的管理体制,但实际上大多数单位的人、财、物等这些最重要的权限仍掌握在县有关部门手里,"该站下放后,其财产、资金、固定资产、物质,甲乙双方均不得平调,人员调入调出及大中专毕业生分配、复员军人安排,均由县劳动人事局分配和办理手续";各站所依然是按照乡镇行政区划组建和运作,在机构设置上强调上下对口,层层节制,分区管治,各部门的公共职能和资源被行政区划"分而治之":"该站下放到乡镇政府管理以后,按照上级要求,由乡镇统一管理,但必须坚持:单位的所有制性质不变,人员工资的供给渠道不变,人员的政治、经济待遇不变,业务指导关系不变,专业技术干部要从事技术工作"。

随着 1994 年中央实行"分税制"财政体制改革,一定程度上减少了乡镇自筹资金的收入,我们在第五章看到,弦乡财政在 1994 年后成为"短缺财政"和"讨饭财政",财政入不敷出,再加上 G 县本来就是国家级贫困县,县级财政更是捉襟见肘[②],乡镇短缺财政由上级财政来弥补,在中国现实是不可能的,"中国各级政府财政收入总和占 GDP 的比重不足 15%,从中央到乡镇,各级政府都是捉襟见肘,几乎没有什么钱可以用来

---

① G 县审计局 2001 年档案文件。
② G 县 1998 年全县财政总收入 9449 万元,财政支出为 12295 万元,当年财政赤字就高达 2000 多万元。

补贴下级。在中西部地区农村,乡镇的直接上司——县政府绝大多数入不敷出。它们自顾不暇,不向乡镇伸手就谢天谢地了。即使它们有补助乡镇之心,也没这个能力。省政府面对的是嗷嗷待哺的县级财政,连县级财政的赤字问题都解决不了,岂有余力补助乡镇财政?"[1] 县级各个部门对其乡镇对口部门的事业费在1995年就停拨或减拨,站所经费"断奶"的直接后果就是机构运转勉为其难,举步维艰,导致基层工作的"中心"始终是"怎么搞钱"[2]。原本应该为农民提供公共服务的乡镇站所等事业单位,也日益沦为一种准官僚组织(其员工也具有"国家干部"等身份),成为农村基层政府的附属机构,它们更主要的是围绕着政府"中心"工作来开展工作,也就是向农民收费征税、配合乡镇政府搞计划生育以及社会治安综合治理等工作。从组织学角度来看,这些站所无疑是乡镇政府内部组织的"部门",乡镇站所和村级组织被乡镇政府所"内部化",实际上是社会国家化、行政覆盖社会式权威治理的一个逻辑结果[3]。在访谈一位站所负责人时谈道:

> 1995年事业费就没有了,原先水利经费从农业提成出,每年水利局补助1000元。现在水利上面投资到不了位,下级税费取消,义务工取消,水利设施维护费、保持费没有了,水利设施损毁和破坏严重,很多池塘都是"碟子塘"。乡里不给钱,乡里还扣钱,水利局给乡里5万元,水利站不知道这事,后来才知道,干活叫你干,事来了没有你,乡里把(水利站)权力剥夺了。我只有30%工作时间干水利,70%协助乡里中心工作,参与计划生育、收费、驻村、应付检查等工作。[4]

(二)"自利化"与"赢利性":扩展性权力治理机制瓶颈

在后人民公社时期,由于基层政权重建时间短暂和市场经济体制还未

---

[1] 王绍光、王有强:《公民权、所得税和预算体制》,《战略与管理》2001年第3期。
[2] 古杰一、杨云善:《乱收费:特定条件下的利益转移和掠夺行为》,《信阳师范学院学报》1997年第2期。
[3] 吴理财:《治理转型中的乡镇政府——乡镇改革研究》,博士学位论文,华中师范大学,2006年,第84页。
[4] 笔者访谈:YBQ—051224—ZZC—ZRL。

建立，其行政行为、权力运行和思维习惯都基本延续人民公社时期和计划经济体制的"全能治理"模式，特别是农村土地的农户分散经营，大大地增加了乡镇政府的征税成本，加上现代化建设事业不断增多，如计划生育、社会治安、经济社会发展等事务的需要，在"压力型体制"下的目标考核压力和财政体制的"分灶吃饭"等政策的诱因下，政府对社会经济和社会事务的管理更加全面、具体而深入，经济、社会及管理分工越来越细，迫使乡镇政府的管理也日益细密化、精细化，并不断向基层社会下延，直接诱发了乡镇机构及人员急剧膨胀，据国家统计局抽样调查显示，平均每个乡镇党政内设机构为 16 个，其人员平均为 158 人，超过正常编制的 2—3 倍；平均每个乡镇下属单位为 19 人，其人员达 290 余人，严重超编。1990 年代末期一个中等乡镇的工作人员就超过了 1950 年代一个普通县的编制人数[1]。同时为了"养活"这些人员，又刺激乡镇站所乱收费、乱罚款和乱摊派，导致其"赢利性"倾向，不断恶性循环，乡镇站所面临治理瓶颈。

首先，基层站所面临治理瓶颈之一是，基层站所机构不断增多和膨胀。由于全能治理模式依然存在，县市"条条"部门不仅常常以加强管理的名义在农村基层政权设立自己的派出机构，争着挤着向基层延伸自己的"腿"，还借助上级部门的权势对乡镇下达各项任务要求，并要求乡镇设置相关的部门、确定专门的人员以配合部门工作，以至于基层各种牌子"泛滥成灾"。我们在第三章所见，在弦乡刚刚成立时，弦乡基础性权力只是内设几个部门，而弦乡扩展性权力中，近 30 个县级部门将机构下派到弦乡作为上级部门在弦乡开展工作的"腿"，机构不断增多，人员不断膨胀，包括这些职工的家属都要解决"商品粮"待遇。这些机构不仅仅包括县级的行政部门、事业单位、群众团体组织，而且还包括县级的国有企业、行政化的金融机构等。这些扩展性权力机构伸到弦乡区域范围内统治、管理和服务的各个领域，政府通过乡镇站所这一组织途径"全方位

---

[1] 万兴亚：《取消农业税后看财政缺口农民减负的根本在减官》，http：//www. chinacountry. com/ 20020310 /ReadNews. asp？ NewsID = 4253&BigClassName = &BigClassID = 37&SmallClassID = 72&SmallClassName = &SpecialID = 36.

地介入乡村社会的生产与生活"①,以往所说的基层是"上面千条线,下面一根针",现在实际成了"上面千条线,底下千根针",这些站所仍然延续着计划经济时期充当乡镇经济、政治职能高度整合的工具②。为了改变机构繁杂和过多的局面,1996年G县和弦乡根据上级要求,按照"以农村经济建设为中心,加强对农业和农村工作的领导,加强农村基层政权建设,加强和完善农业社会化服务体系,理顺关系,解决条块矛盾,健全乡镇职能,强化服务,精兵简政,提高干部素质和工作效率,改善人员结构,大力清退计划外人员,切实减轻农民负担"的要求,对乡镇职能配置、内设机构和人员编制进行了改革和调整,调整如下:

表6—5　　　　　　　　1996年弦乡机构设置调整一览表

机 构 名 称	主 要 职 能
党政办公室	主要负责党的建设、纪检监察、统战、武装、精神文明建设和干部人事管理工作,负责综合协调、政务监督、行政后勤、信访、文秘、统计等项工作;承担乡人大闭会期间的日常工作,指导群团组织开展工作。
财政经济办公室	主要负责乡镇企业的规划管理、指导和服务工作,管理乡镇财务,指导并监督集体经济的财务管理,负责市场贸易等工作。
农业办公室	主要负责农、林、牧、副、渔各业的规划、生产、经营、管理等工作。
科教文卫办公室（挂计生办牌子）	主要负责科学技术的普及,乡村文化、广播、教育事业的建设与管理,卫生防疫、计划生育等工作。
社会事务办公室（挂综合治理牌子）	主要负责民政、法制宣传教育、社会综合治理工作;负责村镇建设规划、土地管理使用、环境保护等工作。

资料来源:弦乡1996年档案文件。

"社会转型过程,也就是财产与权力再分配过程"③,然而,这些政策

---

① 于建嵘:《岳村政治——转型期中国乡村政治结构的变迁》,商务印书馆2001年版,第284页。
② 施九青:《当代中国政治运行机制》,山东人民出版社2002年版,第517页。
③ 曹锦清:《中国七问》,上海科技教育出版社2002年版,第181页。

文件的下达和办公室牌子的悬挂并没有改变弦乡机构繁杂的局面,虽然悬挂五个机构的牌子,但是原先近30个机构牌子依然存在,诸如民政所、林业站、农技站、农经站、企业办等都还存在,人员还是原先的人员,工作还是原先的工作,原先人员该做什么工作还是做什么工作,各自为政,并没有实行有效地整合和撤并。相对而言,能为上级政府和部门创收的站所,诸如财政所、土管所等强势部门的管理权限被上级部门控制着,并强制优先给予其编制等资源配置,这些强势机构不是精简了,而是进一步膨胀了。"结果都变成了虎头蛇尾的'假改革',乡官大裁员实际是分而不流,流而不走,工作照样干,工资照样拿,'一个都不能少'"[1],"这次机构改革完全是走形式,并没有改变什么东西,主要是把一些计划外人员清退一部分,过后又有回流"[2]。

其次,基层站所面临治理瓶颈之二是,随着机构的膨胀,工作人员相应地不断增加,冗员过多,站所负债不断增多。由于实行"分灶吃饭"和随后"分税制"的财政体制、国家就业政策、社会和历史等原因,大中专毕业生、复员退伍军人以及通过各种社会关系网等途径的人员不断进入乡镇站所工作,机构和人员不断膨胀,乡镇机构"自利化"倾向日益严重。就湖北省而言,财政供养系数高达1:32,高于全国平均水平,供养人数超过200万,其中3/4的财政供养人员集中在县、乡两级,据保守的估计,湖北全省乡镇事业单位人员至少有23万人[3]。在湖北省监利县一个乡镇由财政全额供养和差额供养的人员就达1541人,其中正式干部职工1317人,临时工55人,退休人员169人,该乡财政所的人员就有105人,号称"天下第一所"![4] 在弦乡,总人口只有17000多人,却在1993年清退过一次计划外用工:清退计划外民办教师26名,每年减轻农民负担15600元;清退机关、站所计划外用工12人,具体是林业站5人,

---

[1] 张新光:《河南省乡镇机构改革的动力机制研究》,《华东理工大学学报》(社会科学版) 2006年第3期。

[2] 笔者访谈:YBQ—060513—XZF—ZYH。

[3] 周甲禄等:《湖北省副省长刘友凡谈乡改:无情改革、有情操作》,《半月谈》2005年第13期。

[4] 张晓冰:《政府部门的"脚"》,载李昌平、董磊明主编:《税费改革背景下的乡镇体制研究》,湖北人民出版社2004年版,第141页。

土地管理所 4 人，司法所 1 人，企业办 1 人，卫生院 1 人，每年减轻农民负担 9600 元。具体到各个站所，聘用人员很多，如乡养路队聘用人员 4 人，林业管理站聘用 5 人，土管所聘用 4 人，兽医站聘用 5 人。到了 2004 年，弦乡实有人数 81 人，其中机关 24 人，在编 21 人（含工勤 2 人），超编 3 人；事业单位 57 人，在编 45 人，超编 12 人，总共超编 15 人，超编比例 18.5%，还不包括教师人数。而在弦乡相邻的 A 镇，全镇实有干部职工人数为 271 人，其中机关在编人数 32 人，超编 10 人，事业单位在编人数为 88 人，超编 141 人，全镇行政、事业站所超编 151 人，超编比例为 55.7%。

在机构与人员膨胀的情况下，弦乡政府机关与各个站所负债在所难免：截至 2000 年底，有关站所负债共计 354.9 万元，其中教育管理站负债 1.1 万元，计生办欠押金等款 13.1 万元，林业工作站欠款 2.2 万元，政府机关外欠 44 万元，农经站外欠 17 万元，土地所负债 2.3 万元，乡预备金账户负债 18 万元，支农周转金账户负债 1750.2 万元，企业办负债 3.7 万元，中学欠"贫三"款 8.3 万元，欠财政技改借款 70 万元，这些负债在 1997 年形成的为 245.2 万元，属于 1997 年后形成的为 109.7 万元①。曹锦清认为，"一级地方财政养不好甚至养不活本该由它养活养好的公务人员，怎能指望他们去办好公共事务呢？这是一个历代统治者都知道的浅显道理，但中国历代统治者都没有解决好这一大问题，从而成为吏治败坏的一个基本原因"②。

最后，基层站所面临治理瓶颈之三是，站所不断"自利化"和"赢利性"。权力结构不是自生之物，而是"组织运作和环境反应的共同产物"③，由于有限的财政经费和单一的筹资渠道与不断膨胀的机构和人员形成了激烈的矛盾，在"生存伦理"④ 的支配下，只有不断通过乱收费、

---

① G 县 2001 年档案文件。
② 曹锦清：《黄河边的中国——一个学者对乡村社会的观察与思考》，上海文艺出版社 2000 年版，第 593 页。
③ [美] W. 理查德·斯格特：《组织理论：理性、自然和开放系统》，黄洋等译，华夏出版社 2002 年版，第 133 页。
④ [美] 詹姆斯·C. 斯科特：《农民的道义经济学：东南亚的反叛与生存》，程立显等译，译林出版社 2001 年版，第 33 页。

乱罚款和乱摊派等途径来"捞钱","赢利性"很强,以寻求制度外的"生存机会"①,其行为自然难以避免要"在政府与厂商之间"徘徊②,这无疑导致了"政府功能的畸变"③,致使"国家政权的内卷化"和"软政权化"。曹锦清教授观察到,关于收费:"如今,财政给的钱连人都养不好,只好让他们自己搞钱去养活自己,往往'逼良为娼'","财政养不好本该由它养活、养好的党、政、教等庞大人员与机构,那么只得鼓励他们自己去创收……有的机构创收能力强一点,有的弱一点,便引起贫富不均,相互攀比。说实在的,有不少机构整天忙着、想着的就是如何搞钱,哪有心思与精力去做本该做的工作。如今人们都痛恨地方党政腐败、贪官污吏横行,但仔细分析起来,实在有不得已而为之的原因"④。"各级地方政府为了解决'入不敷出'的财政状况……便容忍、甚至鼓励各级党政机关、司法部门及教育事业单位自己去搞'创收'。这种导致'副业'转化为'正业',而'正业'本身陷入混乱与低效。如部门集体创收不足,则导致公务人员去从事各种个人创收。绝大多数公务人员的收入结构差不多由财政拨款、单位创收与个人创收三块组成,且收入重心有由前者向后者移动的倾向。一旦保证'正业'运转的财政拨款降到次要地位,整个社会公共事物的管理必然导致混乱与腐败,并将导致灾难性的后果"⑤。关于罚款:"超生罚款成为内地不少村、乡、县'预算外收入'的重要来源。某县计生委按人均10元指标分摊到各乡镇,并要求各乡镇政府预先垫付缴纳。超生罚款的分配,乡镇留有50%,上缴县20%,返回村委30%。若县按人均10元分摊,则乡镇必须按人均50元征收。各乡镇超生率有高有低,超生率低的乡镇,超生者的罚款势必更高,征款任务势必更重。故为了征收到足额的超生罚款,往往放松生育控制。罚款从手段成为

---

① [英]拉尔夫·达仁道夫:《现代社会冲突》,林荣远译,中国社会科学出版社2000年版,第31页。

② 邱泽奇:《在政府与厂商之间:乡镇政府的经济活动分析》,载马戎、刘世定、邱泽奇主编:《中国乡镇组织变迁研究》,华夏出版社2000年版,第187页。

③ 孙立平:《断裂——20世纪90年代以来的中国社会》,社会科学文献出版社2003年版,第156页。

④ 曹锦清:《黄河边的中国——一个学者对乡村社会的观察与思考》,上海文艺出版社2000年版,第287—288页。

⑤ 同上书,第594页。

目的，而罚款的目的也便走向它的反面","征税不足就征费、费款不足，便用罚款。征税成了地方政府的第一财政收入，名目繁多的费成为地方政府的第二财政收入，甚至罚款（尤其是计划生育罚款）差不多成为第三财政之源。此起彼伏的集体上访上告，甚至发展到小股农民骚动，差不多皆根源于此"①。如在襄阳县2000年行政事业性收费就有550项，涉及部门110个，收费共6410万元，最高时达到9000多万元，预算外收入占到全县财政收入的30%②。

一旦乡镇机构建立起来以后，要维持机构的运转及其工作人员的生存，就必然有一定数额的经济资源需求，作为一个"经济人"，其"偏好是既定的和稳定的"③，乡镇站所在自身组织利益的驱动下，把本该属于无偿服务的项目，却运用行政权力收取或过多地收取各种管理费，或者自行设立收费项目，把行政权力当成了获取自身特殊利益的工具，"从大的方面看表现为一个条条（即一个部门）的利益或一个块块（即一个地方）的利益，从小的方面看表现为每一个具体单位的利益"④，乡镇机构的"公共目的"遭到了侵蚀⑤，乡镇站所从提供公共服务的机构转向"赢利性"组织的蜕变。

在弦乡，各个站所挪用专项资金和物质、乱收费、乱罚款和乱摊派屡禁不止，检查出来的问题被处理后，该问题又重新出现。早在1986—1990年间，弦乡就多次倒卖统销粮、退耕还林粮和以工代赈粮共计24.4272万公斤，截留69.85万公斤挪作他用；民政所截留和挤占对红军流散人员和第二次国内革命战争时期被"左"倾路线错杀同志的"红流款"、"二战"抚恤款55120元；同时对扶持款、贴息款、低息贷款等的

---

① 曹锦清：《黄河边的中国——一个学者对乡村社会的观察与思考》，上海文艺出版社2000年版，第12、70页。
② 韩俊、谢扬：《中国县乡公共财政现状：问题与影响——湖北省襄阳县、河南省鄢陵县、江西省泰和县案例研究》，《税收与社会》2003年第9期。
③ [美]加里·S.贝克尔：《人类行为的经济分析》，王业宇等译，上海三联书店、上海人民出版社1995年版，第19页。
④ 李国友：《政府自身特殊利益问题初探》，《社会主义研究》1999年第5期。
⑤ [美]约翰·R.康芒斯：《资本主义的法律基础》，寿勉成译，商务印书馆2003年版，第397页。

挪用和挤占的更是达到惊人，达到了 401213.85 元①。

在权力监督无效的情况下，"谁掌握资源或资源配置权，谁就能将权力市场化为'资本'"②，在弦乡，经常掌握重要权力和经济资源的站所为计生办、民政所、土地所等。1995 年，G 县审计局审计发现，查出弦乡违纪违规资金 426588.49 元，其中违纪金额 152345.80 元，乡计生办 1994 年收取超生子女费 195633 元，应上缴县计生委 39126.60 元，已上交 22800 元，少上交 16326 元；乡政府机关及计生办从超生子女费中共开支招待费 136019.80 元③。2001 年，G 县审计局审计发现，弦乡挪用专项资金 1614521.25 元，其中乡农技站拨现役军人优待金 44970 元到民政所，民政所实发 31440 元，余款 13530 元用于民政所机关建设，将农民统筹款 29500 元转农经站机关作经费，农经站将农民统筹款 125671.90 元借给财政所有关账户，项目办专款借给农经站转付政府等支出 120000 元。在当今社会转型时期，"存在着一个既不同于计划体制，又不同于规范化市场的资源配置系统，在承担着现阶段的资源配置"，"权力的集中点；体制转换的交汇点；监督系统的乏力点；法律政策的滞后点；人、财、物需求的关节点"等地方发生寻租活动较多的地方④，经查，弦乡各个站所乱收费 146369 元，其中教育管理站从小学收取学生管理费 25005 元，属自立收费项目；计生办收取 96 人办证接生费 7680 元，人均 80 元，属自立收费项目；计生办 2000 年收取 432 人流动人口办证费共计 13269 元，超标准收费 11973 元；计生办 1998 年收取 92 人办证费 43600 元，超标准收费 43462 元；计生办 1998 年收取办证管理费 23 人计 1150 元，属自立收费项目；1998 年土地所收取水利基金 20076 元，非农建设基金 19573 元，属取消收费项目；2000 年土地所收取农户建房占地管理费 17450 元，属取消和自立收费项目。同时有关站所招待费支出偏大，计生办 2000 年列支 167119.10 元，1998 年列支 99043 元；土地所 2000 年列支 51452 元；106

---

① 中共 G 县纪律检查委员会 1990 年档案文件。
② 何清涟：《现代化的陷阱——当代中国的经济社会问题》，今日中国出版社 1998 年版，第 153 页。
③ G 县审计局 1995 年档案文件。
④ 何清涟：《现代化的陷阱——当代中国的经济社会问题》，今日中国出版社 1998 年版，第 120—121 页。

国道列支招待费 92003 元，仅 1998 年和 2000 年两年弦乡共计列支招待费 886123.25 元[①]。弦乡计生办规定，"未领结婚证、生育证而以夫妻名义同居的视为私婚，造成怀孕生育的视为私育，私婚的罚款 1000 元，另按怀孕月份征收夫妇双方各 100—200 元的计划外怀孕费；主动申报私婚私育一个子女罚款 2500 元，主动申报私婚私育两个子女罚款 6000 元，查出私婚私育一个子女罚款 3500 元，两个子女罚款 7000 元"[②]。这些收费和罚款相对于还处在温饱问题还没解决且靠国家扶贫支持的农民来说，这些乱作为和掠夺行为当然受到当地农民和群众的反对和抵制，正如西美尔所说，"倘若机构获得一种太过于强大的自我生存，而且的价值侧重点不再是房子它为群体所作的贡献上，而是放在为着它自己之上，因此，它的自我保存与群体的自我保存本身可能陷入冲突。"[③] 换而言之，当这些机构过度汲取与小农剩余不相称时，群众与农民就对这些机构与人员抱有抵触情绪和较大意见：2002 年，弦乡进行"三个代表"重要思想学习和教育活动中，有单位对各个站所提出了很多意见，如对公安派出所的意见为，办理身份证收费高，罚款应出示付款依据；随意向农民收取费用，办理证件乱罚款；工作人员服务态度生硬，吃喝风严重；处理问题不及时且有"吃拿卡要"现象。对电信支局的意见为，电话收费不公开；收费高；服务不及时，群众要求安装电话不能及时满足群众要求。对电管所的意见为，农网改造中乱收费，服务不及时，服务态度差；电价一直居高不下[④]，等等。同时，弦乡农民通过各种途径反映和抵制乱收费、乱罚款、乱摊派等行为，诸如上访、殴打乡村干部等，这不仅仅加重了干群之间的矛盾，而且对共产党执政的合法性提出质疑："共产党的费这么多，老百姓真是恨透了"[⑤]，乱收费、乱罚款、乱摊派问题涉及的不仅仅是个经济问题，更是个严重的政治问题。

---

① G 县审计局 2001 年档案文件。
② 弦乡 1997 年档案文件。
③ [德] 盖奥尔格·西美尔：《社会学——关于社会化形式的研究》，林荣远译，华夏出版社 2002 年版，第 419 页。
④ 弦乡 2002 年档案文件。
⑤ 笔者访谈：YBQ—060515—ZTC—ZRR。

三 治理困境：农村公共服务的缺失

机制的瓶颈造成治理的困境。在基层财政短缺、站所改革后职能的弱化以及站所"自利化"和"赢利性"倾向日益严重的情势下，造成基层站所对农户提供的农村公共服务大为减少或者严重缺失，由此造成农村公共服务的供给与农民对农村公共服务的需求严重不对称并形成结构性的矛盾，农村治理出现困境。

弦乡站所改革后，农村公共服务的提供情况到底如何，农民公共服务需求情况如何，改革前后出现哪些变化，造成的结果如何，等等，由此笔者选择了弦乡具有代表性的30户农户及乡村干部进行了问卷调查和访谈。这些调查涉及扩展性权力机构及人员所涉及的农业技术推广、农资购买、农户机耕、农田灌溉和水利建设、畜禽疫病防治、农户生产信息的获得和社会秩序管理等情况。[①]

（一）数字与访谈：农村公共服务的现状

（1）家庭在农业生产过程中，遇到农业技术问题怎么解决？由农户自己解决为主，占90.0%，农户解决占绝大部分，比例比以前有所提高。由县农技推广站或者乡农技站解决占6.7%，政府机构设立在那里，由政府提供的农技服务很少；由村、组农技员提供服务占3.3%，两者总共占10.0%，比以前有所下降。而民间组织提供服务还没有，说明在弦乡这个偏僻的山区在改革开放和市场经济不断发展的情况下，为农户提供技术的如协会、企业等民间组织还没有发展起来（如表6—6）。有的村干部认为：

> 现在很多农民出外打工，对种农作物很不关心。只要粮食够吃就行了，对农业技术主要是通过电视、广播途径得来的，特别是 A 镇

[①] 这些调查主要是针对农户对弦乡站所改革以后农村公共服务体系提供服务情况的调查，同时参见徐小青主编：《中国农村公共服务》，中国发展出版社2002年版，第97—106页。

电视插转台播这些农业技术,年轻人对这不关心。①

表6—6　　　　　农户技术问题的解决途径统计表（%）

解决途径 百分比	农户 自行解决	县、乡 农技站服务	村、组 农技员服务	民间 组织解决	其他
	90.0	6.7	3.3	0.0	0.0

资料来源：农村公共服务体系调查。

（2）农户家庭良种主要有哪些购买途径？农户自己解决购买的为主,占60%,比以前提高13.3%；县乡种子公司通过乡级政府系统帮助统一购买占20%；村组集体统一联系解决占10%,两者共占30%,比以前下降了13.3%,说明虽然站所改革和市场经济发展了,但对像种子这些关系到农户切身利益的问题,还是有一部分生产资料由乡镇站所或集体来提供的,但提供的比例还是有所下降；企业统一提供帮助没有,通过其他途径购买良种的占10%（如表6—7）。在访谈中,大多数农户要求国家对种子部门能够加强监管并及时提供良种信息,保证种子质量。但是,其中的村干部这样说道：

> 现在农民对良种还是比较高兴用的,现在信息这么发达,主要到县里去买,统一供种很少了,除了像杂交水稻这样才由乡村统一购买,其他种子都是由农民到市场上去买。②

表6—7　　　　　农户良种问题的解决途径统计表（%）

解决途径 百分比	农户 自行解决	县、乡 种子公司	村、组 统一联系	企业 统一提供	其他
	60.0	20.0	10.0	0.0	10.0

资料来源：农村公共服务体系调查。

（3）农户家庭化肥供应主要靠哪种方式解决？农户自己购买占90%,

---

① 笔者访谈：YBQ—051225—ZZC—YZM。
② 同上。

是化肥供应的主体部分，比以前提高了3.3%；供销社组织统一购买占3.3%，村集体现在已经不再统一联系解决花费，说明随着改革开放和市场经济的不断深入，农村生产资料的供应主要由农户自己单独解决，传统的供销网络和村集体的作用越来越小了；其他不详占6.7%（如表6—8）。在访谈过程中，很多农户认为，国家应该对化肥等重要农资实行经常性的监督和检查，以确保产品质量，保护农民的合法权益。

表6—8　　　　　　　化肥购买途径统计表（%）

百分比 \ 购买途径	农户自行购买	村集体统一解决	供销社统一购买	其他不详
	90.0	0.0	3.3	6.7

资料来源：农村公共服务体系调查。

（4）农户家庭机耕问题主要靠哪种方式解决？农户自家耕地占80%，是机耕的主体部分，但比例下降了13.3%。弦乡不存在村集体统一安排并收费机耕，主要是弦乡没有大型农业机耕设备，同时弦乡处于丘陵和山区地带，地块和田地分散，很难统一耕作。但是有很多农户请他人帮助机耕，占20%，比以前提高了17.7%，这主要是由于很多农户壮劳力出外打工造成家庭劳动人手少的原因不得不请他人机耕并付费（如表6—9）。

表6—9　　　农户家庭机耕问题的解决途径统计表（%）

百分比 \ 解决途径	农户自行解决	村集体统一安排机耕收费	他人机耕收费	其他不详
	80.0	0.0	20.0	0.0

资料来源：农村公共服务体系调查。

（5）农户灌溉和农田水利建设问题主要靠哪种方式解决？农户自主安排灌溉占83.3%，比以前提高了16.6%；集体灌溉设备统一安排并收费占10.0%；农户间合作灌溉费用并分摊占6.7%（如表6—10）。农田水利建设由县乡水利部门统一组织，政府、村集体和农户共同投资占53.3%；由村集体组织，农户分担费用并出劳力的占20.0%，这两者合计占73.3%，说明对农田水利建设这种投资较多的事务，基层政权还是发挥一定的作用的，只不过由农户投资的比例更高；而农户自行解决的占

20.0%，其他不详占 6.7%（如表6—11）。在访谈过程中，有位农民说：

> 现在农田灌溉主要是自己想办法，农村很多水塘不能用了，淤泥很深。很多年不组织搞农田水利基本建设了，人不齐，只有农民出钱请人搞。除了我们这里挖山和抽槽，栽些果木，这也是刚开始搞。①

表6—10　　　农户灌溉问题的解决途径统计表　　　　　　　　（%）

解决途径 百分比	农户自行安排	村集体统一安排	农户间合作	其他不详
	83.3	10.0	6.7	0.0

资料来源：农村公共服务体系调查。

表6—11　　　农田水利建设问题的主要解决渠道　　　　　　　（%）

解决途径 百分比	农户自行解决	水利部门组织，政府村、农户投资	村集体组织，农户分担费用	其他不详
	20.0	53.3	20.0	6.7

资料来源：农村公共服务体系调查。

（6）农户家庭畜禽疫病防治主要靠哪种方式解决？乡政府统一组织进行畜禽疫病防治占56.7%；村畜牧技术员承包统一进行防治占10.0%，这两者占66.7%，但相比以前下降了26.6%；完全由农户自己进行畜禽疫病防治占33.3%；进行畜禽疫病防治的企业却没有进入弦乡（如表6—12）。

表6—12　　　农户畜禽防治问题的解决途径统计表　　　　　　（%）

解决途径 百分比	农户自行解决	乡政府统一组织进行防治	村畜牧技术员进行统一防治	企业收费防治	其他
	33.3	56.7	10.0	0.0	0.0

资料来源：农村公共服务体系调查。

---

① 笔者访谈：YBQ—051224—ZZC—YBY。

（7）农户生产经营信息主要靠哪些渠道获得？农户间互相学习和传播占46.7%；县乡政府提供占13.3%，村集体提供占10.0%，两者共占23.3%，比以前下降了20.0%；根本就没有专门提供农业生产经营信息的专业协会，其他占30.0%，这里主要通过各种媒体传播（如表6—13）。有位农民说：

> 现在广播、电视发达，知道这些信息还比较多，在外的打工亲友也带回信息的，感觉农业生产信息不少。①

表6—13　　　　农户生产经营信息的获得途径统计表　　　　（%）

获得途径 百分比	农户间相互学习、传播	县乡政府提供	村集体提供	专业协会提供	其他
	46.7	13.3	10.0	0.0	30.0

资料来源：农村公共服务体系调查。

（8）农户需要哪方面的医疗卫生保健服务？调查显示，农村的日常小病通常由乡村"赤脚医生"解决，只有大病才到医院就诊。大多数人希望县乡卫生医疗机构经常下乡指导和检查，建立农村医疗保险制度，提高农村医生技术水平，新建乡村卫生医疗设施，并由国家报销一部分大病的医药费，这些愿望都比以前有所提高，说明农民逐渐明白国家应该在农村医疗卫生方面应有所作为（如表6—14）。

表6—14　　　　农户需要医疗卫生保健服务统计表　　　　（%）

解决途径 百分比	县乡医生下乡指导和检查	建立农村医疗保险制度	提高农村医生技术水平	新建乡村卫生医疗设施	大病由国家报销一部分医药费
	86.7	96.7	96.7	83.3	96.7②

资料来源：农村公共服务体系调查。

---

① 笔者访谈：YBQ—051224—JGC—ZNC。
② 此项是多项选择题，可以选择多个答案。

（9）农户对社会治安和社会管理方面有哪些不满意？农户对社会治安大部分满意，占56.7%，较以前下降了26.6%；对乱收费、乱罚款、乱摊派满意度只有33.3%，较以前又下降了10.0%；计划生育工作满意度有36.7%，较以前下降了40.0%；民政扶贫工作满意度只有46.7%，较以前下降了20.0%；土地管理工作满意度有36.7%，较以前下降了50.0%（如表6—15）。在访谈过程中，很多农民对"三乱"行为深恶痛绝，认为政府收费存在不合理、不透明等现象；同时认为计划生育工作有很多表面文章，偷生现象严重，罚款对象主要看人，罚款没有标准，等等。有位农民对某些站所工作人员这样说：

> 现在农村小偷小摸现象很多，社会不安全。办事主要靠人情和关系，一件事情得跑很多趟，刁难人，服务态度不好。乱收费、乱罚款，收钱也不给发票。吃喝风严重，在乡下很难见到他们，见到人也是收钱来的。①

表6—15　　　农户对社会治安和社会管理满意度统计表　　　（%）

满意项目 百分比	社会治安秩序	乱收费、乱摊派、乱罚款	计划生育工作	民政扶贫工作	土地管理
	56.7	33.3	36.7	46.7	36.7②

资料来源：农村公共服务体系调查。

（二）调查结果与讨论：农村公共服务的缺失

问卷调查和访谈表明，弦乡站所改革前后，农村公共服务提供情况发生了很大的变化：农村公共服务缺失，一些重要农村公共服务严重缺失或者被削弱，政府、村集体和民间组织对农户生产经营服务所起的作用还是相当有限的；站所自利化倾向严重，农民对农村公共服务满意度降低；站所管理机制僵化，政企不分、政事不分，干预农村

---

① 笔者访谈：YBQ—051226—JGC—FJH。
② 此项是多项选择题，可以选择多个答案。

经济发展。弦乡的扩展性权力机构所提供的农村公共服务与农户的需求存在的问题有：

首先，农村公共服务缺失，一些重要农村公共服务严重缺失或者被削弱，政府、村集体和民间组织对农户生产经营服务所起的作用还是相当有限的。作为国家的公民，农民本来就应该享受到国家所提供的诸多公共服务，但由于国家处于转型期，国家采取"城乡分治、一国两策"的户籍政策、"分税制"的财政制度、站所改革的"断奶"措施以及其他政策，导致城乡二元结构，国家对城市居民提供的诸多公共服务并没有覆盖到农村群体，国家及政府在提供农村公共服务方面严重缺位，致使部分公共服务供给的稀缺，"一个有效率并且讲人道的社会要求混合经济的两个方面——市场和政府都同时存在。如果没有市场或者没有政府，现代经济运作就会孤掌难鸣"①，在中国，"在市场经济发展强调初次分配市场配置资源的同时，政府忽视或消减了再分配中的职责，与此同时，部分人群的基本权利继续受到压抑，其突出的问题是，农民基本权利的缺失，农民在市场配置资源中处于弱势"②。农村人不仅仅缺乏社会保障、社会保险等制度保障措施，而且缺医少药，教育、文化等公共服务落后。如农村卫生医疗保健的公共服务，在弦乡绝大部分农民希望政府出面解决卫生医疗保健的公共服务。然而，农村卫生公共服务的资金投入严重不足，占全国70%的农民只使用全部医疗经费的20%；农村卫生费用1993年占卫生总费用的34.9%，1998年下降为24.9%，主要原因是政府对农村卫生投入力度减少，1998年全国卫生总费用3776亿元，政府投入587亿元，其中投入农村地区仅92.5亿元，占政府投入总量的16%。根据1998年全国卫生服务调查，87%农民看病完全自费；由于经济困难，无力支付医药费，37%患病农民应就诊而未去就诊，65%农民应住院而未住院，比1993年有所增加。这种状况使卫生院等农村医疗机构面临需求不足的状况；而卫生院等本身人员素质和医疗水平反过来又进一步制约了需求量，大量没有受过专业训练的卫生

---

① [美]保罗·萨缪尔森、威廉·诺德豪斯：《经济学》（第17版），萧琛等译，人民邮电出版社2004年版，第33页。

② 周振华等：《收入分配与权利、权力》，上海社会科学院出版社2005年版，第431页。

技术人员，严重影响了卫生服务的提供能力和水平①。同时由于市场化程度低，弦乡民间组织提供农村公共服务的积极性并没有发挥出来，而只是邻里之间的互助活动。

其次，站所自利化倾向严重，农民对农村公共服务满意度降低，政府与乡村社会之间的关系紧张。由于站所被"断奶"、基层财政短缺，在"经济人"的作用下，扩展性权力及人员开始寻求自身利益，通过乱摊派、乱罚款、乱收费来敛取财富和各种资源，"不务正业"，"创收"成为主业，农村公共服务质量和数量不断下降，这种掠夺性行为及站所功能异化行为必然导致农民对农村公共服务提供者和农村公共服务提供质量产生不满，诸如对农村社会治安、计划生育、土地管理等满意度大幅下降，这些事务成为农村新的动荡根源，"在现代化政治中，农村扮演着关键性的'钟摆'角色"，"农村的作用是个变数：它不是稳定的根源；就是革命的根源"②，弦乡党群、干群关系紧张，群众不断上访、闹事。近年来，各地农村发生的群体性暴力事件，包括暴力围攻乡镇政府、打死打伤乡、村干部、烧砸机关建筑和其他公共财物，大多与基层政府的行为有关③。

再次，站所管理机制僵化，政企不分、政事不分、政企不分，管理、执法、服务与经营功能四位一体。如上所述，弦乡站所由于延续计划经济时期的管理体制，虽然进行了一些改革，但站所管理机制、行为方式和运作模式都是沿用过去的模式。乡镇站所既承担农村教育、科学技术、文化和卫生等不同方面的行政管理甚至执法职能，又承担为农民、农业和农村直接提供相关公共产品和公共服务的职责，政府行政管理、执法职能、公共服务职能与经济组织经营职能不分，形成政、事、企三位一体的管理模式，这些站所管理、经营色彩较浓，服务色彩较弱，"如果基层政权只是一个单纯的经济组织，它与其他集团形成经济竞争关系并没有什么不妥，问题是，它同时还是一种政权组织，因此在进行经济竞争的时候往往是不

---

① 卫生部：《中国农村卫生改革与发展背景资料》，中国卫生发展论坛——中国农村卫生改革与发展国际研讨会，2000年11月。
② [美]塞缪尔·P.亨廷顿：《变化社会中的政治秩序》，生活·读书·新知三联书店1989年版，第266—267页。
③ 陈东有主编：《中国的农民》，江西高校出版社1999年版，第175页。

平等的"①。站所大部分的工作是服务政府中心工作如征收税费、计划生育等，是"服务政府"，而不是"服务农民"。即使这些站所为农民提供的教育、科技、文化、卫生等方面的农村公共服务，也是实行的是自上而下的政府"全能"垄断的供给模式，服务主体单一，民间组织没有充分发育并发挥其作用，由于没有按照农村公共服务的性质进行分类，认为所有的公共服务都应该由政府来提供，这样造成农村公共服务制度上的低效率，供给成本高。由于千家万户需求各异，基层政权机构很难掌握千变万化的信息，农民缺乏农村公共服务需求的有效表达机制，没有反映农民的意愿和要求，由此造成农村公共服务的供给对农户的需求动态反应性不强。同时农民组织化程度很低，不能形成有效的表达机制，这样造成农村公共服务供给的扭曲和错位。如果供给缺乏民主机制，则会出现"寻租"行为，使有限的公共资源得不到合理的配置和利用。

四 小结：权力、权利与农村公共服务的缺失

基层政权中的扩展性权力，在"条块共治"的制度安排下，农村公共服务体系和制度安排出现错位或者缺位，导致权力的"自利化"和"赢利性"治理机制瓶颈，由此出现权力的衍变、公民的经济和社会权利受到侵害以及农村公共服务的缺失，由此造成农村公共服务的供给与农民对农村公共服务的需求严重不对称并形成结构性的矛盾，农民不满情绪不断上升，农村治理出现困境。

从理论上讲，政府作为代表公共权力的主体组织，以追求公共利益为根本目的，合法地行使公共权力，行使公共管理和社会服务职能。公共权力的维持和运用不仅需要对暴力的垄断以维护社会的稳定和秩序，还需要政府为社会提供有效的公共服务以获得和保持其合法性地位，"政治统治到处都是以执行某种社会职能为基础，而且政治统治只有在它执行了它的这种社会职能时才能持续下去"②，提供公共服务是政府义不容辞的重要

---

① 张静：《基层政权——乡村制度诸问题》，浙江人民出版社2000年版，第57页。
② 《马克思恩格斯文集》（第9卷），人民出版社2009年版，第187页。

责任和职能，其"公共性"和"责任性"也体现在这里。

然而，随着中国改革的不断深入和市场经济的进一步发展，加之县乡两级财政普遍紧张，全国各地的农业服务机构大都被推向市场，各地纷纷刮起了中断财政供应的"断奶"之风，同时，由于国家就业政策和其他政策等原因，乡镇站所机构急剧膨胀，冗员不断增多，在"经济人"惯性作用下，乡镇站所由此出现"自利化"和"赢利性"倾向，乡镇站所的公共服务职能严重退化，这无疑导致了"政府功能的畸变"，政府的公共性、服务性、责任性和合法性受到严重削弱或丧失。乡镇站所的公共服务职能的畸变，与农村经济和社会不断发展的状况呈现出相反相成的悖论现象：一方面，随着农村经济的持续增长，农村的国内生产总值和财政收入不断提高，农村经济和社会结构不断发生变革，农村社会整体和作为市场微观主体的农民的公共需求快速增长并全面分化；另一方面，基层治理中乡镇站所尽管组织扩张和人员增多，却无法有效地行使农村公共服务的职能，以适应农村社会公共管理和日益增长地公共需求的变化，农村社会发展、农民的利益及其公共需求得不到尊重和满足，农民的政治、经济和社会权利不断受到侵害，由此整个社会呈现出如黄宗智所说的"悖论社会"①，基层政权相应地呈现出如杜赞奇所说的"没有实际发展的增长"②现象——"国家政权的内卷化"（state involution）或者是缪尔达尔所说的"软政权化"③，从而使农村公共服务的"停摆"和治理困境。农村基层治理中公共服务方面的突出矛盾，引起了政府与乡村社会之间的其他一系

---

① 黄宗智认为，"如果说西方近现代社会的逻辑是斯密和韦伯的资本主义化和理性化，那么中国近现代社会的逻辑则是多重的悖论和矛盾"，诸如"内卷型商品化"、"没有发展的增长"和"没有乡村发展的城市发展"等现象。参见黄宗智：《悖论社会与现代传统》，《读书》2005年第2期；《认识中国——走向从实践出发的社会科学》，《中国社会科学》2005年第1期。

② 杜赞奇认为，"国家财政收入的增加与地方上无政府状态是同时发生的，换句话说，即国家对乡村社会的控制能力低于其对乡村社会的榨取能力，国家政权的现代化在中国只是部分地得到实现……这种既有成功又有失败、税收增加而效益递减的奇怪现象"，即"没有实际发展的增长"，就是"国家政权的内卷化"。参见［美］杜赞奇：《文化、权力与国家——1990—1942年的华北农村》，王福明译，江苏人民出版社1994年版，第66—68页。

③ "软政权化"指的是发展中国家在现代化过程中，行政命令贯彻能力的退化，行政实施效率的低下和法律规则被任意破坏而引起的综合现象。瑞典经济学家缪尔达尔最早提出这一概念。参见萧功秦：《"软政权"与分利集团化：中国现代化的两重陷阱》，《战略与管理》1994年第1期。

列社会问题和矛盾,同时也加剧了政府与乡村社会之间关系的紧张局面,使得农村社会处于失序和失控的危险境地。农村基层治理发生的深刻危机,严重动摇和破坏了国家和社会改革、发展和稳定的基石,农村基层政权中扩展性权力及其结构亟待改革和重构。

第七章 国家嵌入与村民自治实践：网络性权力的衍变

在后人民公社和改革开放时期，农村经济和社会结构发生重大分化与重组，国家为了整合农村社会的生产和生活秩序，在诱致性制度变迁的基础上，国家将不同于原有乡村政治有机体的村民自治制度嵌入到乡村社会生活之中，在全国各地不断试行、推广和深化，取得了良好的效果，并越来越显示出其旺盛的生命力和活力。然而，也出现了许多人们始料未及的新问题：在构建现代国家的背景下，网络性权力中的"两委关系"是"政党下乡"与"政权下乡"在村级权力格局中的重要表征，二者关系如何协同和调适迫在眉睫。体制外精英采取非制度化运作的方式作用于村级治理过程，村级治理中的村民自治出现了蜕变。村民自治制度和机制缺失，"四个民主"难以同步落实并出现失衡现象。村民民主权利缺乏相应的程序法律和多层次的权利救助机制及村民自治制度的基本法律，导致村民民主权利被"悬空"和"虚置"，村民权利被侵害后得不到强有力的保护。国家行政压力与村民自治内在的体制性和结构性的矛盾造成"乡政"与"自治"的张力。因此，需要进一步深化与提升村民自治制度，完善乡村治理结构。

一 国家嵌入与村民自治成长：网络性权力发展的背景

1978年以来，中国农村经济改革——实行家庭联产承包责任制和农村政治改革——实行"乡政村治"的二元分离，虽然都源于农民的自发创造，但从制度变迁的角度来考察，是一种诱致性的制度变迁，其推广与合法性仍取决于国家权力的认可、推广，并以法律形式最终确定下来，国家将不同于原有乡村政治有机体的村民自治制度嵌入到乡村社会生活之中,"人民公社体制废除后的村民自治制度,其实质是党支持农民当家作主,通过农民的主动参与,并在农民的参与中确立其主体地位,从而将分散的农民吸纳到国家体制中来,并以此建立对国家的认同。因为,村民自治、村民参与都是国家赋予权利的产物"①,这显然属于典型的规划性制度变迁的范畴,村民自治制度近20年的成长历程即是明证。同时,作为执政党的中国共产党通过党的基层组织不断延伸到农村,即"政党下乡","中国共产党是通过'政党下乡'来完成对农民社会的政治整合的,其最突出的特点就是赋予农民以主体地位,强化政权体系的人民性"②,新中国成立后,村级党组织一直深深地扎根在农村大地,与基层政权一并形成农村治理结构。

村民自治制度不断完善和深化,全国大多数农村逐步实施村民自治制度。如第四章所述,20世纪80年代,是属于村民自治的组织创立和建章立制阶段③。进入20世纪90年代后,在国家的大力支持与推动下,村民自治制度不断得到推进和深化。为了进一步规范村民自治示范活动,1994年2月,民政部发布了《全国村民自治示范活动指导纲要(试行)》,对村民自治示范活动的目标、任务、指导方针、具体措施等作了全面系统的规定,并第一次明确提出要建立民主选举、民主决策、民主管理、民主监督等四项民主制度,从而使全国的村民自治示范活动逐步走向规范化和制度化。1998年11月4日,九届人大常委会第五次会议正式通过《中华人民共和国村民委员会组织法》,这部法律的通过,标志着中国的村民自治进入到一个国家整体推进的全新阶段,村民自治的总体框架得以确立。1999年以后,各省级人大常委会相继颁布了新的村民委员会组织法实施办法,截至2001年底,全国已有26个省、自治区、直辖市的人大常委会制定了实施《村民委员会组织法》的地方性法规④。

进入21世纪,国家通过各种政策措施不断提升村民自治水平,从原

---

① 徐勇:《现代国家的建构与村民自治的成长——对中国村民自治发生与发展的一种解释》,《学习与探索》2006年第6期。
② 同上。
③ 侯保疆:《中国乡镇管理研究》,中国社会科学出版社2006年版,第141—143页。
④ 朱宇:《中国乡域治理结构:回顾与前瞻》,黑龙江人民出版社2006年版,第168页。

先的组织建设工作阶段进入到现在的权利保障和社区重建工作阶段。2002年7月，中共中央办公厅、国务院办公厅下发了《关于进一步做好村民委员会换届选举工作的通知》，明确指出："由村民直接选举村民委员会，是法律赋予村民的一项基本民主权利，是基层民主的重要体现。搞好村民委员会换届选举，必须充分发扬民主，切实保障广大村民在选举各环节中的权利，使村民委员会的选举真正体现农民群众的意愿。"特别是就党组织成员如何参与村民委员会选举这一体制性问题提出了建议。[①] 2002年11月，中共十六大召开，明确提出，"健全基层自治组织和民主管理制度，完善公开办事制度，保证人民群众依法直接行使民主权利，管理基层公共事务和公益事业，对干部实行民主监督"[②]。为了推动民主决策、民主管理、民主监督与民主选举相配套与衔接，2004年7月，中共中央办公厅、国务院办公厅下发的《关于健全和完善村务公开和民主管理制度的意见》中，提出了"进一步健全村务公开制度，保障农民的知情权；进一步规范民主决策机制，保障农民群众的决策权；进一步完善民主管理制度，保障农民群众的参与权；进一步强化村务管理的监督制约机制，保障农民群众的监督权"等新的更高要求[③]，这标志着村民自治制度已走向新的历史时期。

由于村民自治是新的政治实践，村组法为制度创新提供了广阔的空间，在村民自治发展过程中，制度安排充分调动了群众的积极性和创造性，群众不断创造丰富多样的自治形式，如吉林省梨树县在实施村民委员会组织法的过程中，创造了"海选"的形式，即将村委会干部的提名权完全交由村民；山西省河曲县双李庄村的"两票制"，即在中国农村村民自治实践的过程中产生的农村党支部选举机制，先由全体村民投信任票确定村党支部成员候选人，再由党员投选举票产生党支部成员，等等。

村民委员会是村民自我管理、自我教育、自我服务的基层群众性自治

---

① 《中共中央办公厅、国务院办公厅关于进一步做好村民委员会换届选举工作的通知》，《人民日报》2002年7月15日。
② 江泽民：《全面建设小康社会 开创中国特色社会主义事业新局面》，人民出版社2002年版，第33页。
③ 全国村务公开协调小组办公室编著：《健全和完善村务公开和民主管理制度学习读本》，中国青年出版社2004年版，第2—8页。

组织，既不是国家政权组织，也不是国家政权组织的派出机构或附属物，更不是政党组织；明确规定基层人民政府与村民委员会不是上下级的行政隶属关系，而是"指导与协助"关系，即基层人民政府对村民委员会的工作给予"指导、支持和帮助"，但"不得干预依法属于村民自治范围内的事项"，村民委员会"协助"基层人民政府开展工作，"村民委员会作为基层群众性自治组织，实际是一种具有地域性和公共管理职能的国家基层组织单位。村民群众通过这一组织直接参与公共事务管理。它是整个国家制度和组织建设的一部分"，"如果原来只是将村民委员会定位于'自我管理、自我教育、自我服务'的组织的话，那么，'民主选举、民主决策、民主管理、民主监督'则是村民自治的活动方式，是村民自治原则的具体体现"[①]。村委会由主任、副主任和委员共三至七人组成，由村民直接选举产生，根据需要可以设立人民调解、治安保卫、公共卫生等委员会；每届任期三年，可以连选连任。截至 2004 年底，全国共有 64.4 万个村委会。村委会承担的任务有：办理本村的公共事务和公益事业；调解民间纠纷；协助维护社会治安。村委会的职责主要有：支持和组织；服务和协调；维护和保障；管理；宣传和教育；开展精神文明建设；协助基层人民政府开展工作[②]。村民小组是村民自治的一种组织形式，村民小组设有小组长。

二 上下互动的村民选举：网络性权力产生的逻辑起点

村民自治已经走过近二十年的发展历程。村民自治作为国家从外部嵌入乡村社会的自治组织形式，村民自治制度作为一项国家法律制度，在全国各地不断试行、推广和深化，取得了意想不到的效果，并越来越显示出其旺盛的生命力和活力。网络性权力产生，当然是以作为一种理念、制度和实践的村民选举为逻辑起点的，所以，首先需要对村民选举的实践情况进行研究来展示国家对村级公共权力产生的规划性变革。然而，作为村民

[①] 徐勇：《现代国家的建构与村民自治的成长——对中国村民自治发生与发展的一种解释》，《学习与探索》2006 年第 6 期。

[②] 侯保疆：《中国乡镇管理研究》，中国社会科学出版社 2006 年版，第 146—148 页。

自治表征的村委会并不是村中唯一的制度化的公共权力机关，同时其作用也有限，所以必须对网络性权力的产生统一进行研究，主要还包括村党支部产生情况。

（一）村民自治表征：村民委员会的选举实践

中国农村村民自治大部分是从村委会选举开始的，弦乡也不例外。村委会选举是一个政治过程和社会过程，各种政治主体参与到选举进程中。如上所述，村民自治是国家嵌入农村社会的规划性变迁的产物。所以，村民自治的实施都是在国家有关法律、法规以及地方各级法规、规定、政策规范下运转起来的，"中国在实行村民自治一开始，就十分强调制度建构，以国家制度规范村民自治进程，特别是强调将村民自治纳入法治化的轨道……可以说，村民自治从产生都是在法律制度的规范下成长的。既然是以法律制度为基础，村民自治的发展就必然遵循有步骤、有秩序的逻辑运行，而不是一场自上而下推进的政治运动"[①]。国家的有关法律、法规如村民委员会组织法、民政部的有关规定和政策；各个地方的法规、政策有村组法实施办法，如《河南省关于〈村委会组织法〉实施办法》、地市的统一部署等；县、乡两级针对具体选举所做的实施方案等，如《G县第三届村委会换届选举实施方案》、《弦乡关于做好第四届村民委员会换届选举工作的通知》等。

弦乡第一届村委会换届选举是在1992年，截至弦乡撤销时，已经进行了五届村委会换届选举工作。对于每次具体的选举，弦乡都强调了换届选举工作的意义、指导思想、原则要求、时间安排与实施步骤、组织领导等。下文是弦乡第四届村委会换届选举工作的通知：

> 根据《中华人民共和国村民委员会组织法》和《河南省关于〈村委会组织法〉实施办法》的规定，按照省市县统一部署，结合我乡工作实际，为切实做好今冬明春全乡第四届村民委员会换届选举工作，现将有关事项通知如下：一、充分认识村民委员会换届选

[①] 徐勇：《现代国家的建构与村民自治的成长——对中国村民自治发生与发展的一种解释》，《学习与探索》2006年第6期。

举工作的重要意义。……二、村委会换届选举工作的指导思想和目的。要以党的十五届六中全会精神和"三个代表"重要思想为指导，全面贯彻《村组法》和《实施办法》，以加强村委会的组织建设和基层民主政治建设为目的，坚持党的领导，充分发扬民主，严格依法办事。……三、村委会换届选举的时间安排和实施步骤。全乡第四届村委会换届选举从今年元月开始，到3月底基本结束。整个工作分四个阶段进行，具体的时间安排和实施步骤如下：（一）宣传发动阶段（1月15日—2月5日）。乡村要召开换届选举工作会议，传达贯彻国家有关法律、法规和省、市、县文件精神，成立领导机构，制定工作方案，培训工作骨干，组织干部群众学习《村组法》和《实施办法》，通过多种形式，广泛宣传村委会换届选举的重大意义及换届选举的法律、法规和政策，积极营造良好的选举舆论氛围。（二）依法选举阶段（2月6日—3月5日）。1.推选好村民选举委员会。村民选举委员会由村民会议或村民小组会议推选产生。推选工作要在乡换届选举工作领导小组的具体指导下依法推选。要把具有较高威望和较强工作能力、乐于为村民服务的人推选出来。2.认真搞好选民登记。……做到不错、不漏、不重。在选民登记期间，对外出的选民均要提前通知参加选举，确实不能回村的，应办理委托投票手续。每一选民接受的委托不得超过二人。……3.组织好上届村委会干部作述职报告。组织上届村委会干部作述职报告，让选民对其任期内的工作作出全面、公正的评价。4.坚持由村民直接提名候选人。……本届村民委员会候选人的确定，采取一人一票直接提名确定村委会候选人的方式，较往届是一次重大改革。……对主任、副主任和委员候选人都要依法实行差额，严禁任何组织或个人指选、派选和调整，要坚决杜绝和克服那种由村民代表会、户代会等提名候选人的方式。5.要组织村委会候选人与选民见面，发布治村演说，并回答村民提的问题。6.开好选举大会，依法实行民主选举。全乡将确定统一的选举日，……对人口较多、居住分散的村可增设投票站，并设立秘密划票间。对因老、弱、病、残等原因不便到中心会场和投票站投票又不委托其他选民代为投票的，应当由3名以上选举工作人员携带流动票箱入户接受投票。村委会主任、副主任和委员都必须由村民直接投票选举产生,不得先选委员,然后由委员推选主任、副主任;也不得只选主任或副主任、不选委员或由村民代表推选村委会成员。只要选举合法有效,要当场宣布选举结果,向当选人颁发全省统一制作的当选证书,3日内张榜公布,并及时报乡人民政府备案。7.严防违法行为发生。……(三)建章立制阶段(3月6日—15日)。新一届村委会选举产生后,要及时召开第一次村委会成员会议,依法调整、健全下属治保、民调、文卫等委员会,并推选产生村民小组长和村民代表。……(四)检查验收阶段(3月16日—30日)。换届选举结束后,乡党委、政府将认真组织对各村换届选举工作的检查、验收,把好质量关。……四、切实加强对村委会环境选举工作的组织领导。……各村党支部必须切实加强领导,精心组织,依法进行,把这项工作作为今冬明春农村工作的一项重要任务,摆上重要议事日程。乡党委成立了弦乡第四届村委会换届选举工作领导小组,下设办公室,并实行领导组成员分片包村责任制,乡村委会换届选举办公室负责换届选举的日常工作。……①

为了加强对村委会换届选举工作的领导,弦乡成立了村委会换届选举工作领导小组,组长由乡党委副书记担任,副组长由组织委员、人武部长、副乡长、人大副主席担任,成员由民政、妇联、各村党支部书记组成。

总之,这套完备的规则,是国家将民主理念和民主实践带入村庄、对村民自治选举工作规制的结果,是外界植入乡村社会的产物,村民自治"却是外来理念,是旧规则的失效以及与现实中某些原型相融合的产物,或者说是对现实弊端的一种本能的修正,民主在乡村社会本身并没有长时间的启蒙和准备"。② 国家使村庄先有民主规则、制度,后有村民的民主意识和民主实践。弦乡尽管制定了上述规则和文件,但其模仿、搬套上级

---

① 弦乡2002年档案文件。
② 吴毅、吴淼:《村民自治在乡土社会的遭遇——以白村为个案》,华中师范大学出版社2003年版,第41页。

文件的痕迹明显可见，换届选举工作是在省、市、县、乡统一部署下，沿着科层制和行政化渠道规划实施和落实的。

村委会选举实践是一个政治过程和社会过程，国家、基层政府、乡村干部以及村民都参与到政治进程中。每隔三年一次的村委会换届选举，既是基层政权的例行性任务，又是一次突击性任务，而且每次选举都有新的规定和程序，这不仅需要成立选举领导班子，而且需要各方召开多次会议，加大宣传力度，广泛发动群众参与选举，如 G 县对第五届村委会换届选举介绍：

> 在县委、县政府的高度重视下，在县人大的指导和支持下，通过各级换届选举工作组织以及各乡镇党委、政府的共同努力，严格依法办事，坚持做到准备工作到位、思想认识到位、组织领导到位、方法措施到位，整个工作进展顺利。……加强领导，健全组织，落实工作责任制。首先是成立了县、乡、村三级换届选举工作组织，县乡分别制订了《实施方案》，确定了办公地点，抽调了工作人员，落实办公经费。其次是层层召开了专题工作会议，逐级传达贯彻会议精神，全面落实各项工作任务。再次，实行了协调组正副组长及成员分片包乡责任制，将全县 25 个乡镇分为五组，县换届选举协调正副组长兼任组长，各乡镇实行了乡干部包村、村干部包组的分工负责制。最后，适时召开碰头会、汇报会，认真研究和总结工作，及时向领导作好汇报。
>
> 全县各级换届选举工作组织把《村组法》和我省《实施办法》的宣传置于重要位置，充分利用多种宣传工具和形式进行广泛、深入、持久的宣传，达到了家喻户晓，人人皆知，据不完全统计，全县共召开了各类专题会议 1000 余场次，举办培训班 26 期次，张贴标语 5000 多条，电视专题报道 5 期，印发各类宣传材料 1000 多份，县乡两级共编发简报、信息 25 期，从而为换届选举工作奠定了良好的思想基础。[①]

选举的领导机构和组织机构成立后，就是选民登记和提名候选人工

---

① G 县人民政府：《G 县第五届村民委员会换届选举工作情况的汇报》，2005 年 7 月 13 日。

作。选民登记工作比较容易,提名候选人是整个选举工作的重要环节:

> 选民登记主要根据各个村民小组组长的汇报,逐一核对,不能漏掉一人,一般在选举日的二十天前进行张榜公布,做到不错登、重登、漏登,特别是对"四登"即:年满十八的村民,新迁入本村的人员,因婚姻、家庭等关系居住在本村的人员,被剥夺政治权利的村民。"四减"即:已迁出本村的选民,因婚姻、家庭关系不居住在本村并已迁出的选民,死亡的,被依法剥夺政治权利的人员逐个核对进行资格确认。①
>
> 原先村委会选举候选人的提名都是形式,最近几年才由我们老百姓来搞,感觉有了真正选举的味道。②

这里讲的"原先村委会选举"主要是针对村委会选举的第一、二届的特征,提名候选人一般由小组会议讨论或者由各村民小组组长提名汇总得出来的,而在 1998 年《村组法》正式颁布后,开始实行以"海选"③的方式产生候选人。但是在 G 县,这一原则被变通为:以村民代表会议提名或者以村民小组会议提名。

> 全县 325 个行政村推荐产生候选人的方式有 130 个村以村民代表会议提名,195 个村以村民小组会议提名,共产生了 1959 名思想好、作风正、有文化、受群众拥护的村民为正式候选人,候选人确定后全部进行了张榜公布,接受群众监督。④
>
> 原村干部一般都可能成为候选人,他们也容易成为候选人,但是也有能力的村民提名为候选人。⑤

---

① JG 村干部 1998 年工作笔记。
② 笔者访谈:YBQ—060513—ZZC—YBS。
③ "海选"是 1990 年代由吉林省梨树县创造的一种村委会选举方式,其主要特点就是将村委会成员候选人的提名权完全交由全体村民,由村民以无记名投票的方式直接从选民中产生候选人。这一方式是对传统的上级组织提名方式的突破,后为全国所推广。
④ G 县人民政府:《G 县第五届村民委员会换届选举工作情况的汇报》,2005 年 7 月 13 日。
⑤ 笔者访谈:YBQ—060513—ZZC—YBS。

正式选举是村委会选举的高潮，也是最让人"放心不下"的村委会选举阶段。有位亲身经历者说：

> 选举前两天，我的手机经常响起，一般都是候选人打电话拉票的，而且有宗族、亲戚关系的候选人也互相打招呼。选举那天，乡里领导、驻村干部以及村"两委"成员都到场。投票时，有很多人互相拉票。还有流动票箱，很多都是由他人代替填写，不规范的地方很多。选举影响因素很多，主要还是宗族、家族的影响，也有能力的高低、处理人际关系因素。但是也有原先村委会成员落选的，如原先我村的村会计在1998年选举时就被选掉了，但他的村干部不是照样当啊，现在已经当上村支书了。①

G县第五届村委会选举，共选出村委会班子成员1116人，其中主任325人（交叉104人），副主任93人（交叉29人），委员698人（交叉485人），交叉任职比例达55%；连选连任881人，新当选村委会成员235人；妇女成员194人，党员866人，团员60人；大中专文化程度163人，高中609人，初中326人，小学18人；50岁以上184人，30—49岁854人，29岁以下78人，平均年龄41岁②。弦乡第三届村民委员会换届选举的村委会成员的有关情况如下：

表7—1　　G县弦乡第三届村民委员会成员统计表

村委会数	村民小组数	村委会成员情况											村委会主任情况								
^	^	总数	性别		政治面貌		文化程度			年龄结构				总数	性别		政治面貌		文化程度			
^	^	^	男	女	党员	占%	小学	初中	高中	大专以上	30岁以下	31/40	41/50	50岁以上	^	男	女	党员	占%	小学	初中	高中	大专以上
9	141	34	28	6	20	58	3	16	14	1	6	20	8		9	8	1	6	67	1	4	3	1

说明：全乡11个行政村，ZT、TM村暂未进行换届。
资料来源：弦乡1998年档案文件。

---

① 笔者访谈：YBQ—060513—JGC—FZS。
② G县人民政府：《G县第五届村民委员会换届选举工作情况的汇报》，2005年7月13日。

在下面的两个村委会第三届换届选举中，ZZ村落选的村干部为SYT为村计生专干，43岁，初中文化；YBJ为村副支书，52岁，党员；JG村的村文书也被落选。这两个村委会成员换届选举情况为：

表7—2　　G县弦乡第三届村民委员会换届选举结果情况表

村名	姓名	性别	年龄	文化程度	政治面貌	当选职务	是否连任	分管职务	兼任职务	实有选票数	有效票数	本人得票数
ZZC	YBS	男	36	大专		村主任	是	村委全面工作		1203	1176	865
	YBZ	女	41	小学	党员	委员	是	村妇女工作		1203	1176	854
	YZQ	男	35	初中		委员	是	村治保工作		1203	1176	842
	LWL	男	31	初中	党员	委员	是	村文书	支委	1203	1176	847
JGC	XCY	女	44	小学	党员	村主任	是	村委全面工作	支部委员	1059	1057	551
	CCG	男	38	高中	党员	村副主任	是	协助主任工作		1059	1057	834
	ZFZ	男	38	高中		委员		村治保工作		1059	1057	743
	FCL	男	22	初中	团员	委员		村团委工作		1059	1057	811

资料来源：弦乡1998年档案文件。

村委会换届选举作为村民自治的重要表征，其重要性是不言而喻的。为了确保换届选举的成功和村民自治制度的落实，弦乡各级组织、机构和民众都动员起来，投入到换届选举工作中去。选举结果"从整体情况看，党员比例增大，文化结构提高，年龄有所下降，选出的新一届村委会班子普遍受到了广大干部群众的欢迎和拥护"，但存在的问题有："工作进展不平衡；个别矛盾多、宗族派别严重的村选举困难较大；换届后续工作还不够到位；妇女干部的比例有些偏低等"①。

(二) 村党支部的选举情境

截至 2004 年，中共弦乡委员会下辖 11 个村党支部，共有农村党员 243 人。党支部一般设书记、副书记和委员等职。村支部成员最多的有 5 人，现在一般为 3 人。除村支书外，村支部其他成员多在村委会中兼职，也有的村支部委员由村中较有威望的"社会精英"党员担任。根据党章的有关规定，村支部也是实行三年一次换届选举，全村召开党员大会选举村支部委员。为了加强对党支部换届选举工作的领导，一般设立领导小组，弦乡成立了以党委副书记为组长，组织委员、人武部长为副组长，政府文书、民政所长、财政所长为成员的领导小组。弦乡党委专门对农村党支部换届选举工作提出了具体的指导意见：

> 召开农村党员大会，要以党的十五大和县八次党代会精神为指导，进一步加强党内民主建设，使广大党员充分行使民主权利，议定党内重大事宜。其主要任务：听取和审议农村党支部的工作报告；按照干部德才兼备标准和"四化"方针，选举产生新一届党支部领导班子；联系实际，对我乡农村今后几年的两个文明建设进行统一规划，作出决策。……农村党支部委员一般为 3—5 名，人口在 2000 人以下的村一般不超过 3 名，其名额的确定要报经乡党委批准，村党支部委员实行差额选举，其候选人应按多于应选人数的 20%的比例提名。村党支部委员候选人由上届党支部召开委员会，根据多数委员和多数党员的意见，提出初步候选人，报经乡党委审查同意后确定候选人名单，最后提交党员大会进行选举。为了充分发扬党内民主，加深选举人对候选人的了解，选举前村党支部应将候选人的简历、工作实绩和主要优缺点向选举人作实事求是的介绍，对选举人提出的询问，做出负责任的答复。支部一般设书记 1 名、副书记 1—2 名。书记、副书记的产生，由上届村党支部提出候选人，报乡党委同意

---

① G 县人民政府：《G 县第五届村民委员会换届选举工作情况的汇报》，2005 年 7 月 13 日。

后，在选出的委员会议上进行等额选举。农村党员大会选举结果报乡党委批准。①

弦乡各个村支部的换届选举工作是严格按照乡党委的要求操作的，一般都是由上届村支部委员和党员代表协商出支部委员候选人，再上报乡党委批准同意后经党员大会或者党员代表大会确认。有条件成为候选人的一般是上届村支部的人员，支部书记也是乡党委内定的，只不过是经党员大会选举的程序得到党员的承认罢了。村党支部换届选举工作明显体现了上级组织的意图，整个过程的竞争性也很小。但是也有例外，在访谈中，弦乡ZZ村支部换届选举出现了问题：

> 村支书YZM能力有，但在村里名声太坏，经济问题一直是弄不清，村里欠账几百万，有一年村支部换届选举时，乡党委内定他为支部书记人选，但党员大会通不过，很多党员要求他下台。不知道怎么回事，他最后还是当上了支书。事后，他在村里大骂村干部，说他们串通与他作对，使他难堪。这件事影响很不好。②

这个村的党支部有3名支委成员，除了村支书外，村文书为支委，另一名村支委为上届退休的村党支部副书记，这些人选都是乡党委与村党支部协商后确定的，同时也得到该村党员大会的选举和确认。

三 结构与过程：网络性权力运行实践情况

当然，村民自治作为村民治理乡村的新兴机制，必然受到乡村社会各种因素的制约和影响。在村民自治的发展过程中，必然会出现各行其是，甚至扭曲村民自治原则精神的状况：网络性权力中的"两委关系"如何协同和调适成为崭新课题。体制外精英采取非制度化运作的方式作用于村

---

① 弦乡2002年档案文件。
② 笔者访谈：YBQ—060518—ZZC—YBY。

级治理过程，村级治理中的村民自治出现了蜕变。村民自治制度和机制缺失，"四个民主"难以同步落实并出现失衡现象。村民民主权利缺乏相应的程序法律和多层次的权利救助机制及村民自治制度的基本法律，导致村民民主权利被"悬空"和"虚置"，村民权利被侵害后得不到强有力的保护。国家行政压力与村民自治内在的体制性和结构性的矛盾造成"乡政"与"自治"的张力。

（一）体制内权力结构：网络性权力中的"两委关系"[①]

村级权力结构是指村内各主要权力主体之间模式化的互动关系。村级体制内权力结构主要是指由国家制度正式规定且合法的村级权力形态，主要指村级党支部委员会（村支委）和村民委员会，俗称"两委关系"。在村级体制内权力结构中，居于中枢地位的是村党支部特别是村支书和村委会特别是村主任，二者的关系实质上是党对农村的政治领导权与村级社区自治权之间的关系。党政关系在中国政治体制中并不是一个新课题，但是在实行了村民自治的中国农村，村民委员会并不是一级政府，也不是行政机关，因而尽管村级党组织与自治组织的关系与中国政治体制中的党政关系在一定程度上一脉相承，但是却不能完全参照党政关系来对待，这是中国村民自治中面临的一个新课题。

根据中共农村基层组织工作条例，村党支部居于村各种组织和各项工作的领导核心地位，拥有对社区事务的决定权；村委会是村民实行自我管理的自治组织，亦拥有处理社区事务的权力。这就意味着在一个社区内，同时存在两个公共事务管理的组织，即所谓"两套班子"。但由于没有将二者的权限范围做出明确规定和受"一元化"领导（特别是党的领导）方式的影响及村级干部素质的制约，二者的关系就存在协调和挑战的问题。二者关系表如下[②]：

[①] "两委关系"主要是指村党组织（绝大多数地方是村支委）和村委会的关系。从法律上看，村党组织是领导者，而村委会是自治组织。前者作为中国共产党的基层组织有义务服从上级党组织的决议，而村民委员会依法自治，自我管理本村事务。由于这两个组织的法理性质、运行依据和权威来源不同，因此在实际工作中必然产生矛盾，即通常所说"两委关系"问题。

[②] 程同顺：《村民自治中的党"政"关系及其出路》，《调研世界》2001年第10期。

表7—3　　　　　　村党支部与村委会二者关系表

		村委会		
	对权力的要求	合理	越权	退缩
村党支部	合理	协调的最优状态	村委会相对集权	相对协调
	越权	党支部相对集权	绝对冲突	党支部绝对集权
	退缩	相对协调	村委会绝对集权	出现权力真空

从全国总体上看，比较普遍的情况是，村党支部越权，强调村党支部的领导核心地位，而村委会主任实际上村党支部书记的执行者，村党支部把村委会当作自己的下级机构，有些村支部书记把村级财务管理权完全集中于自己一人之手，并且直接任命村委会成员和其他村干部。在弦乡，大多数情况是党支部书记的绝对控制和领导地位，但是也有个别村，由于宗族、家族关系等缘故，村支部书记是"小户"、"小姓"，村委会主任是大姓，村级党组织与村委会由于争夺权力而处于绝对冲突状态，引起双方的不配合造成村里的工作难以正常开展：

> 在TM村，原先的支书是独姓，他上台是由于前任支书突然逝世，他作为原村主任职务接任支书的位置。但是这个支书上台后很难当下去，新的村主任还是他提上来的，也是原先的村委，在村中是大姓，村主任上台半年后就与书记对着干，工作很难开展下去，甚至有些会就开不下去，最后这个村支书辞职不干了。乡党委派乡政府一名工作人员来该村担任支部书记一段时间作为过渡，最近两三年才选出本村人担任支书。[①]

农村党组织是联系国家与农民的重要组织。在基层，通过党组织，将国家意志转化为村民意志，将村民意见反映到国家系统；同时，党组织发挥核心作用，将农村各种组织整合到党和国家的体系中来。但是，在自上而下的国家权力运行体制下，党组织在这一体制中，更多的是服从和传达上级党政组织的意志。同时，党组织作为村级治理的领导者，执掌着村级

---

① 笔者访谈：YBQ—060515—ZZF—ZYH。

治理的主要权力，甚至是党组织负责人的一人化领导。这一状况难免造成党组织既难以代表国家意志，更不可能反映村民意见，出现"双重代理"的"缺失"。随着村民自治的成长，使党组织的治理面临双重挑战：一方面，村民自治具有内向性，有可能与纵向治理脱节；另一方面，村民委员会领导人的权力来自于全体村民的授权，而村组织负责人更多的是上级党组织的委任或者党员选举，其民意基础可能较弱。由此就出现了村党组织和村民委员会之间的矛盾，即通常所说的"两委矛盾"。"两委矛盾"实际反映了党的领导与群众当家做主之间的关系。在中国的现代国家建构中，首先是以政权和政党下乡为依托，建立起高度集权、上下统一的纵向治理体制。村民自治作为一种来自乡村内生型的治理机制嵌入到原有的自上而下的治理结构中，必然会产生机制性摩擦[1]。村级党"政"关系的复杂性亟待认真解决。

（二）体制外精英的非制度化运作：网络性权力的蜕变

精英结构是村庄权力结构的主角，因为在村庄权力的内核和边际结构中，村庄精英居于承上启下的中介地位，构成村庄权力互动的交叉点和集合部。相对普通村民来说，村庄精英是"同质化"的角色群体，但村庄精英本身又由不同的群体组成。王汉生在分析村庄精英时，把精英分成党政精英、经济精英和社会精英[2]，党政精英指的是村干部，经济精英指的是在村庄中经济实力强大者，社会精英指的是在村庄有社会威望的村民。但是，党政精英可能既是经济精英，又是社会精英；经济精英也可以成为党政精英或者是社会精英，这样容易产生混淆和不易区分。鉴于此，把村庄精英分为体制内精英和体制外精英，体制内精英即通常所说的村干部，体制外精英主要是在村庄中有一定政治社会影响的村民，包括宗族精英、宗教精英、帮派势力和经济乡绅等[3]。

---

[1] 徐勇：《现代国家的建构与村民自治的成长——对中国村民自治发生与发展的一种解释》，《学习与探索》2006年第6期。
[2] 王汉生：《改革以来中国农村的工业化与农村精英构成的变化》，《中国社会科学季刊》1994年第3期。
[3] 叶本乾：《村庄精英：村庄权力结构的中介地位》，《中国农村观察》2005年第1期。

1. 宗族精英：离心力抑或社会整合力

村庄作为乡土社会以乡土社会为特征的村庄历来是农村传统势力的大本营，各种以乡绅和宗法家族势力为主导，国家权力序列之外（即体制外）的精英，构成了所谓乡绅自治的主体力量。改革开放以来，伴随着行政控制的弱化，农村社会的分化与重组，村庄精英结构出现了多元化趋势，体制外精英迅速再生，宗族精英就是其一。

国人对宗族文化的评价褒贬有之，贬之者众。国人对宗族的评价大致有三种类型：一是宗族性恶论者，认为宗族在本质上具有封闭性、排他性和反现代性，因而视宗族复兴为"封建势力的抬头"、"黑恶势力的汇流"、"现代化的反动"等[①]；二是宗族性善论者，认为宗族原本具有社会互助、发展公益、辅弼国家等无法否定的积极功能，而且宗族的社会韧性，使得它可以随着时代的发展而不断地进行自我更新，因此宗族也可以现代化[②]；三是宗族中性论者，认为宗族本身是一个客观存在和自然生长过程，而家规族法不外希图宗族长盛，因此要上合国法，下合人伦，才能保持宗族兴旺[③]。从权力结构和性质角度分析，宗族权力实际上是一种同国家公共权力异质和对立的私人性质的非正式组织的权力，是横亘在国家和农民之间的一个权力点。弦乡宗族权力在村治权力分配和运行中都有很大影响：

表7—4　　　　　　弦乡村干部姓氏在本村的分布情况　　　　　　单位:%

	大姓	小姓	独姓	样本数（人）
干部总况	75	20	5	30
村支书	80	10	10	10
村主任	73.3	20	6.7	10
一般干部	60.0	33.3	6.7	30

资料来源：根据弦乡1998年档案文件整理而成。

[①] 陈光金：《中国乡村现代化的回顾与前瞻》，湖南出版社1996年版，第437—441页；肖冬连：《崛起与徘徊》，河南人民出版社1994年版，第171—172页。
[②] 王铭铭：《社会人类学与中国研究》，生活·读书·新知三联书店1997年版，第91页。
[③] 郭正林：《家族、党支部与村委会互动的政治分析》，《战略与管理》2002年第2期。

显而易见，村干部中以大姓居多，尤其是村支书中大姓所占比例最高80%，在"民选"的村主任中大姓的比例达73.3%（如表7—4），"结果表明，在1999年直选前，村干部的选任虽然是通过乡政'任命'或'指选'这只'看得见的手'来完成的。但实际上，还有另一只'看不见的脚'在起作用：宗族通过房族之间和村庄之间的实力对比、裙带传承、亲缘网络等方式影响村治权力的分配，而且，由于宗族背景的不同，村干部在治村过程中所享有的权力力量也受到影响，而并不完全取决于其职位的制度安排；他们的工作方式与方法受到影响。当然，宗族对村治权力分配及其运行的影响是非正式的，是村民非组织的自发行动。因此，对村庄权力结构来说，宗族依然是不可忽视的基础性资源"[①]。

2. 帮派势力：社会的"毒瘤"

如宗族组织的命运一样，帮派组织在新中国成立后也遭到了政治权力的强制性割除；然而在改革开放以后特别是近年来，一度曾经销声匿迹的帮派组织又经历了从无到有，从小到大，从零散化到组织化的过程。帮派组织在改革后的兴起除了受传统文化的潜在支持外，由于改革后计划经济体制的逐渐崩溃，使得以往社会控制中的非正式控制，即文化、道德习俗、宗教、经济、思想等"软控制"丧失了存在的基础，而在社会转型过程中，恰好是非正式社会控制机制的作用比正式的社会控制机制（法律、政府、军警）更重要，因为"软控制"是利用说服、罚款和利益支配等手段，最容易导致社会成员思想的潜移默化。在旧的非正式控制机制更新换代存在基础的同时，是正式控制机制的低效及严重变质，在不少农村中出现了权力和权威真空，在这种情况下，地方恶势力在农村起到了组织和控制基层政治的作用。在调查过程中，有很多人都认为现在弦乡的基层政权不断"地痞化"：

在弦乡，地痞流氓参与村庄事务很多，在ZZ村，有个地痞原先游手好闲，后来不知道什么原因，成为村委会成员，他当村干部十多年了，任意欺压百姓，鱼肉乡里，他天不怕地不怕，大错不犯小错不

[①] 肖唐镖：《宗族在村治权力分配与运行的影响分析》，《北京行政学院学报》2002年第3期。

断，就是这样，村里人不敢得罪他。①

就目前帮派势力这种角色群体而言，根据其社会活动能力大小，与体制的结合程度和对社会的危害程度，有学者将他们分为四类②：一是个体地痞型，该类型恶势力一般个体能力较小，与体制的联系疏松，这一类人很多处于社会的边缘，在社会身份上倒非常接近原型意义上的地痞——"光棍"，不乐于生产而又贪图享受的他们只有充当职业游手，从事活动的方式很原始，偷抢扒拿，坑蒙拐骗，他们牟取的利益可能并不很大，却让社会为之付出巨大成本；二是"黑白合流"型③，该类型也是在地痞型基础上发展起来的，他们个体能力较强，社会联系广泛，"黑社会"帮派和"白道"势力（即政府中某方面掌权人物）合流，盘根错节，互为声势，形成一种对人民的奴役性社会控制力量，他们往往称为"地头蛇"、"土皇帝"，是农村基层社会的实际统治者，使当地人民的生存受到严重威胁，连起码的安全保证都没有，也就是"恶人治村"④；三是黑金势力型，该类型通过胁迫村民选举使地痞流氓成为村干部，从而"合法地"压制群众，也有地方有钱的大户通过金钱与礼品贿选村干部，一旦当选，就大肆搜刮民财，欺压百姓；四是宗法组织型。"村霸"治村是当前部分农村出现的一个"怪胎"，如果任其发展下去，将成为恶化党群、干群关系的一颗"毒瘤"，势必削弱执政党在农村的威信，并最终动摇执政党和政府在农村的根基。然而恰恰正是这种恶势力不为人们所察觉，因为其与体制的紧密联系赋予了其各种作为以"合法性"。

（三）相互脱节与村治形变："四个民主"的失衡

根据《村民委员会组织法》的有关规定，村民自治制度的内在意蕴，既包括村民的民主选举，也包括民主决策、民主管理、民主监督等工作，它们四者之间应该是一个系统工程，村委会选举只是村民自治制度的一个

---

① 笔者访谈：YBQ—060517—ZZC—YYH。
② 金太军：《乡村关系与村民自治》，广东人民出版社2002年版，第293—300页。
③ 何清涟：《现代化的陷阱》，今日中国出版社1998年版，第305页。
④ 樊平：《"恶人治村"的实质是赢利经纪》，载华中师范大学中国农村问题研究中心：《"中国农村村民委员会选举学术研讨会"论文》，华中师范大学出版社2000年版。

环节；村民自治是"村民"的自治，而非"村民委员会"的自治，更不是村干部的自治，村民自治的自治权应该是由全体村民行使、为全体村民服务的，村民会议是村民自治的决策机构，而村民委员会是村民会议的执行机构，向村民会议负责并报告工作。然而，村民的自治异化为"村委会的自治"或者是"村干部的自治"；不用说民主选举有很多不规范的地方，民主决策、民主管理、民主监督更是谈不上规范，甚至没有。在弦乡，村民自治制度落实很不理想：

> 我们这里的村干部就是"当官"的，村里有什么政策我们根本不知道，上的几个项目都是村干部决定上的，现在都停产、破产了。宅基地、扶贫款我们也不知道具体数目，村里现在欠外债几十万，除了村委会选举开会参加外，我们根本没开过村民大会，每年村里吃喝款上万元，这多年都是这些人当干部，搞村务公开也是形式，把表格划在墙上，我们怎么知道那些数字的真假。①
>
> 少数村领导不够重视，思想认识模糊，认为村务公开又是搞形式，根本没有认识到村务公开是促进农村进一步稳定，密切党群、干群关系的重要举措，因此，行动迟缓，组织不力，甚至有等待、观望思想……公开栏内容不全，应公开的没有公开。②

近年来大量的信访案件说明，农村群众反映最多、最关心的就是村级财务、集体资产等管理方面的问题，主要有：土地租金的使用；财务管理的透明度；企业改制时的资产处置；村级干部腐败问题，群众对此十分痛恨。这些问题的产生主要是村级事务没有很好的落实民主决策、民主管理、民主监督等制度的结果。

（四）压制与自治："乡政"与"村治"的角力

20 世纪 80 年代以后，中国农村基层社会管理体制变化的一个重要特点，就是乡政管理与村民自治的二元并存。在管理体制中便存在两种相对

---

① 笔者访谈：YBQ—051217—JGC—CCG。
② 弦乡 1997 年档案文件。

独立的权力：一是自上而下的国家权力，具体表现为在党的政治领导下的乡政府行政管理权（"乡政"），其功能是将国家行政管理传递到农村社会。乡镇工作人员领取国家薪金，并对上级政府负责；二是蕴含于农村社会之中的村民自治权（"村治"），其功能是在国家有关法律的范围，通过村民共约等方式对社区加以自我管理。村民自治组织的领导人由村民选举产生，并对村民负责，村民对其提供一定经济补贴。因此，村民自治权直接来源于农村社会本身[①]。《村组法》明确规定了乡镇政府与村委会之间的工作上的指导与被指导、协助与被协助的关系，彭真强调："村民委员会是基层群众性自治组织，不是基层政权的'腿'"，"'上面千条线，底下一根针'，这样就会把它压垮"[②]。这种关系的确认和维持无疑是村民自治正常、规范运作的基本前提和根本保障。但现实中"乡政"与"村治"特别是村委会的关系（简称"乡村关系"）又存在着不规范、不协调甚至相冲突的一面，这集中表现为现阶段法定的乡村指导关系在相当程度上还带有行政领导关系的色彩，只是表现形式呈现出多样化：

一是行政命令性指导。其特点是村级治理中的领导人、财政等主要因素均由乡镇所控制，法定的乡村指导关系被虚置，乡村关系实际上成为领导与被领导即命令—服从关系，村级治理功能主要是被动地完成政府指令性任务。

二是控制影响性指导。其特点是乡镇部分控制着村领导人的决定等，并通过分配社会价值等方式影响村务决策与管理，实施对村级治理的领导。但是，村级治理在本村公共事务管理方面尚有许多自主空间，在这一空间里，乡镇只是提出指导性意见。

三是影响性指导。其特点是乡与村的事权划分较为明确，除了必须完成的政府任务外，村级事务基本上由本村决定，乡镇通过一定方式影响村级治理，但一般不实施强制命令。在村民自治运作较为规范的村，其乡村关系大多属于这一类型。

四是无力性指导。其特点是乡镇除了一般性地履行政务职务职能外，缺乏影响村级治理的力量，法定的乡村指导关系由于村级力量过于强大而

[①] 徐勇：《中国农村村民自治》，华中师范大学出版社1997年版，第189页。
[②] 彭真：《彭真文选》，人民出版社1991年版，第609、611页。

被虚置,村在村级治理中占绝对主导地位,在许多方面甚至可以超出乡镇普适性管理架构。乡镇在某些方面需要依赖于村,从而出现乡村关系的"倒挂"。这类关系在经济政治实力过于强大的所谓"超级村庄"较为多见[①]。

对于处于内地和村民自治制度落实还很不理想的弦乡而言,乡与村的关系大多数属于第一种情形,弦乡党委、政府对下属的行政村实行的是行政命令性的指导,村级财务由乡农经站负责管理,实行"村财乡管";村里的主要干部特别是村支书、村主任也是由乡里决定候选人,体现了乡级领导的意图。正如我们在第四章所看到的是,网络性权力成为政务延伸的"腿"。这里不再赘述。

国家行政系统("乡政")一般并不直接面对农户和农民个体,而且通过村一级的基层自治组织去延伸政府的行政功能。这样村民委员会就不仅是一般的群众自治组织,它在实际上扮演着既办理政府事务,又办理村民事务的双重角色,承担着延伸国家行政权力和行使村民自治权力的双重功能。而村的领导者和管理者,"既要扮演完成国家和政府任务的'代理人'角色,更要扮演管理本村事务,为村民提供的'当家人'角色"[②]。显而易见,国家行政管理能力与村民自治权力之间不可能总是和谐共处的,它们难免会有矛盾的时候。目前的情况是,一方面,中央政府和地方基层政府都有强化对农村基层的行政渗透的需求,这在根本上是由中国正处于现代化的转型阶段所决定的;另一方面,中央政府为了扩大基层政治民主化,又通过制定法律和法规,通过强制性制度变迁自上而下的行政指导来推行村民自治。这样在现实中,就形成了一对相互矛盾的逻辑。由于基层的乡镇政府从其自身利益出发考虑往往不愿接受村民自治,而与分散的农民相比其又处于绝对强势地位,因而在"乡政村治"的实际运行中,行政管理的权力往往凌驾于自治的权力之上;而在某些地方或某些特殊情形下(如"征粮、罚款、刮宫、引产"等),当村民自治权过分膨胀时,国家正当的行政管理又可能会被弃之不顾,那么政务就可能得不到有效的

[①] 张厚安等:《中国农村村级治理——22个村的调查与比较》,华中师范大学出版社2000年版,第76页。

[②] 徐勇:《村干部的双重角色:代理人与当家人》,《二十一世纪》1997年第8期。

执行。"乡政"与"村治"二者的博弈，凸显二者之间关系的张力与困境。

四 小结:权力、权利与村民自治的成长

村民自治制度的产生,"最主要的是两点：其一，村民自治作为一种国家法律制度，是在现代化背景下的国家建构中产生的；二是村民自治作为一种政治实践活动，是在由亿万农民构成并极具传统性的乡村社会中发生的。现代国家和农民社会是我们理解村民自治发生的两个支点"[①]。所以，国家权力与民主权利是理解村民自治成长及其问题产生的两个着力点和工具。

现代国家区别于传统国家的特性，一是主权性，二是合法性，三是民生公共品的提供。所以，构建现代国家，不仅仅要构建民族—国家，而且要构建民生—国家和民主—国家[②]。中国共产党通过"政权下乡"不断改造社会，"'政权下乡'的目的主要有两个：一是将政治权力从散落于乡里村落集中到国家，纵向集权，形成统一的国家'主权'；二是从统一的权力中心发散，纵向渗透，使政治权力的影响范围在地理空间和人群上不断扩大，覆盖整个领土的人口，渗透到广泛的社会领域，特别是分散的乡里村落。要实现权力集中和渗透的国家目的，需要有相应的制度构造"[③]。国家通过制度安排和法律化途径，实施村民自治，是为了建构国家的一体化和对国家的认同感，实现国家的政治整合。

村民委员会作为基层群众性自治组织，实际是一种具有地域性和公共管理职能的国家基层组织单位。村民群众通过这一组织直接参与公共事务管理。它是整个国家制度和组织建设的一部分。村民委员会组织及农民的

[①] 徐勇：《现代国家的建构与村民自治的成长——对中国村民自治发生与发展的一种解释》，《学习与探索》2006年第6期。

[②] 徐勇：《现代国家建构中的非均衡性和自主性分析》，《华中师范大学学报》2003年第5期；徐勇：《"回归国家"与现代国家建构》，《东南学术》2006年第4期；叶本乾：《现代国家构建中的均衡性分析：三维视角》，《东南学术》2006年第4期。

[③] 徐勇：《现代国家的建构与村民自治的成长——对中国村民自治发生与发展的一种解释》，《学习与探索》2006年第6期。

民主权利是国家依照法律赋予的,并属于整体国家秩序的一部分。村民自治的产生并不是从根本上改变乡村治理体制,而只是基层政权和基层党组织之下的群众自治组织。然而,如果在实行村民自治过程中,过分突出国家权力的整合作用和行政命令的强制性,如"行政"与"自治"的矛盾、村"两委"矛盾,必然会窒息村民自治的活力,无法发挥村民自治制度的优越性,弦乡实施村民自治制度过程中出现的问题突出反映了国家权力的过度侵入和干预。

村民自治,是由村民自我管理、自我教育、自我服务的制度安排,是村民行使民主权利的重要途径。公社体制废除后的村民自治制度,其实质是党支持农民当家做主,通过农民的主动参与,并在农民的参与中确立其主体地位,从而将分散的农民吸纳到国家体制中来,并以此建立对国家的认同。因为,村民自治、村民参与都是国家赋予权利的产物。既然村民自治的民主权利的获得是现代国家赋予的,那么,在民主权利赋予的过程中,既有村民行使权利的学习过程,也有国家逐步整合民众和规范制度的过程,彭真认为,基层群众自治是最广泛的民主实践,通过参政议政,"逐步锻炼、提高议政能力"。[①] 在这个过程中,村民行使权利的学习过程,可能需要很长时间来学习、掌握民主权利的基本要领,那么出现的一些问题当然需要时间并逐步解决。同时,国家逐步整合民众的过程,这里也需要一个引导、示范、规范过程。虽然村民自治的产生、发展并不尽如人意,但是,在村民自治的逐渐成长过程中,维护村民的民主权利,实现有效的政治整合和社会整合是其固有的本意和内在精神,村民自治的精神是符合民意和历史发展潮流的,它必将对中国现代国家构建过程产生重要的影响,推动中国向现代国家方向迈进。

---

① 彭真:《彭真文选》,人民出版社1991年版,第608页。

第三部分　重构篇

本篇主要是在检讨弦乡这个农村基层政权结构失衡和功能缺失的基础上，运用现代国家构建理论，对农村基层政权的未来走向、发展趋势以及目标定位进行思考和探索。第八章对弦乡的消逝与重构过程进行描述。第九章主要是基于对弦乡的生成、发展和重构的描述和讨论，在个案研究的基础上进行主题拓展和提升，这是本书研究主旨所在。本书研究的基本结论是，农村基层政权建设是现代国家构建的重要组成部分，农村基层政权公共权力的运行、公民权利的实现以及民生发展的促进，都应该随着现代国家构建的进程应不断完善其组织机构、人员配置以及行为方式，基础性权力从原先的"全能政府"、"失责政府"向有限政府、责任政府转变，扩展性权力从管理职能为主向服务职能为主转变，网络性权力应该向村民权利保障和社区重建的方向深化与提升，以适应整个国际民主化浪潮的发展趋势。虽然农村基层政权在当今时期最主要的任务是促进经济的发展，解决民生问题，但是随着社会的不断发展，而且整个世界经济资源都是稀缺性资源，具有资源禀赋的约束和限制，再加上国际局势的变化和政府政策的失误等原因，国家的经济发展和增长不可能无限继续下去，同时公民权利意识和民主意识逐渐高涨，必然对当今农村基层政权简单的管理行政提出了挑战，为了减轻和改变内在压力，农村基层政权必然顺应民主潮流，主动向民主化方向发展，呈现公共政权与公民"共治"的局面，增加政权的合法性。由此，农村基层政权建设必须兼顾公共权力、公民权利以及民生公共品的三者关系，使政治、经济与社会协调发展，达到民族—国家、民生—国家与民主—国家的相互支持、相互协调的局面。

第八章 建制消逝与体制整合：
乡镇改革的实践过程

人类对自己的定位和前途尚不明确，"现在，每个地方的人都在寻求了解他们身居何处，他们又将何去何从，以及对创造历史并对未来承担责任，他们能有何作为。这样的问题，没人能够给出一劳永逸的答案"①，对农村基层政权今后如何发展以及向何处去也是如此，理论界、学术界和社会都在争论、讨论和探索。2005年弦乡建制的撤并和整合虽然不尽完美，但也是一个探索和改革的途径。基于对农村基层政权的全能治理、高额治理成本、政府责任的缺失和合法性不足等现状的分析，农村基层政权改革的总趋向是使农村基层政权公共权力的运行、公民权利的实现以及民生公共品的提供，都应该随着现代国家构建的进程应不断完善其组织机构、人员配置以及行为方式，从原先的全能政府、失责政府向有限政府、责任政府转变，从管理职能为主向服务职能为主转变，村民自治向村民权利保障和社区重建的方向深化与提升。

一 短缺财政与全能治理：弦乡建制撤并的背景

河南省是全国第一人口大省，也是典型的农业大省，"三农"问题一直是工作的重中之重。河南省共有2100个乡镇；约48138个行政村。2004年12月21日，河南省新任省委书记徐光春宣布，从2005年起对全省所有的县（市）全部免征农业税，"皇粮国税"在有着7300万农

---

① ［美］C.赖特·米尔斯：《社会学的想象力》，陈强等译，生活·读书·新知三联书店2001年版，第179页。

民的农业大省河南宣告终结。免除农业税，给河南农民带来了实惠，但也给以农业税费为主要财政收入的大多数乡镇也带来了巨大的压力和挑战。

一是乡镇债务日益严重。据河南省财政部门的统计，全省2100个乡镇目前总负债95亿元，平均每个乡镇负债489万元，是负债乡镇当年一般预算收入总额的1.9倍，扣除债务后，每个乡镇净负债341.2万元；全省90%以上的乡镇都有负债，其中负债1000万元以上的有179个。全省乡级财政净负债达66.23亿元。全省拖欠行政事业单位人员工资和离退休金累计约50亿元，欠发时间最长的达十几个月。虽经各级政府多方努力，截至2002年为止也只是偿还了1998—2000年之间的拖欠工资[①]。G县是国家级贫困县，财政收入十分困难，绝大部分乡镇是"吃饭财政"，乡乡有债务，镇镇有欠款。弦乡是农业型乡镇，由于投资决策失误和管理混乱，大多数乡镇企业基本上停产、破产或者承包私人，税源不足，工商税收更少，主要依靠收取农业税收养活乡村干部，弦乡财政完全是"讨饭财政"：2004年弦乡本级财政收入为50.6万元，支出为161.4万元，是一个典型的"要饭财政"，零散的工商税收是财政收入的唯一来源。截至2005年，弦乡乡本级财政实际负债为464.4万元，在相邻的A镇，事业单位工资缺口达112万元；乡级负债570万元，村级债务高达2437万元，两级负债高达3007万元。

二是乡镇机构臃肿、冗员过剩严重。据统计，河南省目前财政供养人员比例大体是1∶31。截至2004年底，全省2100个乡镇总编制数为16.21万名，实有人员30.23万人，超编86.5%，平均每个乡镇超编66.8人，个别乡镇甚至超编300多人。此外，全省乡镇有临时聘用人员1.25万人。据统计，目前全省超编200人以上的乡镇就有60多个，其中最多的一个乡镇竟然超编400多人[②]。在G县，一些乡镇、部门安排人员存在很大的随意性，存在"有岗无编制、有岗有编不上班、无岗无编发工资"的现象，"生之者寡、食之者众"的现象是乡镇存在的共性问题，截至2004

[①] 张富良：《希冀与隐忧：免除农业税后的河南省乡镇机构改革回放》，《中国党政干部论坛》2006年第3期。

[②] 同上。

年，全县25个乡镇机关事业单位共有人员近3600人，这次乡镇机构改革富余出来的人员，全县接近2000人[①]。到2004年，弦乡实有人数81人，其中机关24人，在编21人（含工勤2人），超编3人；事业单位57人，在编45人，超编12人，总共超编15人，超编比例18.5%。而在相邻的A镇，全镇实有干部职工人数为271人，其中机关在编人数32人，超编10人，事业单位在编人数为88人，超编141人，全镇行政、事业站所超编151人，超编比例为55.7%。

三是随着经济体制改革的不断深入，"倒逼"着乡镇政府职能发生转变。随着社会主义市场经济体制逐步确立和农村税费改革后，乡镇工作的任务、范围和职能都发生了新的深刻变化，迫切需要乡镇机构进行相应的改革。政企、政事、政社、政资不分的问题要通过改革逐步解决。这次改革将深入改进乡镇工作的方式方法，把乡镇工作从直接办企业、抓生产经营、招商引资、收费罚款、催收催种等烦琐事务中解脱出来，将工作重点从微观管理转移到对农户和各类经济主体进行典型示范引导、提供政策服务、营造发展环境和维护社会稳定上来，乡镇政府职能需要重新定位。但是，如前所述，很多乡镇的机构设置并没有进行相应的调整，仍然是全能治理的模式，使得乡镇职能出现了"越位"、"错位"和"缺位"并存的现象。

农村税费改革后，乡镇行政管理事务减少，机构臃肿、人员过剩问题更为突出；财源锐减，新的增长点培植乏力，财政运行十分艰难。一方面，乡镇财源缺乏、负债过多、财政收支矛盾突出，制约了经济社会的发展；另一方面，人员过多，占用了很多财力，使本来有限的财力很难集中于发展，还有一部分乡镇，如弦乡，成立之初就是促进偏远地区经济社会发展，但由于区划面积小、人口少，行政成本高。面对乡镇人员严重超编，乡镇债务压力增大，乡镇机构和职能急需调整，农村发展迫切需要乡镇机构改革的现实，河南省委、省政府经过大量的调研和论证，于2005年9月9日召开乡镇机构改革电视、电话会议，正式拉开了河南省乡镇机构改革的帷幕。

[①] 《W县长在全县乡镇机构改革动员大会上的讲话》，2005年11月16日。

二　建制消逝与体制整合:弦乡改革的实践过程

在后发国家,国家权力是政治体制改革的主导力量,河南省乡镇机构改革也不例外。由于政府主体之间的利益不同和差异,导致各级政府相互之间的政策博弈过程和操作互动过程,"它的最大成功之处在于,省委、省政府统筹考虑各方利益主体之间的关系协调,并对其进行有效整合,最终形成了一种良性互动的合作型博弈机制"[①]。博弈的结果是,弦乡撤并的实践过程和运作情况得到了很多启示。

(一) 上下结合的博弈:政策规定与操作互动

为了规范和确保乡镇机构改革顺利进行,省委、省政府做了大量工作,出台了有关乡镇机构改革的政策规定以及有关配套政策。同时,县委、县政府针对乡镇机构改革的有关工作,制订了许多实施方案、贯彻意见和具体政策,从中可以看出政府之间的博弈与互动。

省委、省政府出台的政策有[②]:

> (1) 乡镇党政机构设置。根据乡镇实际工作情况,河南省乡镇党政机关只设3个综合性办事机构,名称统一规范为:党政办公室、社会事务办公室、经济发展办公室。计划生育办公室和社会治安综合治理办公室可在上述3个机构上挂牌子,不单独设置机构。除这5个牌子外,乡镇不准再挂其他牌子。乡镇事业单位,仍维持省规定的机构数额不变,名称由各地确定,但不准在省规定限额之外再设置各类事业站所,已经设置的坚决撤并,乡镇不再设立自收自支事业单位,自行设置的要转制为企业,不能转制的予以撤销。乡镇行政编制和事业编制,坚持原核定数额不变,按中央要求,5年内只能减少不能增加。

[①] 张新光:《河南省乡镇机构改革的动力机制研究》,《华东理工大学学报》(社会科学版) 2006 年第 3 期。

[②] 张富良:《希冀与隐忧:免除农业税后的河南省乡镇机构改革回放》,《中国党政干部论坛》2006 年第 3 期。

(2) 非正式人员坚决清退。对乡镇各类非正式人员，凡是临时借调、临时聘用的人员，凡是没有经过组织、人事、编制、财政、劳动保障部门办理正式手续的人员，凡是假身份、假证明、假手续等弄虚作假的人员，一律清退，并张榜公布。

(3) 规范竞争上岗。正式人员须按公开、公平、公正原则，竞争上岗。上岗人员和分流人员必须公示。分流人员必须脱岗，不能与在职人员混岗、轮流上岗，严禁编制混用、轮岗分流。

(4) 部分乡镇将撤并。平原、丘陵地区原则上不保留3万人以下的乡镇，山区原则上不保留面积不足100平方公里、人口不足2万人的乡镇。如果按照此次撤并乡镇的标准，河南省将要撤并350多个乡镇，也就是说，将要有15.27万人被分流安置、清退。

(5) 优惠措施及补偿。对今年年底乡镇机关事业单位男满55周岁、女满50周岁且工作年限满20年的，或工作年限满30年的，可办理提前退休手续，享受退休人员待遇；乡镇行政机关正式在职人员、依照公务员管理的人员，分流后未就业的，退出编制序列，每月按本人2005年国家规定工资标准的70%发放基本生活费；乡镇机关正式在职人员，本人自愿、经批准辞去公职自谋职业的，可视其工作年限一次性发给辞职费；乡镇事业单位分流的正式在职人员，退出事业编制序列，可纳入企业职工基本养老保险，建立养老保险关系，从1995年1月起补建基本养老保险个人账户，以1995年以来的档案工资为交费基数，按11%的比例补缴个人账户资金，退休时按企业办法计发基本养老保险金；乡镇事业单位正式人员，自愿辞去公职并与单位办理解除人事劳动关系手续的，既可以参加企业职工养老保险，也可比照有关规定，给予一次性补偿；未就业的乡镇行政事业单位分流人员，可比照国家和我省有关规定，享受国有企业下岗职工再就业优惠政策；乡镇机构改革分流人员符合申领失业保险条件的，可向当地失业保险经办机构申请享受失业保险金及其他失业保险待遇；每分流1名财政全供人员，省财政对县级财政补助5000元，每分流1名差供人员，对县级财政补助3000元；每撤并1个乡镇，省财政一次性向县级财政补贴50万元。

(6) 堵住多口进人的"口子"。乡镇行政和事业编制，由省一级实行宏观管理和总量控制,乡镇领导职数一经确定,不得改变。建立和完善机构编制管理台账,实行编制实名制管理和机构编制审核通知单制度。乡镇行政机关、事业单位满编后,一律不准添加新的工作人员;乡镇领导干部调整交流的,必须在编制内和职数内进行;等等。

为了顺利推动乡镇机构改革的进展,2005年9月9日,省委、省政府主要领导在"全省深化和完善乡镇机构改革工作电视电话会议"上讲话时,强调了"各级党政主要领导都是第一责任人"、"确保全省乡镇机构编制5年内只减不增和保持社会稳定这两条底线"、"无情改革、有情操作"、"不留过渡期,不得拖延"、"2005年底前基本完成任务"等硬性任务,省里成立了乡镇机构改革工作领导小组,这充分表明了省委决策层的改革决心。市、县、相应地成立了乡镇机构改革工作领导小组,下设办公室、人员安置组、纪检监察组、信访稳定组、政策落实组、区划变更组等。G县成立了派驻撤并乡镇工作组,由县主要领导任组长。乡镇也相应地成立了领导小组。

G县出台了《关于深化和完善乡镇机构改革的实施意见》、《关于乡镇机构改革中人员定岗分流工作实施办法》、《关于在乡镇机构改革中进一步严肃人事编制纪律的通知》、《关于在深化和完善乡镇机构改革中严肃干部人事纪律的若干规定》、《关于撤并乡镇工作中组织人事资产财产档案等交接工作的实施意见》等文件,为此,召开全县乡镇机构改革动员大会,市督导组组长、县长、县委书记先后讲话,要求"站在政治的、全局的、战略的高度,认识乡镇机构改革的极端重要性和紧迫性"。针对乡镇机构改革工作,G县还编制了《深化和完善乡镇机构改革宣传手册》;乡里也制定了相应地文件,同时制定了《乡镇机构改革期间稳定工作的应急处置预案》。

G县除了上面规定的外,还规定了"乡镇政府不设专门的执法机构和队伍。乡镇不设政协机构,不配备专职工作人员"、"乡镇事业单位统一设置6个,即农村经济发展服务中心、村镇建设发展服务中心、文化事业发展服务中心、计划生育服务中心、财税所、民政与劳动保障所"、"撤并乡镇工作的基本原则是科学规划、合理布局;实事求是、因地制宜;形成规模、着眼发展;整体撤并、平稳过渡"等规定。

由于 G 县撤并 6 个乡镇，是该市撤并乡镇最多的县。所以，G 县县委、县政府多次与上级有关部门交涉、积极争取尽量少撤乡镇和提高分流人员补偿标准：

> 对这次乡镇机构改革工作，县委、县政府高度重视，态度明确。一开始，我们就提出：不抱怨、不炒作、不争先、执行政策不走样，完成任务不动摇……县委、县政府锲而不舍地向上争取最大优惠政策。县乡镇机构改革工作领导小组在充分调查摸底、研究吃透上级政策的基础上，多个层面、不同方式向上反映了我县机构改革中存在的困难和问题，请求省市考虑我县实际，尽量减少撤并面，减少人员分流数量，提高分流人员补偿标准。县委书记亲自带队，先后多次到市委、市政府、省编办、省民政厅等上级单位汇报我县此次机构改革的困难，争取得到上级的理解和支持，最大限度地减少乡镇撤并数量。直至 10 月 19 日，王副省长来我县督查乡镇机构改革工作时，我们仍未放弃最后的机会，在会上作了最大限度地争取。可以说，县委、县政府为请求上级减少我县乡镇撤并面和提高人员安置补偿标准已作了最大努力。在全市八县二区中，我县是最后一个上报撤并方案的。这个方案……是我们艰难争取取得的最佳结果，可以说，省、市已对我们给予了最大的照顾，虽然批复的撤并面仍不小，但基本上满足了我们的期望。①

弦乡对撤并乡镇的建议和看法为：

> 弦乡具有多种乡域优势：一是区位及生态优势……二是人文历史优势……弦乡是典型的革命苏区乡，是国家新一轮扶贫攻坚的省定重点贫困乡三是产业优势……实施乡镇机构改革，容易诱发新的社会不稳定因素，合并村组在实际操作上也与当前农村实际相悖，……因此，我们建议撤并乡镇应在充分调查摸底、澄清债权债务的基础上按照试点先行、分层推进的方法进行，合并村组宜暂缓进行。下一步乡

---

① 《W 县长在全县乡镇机构改革动员大会上的讲话》，2005 年 11 月 16 日。

镇机构改革在时间安排上用1—3年完成；在具体改革对象上，应将国家和省定贫困乡村予以保留，保持国家的扶贫开展政策在特困区内的连续性和针对性；将特色乡镇设立为管理区。[①]

河南省规定撤并乡镇的具体标准是：平原、丘陵地区以人口规模为主，兼顾区域面积，原则上不再保留3万人以下的乡镇；山区以区域面积为主，兼顾人口规模，原则上不再保留区域面积不足100平方公里、人口不足2万人的乡镇；等等。弦乡是山区乡，人口17604人，区域面积为44.2平方公里，都低于这个规定标准，所以，弦乡是属于被撤并的乡镇。然而，在G县委、县政府的积极争取下，保留了5个人口不足2万、面积不足100平方公里，但"经济发展势头好，区域、资源等条件较为特殊"的乡镇。

可以看出，县、乡一直通过不同途径和方法争取乡镇的保留，尽量不撤并乡镇。不管是进行乡镇机构改革，还是其他相关改革，最实质、最核心、最根本的问题是如何处理好各方利益主体之间的关系协调，说到底是一个"利益博弈"问题，也是一个制度变革、利益调整、结构变化的问题。虽然有各级政权主体的利益博弈，由于国家权力的压制型和命令性，乡镇机构改革继续进行，只不过是基层政府受到的利益损失较少罢了。这次改革的原动力来自河南各级政府内部，各方利益主体由过去的"分散博弈"转向"合作博弈"。因此，在这次改革中，省、市、县、乡四级政府之间形成了"利益共同体"，原来的不平等博弈也变成了自愿合作，最终形成了一种协调互动的"合作型博弈"机制。这是河南省第三轮乡镇机构改革"一举成功"的最大秘诀[②]。

（二）弦乡撤并改革的具体过程

弦乡机构编制为机关1个，事业单位6个，实有人数81人。其中机关24人，在编21人（含工勤2人），超编3人；事业单位57人，在编

---

① 《弦乡关于乡镇撤并有关问题的调查与建议》，2005年9月25日。
② 张新光：《河南省乡镇机构改革的动力机制研究》，《华东理工大学学报》（社会科学版）2006年第3期。

45人，超编12人，全乡超编15人，财政供养33人。乡镇副科以上干部12人。弦乡的撤并工作分为三个方面的内容，一是乡领导班子和机关人员的调整；二是乡镇事业单位人员的调整；三是撤并后保留下的人员分到其他邻近乡镇或者到县直单位。

1. 领导班子和机关人员的调整

按照省、市、县对这次机构改革的规定，弦乡领导班子成员只能保留7名，需要裁减5人。为此，县委组织部对弦乡班子成员组织了民主测评和组织考察。

民主测评由全体参加在册的乡干部、村支书和村主任对领导班子成员按照优秀、称职、不称职3个标准进行打分，按照得分多少选取人员。组织考察由组织部与部分村支书、乡镇站所中层干部以及党委班子成员分别谈话。一位村支书说：

> 那几天我的手机铃声不断，手机费花了不少，都是来拉票的，乡里其他领导平时很少接触，那几天也主动与我联系多了，主要是想投他一票，我一般还是根据平时工作情况来投票的。①

由于撤并乡镇的领导班子成员改任非领导职务，一半左右的乡镇领导班子成员退出了领导班子。这些干部仍然享受副乡级待遇，也不担忧被分流下岗。弦乡有位分管农业、财经管理和农民负担的副乡长，后来分流到邻近的A镇，作为一般工作人员，他说工作还基本满意，因他原先在A镇工作过，家庭一直在A镇，且A镇的经济发展水平和公共设施比弦乡强多了。弦乡撤并后，弦乡的领导班子成员大多数分到邻近乡镇担任领导成员，正职成为邻近的副职，但享受正科级待遇，成为该乡"第三把手"；或者有个别的领导成员到县直单位任职。有位人事局人员透露：

> 撤并乡镇的领导回到县直单位，安排到享受正科级待遇的副职，等正职退休再安排，现在县直单位是人满为患，他们只有等时间再说。②

---

① 笔者访谈：YBQ—060515—JGC—FJC。
② 笔者访谈：YBQ—060527—XZF—ZCH。

同时，弦乡机关预留了工勤人员，他们都可能到邻近的乡镇工作。经过县组织、人事部门的不断努力和协调，弦乡领导班子成员从总体上来说调整还比较顺利。

2. 事业单位人员调整

G县采取公开考试、量化加分和民主测评的方法，来竞聘事业单位人员（医院除外）。应聘人员综合分数满分120分，其中，笔试满分40分，量化加分不超过50分，民主测评满分为30分。规定事业单位竞聘的对象为必须是正式手续的正式人员：事业单位在职在岗人员；事业单位下岗、离岗人员；未上岗的大中专毕业生、复退军人和其他人员；在机关岗位工作但不符合机关定岗条件且在参加工勤人员、为离退休人员服务人员竞聘中落聘的人员。

笔试考试试卷由全县统一命题，考试内容与公务员考试类似，内容为公共基础知识、党和国家在农村的方针政策，满分40分，考试时间为2005年12月5日。时间为150分钟，从上午9：30到12：00结束。考场气氛比较严肃。总体上来说，是比较公平的，"考试当然公平，只要有水平就行"。

量化加分主要是对应聘人员若干客观因素实行评分和量化，除获奖加分外，各项加分均按最高项加分，不累计计算，加分不超过50分。在弦乡，这项工作主要由分管政工的副书记负责。加分项目总共有九项：（1）按工龄加分。以个人档案为依据，截至2005年12月31日，工龄每满一年加0.5分，工龄超过30年的按30年计算，工龄间断的相应扣除间断年限。（2）按现任职务加分。二级机构（中心、站、所）正职加4分，副职加2分。（3）按技术职称（技术等级职务）加分。经人事部门审批发证的，员级职称加1分，助师级职称（高级工）加2分，中级职称（技师）加6分，高级职称加10分。（4）按学历加分。指国家承认的本人最高学历，中专（含高中）加1分，专科加3分，本科加4分，硕士研究生加6分。（5）按获奖情况加分。县级加3分，市级加4分，省级加8分。同类奖项按最高级别奖计分，不同类奖项可累计计分。本项累计加分最高为8分。（6）按劳动模范称号加分。县级加5分，市级加8分，省级加10分。（7）按转业、复退军人立功等级和伤残等级加分。一等功加10分，二等功加5分，三等功加3分；二等甲级（5级）加5分，二等乙级

(6级)加4分,三等甲级(7级)加3分,三等乙级(8级)加2分。其他人员立功、因公伤残的参照此条款执行。(8)按转业、复退军人身份加分。转业干部加4分,志愿兵加3分,义务兵加2分。(9)按年度考核情况加分。2002—2004年连续3年优秀的加4分,1—2年优秀的加3分,连续3年称职(合格)的加2分,没有参加考核的不加分。加分事项从总体上是比较客观的、公平的,也有很多人反映假证件充斥其中没有被查出来。

民主测评由乡党委书记主持。参加人员为乡机关工作人员、村(街)负责人、乡直单位负责人。弦乡参加的人员为机关在编21人,11个村支书和村主任计22人和乡直单位负责人6个,总计59人投票。参加人员根据竞聘人员的德、能、勤、绩、廉情况和能否聘用进行评价,按分配的名额数额,在民主测评票中填"同意聘用"、"不同意聘用"两个档次。当场宣布每位竞聘人员的得票数,然后,根据竞聘人员的得票数,对竞聘人员进行量化评分,竞聘人员民主测评评分分数 = 30÷参加民主测评的总人数×竞聘人员的民主测评得票数,民主测评满分为30分。据介绍:

> 在测评前,很多人在打招呼,这是无记名投票,到底投票给他了没,都不清楚。我乡有一位大学生,来乡很多年了,一直帮乡政府食堂烧锅炉,一个月才300块钱,我们看他太可怜了,大家都投他票,让他成为正式工作人员了。他派到附近的LT乡工作了。民主测评有点不公平,测评不能反映本人能力。①

有些人员脱离岗位很多年了,但是这次也回来参加考试、加分和测评,通过竞聘各个环节后成绩还不错,这样又上岗了;有的职工由于进入单位手续不全,虽然干工作多年且能力不错,但这次落选了,他们很苦恼和无奈:

> 当时我的手续在医院,借调到乡计生办,专门做计生手术,技术在我乡是一流的。我有药师证,属于正规途径得来的,我考试成绩也

---

① 笔者访谈:YBQ—060515—JGC—FJC。

不错,全乡第二名,但后来不知道谁举报查出来了,我还是回医院了,我也很理解,他们也在寻求自保。①

弦乡事业单位竞聘人员经过三个环节的各个步骤,最终确定了分流的人员名单并直接上报县委组织部审核。在参与竞争的45人,分流了5人,剩下的40人在弦乡撤并后分到邻近的A镇、LT乡。在G县,也有在本乡竞聘上岗后,被调到邻近的乡镇充实为其他乡镇的工作人员,这样的情况很多。

考试成绩、加分和民主测评成绩即将公布那天,乡政府大院有很多人等待成绩的公布,有的竞聘人员不直接来,而是让家里人来看;有的一直盼望县里来车,等待乡领导把名单从县组织部带回。在改革那段时间里,全乡甚至全县的许多人都在谈论这件事,集市上、公交汽车上、村庄等各个地方,乡村干部、农民、外出打工回来的人等各个阶层的人士,谈论"弦乡乡镇机构改革的事情"和"弦乡人快将变成A镇人了"等有关情况。

名单公布后,榜上有名的当然高兴,分流的人员当然很失望,乡党委书记都逐个进行谈话。那几天,上级要求所有政府工作人员不准请假,严阵以待防止闹事,确保社会稳定,毕竟社会稳定是"一票否决"的工作,G县规定乡镇机构改革要严守的两道"底线"之一就是确保社会稳定,妥善化解和处理改革中出现的矛盾和问题,确保改革平稳运行。

2005年12月9日,省编办通报乡镇机构改革进展情况:在短短的3个月时间内,全省已清退临时人员20562人,临时人员清退任务全部完成。全省乡镇已定岗140153人,占应定岗职位的86.5%,其中行政机关定岗58752人,事业单位定岗81401人。全省已分流人员127929人,占应分流人数的91.2%②。截至2005年底,全省撤并乡镇236个,合并各类事业站所3117个,精简乡镇领导职数接近1/3,清退乡镇临时人员20551人,分流乡镇超编人员170022人③。弦乡建制在20年前设立,20年后撤并,颇耐人寻味和反思。河南省乡镇机构改革基本上如期完成。

---

① 笔者访谈:YBQ—051225—A—LSM。
② 《关注乡镇干部队伍建设》,http://epaper.dahe.cn/hnrbncb/htm2006/t20060310_441238.htm。
③ 马宏图、李铮:《2005:河南乡镇大变革》,《河南日报》,2006年1月15日。

三 没有结局的尾声:任重道远

河南省乡镇机构改革"要解决的两个根本问题就是'食之者众'和转变乡镇政府职能"、"衡量这次乡镇机构改革成功与否的标准,就是要看乡镇机构改革是否有利于巩固农村税费改革成果,确保农民负担不反弹;是否有利于提高乡镇机构工作效率,降低行政成本;是否有利于更好地为'三农'服务,提高农村生产力,促进农村经济社会发展;是否有利于依法行政,加强乡镇基层政权建设和各项基础设施建设,保持农村社会和谐稳定"[①]。我们看到,虽然这次改革把"食之者众"的问题基本解决了,但是乡镇机构改革的关键问题是转变乡镇政府职能。如果乡镇政府职能不转变,那么机构膨胀、冗员增多的现象又会死灰复燃,治理成本急剧上升,重现回到以前多次改革覆辙的窠臼。

2006年,中央提出建设"生产发展、生活宽裕、乡风文明、村容整洁、管理民主"的社会主义新农村的目标,现在全国各地农村基层政权兴起建设社会主义新农村的热潮。弦乡以前所属区域也在大搞新农村建设,于是G县县级各个部门的权力更加深入地渗透到农村,诸如卫生、教育、劳动保障、民政、通讯、交通、邮电等各个部门的权力都在"下乡",展现部门权力在新农村建设中的作用;农村基层政权更是全力以赴,动用各种行政手段,借贷修路、集中建房、耕地拍卖,甚至规定停止2006年修建新房,新农村规划好后再动工等怪现象。历史现象有很多是重复出现的,这种所谓的新农村建设重现当年"全能治理"的治理模式,出现了建设新农村"大跃进"的局面。转变乡镇政府职能任重而道远。

政府职能的转变是乡镇机构改革的重点和核心。从当前经济社会发展面临的形势和各层级政府间的功能定位和职权配置看,乡镇政府要适应社会主义市场经济条件下农村经济社会管理的要求,按照建设社会主义新农村的目标,切实履行好政府职能;要坚决实行政企分开、政事分开和政社分开,把政府不该管的事交给企业、市场和中介组织,从过去直接抓生产

---

① G县乡镇机构改革领导小组办公室:《G县深化和完善乡镇机构改革宣传手册》,2005年11月。

经营、催种催收，转到落实政策，强化政府的社会管理和公共服务职能上来，特别是要强化为"三农"服务、推动区域经济协调发展的职能，如加强农村基础教育和公共卫生体系建设，加强农村劳动力素质培训和计划生育工作，丰富和繁荣农村文化，不断扩大社会保障覆盖面，提高保障水平；加强农村社会治安综合治理和环境保护，努力维护社会稳定；加大农村市场监管和安全生产监督的力度；等等。

四 小结：权力、权利与农村基层政权的重构

河南乡镇机构改革的任务告一段落。弦乡的撤并，我们发现，国家权力自始至终发挥着主导作用，忙碌的是各级官员和干部们，而始终没有发现农民参与的身影，农民参与缺失的乡镇机构改革能够成功吗？离开农民的利益表达和诉求，离开农民的参与和规制，我们将不知道要建设一个什么样的乡镇政府，也不知道这样的政府改革怎样才能成功。

建立公共服务型政府，中央政府已经有充分认识和明确要求。如何建立公共服务型政府，政府的自觉行为和国家权力的自身努力必不可少，但是，与此同时，农民的内生动力及自主推动也不可或缺。在有些情况下，特别是政府自身动力不足、努力不够的时候，农民的自主推动则成为更加重要的力量。现在，需要解决的问题是，将普通的乡村居民吸引到政府自身的改革中来，让农民成为基层政府创新的直接推动力量，改变乡镇政府改革与农民无关的状况。在过去的政府改革中，农民基本上是旁观者。对于乡村基层政府的绩效评估，基本上都是有上级政府进行的，是上级对于下级的评估；对于乡村干部的表现考核，基本上是在政府体系内部进行的，是领导对部下的考核，导致国家权力与民众权利的不对等，从而导致农村基层政权的重构流于形式或者根本没有效果，积重难返。要改变这种状况，要让农民参与到政府活动中来，需要打破政府运行的封闭性。

这个过程中，两个方面的因素非常重要。一是农民能力的提高，包括对于政府运作情况的较多了解，对于政策法规的较多掌握，可以直接提高农民抵制基层干部某些不正当行为的能力，有助于基层政府成为一个有限政府；二是政府主动改革，让农民直接参与政府工作创新，包括具体政府

业绩成效评价、工作人员和职责岗位评价，包括哪个部门为村民办了哪些有利或者不利的事情，哪个工作人员办了哪些有利或不利的事情，都倾听农民的意见。当农民的意见成为政府工作的基本参照，而不是以花样繁多的上级"考核"、"评估"为标准，乡镇政府才能成为以农民需要为目标的责任政府。只要农民的能力提高，特别是农民对于政府的问责意识和问责能力提升了，就会给予政府改革的压力和动力。促使政府从原先的全能政府、失责政府向有限政府、责任政府转变。动员农民直接参与到基层政府变革中去，通过推动政府变革来更好地促进社区发展，是建立服务型政府的基本途径。

根据我国法律法规，农民有选举政府领导人的权利，但是，作为直接为农民服务的基层政府，农民却从来没有机会去正式评估政府中哪些机构和人员的工作业绩如何，哪些人员岗位应该保留或取消，包括在什么情况下，机构和岗位应该有什么样的调整改变等。基层政府是直接面向基层民众工作，直接为农民服务的，因此，农民应该最了解基层政府和基层工作人员，也最有权和最有条件去评价社区政府的。因此，农民参与政府创新，应该开辟新的工作领域，不仅是乡村干部选举，也不仅是举报违法违纪行为，而应该深入到乡镇政府的日常运行中去，强化他们对于乡镇干部日常工作的具体监督、制约和问责。在这个过程中，可以推动落实农民的权利，推动基层政府成为"对农民负责任为第一要务"的政府。为此，2005年温家宝总理在十届全国人大三次会议上提出"努力建设服务型政府"的目标，这就要求乡镇"从过去什么都管的无限政府转向专心致力于解决和管理公共事务的有限政府；从过去人治的政府转向法治政府；从过去强制管理型政府转向公共服务的政府。"要凸现乡镇的服务性职能，并以此为核心进行机构改革，把乡镇承担的经营性服务剥离出去，通过市场化运作来实现其职能。乡镇要进一步强化服务性功能，把那些需要政府提供的公共服务、公益事业、公共设施等真正落到实处[1]。

乡镇改革是当前农村综合改革的重要内容，事关农村社会的稳定与长远发展，也是关系到社会主义新农村建设能否切实推进和全面建成小康社

---

[1] 赵树凯：《农民参与是乡镇改革的根本动力》，《中国发展观察》2006年第9期。

会目标能否实现的大事。对农村基层政权的改革,应该发挥农民的主动性和参与性,把农民作为改革的主体力量和根本动力,而不是政府简单的单方面行为和临时救济措施。应把农村基层政权改革放在现代国家构建的视角下进行。农村基层政权改革的总趋向是使农村基层政权公共权力的运行、公民权利的实现以及民生公共品的提供,都应该随着现代国家构建的进程应不断完善其组织机构、人员配置以及行为方式,其目标指向是"转换乡镇政府功能,使之从(间接地)为城市服务转变为'三农'服务,为占人口多数的农村居民服务。不论各地的差异和差距有多大,这个目标应当是一致的"①。

---

① 刘尚希:《谨防乡镇机构改革落入"循环改革"的陷阱》,《人民论坛》2006 年第 3 期。

第九章 拓展与提升：农村基层政权与现代国家构建理论

对弦乡的生成、衍变和重构以及基层政权现状等的论述而言，本文已经叙述了不少内容。然而，对于实证研究而言，"如果让材料吞没了思想，我们会步入抽象经验主义的圈套……如果你试图通过抽象经验主义来逃避这种处境，你最后会停留在微观的或亚历史的层次，并慢慢积累你处理的抽象的细节资料"[1]，对弦乡个案本身的论述只是手段，关键的是有理论关怀和学术增量及其贡献，所以非常有必要在个案研究的基础上进行主题拓展和提升，这是本书研究主旨所在。

现代国家渊源于西方，是针对传统国家（traditional country）而言的，是一种值得肯定的国家类型和价值理念。它是现代国际体系组成的主体，也是广大后发国家政治发展的目标和指向。中华民族自近代以来一直奋斗在现代国家构建的征程中。与此相呼应，徐勇提出了"对于处于现代化和全球化浪潮中的当今中国来说，更主要的任务是建构一个民族—国家与民主—国家相对均衡的现代国家"[2]。然而，在中国等后发国家如果仅仅构建民族—国家与民主—国家二者的均衡性，还不足以达到构建现代国家的目标。因为这些后发国家还要以现代大工业和市场经济为基础，承担发展经济并提供民生公共品和促进民众福祉的重任，这也就是说，还要从民生—国家的角度，从经济、政治和社会互动的角度和路径来达到现代国家构建的目标，即民族—国家、民生—国家与民主—国家之间的良性互动和

---

[1] ［美］C.赖特·米尔斯：《社会学的想象力》，陈强等译，生活·读书·新知三联书店2001年版，第133页。

[2] 徐勇：《乡村治理与中国政治》，中国社会科学出版社2003年版，第337—355页；徐勇：《"回归国家"与现代国家建构》，《东南学术》2006年第4期。

均衡性,当这三者之间建构不同步和失衡的情况下,"国家极有可能成为外在或超越个人的抽象存在,成为不受制约的强制和专断性力量,从而造成社会动力和活力的缺失","由于现代化的非均衡发展和国家转型未能完成,使政治社会的非均衡性更为突出,甚至出现政治断裂。这便是中国政治的现实状态"[①]。

学术界研究现代国家的构成及其演化,有不同的视角和维度。对国家的研究经历过不同的视角[②]:(1)"系统主导的结构主义视角"。该视角研究政治学的核心概念"国家"在20世纪70年代风靡整个政治学界,强调国家的制度—组织—结构等变量对国家形态和能力的影响,代表人物为阿尔蒙德、伊斯顿等。(2)"理性主义视角"。该视角主要关注个体行动和选择,进而借鉴新制度经济学的有关理论,分析国家的行动是否符合理性要求和经济人逻辑,代表人物为罗伯特·贝茨、列维、诺斯等。(3)"历史制度主义视角"。该视角通过梳理历史制度安排对早发国家与后发国家在建构现代国家过程中形成不同的路径和道路,国家进而产生不同的结果和效率,代表人物为波兰尼、亨廷顿等。(4)"文化主义视角"。该视角注重文化因素对国家构建的影响,其代表人物格尔茨提出的"剧场国家"概念等,该视角对国家研究发挥的影响最小。

众所周知,农村基层政权建设是中国现代国家构建的重要组成部分,基层政权建设的好坏也是关系到中国现代国家构建成功与否的重要标志。那么对农村基层政权的研究能否对中国现代国家构建有什么理论借鉴意义呢?对现代国家构建理论的发展有什么贡献呢?这就是本书研究所探讨的终极目的与价值所在。本书注重微观分析,既使用了"系统主导的结构主义视角",就是运用制度—组织—结构—能力等变量和国家自主性来观察基层政权建构的形成与演进,也有"历史制度主义视角",通过梳理转型国家的制度安排在基层政权建构过程中,尤其是现代国家过程中形成不同的路径和道路所造成的影响。同时,本书特别注重基层政权形成和运转的微观机制分析和"过程—事件"研究,这种分析方法和研究路径的重

---

① 徐勇:《乡村治理与中国政治》,中国社会科学出版社2003年版,第347页。
② [美]乔尔·S.米格代尔:《社会中的国家:国家与社会如何相互改变与相互构成》,李杨等译,江苏人民出版社2013年版,第240—269页。

要性日益凸显,通过"深描"嵌入社会中的过程和事件,加强学术研究和理论反思,透视现代国家构建中的迷思和发展逻辑。

一 "均衡性"解析①

"均衡性"(Equilibrium)最初是从物理学中借用的,指的是一个系统的特殊状态:在其中相互对立的力量同时对这个系统发生作用,但它们相互抵销、作用的结果等于零,因此系统处于某种稳定的状态。均衡用来分析人的行为和社会现象时,它表示相互对立中的任何一种力量在现有条件约束下均不具备改变现状的动机和能力。恩格斯关于历史发展的合力理论揭示出历史事件是相互对立、相互作用的社会力量彼此制约的结果,任何一种力量都无力单独左右历史的发展和事件的结果,这中间含有均衡的思想②。

经济学意义上的均衡包含两个方面的内容:其一,对立的力量(供求)在量上处于均等状态,即变量均等;其二,决定供求的任何一种势力不具有改变现状的能力,即行为最优,此时的经济状态是"可持续的"③。新制度经济学派把均衡用来表示制度需求和制度供给间的关系。所谓"制度均衡"指的是"在给定的一般条件下,现存制度安排的任何改变都不能给经济中的任何个人或任何个人的团体带来额外的收入"④,或者"在行为者的谈判力量及构成经济交换总体的一系列合约谈判给定时,没有一个行为者会发现将资源用于再建立协约是有利可图的"⑤。总之,相对于制度变迁和制度创新的制度均衡性反映的是制度

---

① 此节内容主要参考曾峻:《公共秩序的制度安排——国家与社会关系的框架及其运用》,学林出版社2005年版,第127—130页。
② 孟庆仁:《一个新历史观的足迹——唯物史观发展史纲》,中国广播电视出版社1988年版,第192—194页。
③ 樊纲:《论均衡、非均衡及其可持续性问题》,《经济研究》1991年第7期。
④ [美] L. E. 戴维斯、D. C. 诺斯:《制度创新的理论:描述、类推与说明》,载[美] R. H. 科斯、A. 阿尔钦、D. C. 诺斯等:《财产权利与制度变迁——产权学派与新制度学派译文集》,胡庄君等译,上海三联书店、上海人民出版社1994年版,第297页。
⑤ [美]道格拉斯·诺斯:《制度、制度变迁与经济绩效》,刘守英译,上海三联书店1994年版,第115页。

的稳定状态。

然而,新制度经济学派的制度均衡主要指单个制度而言的,表达的是影响人们的制度需求和制度供给的条件给定时,互相对立的力量间的对比关系,即某种制度的实际安排和这种力量对比是相适应的,制度均衡状态是适合各个个体或各团体意愿的状态,有学者称之为制度的"合意态"[①]。而不同制度间相互适应、彼此协调的状态,即"适调态",是制度间的均衡状态[②]。所以,制度均衡有两种类型:制度内均衡和制度间均衡,分别对应两种状态:"合意态"和"适调态"。本书研究的均衡性主要是指制度间的均衡状态,即民族—国家、民生—国家与民主—国家之间的制度安排和实践运作呈现良性互动和均衡状态,同时也含有各个制度内均衡的意蕴,因为制度间均衡是以制度内均衡为基础的,只有单个制度分别达到相对稳定或可持续状态后,它们之间的均衡才有实现的可能。

二 现代国家构建的历程:早发国家与后发国家的比较[③]

人类政治取决于人类重复的行为模式,既横跨文化,也横跨时间。共享的本性有:人类从未在无社会状态中生存;人类天生喜欢制定和遵循规范或规则;人类遵循规则的本能,往往基于情感,而非理性;人类天生具有暴力倾向;人类天生追求的不只是物质,还有认可[④]。基于人类的天性,人类应对暴力的方式根植于制度、组织及其结构中。社会科学家不断在反思、研究和解释诸种社会在不同历史时期的绩效特征和动力根源,"社会秩序到底暗含着哪些基本作用力,社会秩序的特征表现在:社会是如何设计制度以保证各种特定类型的

---

① 张旭昆:《论制度的均衡与演化》,《经济研究》1993年第9期。
② 曾峻:《公共秩序的制度安排——国家与社会关系的框架及其运用》,学林出版社2005年版,第129页。
③ 此节参见叶本乾:《现代国家构建中的均衡性分析:三维视角》,《东南学术》2006年第4期。
④ [美]弗朗西斯·福山:《政治秩序的起源》,毛俊杰译,广西师范大学出版社2012年版,第431—432页。

人类组织的存在的？社会限制或开放创建这些组织的权利的方式以及组织模式到底能产生些什么样的激励？"[①]中西方的政治研究源远流长，其主题就是人与社会的关系：人是什么？人为何组成社会？社会是什么？社会如何组成与如何活动？社会的管理与控制怎样进行？权力是什么？如何统治？为什么要服从？怎样统治更加有效？社会科学家不断反思和解释目前大多数国家趋向现代国家的殊途同归现象，探寻人类治理的良好秩序和方式。

早发国家与后发国家的政治发展路径虽然差异明显，但是最后殊途同归走向现代国家的目标。人类政治秩序和国家治理体系是靠政治精英的精心设计还是靠运气和强力，至今还是一个迷思。汉密尔顿指出："人类社会是否真正能够通过深思熟虑和自由选择来建立一个良好的政府，还是他们永远注定要靠机遇和强力来决定他们的政治组织。"[②] 机遇垂青了欧美早发国家。欧美早发国家来源于形态多元的传统国家，诸如城邦、帝国、城市共和国、绝对主义国家等，通过工业化、市场化和暴力等手段，逐渐发展到现代国家的形态，"没有人设计了民族国家的主要组成部分——国库、法庭、中央政府等等。它们通常或多或少是作为无意识的副产品而形成的，通常它们来自执行更为直接任务的努力，特别是为了创建和支持武装力量的努力。"[③] 现代化起源于西方并逐步席卷全球，现代化不仅仅是经济和社会的现代化如工业化、城市化等，而且是政治现代化和文化世俗化；现代化不仅是由传统农业社会向现代工业社会的转变过程，而且是由一个分散、互不联系的且以族群为基础的地方性社会走向一个整体、相互联系并以国族为基础的现代国家的过程。根据大多数学者的概括，现代国家需要符合一些条件：（1）占有特定的领土，在该范围内具有唯一的主权；（2）垄断暴力或军事力量，这意味着该领土范围

---

① ［美］道格拉斯·C. 诺斯、约翰·约瑟夫·瓦利斯、巴里·R. 温格斯特：《暴力与社会秩序——诠释有文字记载的人类历史的一个概念性框架》，杭行等译，格致出版社、上海人民出版社2013年版，第1—2页。

② ［美］汉密尔顿、杰伊、麦迪逊：《联邦党人文集》，程逢如等译，商务印书馆1980年版，第3页。

③ ［美］查尔斯·蒂利：《强制、资本和欧洲国家（公元990—1992年）》，魏洪钟译，上海人民出版社2007年版，第29页。

内只存在一支合法的军队;(3)建立一个一体化的行政体系和官僚系统,以此作为实施日常统治的工具;(4)建立一个统一的税收系统,以汲取经济资源来维持军队与官僚系统的运转。① 李强对现代国家的特征给予了概括:现代国家体现为在特定领土上存在一套独特的机构,这一机构垄断了合法使用暴力的权利;现代国家对使用暴力权力的垄断是以它对税收权的垄断联系在一起的,通过垄断税收建立公共财政以满足国家的财政需求;国家垄断合法使用暴力的权力与税收的权力,目的不在于为国家机构自身或国家机构的成员谋求福利,而在于为一国的人民提供"公共产品"②。黑格尔指出:"现代国家的本质在于,普遍物是同特殊性的完全自由和私人福利相结合的"③,所以,现代国家具有三大特性:一是现代国家肯定是民族—国家,"迄今为止,现代国家的基础还是民族,基本形态还是民族国家,民族这一概念是国际的国家体系的划分基础"④。民族—国家就是"存在于由他民族—国家所组成的联合体之中,它是统治的一系列制度模式,它对业已划定边界(国界)的领土实施行政垄断,它的统治靠法律以及内外部暴力工具的直接控制而得以维护"⑤。二是现代国家必定是民主—国家,"民主—国家强调的是按照主权在民的原则构造国家制度,主要反映的是国家内部统治者与人民、国家与社会的关系。因此,衡量民主—国家的重要标准就是统治的合法性的民意基础,即统治权力是否按照体现人民意志的法律取得和行使"⑥。三是现代国家同时也是实行现代经济的国家,我把它称之为民生—国家,"民生—国家"主要指以现代大工业和市场经济为基础,承担发展经济并解决民生公共品和促进民众福祉为重

---

① [美]贾恩弗朗哥·波齐:《国家:本质、发展与前景》,陈尧译,上海人民出版社2007年版,第20—31页;[英]迈克尔·曼:《社会权力的来源》(I),刘北成等译,上海人民出版社2002年版,第513—552页。

② 李强:《后全能体制下现代国家的构建》,《战略与管理》2001年第6期。

③ [德]黑格尔:《法哲学原理》,范扬等译,商务印书馆1961年版,第261页。

④ 徐迅:《民族主义》(修订版),中国社会科学出版社2005年第2版,第40页。

⑤ [英]安东尼·吉登斯:《民族—国家与暴力》,胡宗泽等译,生活·读书·新知三联书店1998年版,第147页。

⑥ 徐勇:《乡村治理与中国政治》,中国社会科学出版社2003年版,第337—355页;徐勇:《"回归国家"与现代国家建构》,《东南学术》2006年第4期。

任的国家①，与实行传统经济的国家相区别，"随着现代资本主义及其相伴的政治形态（民族—国家）的发展，政治与经济才得以最密切地配合起来"②。所以，现代国家是民族—国家、民主—国家和民生—国家三者的统一体，形成三足鼎立、相互影响、相互制约的局面（如图9—1）。如果仅仅是构建民族—国家，或者是民主—国家，或者是民生—国家，或者仅仅构建三项中的两项，那么整个现代国家构建的历程就没有完成，三足鼎立局面就会打破，整个国家就会出现不和谐的局面，世界近现代历史和中国农村基层政权变动不居的现象已经证明了此种情况。

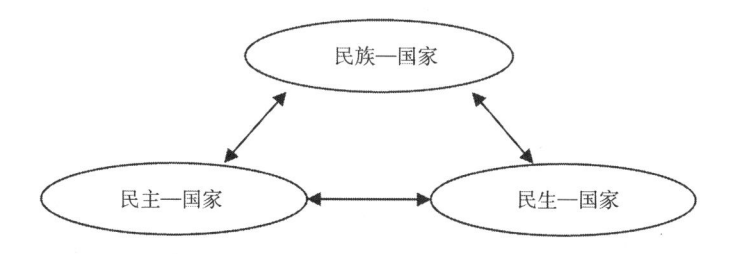

图9—1 现代国家构建示意图

注：箭头方向表示三者互相制约、互相联系及其均衡性

然而，现代国际体系中发达国家与后发国家在构建现代国家的进程中呈现出不同的特点和逻辑。西方发达国家，特别是欧洲的少数发达国家，在生成现代国家的进程中，具有协同性、均衡性及独特性的特点。而后发国家在现代化和全球化的世界背景下，正处于矛盾并发时期，而且现代国家构建的进程出现不同步，具有矛盾并发性和非均衡性的特点。

（一）西方早发现代国家的生成逻辑：协同性、均衡性与独特性

现代国家起源于欧洲，经济的现代化、民族的统一和国家政权建设都

---

① 笔者把"以现代大工业和市场经济为基础、承担发展经济并解决民生公共品和促进民众福祉为重任的国家"称为"民生—国家"，主要是为了便于分析，同时也是参照孙中山的"三民主义"，即民族主义、民权主义、民生主义，孙中山认为民生主义是指"人类求生存"的问题，或者是"民生就是人民的生活，社会的生存，国民的生计，群众的生命便是"，具体的途径是进行社会革命，即平均地权，"耕者有其田"，节制资本等。参见张星久：《中国近现代政治思想述论》，湖北人民出版社2000年版，第154—160页。

② [英] 安东尼·吉登斯：《民族—国家与暴力》，胡宗泽等译，生活·读书·新知三联书店1998年版，第85—86页。

内源于西方社会的自身需求,"像欧洲那样来源于自身内部的发展"[①]。西方早发国家在现代经济如资本主义、工业主义(或者工业资本主义)以及在战争暴力机器的有力推动下,结束原本封建割据局面,进行国家政权建设,有效地进行了政治整合和社会整合,生成了现代国家。早发国家的生成逻辑具有协同性、均衡性与独特性。

推动现代国家生成的原始动力是军事暴力——以战场为领地的军队,主角是封建君主,逐步形成主权独立的民族—国家。中世纪欧洲政治形态的特点是封建割据和军事、经济力量分布不均,这样直接导致政治实体之间激烈的军事竞争。一方面,这是一场持续的竞争,从5世纪古罗马衰落到20世纪第二次世界大战结束,欧洲形成了国家间的军事竞争系统,一直处在持续的战争当中,其中两次世界大战都源于欧洲,即便第二次世界大战后,苏、美两个超级大国的对峙也是以欧洲为主要竞争点;另一方面,这场持续的军事竞争也是异常残酷的,在军事竞争中,公元990年的几千个类似国家的政治实体到1500年中世纪结束时只剩下了500个,到1780年还剩100个,到2000年仅剩下27个左右。军事竞争的残酷性也反映在各个国家的财政上,如在英国,从1000年到1760年的七个世纪里,总共有大约70%—90%的国家财富都用于军事用途[②]。经过不断的优胜劣汰和军事竞争,军事暴力与国家生成具有很大的相关性,美国学者查尔斯·蒂利认为,制造战争与制造国家是一个循环过程,国家在战争中学会怎样使自己运作得更有效率,更有效率的国家再反过来发动新的战争[③]。查尔斯·蒂利通过历史梳理和逻辑分析,划分了强制密集型、资本密集型和资本化强制

[①] [美]杜赞奇:《文化、权力与国家——1900—1942年的华北农村》,王福明译,江苏人民出版社1994年版,第3页。

[②] 朱天飚:《比较政治经济学》,北京大学出版社2006年版,第26—27页;[英]安东尼·吉登斯:《民族—国家与暴力》,胡宗泽等译,生活·读书·新知三联书店1998年版;[英]迈克尔·曼:《社会权力的来源》(Ⅰ),刘北成等译,上海人民出版社2002年版。

[③] Charles Tilly, "War Making and State Making as Organized Crime", in *Bring the State Back* in Edited by Peter B. Evans, Dietrich Rueschemeyer, and Theda Skocpol (New York: Cambridge University Press, 1985). 朱天飚:《比较政治经济学》,北京大学出版社2006年版,第27页。

型三种国家类型,探讨的主题就是"欧洲国家经历了如此多样的道路却最终殊途同归到民族国家"[①]。欧洲国家从传统国家向现代国家过渡的过程中,期间曾出现了"绝对主义国家"时期,这个时期的典型表征就是出现了国家权力"集中化"过程,特别是强调君主权力的集中、行政官僚体系的建立、军事力量的垄断乃至于在更为扩大的层次上说明国家主权的宣示[②]。"传统国家的统治集团缺乏左右其臣民日常生活的固定手段。与此相对照,现代国家的一项主要特征就在于:国家行政人员的控制能力的巨大扩张,直至甚至能左右个人日常活动的最私密部分"[③]。中央政府在集中和扩大权力的进程中,同时进行权力的弥散化,英国学者迈克尔·曼提出了权力的集中、扩散、分布、渗透等运作形态上的一般化理论。他认为,"国家权力"的运作乃呈现出两种截然不同的形态发展。第一个方面基本上是集中性的权力,运作上具有专断与"镇压"的性格;从历史上来看,比较接近专制君主"为所欲为"的权力形态。第二个方面的权力机制在运作范围上比较广泛,具有某种"扩散"的性质;在运作的有效性上,这类权力却必须建立在庞大的、广布于社会的权力网络、技术与组织之上[④]。此外欧洲的民族建设与国家建设是同步的,也就是民族—国家的生成,即"两种不同的结构和原则的融合,一种是政治的和领土的;另一种是历史的和文化的"[⑤],它是以民族共同体为组织基础的政治共同体。

真正推动现代国家生成的基本动力则是经济暴力——以市场为领地的资本,主角是资产阶级,逐步生成民生—国家。资本的逻辑宰制了资本主义社会的运行。欧洲现代国家与现代经济具有互生性及互动性,"现代经

---

① [美]查尔斯·蒂利:《强制、资本和欧洲国家(公元990—1992年)》,魏洪钟译,上海人民出版社2007年版,第10页。

② [英]佩里·安德森:《绝对主义国家的系谱》,刘北成等译,上海人民出版社2001年版。

③ [英]安东尼·吉登斯:《民族—国家与暴力》,胡宗泽等译,生活·读书·新知三联书店1998年版,第11页。

④ Michael Mann, *The Source of Social Power*, Vol. II, Cambridge University Press, 1993, pp. 58–59.

⑤ [英]戴维·米勒、韦农·波格丹诺:《布莱克维尔政治学百科全书》,邓正来中文主编,中国政法大学出版社1992年版,第490页。

济的发展不但与现代国家的发展是同步的，而且是相辅相成的，根源都在于欧洲长期激烈的军事竞争。因为有现代经济的支持，现代国家才能完善自己的机构、制度，才能推动军事科技的变革，才能满足由军队规模、战争规模日益增大所引发的财政需求。"[①] 欧洲的现代经济，如市场经济、资本主义、工业主义（工业资本主义）的发展，对现代国家生成起着决定性的作用，"在欧洲，财富的增加和现代化不仅是民族形成，而且是国家塑造的动力。"[②] 随着现代经济的发展和社会面临的问题不断增多，国家逐步改变政治与经济的"断裂"的局面和"自由放任"的经济政策，国家不仅仅为资本所有者开辟国内市场、推动新的生产方式的尝试、界定和保护产权、采取不同的方式干预经济运行，而且还促进现代经济发展所必需的资本积累活动。正如查尔斯·蒂利所说，在欧洲政治割据开始时有多种政治实体及其组织形式，特别是一种以强权为中心的形式，另一种以资本为中心的形式，而这些形式通过持续的军事竞争都在欧洲消失了，前者人多钱少，后者人少钱多，都不适应长期的军事竞争，最后各种组织形式都归结于资本化的强权形式，只有这种形式找到了强权与资本的平衡，才使其有利于在竞争中生存与发展[③]。

同时，推动现代国家生成的人类本性动力——公民权利的增长，主角是广大民众，进而逐步生成民主—国家。现代国家主权观的形成和现代经济的催生作用，再加上西方基督教精神的指引以及"天赋人权"和"社会契约论"等思想的激励，必然促进民众集体联合起来，在中央政府权力集中的过程中公民权利也不断增长和扩大，"主权观及其现实的发展非常重要，因为它使两种初看起来相当对立的发展，即绝对主义君主的权威以及现代民主国家的诞生得以关联起来。"[④] 西方民众针对封建专制和资本的盘剥，逐渐联合起来组成政治派别，通过不同形式的斗争并争取做人的公民权利、政治权利并进而争取经济和社会权利，"我们认为这些真理

---

① 朱天飚：《比较政治经济学》，北京大学出版社 2006 年版，第 30 页。
② ［美］杜赞奇：《文化、权力与国家——1900—1942 年的华北农村》，王福明译，江苏人民出版社 1994 年版，第 2 页。
③ 朱天飚：《比较政治经济学》，北京大学出版社 2006 年版，第 27 页。
④ ［英］安东尼·吉登斯：《民族—国家与暴力》，胡宗泽等译，生活·读书·新知三联书店 1998 年版，第 242 页。

是不证自明的，人人生而平等，造物主赋予每个人一些不可剥夺的权利，其中包括生命，自由和追求幸福的权利"①，吉登斯认为，"与其把公民身份权利的整体发展的三个阶段，还不如把它们理解为斗争或冲突的三个舞台"。西方国家的统治阶级在民众的不断斗争中，逐步改变统治方式并进而采取一系列的民主制度安排，如宪政、法治、分权制衡等，"公民权利内在地与包含在国家的治安活动中的监控相联系"。② 通过不断斗争，逐步以制度安排的形式保障民众权利，达到政治整合和社会整合的目的。赫尔德通过分析思考并总结前人研究成果，构思和形构了现代国家及现代国家体系形成的路线图③（参见图9—2）。

欧洲早发国家生成的进程是三者良性互动并且是协同性的：在生成现代国家的过程中，封建君主、资产所有者和广大民众相互作用、彼此关联，共同推动现代国家的生成和发展。所以，欧洲现代国家的生成在整个世界大家庭中具有独特性。除此以外，大多数国家在西方国家船坚炮厉的冲击和现代经济的影响下，纷纷走向现代国家构建的征程。

（二）后发国家的现代国家构建：矛盾并发性与非均衡性

早发国家型构的现代国家形塑了整个现代民族国家体系和全球秩序并引领着全球未来发展趋向。后发国家的现代国家构建与西方国家的制度背景、方式及其进程有很大不同，他们是在西方现代文明冲击和扩张的情况下被迫从传统国家向现代国家迈进，"经济的现代化、民族的统一和国家政权建设是摆在新政权面前的重要问题。而且，这些要求并不像欧洲那样来源于自身内部的发展，而是来自外界的强求"④。所以，后发国家在现代化和全球化的世界背景下，正处于矛盾并发时期，而且现代国家构建的进程不同步并会产生矛盾，具有矛盾并发性和非均衡性的特点。

---

① [美] 路易斯·亨金等编：《宪政与权利》，郑戈等译，生活·读书·新知三联书店1996年版，第511页。

② [英] 安东尼·吉登斯：《民族—国家与暴力》，胡宗泽等译，生活·读书·新知三联书店1998年版，第249—250页。

③ [英] 戴维·赫尔德：《民主与全球秩序》，胡伟等译，上海人民出版社2003年版，第58页。

④ [美] 杜赞奇：《文化、权力与国家——1900—1942年的华北农村》，王福明译，江苏人民出版社1994年版，第3页。

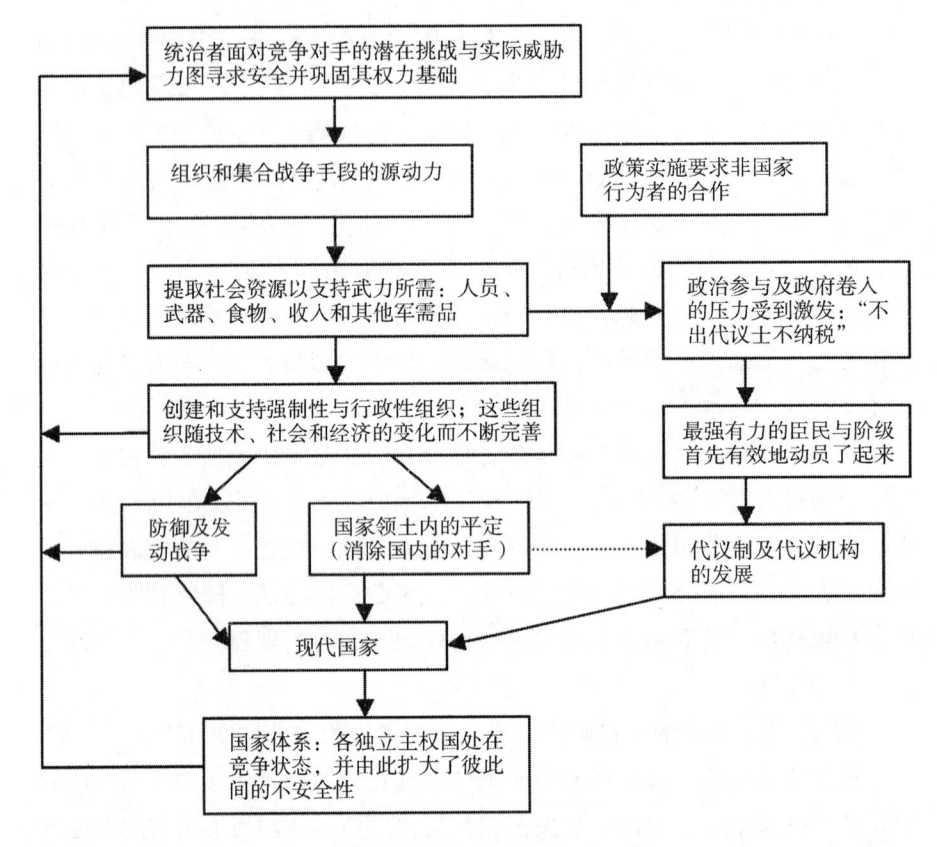

```
┌──────────────────────────────┐
│ 统治者面对竞争对手的潜在挑战与实际威胁 │
│ 力图寻求安全并巩固其权力基础      │
└──────────────────────────────┘
            │
            ▼
   ┌──────────────────┐
   │ 组织和集合战争手段的源动力 │         ┌──────────────────┐
   └──────────────────┘         │ 政策实施要求非国家  │
            │                    │ 行为者的合作      │
            ▼                    └──────────────────┘
   ┌──────────────────────┐               │
   │ 提取社会资源以支持武力所需：人员、│──────▶┌──────────────────┐
   │ 武器、食物、收入和其他军需品   │      │ 政治参与及政府卷入 │
   └──────────────────────┘      │ 的压力受到激发：  │
            │                    │ "不出代议士不纳税" │
            ▼                    └──────────────────┘
   ┌──────────────────────┐               │
   │ 创建和支持强制性与行政性组织；这些组 │      ▼
   │ 织随技术、社会和经济的变化而不断完善 │   ┌──────────────────┐
   └──────────────────────┘      │ 最强有力的臣民与阶级│
      │         │                 │ 首先有效地动员了起来│
      ▼         ▼                 └──────────────────┘
  ┌──────┐  ┌──────────────┐              │
  │防御及 │  │国家领土内的平定 │·············▶┌──────────┐
  │发动战争│  │(消除国内的对手) │            │代议制及代议│
  └──────┘  └──────────────┘            │机构的发展  │
      │         │                         └──────────┘
      ▼         ▼                              │
         ┌──────────┐                          │
         │ 现代国家  │◀─────────────────────────┘
         └──────────┘
              │
              ▼
   ┌──────────────────────┐
   │ 国家体系：各独立主权国处在 │
   │ 竞争状态，并由此扩大了彼此 │
   │ 间的不安全性          │
   └──────────────────────┘
```

图 9—2　战争与现代国家

后发国家在现代化进程中，社会处在矛盾多发、并发时期，导致社会动荡不定和矛盾冲突不断。美国学者亨廷顿认为，"现代性孕育着稳定，而现代化过程却滋生着动乱。"[①] 西方早发国家在现代化过程中出现的社会矛盾是依次而至，国家逐步地和各个解决，"在早期，国家政权的扩张与当时的社会、政治和经济等其他方面的发展是有机一体的"[②]。而在后发国家，社会各种矛盾集中突发，"在现代化进程中，中央集权、民族融合、社会动员、经济发展、政治参与、社会福利，等

---

① ［美］塞缪尔·P. 亨廷顿：《变化社会中的政治秩序》，王冠华等译，上海三联书店 1989 年版，第 37—38 页。
② ［美］杜赞奇：《文化、权力与国家——1900—1942 年的华北农村》，王福明译，江苏人民出版社 1994 年版，第 244 页。

等，不是依次而至，而是同时发生"。① 政府针对一个问题采取的措施可能致使另外的矛盾产生和激化，政府只有采取权衡措施，导致政府决策左右为难"两利相权取其大，两害相权取其轻"。

在此背景下，后发国家在现代国家构建过程中，出现了现代国家构建的非均衡性和非协同性，"发展的经济、社会和政治诸方面，自有不同的轨道和时间表，没有理由一定会按序渐进。绝对不能说，有了发展的某个方面，其他方面就一定会伴随而来。"② 大多数后发国家在西方国家现代化和全球化的冲击和影响下，纷纷走上现代化的道路并逐步融入全球的"现代世界体系"。正如马克思在《共产党宣言》中所说的，"资产阶级在它已经取得了统治的地方把一切封建的、宗法的和田园诗般的关系都破坏了"，它"使一切国家的生产和消费都成为世界性的了"，"过去那种地方和民族的自给自足和闭关自守状态，被各民族的各方面的互相往来和各方面的互相依赖所代替了。"③ 后发国家为了适应和融入世界体系，纷纷走向了现代国家构建的道路。后发国家在现代国家构建的过程中，大多数利用民族主义作为动员和号召其民众的旗帜。在现代，后发国家的正当性是"由民族主义的意识形态提供的"，"民族主义也是一种大众的力量，它既可以使民主统治合法化，也可以使威权统治合法化"④，以民族主义作为口号，凝聚全民族的力量，从认同传统的部落、种族等地方性权威到认同整个国家权威，从而构建拥有主权象征的民族—国家政权。但是民族主义的旗帜终究会过时，"其效力在很大程度上取决于是否的确存在着整个民族同仇敌忾的死敌"，"负面的合法性不可避免地会随着时间而衰落"⑤。所以，后发国家把发展经济和提供民众福祉等政绩作为其合法性的依据，逐步地构建民生—国家，"六七十年代的威权政权几乎毫无例外地被迫去把政绩当作合法性的主要来源之一，如果不是唯一来源的话"，"在多数

---

① ［美］塞缪尔·P.亨廷顿：《变化社会中的政治秩序》，王冠华等译，上海三联书店1989年版，第43页。
② ［美］弗朗西斯·福山：《政治秩序与政治衰败》，毛俊杰译，广西师范大学出版社2015年版，第44页。
③ 《马克思恩格斯文集》（第2卷），人民出版社2009年版，第35页。
④ ［美］塞缪尔·P.亨廷顿：《第三波——二十世纪后期的民主化浪潮》，刘军宁译，上海三联书店1998年版，第59页。
⑤ 同上书，第55—59页。

其他国家，他们许诺实现经济增长和发展。"① 然而，整个世界经济资源都是稀缺性资源，具有资源禀赋的约束和限制，再加上国际局势的变化和政府政策的失误等原因，后发国家的经济发展和增长不可能无限继续下去，这就可能产生"政绩的困局"，"把合法性建立在政绩基础之上的努力产生了可以被称作政绩困局的东西。"② 然而民主国家把政府的合法性通常建立在"程序之上，建立在其选民通过选举选择其统治者的能力之上"，是通过"制度合法性"维持和保障政府的合法性，所以，后发国家需要国家转型，适应世界性民主化潮流，从原先的威权政体或者是专制政体转向为民主政体，除非这个国家想置于现代化和全球化的当今世界之外！当然，"即使是那些显然反民主的国家也常常用民主的价值来证明其行动的正当性。反民主的公开论点作为一种概念已经几乎完全在世界上多数国家的公共辩论中消失了"③。由此可见，后发国家的现代国家构建的流程一般如图 9—3 所示。

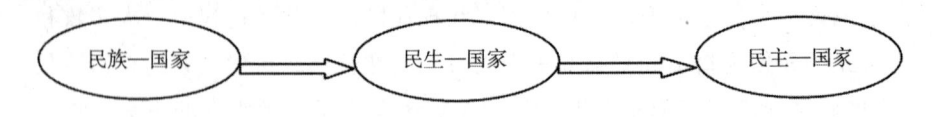

民族—国家 → 民生—国家 → 民主—国家

图 9—3 后发国家的现代国家构建历程图

后发国家的现代国家构建是单线性的进展，没有形成良性的互动，同时每一部分都没有很好地完成：后发国家由于落后的经济和文化生活，有的对传统的部落、种族认同要高于国家的认同，有的国家文化和宗教的神秘性没有被文化的世俗性所替代，只是文化民族共同体，而不是政治民族共同体，民族—国家构建还远远没有完成；有的还是在传统经济的条件下发展经济，几种文明并存，国家干预太多，国家与社会没充分分离，产权界定缺位和保护不力，民生—国家构建任务也非常繁重；有的国家民主制度安排缺失，公民社会的缺位，法治和宪政精神缺乏等，使很多后发国家没能实现向民主国家转型。

---

① [美]塞缪尔·P.亨廷顿:《第三波——二十世纪后期的民主化浪潮》，刘军宁译，上海三联书店 1998 年版，第 59 页。
② 同上。
③ 同上书，第 55—59 页。

三　中国现代国家构建:路径选择与价值取向

中国现代国家构建与西方早发国家和其他后发国家相比有着自身的特殊性,因此中国现代国家构建就应该有其独特的路径选择与价值取向。

自19世纪中叶跨入近代历史以来,随着传统的中华帝国的崩解,现代民族国家的建构问题应运而生,而在现代民族国家的形成中,又无可避免地遇到主权在民的民主建构问题。中国"一直面临两大政治任务的挑战:一是'国家建构',一是'民主建构'"[1],中国不仅仅要建构民族—国家,而且要建构民主—国家,同时还要发展现代大工业和经济体制转型,在现代经济条件下,提高人民生活水平,创造人民的福祉,从而构建民生—国家。孙中山指出,"世界开化,人智益蒸,物质发舒,百年锐于千载,经济问题,继政治问题之后,则民生主义跃跃然动。二十世纪不得不为民生主义之擅扬时代也"[2],21世纪更是如此。中国这三个构建进程都远远没有完成,中国如果仅仅是构建民族—国家,或者是民主—国家,或者是民生—国家,或者仅仅构建三项中的两项,那么整个现代国家构建的历程就没有完成,三足鼎立局面就会打破,从而整个国家就会出现不和谐的局面,农村基层政权的变动不居就是明证:其内在逻辑就是没有处理好三者的关系,导致农村基层政权行政区划频繁变动。

然而,中国在现代国家构建的进程中,社会呈现许多悖论现象,出现了"悖论社会"[3]的景观。有些学者认为中国充其量是个文明或者是文化国家,而非现代民族国家[4],"一个现代中国应该是一个民族国家。中国共产党已经默然接受了这一点,因为除此之外别无选择。但是,孙中山也明了,只有当公民感到自己是国家的主人之时,现代民族国家才最有效率,其政府才最为安全。没有极权主义意识形态或全球使命的合法化,中

---

[1] 金耀基:《中国社会与文化》,牛津大学出版社1992年版,第118页。
[2] 孙中山:《孙中山选集》(上卷),人民出版社1981年版,第73页。
[3] 黄宗智:《悖论社会与现代传统》,《读书》2005年第2期。
[4] 郑光年:《政治改革与中国国家建设》,《战略与管理》2001年第2期。这是美国著名政治学家派伊的观点。

国政府必须将其属民视为公民并信任他们。在西方人看来，中国尚未达到这个阶段"[1]，中国只是建构了民族国家的形式，"美国国务卿迪安·艾奇逊曾在评述第二次世界大战之后的英国时精辟地指出，英国丧失了一个帝国，但未能找到自己的角色。对中国而言，她丧失了一种文明，却未能学会如何扮演一个民族国家的角色"。[2] 同时，中国正处在社会转型和政权转型的"双重转型"时期。中国仍然是一个农业为主、农村人口为主的农民国家，百分之六七十的人口还在农村，因此，中国社会不仅有传统的农业文明，有被称为"世界工厂"的工业文明，而且还有后工业文明的信息技术产业方兴未艾，是三种文明并存，不同的文明必然对当今中国的政治、经济、文化产生不同的影响；而且中国是城乡分割的二元体制，并随着新中国成立以来所采取的城乡不同的政策，"城乡分治，一国两策"[3]；资源配置方式从所谓的苏联式计划经济[4]向市场经济转变；长期的专制集权传统和皇权文化，使得国家权力过度侵入个人的私人空间，侵犯个人权利，"亚洲的个人主义和亚洲式的现代化使得大部分阶级回避社会义务，将公共事务留给政府去解决，其结果是使得国家权力扩大了"[5]，民主制度安排缺失，公民权利意识薄弱，等等。

（一）构建民族—国家：组织理性化与复杂性

国家是官僚化的组织，体现了公共权力的意志。组织是"由特定人群组成的，这些个人通过一定程度上的协调行为来实现他们亦公亦私的目标。组织协调成员的行动，组织的行动便胜于所有个体行动的总和。许多

---

① [美] 罗德里克·麦克法奎尔：《现代中国的政治与认同：关于中国道路的探索》，http://www.usc.cuhk.edu.hk/wkgb.

② 同上。

③ 陆学艺：《农村发展新阶段的新形势和新任务——关于开展以发展小城镇为中心的建设社会主义新农村运动的建议》，《中国农村经济》2000年第6期。

④ 秦晖认为新中国成立后实行的经济与苏联式的计划经济有很大区别，苏联逐步发展成了一套"科学计划"体制，是根据理性主义的科学计划思想；而中国建立的体制更多地带有传统农民战争色彩的"无计划的命令经济"，体现的主要是农业时代的长官意志与大轰大嗡的"运动经济"。参见秦晖：《现代化进程中的农民——中国与苏俄之比较论纲》，载《实践自由》，浙江人民出版社2004年版，第21—28页。

⑤ [美] V. 奥斯特罗姆、D. 菲尼、H. 皮希特编：《制度分析与发展的反思——问题与抉择》，王诚等译，商务印书馆1992年版，第77页。

组织形成了自己的内部制度结构：规则、规范，以及影响着成员在组织内的行事方式的共同信念"。现代国家的官员及组织必须是"非人际关系化地（铁面无私地）实施规则"。现代国家本身就是一个庞大的组织，"国家可以被当作是一个单独的行动者，或者，是组织的组织。"① 现代国家组织建设的重要标志就是组织的复杂性与理性化。

组织复杂性首先体现在政府的成长。现代国家的组织越复杂，其政治制度化程度和水平就越高。"其一是一个组织必须具有数量庞大的下属组织，从上到下，隶属明确，职责不同；其二是这个组织不同类型的下属组织各具高度专门化水平。下属机构数量越大，形式越多，一个组织确保其成员效忠的能力就越强。稳定来自复杂性。"② 现代国家的组织复杂性最明显表现就是政府的成长并出现大政府现象（参见表9—1），人均收入在20000美元以上的富裕国家的政府开支占其国内生产总值的均值为53%，相反，人均收入在2000—5000美元的国家平均为27%，而那些人均收入在5000—10000美元的国家平均为33%。"权利开放秩序中的大政府现象并不反常，相反，这是这些社会的一个总体特征。"政府规模成长的主要原因是公民人数大量增加要求相应的公共政策对他们利益的回应；非人际关系化为基础的福利政策及其所谓的"国家工程"等有关③。传统国家向现代国家转化出现了两次巨大变化："一个规模宏大的军事国家已进入18世纪，并在19世纪末变成了一个具有民事和军事双重职能的双形国家。18世纪的国家已第一次把其实力渗透到整个领土——依靠征募新兵的官员和税收顾问和征税官员的网络。尽管这些依靠存在，但它们已不再是简单的'国家'，而是进一步与民事官员共同主宰国家机构"。④国家的支出

---

① [美]道格拉斯·C.诺斯、约翰·约瑟夫·瓦利斯、巴里·R.温格斯特：《暴力与社会秩序——诠释有文字记载的人类历史的一个概念性框架》，杭行等译，格致出版社、上海人民出版社2013年版，第19—20页。

② [美]塞缪尔·P.亨廷顿：《变化社会中的政治秩序》，王冠华等译，上海人民出版社2008年版，第14—16页。

③ [美]道格拉斯·C.诺斯、约翰·约瑟夫·瓦利斯、巴里·R.温格斯特：《暴力与社会秩序——诠释有文字记载的人类历史的一个概念性框架》，杭行等译，格致出版社、上海人民出版社2013年版，第166—170页。

④ [英]迈克尔·曼：《社会权力的来源》（第2卷·下），陈海宏等译，上海人民出版社2007年版，第413—414页。

从军事活动转向民用活动就像拓宽的国家规模一样不同寻常。

表9—1　　　政府开支规模：占GDP的比重以及不同级别的政府开支[①]

2000年人均收入（美元）	国家数（个）	中央政府开支占GDP的比重（%）	国家数（个）	政府总开支占GDP的比重（%）	地方政府开支占政府总开支的比重（%）	平均人口（千）
	(1)	(2)	(3)	(4)	(5)	(6)
300—2000	9	29	7	31	4	7884
2000—5000	17	26	16	27	5	99625
5000—10000	20	25	17	33	13	39943
10000—15000	11	32	9	40	16	13796
15000—20000	8	31	7	33	6	14317
高于20000	22	37	19	53	30	31024
全部	87	30.28	75	37.29	14	42274

其次，现代国家必然带来组织的多样性和复杂性。"权利开放是所有权利开放秩序的核心。"传统国家向现代国家的转型是一个建立在精英基础之上的社会转型为一个建立在公民大众基础之上的社会。现代国家创建组织的权利被认定为是一种所有公民都拥有的非人际关系化的权利。权利开放带来了一个枝繁叶茂并且色彩斑斓的组织结构体系，这就是公民社会的形成，公民社会是现代国家的基础，强调公民的自主与独立、公民权利与义务的平衡。公民社会中包含着大量的、各种类型的、独立于国家的组织。"组织是一种工具，个人利用这个工具去提升他们的生产能力，去寻求和建立与他人的互动和联系，去协调个体与群体的行动，去支配或强迫他人。""一个丰富的、多样化的群体与组织网络，不仅有助于人们检视政府的活动，还能提供一个使容忍、参与以及公民道德等个人价值得到滋养的环境。"[②]现代国家的组织多样性与复杂性能够促使国家权力与社会权利相互博弈达成"重叠共识"，避免社会发展

[①] ［美］道格拉斯·C.诺斯、约翰·约瑟夫·瓦利斯、巴里·R.温格斯特：《暴力与社会秩序——诠释有文字记载的人类历史的一个概念性框架》，杭行等译，格致出版社、上海人民出版社2013年版，第13页。

[②] 同上书，第8—10页。

起伏不定。

最后，现代国家必然出现理性化的官僚组织。韦伯首先注意到了理性化的官僚组织现象。韦伯认为，官僚制组织的突出特点是：等级分明的正式结构，上下级间命令、指示以文件传递，官员的行事所为有着正式规章制度约束，官员有着职业生涯，其录用、晋升都有着正式程序规则。韦伯指出，任何权力都不能持久地建立在强制或暴力基础之上，要必须具有合法性基础，"任何权力……一般都有为自己之正当性辩护的必要……究其实，任何支配……的持续运作，都有通过诉诸其正当性之原则的、最强烈的自我辩护的必要"[①]，"为了达到这个目的，每一种统治制度必须提出一种知性，一旦市民分享了它，便会使他为一种道德义务的素养所支配。"[②]韦伯基于不同的知性基础，把权威分成传统权威、卡理斯玛权威和法理权威。在官僚制中，法理权威与正式程序之间有着密切关系，特别强调维护程序公正、法理面前人人平等的基本原则，以此作为其行使权力的合法性基础。官僚组织是建立在法理权威基础之上的，即其合法性以其规章制度和程序为依据。这表现在官僚组织的"即事性"和以等级地位而不是以个人禀赋作为行使权力的基础。所以，官僚制度有着高度稳定性、高效率的特点，适应了现代市场经济的需要，成为现代社会的基本组织形式。

（二）构建民生—国家：市场化、社会分化与民生公共品

国家社会职能为统治职能服务，而统治职能贯穿于社会职能之中，恩格斯指出："政治统治到处都是以执行某种社会职能为基础，而且政治统治只有在它执行了它的这种社会职能时才能持续下去。"[③] 现代国家履行社会职能必须建立在成熟的市场经济基础上，否则国家无法理性化和规范化，国家提供公共品的职责可能扭曲，社会无法分化到位，国家与社会也无法有效分离，国家也无法构建民生—国家。

---

① ［德］马克斯·韦伯：《韦伯作品集Ⅲ：支配社会学》，康乐、简惠美译，广西师范大学出版社 2004 年版，第 19 页。

② ［美］贾恩弗朗哥·波齐：《近代国家的发展》，陈尧译，商务印书馆 1997 年版，第 100 页。

③ 《马克思恩格斯文集》（第 9 卷），人民出版社 2009 年版，第 187 页。

中共十八届三中全会指出,"经济体制改革是全面深化改革的重点,核心问题是处理好政府和市场的关系,使市场在资源配置中起决定性作用和更好发挥政府作用。市场决定资源配置是市场经济的一般规律,健全社会主义市场经济体制必须遵循这条规律,着力解决市场体系不完善、政府干预过多和监管不到位问题"。① 现代国家基本制度建设的前提是经济资源配置的市场化,其中私有产权在推进市场化过程中起着核心和决定性作用。商品经济本质上是一种法权体系。"产权是所有制的核心。"②产权问题是由交易费用问题引出来的。私有财产权是人们享有其他权利的基础,也是现代社会的基础。众所周知,现代国家起源于既有的政治权力对增长着的经济权力的妥协,在某种程度上是财产权结构变化的政治性结果,也是政治制度自身在某种程度上作出调整的产物,唐奈尔等人指出:"政治民主是僵局和歧见的产物,而不是和谐与共识的产物"。③英、法、美等国的财政危机造成的政治僵局为产生制度性的妥协和议会创造了条件并推进了现代国家建设进程。产权制度创新是推动西方社会经济成长的内生变量,政治因素在推动产权变革中起着非常重要的作用。市场体系由于允许个人最大限度自由地追求个人的偏好而被认为是有效率的,而政府的功能是确定人们的权利尤其是财产权并保护这些权利。规定着统治权变化的财产权结构的变化,首先是有产者集团之间的经济权力均势发生了改变,随之需要在政治上相应的变革。国家是源于界定和促进私有财产的发展的暴力机构,民主是源于对有产者私人财产权进行保护的国家权力的运转规则④。所以,必须在产权界定与保护、统一有序的市场体系和财税制度方面进行制度化建设。推进经济体制市场化最核心的制度为现代产权制度、现代市场体系和现代财税制度。

第一,现代产权制度的特征为"归属清晰、权责明确、保护严格、流转顺畅"。一是国家制定一系列法律规范对产权界定和保护。诺思认

---

① 《中共中央关于全面深化改革若干重大问题的决定》,人民出版社2013年版,第5—6页。

② 同上书,第8页。

③ Guillermo O'Donnell&Philippe Schmitter, *Transitions from Authoritarian Rule*. Baltimore: The Johns Hopkins University Press, 1986, Vol. 4, p. 72.

④ 唐贤兴:《民主与现代国家的成长》,复旦大学出版社2008年版,第3—18页。

为，产权理论与国家理论息息相关，"因为是国家界定产权结构，因而国家理论是根本性的。最终是国家要对造成经济增长、停滞和衰退的产权结构的效率负责"。①有效率的产权应是竞争性的或排他性的，为此，必须对产权进行明确的界定，这将有助于减少未来的不确定性因素并从而降低产生机会主义行为的可能性。二是国家设计违反和保证遵守产权规则和法律的程序。"遵从过程是指发现违反规则和条令的行为，规定契约的签订，及其制定与颁布处罚（或奖励）措施"。程序法往往比实体法更重要。建立产权保护、规定产权流转规则、防止产权侵害的程序法，需要严密设计一系列的法制程序和配套措施，主要目的就是使得委托者收益的最大化，"无论是以规则的形式对行为进行约束，还是发现违反和保证遵从规则的程序，都要涉及得使委托者收益在交易费用约束下的最大化"。国家保护各种所有制经济产权和合法利益，保证各种所有制经济依法平等使用生产要素、公开公平公正参与市场竞争、同等受到法律保护，依法监管各种所有制经济。三是明确一套能降低交易费用的道德与伦理行为规范。由于遵从规则的成本很高，以致在对个人的最大化行为缺乏某种制约的情况下，任何规则的执行都将使政治或经济制度无法存在。所以，必须花费大量的投资去使人们相信这些制度的合法性，因而需要与意识形态理论相结合，"意识形态是种节约机制，通过它，人们认识了他们所处的环境，并被一种'世界观'导引，从而使决策过程简单明了"。②

第二，现代市场体系的特征是统一开放、竞争有序。现代市场体系是使市场在资源配置中起决定性作用的基础。一是必须加快形成企业自主经营、公平竞争，消费者自由选择、自主消费，商品和要素自由流动、平等交换的现代市场体系，着力清除市场壁垒，提高资源配置效率和公平性。二是建立公平开放透明的市场规则。改革市场监管体系，实行统一的市场监管，建立健全社会征信体系。健全优胜劣汰市场化退出机制，完善企业破产制度。三是完善主要由市场决定价格的机制。凡是能由市场形成价格的都交给市场，政府不进行不当干预。

---

① ［美］道格拉斯·C. 诺斯：《经济史中的结构与变迁》，陈郁等译，上海三联书店、上海人民出版社1994年版，第17页。

② 同上书，第18—19、53页。

第三,现代财税制度是现代国家治理的基础和重要支柱。科学的财税体制是优化资源配置、维护市场统一、促进社会公平、实现国家长治久安的制度保障。必须完善立法、明确事权、改革税制、稳定税负、透明预算、提高效率,建立现代财政制度,发挥中央和地方两个积极性。首先必须解决税收来源的合法性问题。现代税收理念是"取之于民,用之于民",但如何落实现代税收理念必须要有可操作性、精细化的配套税收体制机制,否则一切都是空谈。建立真正的"预算国家",才能是民主国家,监督税收来之合法、用之合理,达到财政的透明、高效。其次是要健全和完善议会的监督职能。议会要真正行使财政监督权、质询权、不信任权,让各级议会真正体现出是民意机关,监督政府的每项收入来源及支出。再次,要建立民生财政制度,建立可操作性、透明的财政体制机制。现代财政的目的就是为了人民的民生福利,透过财政的制度安排、体制设立、机制运行等渠道,体现出民生财政的导向功能和发展趋势。

第四,现代化的因素如市场经济、民主政治、开放社会、多元文化等的成长及其交织形成的复杂关系,使得现代国家治理的公共事务数量规模急剧扩大,治理的难度不断挑战着政府治理能力的极限。在应对复杂的公共事务治理的艰巨性挑战过程中,现代国家逐步形成了日益复杂的治理结构和制度体系。现代国家结构是否合理将对整个国家治理结果产生巨大影响。"所有国家都处在一个由其社会中无数社会组织构成的混合物之中。社会是网状结构的,社会控制碎片化地分布于无数社会组织之中——而国家则在实行其政策时必须面对这些可怕的障碍"[①]。传统国家的组织分殊化程度较低,往往是一个政府机构承担了不同方面的功能,或者是一个领域由几个政府机构来管治,无法解决混杂的问题;随着传统国家向现代国家的转型,社会分层多层化,社会利益多元化,社会矛盾和问题多样化,现代国家针对不同的领域和问题设置不同的机构来解决,现代国家由大量的部门和机构组成,这些部门和机构具有不同的职能和利益,"政治发展在结构方面的表现就是分化。在分化中角色发生变化,变得更加专门化或自主化,出现了新型的专门角色,出现了或创造了新的专门化的结构和次

---

① [美]乔尔·S.米格代尔:《强社会与弱国家:第三世界的国家社会关系及国家能力》,张长东等译,江苏人民出版社2012年版,第145页。

体系。"组织结构细分与功能分殊化就是指结构的细分和功能的专门化。结构决定功能。现代国家的组织结构分化,功能也随之出现专门化和细化,"政府各机构之间功能上的差别,是同它们之间结构和程序上的差别相关联的。"①组织结构细分与功能分殊化主要表现在国家与社会有效分离和国家组织内部多元治理主体权责制度化。

国家与社会关系的核心问题是合理地界定政府、市场、社会相对自主的行为边界,形成三者既相互制约又相互支撑的合作治理框架,以共同应对公共事务治理的政府失灵、市场失灵及组织失灵问题。市场经济和现代社会的产生是现代国家建立的基础。现代社会产生的根本动力来自现实的生产发展及其所带来的新的生产关系。独立自由的资本、独立自由的个人和政治平等的公民,构成现代社会的三个基本要素。这些基本要素使现代社会成为独立于国家之外但同时又对国家起决定作用的力量。市场机制在资源配置中起决定性作用,市场决定资源配置是市场经济的一般规律,要建立统一开放、竞争有序的市场体系。要更好发挥政府作用,政府的职责和作用主要是保持宏观经济稳定,加强和优化公共服务,保障公平竞争,加强市场监管,维护市场秩序,推动可持续发展,促进共同富裕,弥补市场失灵,要防止政府干预过多和监管不到位问题。

国家组织内部多元治理主体权责制度化主要是如何在合理地厘定各个政府的职责和权限的基础上,建立纵向和横向的政府间合作关系,以提升政府治理的整体绩效。政府是国家运行的主体,其素质和能力直接决定着国家建设水平。政府的素质体现于政府的责任性。政府的能力体现于政府的服务性。政府提供有效服务,是现代国家治理的关键。首先要优化政府组织结构。完善和优化政府机构设置、职能配置、工作流程,完善行政运行机制。其次是用制度规范权力,明晰权力的边界,使权力规范化、制度化;用程序规范过程,完善政治过程,使政治过程民主化、程序化。再次是要使中央与地方的关系规范化制度化。中央与地方关系主要体现为法定的权能关系、公共行政关系和财政关系,其中财政关系是核心。要充分发挥"两个积极性",形成相互依存的合作关系。

---

① [美]加布里埃尔·A. 阿尔蒙德、小 G. 宾厄姆·鲍威尔:《比较政治学:体系、过程和政策》,曹沛霖等译,上海译文出版社1987年版,第24、303页。

（三）构建民主—国家：民主化与法治化

现代国家基本制度建设是现代国家构建的重要任务之一。制度是"游戏规则"，"制度提供了人类相互影响的框架，它们建立了构成一个社会，或更确切地说一种经济秩序的合作与竞争关系……制度是一系列被制定出来的规则、守法程序和行为的道德伦理规范，它旨在约束追求主体福利或效用最大化利益的个人行为"①，是支配和约束个人关系的互动模式。制度包括正式制度、成文法、正式的社会惯例、非正式的行为规范、共同秉持的对世界的信念，以及实施手段。"制度就是稳定的、受珍重的和周期性发生的行为模式。"② 制度化、规范化、程序化是社会主义民主政治的根本保障。民主化与法治化是一体两面的关系，相互联系、互相促进、共同推进。现代国家基本制度安排的重要表现就是民主化与法治化，推进传统国家走向现代国家。

现代国家必然是民主国家，现代国家基本制度建设的本质要求和目标导向就是要实现民主化。民主已经成为一种全球性的价值。民主首先是一种价值理念，根据这种价值理念设计构造一种制度，在这种制度安排下人们获得一种生活方式。建构民主国家的核心是处理好国家公共权力与公民权利的关系。国家公共权力要体现出"权为民所赋、权为民所用"，要切实的维护和保障公民权利。政治民主化首先要解决权力由谁授权对谁负责的问题。政治学的基本原理是"谁授权，就对谁负责"。传统国家基本上是由少数人或者是上级授权，那么受权人就对少数人或上级负责，"权为官所赋、权为官所用"；现代国家必须是由多数人或者是下级授权，那么受权人就对多数人或下级负责，"权为民所赋、权为民所用"。其次要有一系列制度安排落实民主制度下的公民权利的保障与救济。民主是一种制度安排；通过这种制度安排，如现代选举制度、现代议会制度、现代政党制度、现代政府制度、地方自治制度和现代司法制度等，可以保障每个人的合法权益不受侵害；公共权力来自于公民并接受公民监督，人们根据共

---

① ［美］道格拉斯·C. 诺斯：《经济史中的结构与变迁》，陈郁等译，上海三联书店、上海人民出版社1994年版，第225—226页。
② ［美］塞缪尔·P. 亨廷顿：《变化社会中的政治秩序》，王冠华等译，上海人民出版社2008年版，第10页。

同认可的规则选择自己的领导人;再次要把民主作为公民的一种生活方式。公民过民主生活就是像过每个民族固定的节日一样,以宽容、信任和规则意识成为社会的主流意识;如果出现政治分歧和纷争,那么以和平的方式解决分歧和冲突,以维系社会的基本和谐。

"两害相权取其轻,两利相权取其重",民主的政治制度安排到今天为止并不是人类社会所能发明的最完美的制度安排,但人类迄今还没能发明出比民主制度更好的以避免最坏的结果的制度来,而且从实践上来说,民主制度是能较好地保护公民权利的政治制度安排,从而实现国家公共权力与公民权利的相对均衡,"权利开放秩序体现出暴力控制和权利开放之间良性循环的关系"[①]。

现代国家的重要特征是法治国家。法治化是实现国家治理体系和治理能力现代化的必然要求。市场经济必然带来利益分化和冲突,民主化也必然带来冲突和歧见,这些分化和冲突就需要规则和法治进行统一规范和调解成为最终的裁决者,这就需要规则意识、法律意识和法治思维。通过法治的一系列制度安排和树立法理型权威保障市场经济和民主化的良性运行和实施。法治是治国理政的基本方式。法律是治国之重器。必须坚持依法治国、依法执政、依法行政共同推进,坚持法治国家、法治政府、法治社会一体建设,实现科学立法、严格执法、公正司法、全民守法,促进国家治理体系和治理能力现代化。

法治化建设的首要问题就是建设宪政国家。宪政是现代国家的基本特征。宪政的重要意义就在于规范和限制国家公共权力,保障公民各项权利。宪法是国家的根本大法,是治国安邦的总章程,具有最高权威。坚持依法治国首先要坚持依宪治国,坚持依法执政首先要坚持依宪执政。建设宪政国家必须按照宪法的要求和规定行使公共权力,任何组织或者个人都必须在宪法和法律的范围内活动,邓小平强调指出:"为了保障人民民主,必须加强法制。必须使民主制度化、法律化,使这种制度和法律不因领导人的改变而改变,不因领导人的看法和注意力的改变而改变"。[②] 其

---

① [美]道格拉斯·C.诺思、约翰·约瑟夫·瓦利斯、巴里·R.温格斯特:《暴力与社会秩序——诠释有文字记载的人类历史的一个概念性框架》,杭行等译,格致出版社、上海人民出版社2013年版,第149页。

② 《邓小平文选》(第2卷),人民出版社1994年版,第146页。

次建设现代司法制度。公正是法治的生命线。司法公正是社会的良心和底线,"司法公正对社会公正具有重要的引领作用,司法不公对社会公正具有致命破坏作用"。[①] 坚守司法的公平正义是建设法治国家、法治政府和法治社会的基本要求。确保依法独立公正行使司法审判权检察权,保障司法人事财务的独立与统一管理。健全司法权力运行机制。最后整个社会及公民要树立法治思维。市场经济和民主化的社会必然带来各种矛盾和冲突。化解矛盾和冲突若采用暴力的思维和手段,则两败俱伤零和博弈,若采用法治的思维和手段,则相互妥协达成正和博弈。现代社会和国家必然要以法治手段和思维解决矛盾和冲突。

通过以上路径选择与价值取向,实现民族—国家、民生—国家与民主—国家以及政治、经济与社会形成良性互动及其均衡性,达到现代国家构建的目标。

[①] 《中共中央关于全面推进依法治国若干重大问题的决定》,人民出版社2014年版,第20页。

参考文献

一 著作类

《马克思恩格斯选集》（1—4卷），人民出版社2012年版。

《列宁选集》（1—4卷），人民出版社2012年版。

《毛泽东选集》（1—4卷），人民出版社1991年版。

《邓小平文选》（2—3卷），人民出版社1994年第2版。

《彭真文选》，人民出版社1991年版。

江泽民：《论党的建设》，中央文献出版社2001年版。

白钢：《中国农民问题研究》，人民出版社1993年版。

曹锦清：《黄河边的中国——一个学者对乡村社会的观察与思考》，上海文艺出版社2000年版。

曹锦清、张乐天、陈中亚：《当代浙北乡村的社会文化变迁》，上海远东出版社2001年版。

曹锦清：《中国七问》，上海科技教育出版社2002年版。

曹幸穗：《旧中国苏南农家经济研究》，中央编译出版社1996年版。

常健：《当代中国权利规范的转型》，天津人民出版社2000年版。

常健：《人权的理想·悖论·现实》，四川人民出版社1992年版。

陈东有主编：《中国的农民》，江西高校出版社1999年版。

陈明明主编：《革命后社会的政治与现代化》，上海辞书出版社2002年版。

陈吉元、胡必亮：《当代中国的村庄经济与村落文化》，山西经济出版社1996年版。

陈舜：《权利及其维护——一种交易成本观点》，中国政法大学出版社1999年版。

陈夷茁主编：《中国乡镇人大制度的理论与实践》，重庆出版社 1995 年版。

陈学明：《哈贝马斯的"晚期资本主义"论述评》，重庆出版社 1993 年版。

邓正来、[英] J. C. 亚历山大编：《国家与市民社会——一种社会理论的研究路径》，中央编译出版社 2002 年版。

邓正来主编：《国家与社会——中国市民社会研究》，四川人民出版社 1997 年版。

方江山：《非制度政治参与》，人民出版社 2000 年版。

费孝通：《乡土中国　生育制度》，北京大学出版社 1998 年版。

费孝通：《江村经济——中国农民的生活》，商务印书馆 2001 年版。

费孝通：《中国绅士》，中国社会科学出版社 2006 年版。

风笑天：《社会学研究方法》，中国人民大学出版社 2001 年版。

葛剑雄：《统一与分裂》，生活·读书·新知三联书店 1994 年版。

关山、姜洪主编：《块块经济学》，海洋出版社 1990 年版。

郭道久：《"以社会制约权力"：民主的一种解析视角》，天津人民出版社 2005 年版。

何清涟：《现代化的陷阱——当代中国的经济社会问题》，今日中国出版社 1998 年版。

侯保疆：《中国乡镇管理研究》，中国社会科学出版社 2006 年版。

胡必亮：《中国村落的制度变迁和权力分配》，山西经济出版社 1996 年版。

黄光国、胡先晋等：《面子——中国人的权力游戏》，中国人民大学出版社 2004 年版。

黄楠森、沈宗灵：《西方人权学说》，四川人民出版社 1993 年版。

黄卫平主编：《乡镇长选举方式改革：案例研究》，社会科学文献出版社 2003 年版。

黄小勇：《现代化进程中的官僚制——韦伯官僚制理论研究》，黑龙江人民出版社 2003 年版。

金太军、施从美：《乡村关系与村民自治》，广东人民出版社 2002 年版。

金耀基：《中国社会与文化》，牛津大学出版社 1992 年版。

金耀基：《金耀基社会文选》，台湾幼狮文化事业公司 1985 年版。

金耀基：《从传统到现代》，中国人民大学出版社 1999 年版。

李景鹏：《权力政治学》，黑龙江教育出版社 1995 年版。

李路路、李汉林：《中国的单位组织：资源、权力与交换》，浙江人民出版社 2000 年版。

李守庸等：《特权论》，湖北人民出版社 2000 年版。

林尚立：《当代中国政治形态研究》，天津人民出版社 2000 年版。

林耀华：《义序的宗教研究》，生活·读书·新知三联书店 2000 年版。

林耀华：《金翼：中国家族制度的社会学研究》，生活·读书·新知三联书店 1989 年版。

刘军宁等编：《经济民主与经济自由》，生活·读书·新知三联书店 1997 年版。

刘沛林：《古村落：和谐的人聚空间》，上海三联书店 1997 年版。

罗平汉：《农村人民公社史》，福建人民出版社 2003 年版。

罗平汉：《土地改革运动史》，福建人民出版社 2005 年版。

罗荣渠主编：《现代化理论与历史经验的再探讨》，上海译文出版社 1993 年版。

罗荣渠：《现代化新论——世界与中国的现代化进程》（增订版），商务印书馆 2004 年版。

梁漱溟：《乡村建设理论》，上海人民出版社 2006 年版。

马长山：《国家、市民社会与法治》，商务印书馆 2002 年版。

马戎、刘世定、邱泽奇主编：《中国乡镇组织调查》，华夏出版社 2000 年版。

马戎、刘世定、邱泽奇主编：《中国乡镇组织变迁研究》，华夏出版社 2000 年版。

宁骚：《民族与国家——民族关系与民族政策的国际比较》，北京大学出版社 1995 年版。

彭勃：《乡村治理——国家介入与体制选择》，中国社会出版社 2002 年版。

浦兴祖主编：《中华人民共和国政治制度》，上海人民出版社 1999 年版。

钱乘旦、陈意新：《走向现代国家之路》，四川人民出版社 1987 年版。

秦晖：《实践自由》，浙江人民出版社 2004 年版。

秦晖：《农民中国：历史反思与现实选择》，河南人民出版社 2003 年版。

秦晖等：《田园诗与狂想曲——关中模式与前近代社会的再认识》，中央编译出版社 1996 年版。

瞿同祖：《清代地方政府》，法律出版社 2003 年版。

荣敬本等：《从压力型体制向民主合作体制的转变——县乡两级政治体制改革》，中央编译出版社 1998 年版。

沈汉：《西方国家形态史》，甘肃人民出版社 1993 年版。

沈汉等：《欧洲从封建社会向资本主义社会过渡研究》，南京大学出版社 1993 年版。

时和兴：《关系、限度、制度：政治发展过程中的国家与社会》，北京大学出版社 1996 年版。

施九青：《当代中国政治运行机制》，山东人民出版社 2002 年版。

苏国勋：《理性化及其限制——韦伯思想引论》，上海人民出版社 1987 年版。

苏力：《法治及其本土资源》，中国政法大学出版社 1996 年版。

苏力：《阅读秩序》，山东教育出版社 1999 年版。

孙宽平主编：《转轨、规制与制度选择》，社会科学文献出版社 2004 年版。

孙立平：《断裂——20 世纪 90 年代以来的中国社会》，社会科学文献出版社 2003 年版。

孙立平：《转型与断裂——改革以来中国社会结构的变迁》，清华大学出版社 2004 年版。

王沪宁：《行政生态分析》，复旦大学出版社 1989 年版。

王沪宁：《当代中国村落家族文化——对中国社会现代化的一项探索》，上海人民出版社 1991 年版。

王沪宁主编:《政治的逻辑——马克思主义政治学原理》,上海人民出版社 1994 年版。

王铭铭:《村落视野中的文化与权力:闽台三村五论》,生活·读书·新知三联书店 1997 年版。

王铭铭、[英] 王斯福主编:《乡土社会的秩序、公正与权威》,中国政法大学出版社 1997 年版。

王铭铭:《走在乡土上——历史人类学札记》,中国人民大学出版社 2003 年版。

王浦劬主编:《政治学基础》,北京大学出版社 1995 年版。

王绍光、胡鞍钢:《中国国家能力报告》,辽宁人民出版社 1993 年版。

王先明:《近代绅士》,天津人民出版社 1997 年版。

王亚南:《中国官僚政治研究》,中国社会科学出版社 1981 年版。

王振耀:《中国村民自治理论与实践探索》,宗教文化出版社 2000 年版。

汪玉凯:《中国行政体制改革 20 年》,中州古籍出版社 1998 年版。

魏光奇:《官治与自治——20 世纪上半期的中国县制》,商务印书馆 2004 年版。

吴思:《潜规则——中国历史中的真实游戏》,云南人民出版社 2001 年版。

吴思:《血酬定律——中国历史中的生存游戏》,中国工人出版社 2003 年版。

吴惕安等:《当代西方国家理论评析》,陕西人民出版社 1994 年版。

吴毅:《村治变迁中的权威与秩序——20 世纪川东双村的表达》,中国社会科学出版社 2002 年版。

吴毅、吴淼:《村民自治在乡土社会的遭遇——以白村为个案》,华中师范大学出版社 2003 年版。

夏勇:《人权概念起源》,中国政法大学出版社 1992 年版。

夏勇:《走向权利的时代》,中国政法大学出版社 1995 年版。

项继权:《国外农村基层建制》,华中师范大学出版社 1995 年版。

项继权主编:《走出"黄宗羲定律"的怪圈:中国农村税费改革的调

查与研究》，西北大学出版社 2004 年版。

项继权：《集体经济背景下的乡村治理——南街、向高和方家泉村村治实证研究》，华中师范大学出版社 2002 年版。

谢庆奎：《中国地方政府体制概论》，中国广播电视出版社 1998 年版。

许纪霖主编：《二十世纪中国思想史论》（上卷），东方出版社 2000 年版。

徐小青主编：《中国农村公共服务》，中国发展出版社 2002 年版。

徐迅：《民族主义》（修订版），中国社会科学出版社 2005 年第 2 版。

徐勇：《非均衡的中国政治：城市与乡村的比较》，中国广播电视出版社 1992 年版。

徐勇：《徐勇自选集》，华中理工大学出版社 1999 年版。

徐勇：《乡村治理与中国政治》，中国社会科学出版社 2003 年版。

徐勇：《中国农村村民自治》，华中师范大学出版社 1997 年版。

徐勇、项继权主编：《村民自治进程中的乡村关系》，华中师范大学出版社 2003 年版。

徐勇、项继权等：《参与式财政与乡村治理——经验与实例》，西北大学出版社 2006 年版。

徐勇、吴理财等：《走出"生之者寡，食之者众"的困境——县乡村治理体制反思与改革》，西北大学出版社 2004 年版。

杨雪冬：《市场发育、社会成长和公共权力构建——以县为微观分析单位》，河南人民出版社 2002 年版。

应星：《大河移民上访的故事——从"讨个说法"到"摆平理顺"》，生活·读书·新知三联书店 2001 年版。

虞和平：《中国现代化历程：前提与准备》（第 1 卷），江苏人民出版社 2001 年版。

于建嵘：《岳村政治——转型期中国乡村政治结构的变迁》，商务印书馆 2001 年版。

俞可平主编：《西方政治学名著提要》，江西人民出版社 2001 年版。

俞可平：《治理与善治》，社会科学文献出版社 2000 年版。

阮毅成：《地方自治与新县治》，台湾联经出版事业公司 1978 年版。

曾峻：《公共秩序的制度安排——国家与社会关系的框架及其运用》，学林出版社 2005 年版。

赵辰昕：《乡政府管理》，中国广播电视出版社 1998 年版。

赵秀玲：《中国乡里制度》，社会科学文献出版社 1998 年版。

张厚安等：《中国农村政治稳定与发展》，武汉出版社 1996 年版。

张厚安、徐勇、项继权等：《中国农村村级治理——22 个村的调查与比较》，华中师范大学出版社 2000 年版。

张厚安、白益华：《县以下层次区划模式》，四川人民出版社 1993 年版。

张厚安等：《中国农村基层政权建设丛书》，四川人民出版社 1992 年版。

张静：《基层政权：乡村制度诸问题》，浙江人民出版社 2000 年版。

张静主编：《国家与社会》，浙江人民出版社 1998 年版。

张静：《法团主义》，中国社会科学出版社 1998 年版。

张静：《现代公共规则与乡村社会》，上海书店出版社 2006 年版。

张康之：《寻找公共行政的伦理视角》，中国人民大学出版社 2002 年版。

张乐天：《告别理想：人民公社制度研究》，东方出版社 1998 年版。

张立荣：《论有中国特色的国家行政制度》，中国社会科学出版社 2003 年版。

张鸣：《乡村社会权力和文化结构的变迁（1903—1953）》，广西人民出版社 2001 年版。

张全在、贺晨：《镇政府管理》，中国广播电视出版社 1998 年版。

张小劲、景跃进：《比较政治学导论》，中国人民大学出版社 2001 年版。

张星久：《中国近现代政治思想述论》，湖北人民出版社 2000 年版。

张翼之等：《中国农村基层建制的历史演变》，四川人民出版社 1992 年版。

折晓叶：《村庄的再造：一个"超级村庄"的社会变迁》，中国社会科学出版社 1997 年版。

郑大华：《民国乡村建设运动》，社会科学文献出版社 2000 年版。

《中国地方政府机构改革》编辑组编：《中国地方政府机构改革》，新华出版社 1995 年版。

中国社会科学院农村发展研究所组织与制度研究室：《中国农村的工业化模式》，社会科学文献出版社 2002 年版。

周其仁：《产权与制度变迁——中国改革的经验研究》，社会科学文献出版社 2002 年版。

周伟林：《中国地方政府经济行为分析》，复旦大学出版社 1997 年版。

周振华等：《收入分配与权利、权力》，上海社会科学院出版社 2005 年版。

朱钢等：《聚焦中国农村财政：格局、机理与政策选择》，山西经济出版社 2000 年版。

朱光磊：《当代中国政府过程》（修订版），天津人民出版社 2002 年版。

朱晓青、柳华文：《〈公民权利和政治权利国际公约〉及其实施机制》，中国社会科学出版社 2003 年版。

朱宇：《中国乡域治理结构：回顾与前瞻》，黑龙江人民出版社 2006 年版。

邹谠：《二十世纪中国政治——从宏观历史与微观行动的角度看》，牛津大学出版社 1994 年版。

邹永贤等：《现代西方国家学说》，福建人民出版社 1993 年版。

[美] 阿尔温·托夫勒：《第三次浪潮》，朱志焱等译，生活·读书·新知三联书店 1983 年版。

[英] 阿克顿：《自由与权力》，侯健等译，商务印书馆 2001 年版。

[美] 埃里克·弗鲁博顿、[德] 鲁道夫·芮切特：《新制度经济学：一个交易费用分析范式》，姜建强等译，上海三联书店、上海人民出版社 2006 年版。

[美] 艾伦·C. 艾萨克：《政治学：范围与方法》，郑永年等译，浙江人民出版社 1987 年版。

[德] 埃利亚斯·卡内提：《群众与权力》，冯文光等译，中央编译出版社 2003 年版。

［美］安东尼·奥罗姆：《政治社会学》，张华青等译，上海人民出版社1989年版。

［美］安东尼·奥罗姆：《政治社会学导论》（第4版），张华青等译，上海人民出版社2006年版。

［英］安东尼·吉登斯：《民族—国家与暴力》，胡宗泽等译，生活·读书·新知三联书店1998年版。

［英］安东尼·吉登斯：《社会的构成：结构化理论大纲》，李康等译，生活·读书·新知三联书店1998年版。

［英］安东尼·吉登斯：《现代性的后果》，田禾译，译林出版社2000年版。

［英］安东尼·吉登斯：《现代性与自我认同》，赵旭东等译，生活·读书·新知三联书店1998年版。

［意］安东尼奥·葛兰西：《狱中札记》，曹雷雨等译，中国社会科学出版社2000年版。

［英］A. J. M. 米尔恩：《人的权利与人的多样性》，夏勇等译，中国大百科全书出版社1995年版。

［美］巴林顿·摩尔：《民主和专制的社会起源》，拓夫等译，华夏出版社1987年版。

［美］保罗·萨缪尔森、威廉·诺德豪斯：《经济学》（第17版），萧琛等译，人民邮电出版社2004年版。

［美］彼得·埃文斯等编：《找回国家》，生活·读书·新知三联书店2009年版。

［英］彼得·伯克：《历史学与社会理论》，姚朋等译，上海人民出版社2001年版。

［美］彼得·布劳：《社会生活中的交换与权力》，孙非等译，华夏出版社1988年版。

［英］鲍桑葵：《关于国家的哲学理论》，汪淑钧译，商务印书馆1995年版。

［美］伯特兰·罗素：《权力论——新社会分析》，吴有三译，商务印书馆1998年版。

［美］C. 赖特·米尔斯：《社会学的想象力》，陈强等译，生活·读

书·新知三联书店 2001 年版。

［美］查尔斯·蒂利：《强制、资本和欧洲国家（公元 990—1992 年）》，魏洪钟译，上海人民出版社 2007 年版。

［美］查尔斯·林德布洛姆：《政治与市场：世界的政治—经济制度》，王逸舟译，上海三联书店、上海人民出版社 1991 年版。

［英］戴维·毕瑟姆：《官僚制》，韩志明等译，吉林人民出版社 2005 年版。

［英］戴维·赫尔德：《民主的模式》，燕继荣等译，中央编译出版社 2004 年版。

［英］戴维·麦克莱伦：《马克思以后的马克思主义》，李智译，中国社会科学出版社 1986 年版。

［英］戴维·米勒、韦农·波格丹诺：《布莱克维尔政治学百科全书》（修订版），邓正来中文主编，中国政法大学出版社 2002 年版。

［美］戴维·伊斯顿：《政治体系》，马清槐译，商务印书馆 1993 年版。

［美］戴维·伊斯顿：《政治生活的系统分析》，王浦劬等译，华夏出版社 1999 年版。

［美］丹尼尔·贝尔：《后工业社会的来临——对社会预测的一项探索》，高铦译，新华出版社 1997 年版。

［美］丹尼斯·C.缪勒：《公共选择理论》，杨春学等译，中国社会科学出版社 1999 年版。

［美］丹尼斯·朗：《权力论》，陆震纶等译，中国社会科学出版社 2001 年版。

［英］丹尼斯·史密斯：《历史社会学的兴起》，周辉荣等译，上海人民出版社 2000 年版。

［美］道格拉斯·C.诺斯：《经济史中的结构与变迁》，陈郁等译，上海三联书店、上海人民出版社 1994 年版。

［美］道格拉斯·C.诺斯：《制度、制度变迁与经济绩效》，刘守英译，上海三联书店 1994 年版。

［美］道格拉斯·C.诺斯：《西方世界的兴起》，厉以平等译，华夏出版社 1999 年版。

［美］道格拉斯·C. 诺斯、约翰·约瑟夫·瓦利斯、巴里·R. 温格斯特：《暴力与社会秩序——诠释有文字记载的人类历史的一个概念性框架》，杭行等译，格致出版社、上海人民出版社2013年版。

［法］迪尔凯姆：《社会学研究方法论》，胡伟译，华夏出版社1988年版。

［美］杜赞奇：《文化、权力与国家——1900—1942年的华北农村》，王福明译，江苏人民出版社1994年版。

［美］E. 希尔斯：《论传统》，傅铿等译，上海人民出版社1991年版。

［比］厄内斯特·曼德尔：《权力与货币——马克思主义的官僚理论》，孟捷译，中央编译出版社2002年版。

［美］费正清：《美国与中国》（第四版），张理京译，世界知识出版社2003年版。

［美］费正清：《中国：传统与变迁》，张沛等译，世界知识出版社2002年版。

［英］弗里德利希·冯·哈耶克：《自由宪章》，杨玉生等译，中国社会科学出版社1998年版。

［美］弗里曼、毕克伟、赛尔登：《中国乡村，社会主义国家》，陶鹤山译，社会科学文献出版社2002年版。

［德］盖奥尔格·西美尔：《金钱、性别、现代生活风格》，顾仁明译，学林出版社2000年版。

［德］盖奥尔格·西美尔：《社会学——关于社会化形式的研究》，林荣远译，华夏出版社2002年版。

［美］W. 古德：《家庭》，魏章玲译，社会科学文献出版社1986年版。

［德］哈贝马斯：《公共领域的结构转型》，曹卫东等译，学林出版社1999年版。

［英］哈拉兰博斯：《社会学基础》，孟还等译，上海社会科学院出版社1986年版。

［比］亨利·皮朗：《中世纪欧洲经济社会史》，乐文译，上海人民出版社1964年版。

〔美〕黄宗智：《中国研究的范式问题讨论》，社会科学文献出版社2003年版。

〔美〕黄宗智：《华北的小农经济与社会变迁》，中华书局2000年版。

〔美〕黄宗智：《长江三角洲小农家庭与乡村发展》，中华书局2000年版。

〔美〕黄宗智：《民事审判与民间调解：清代的表达与实践》，中国社会科学出版社1998年版。

〔英〕霍布斯：《利维坦》，黎思复等译，商务印书馆1985年版。

〔德〕黑格尔：《法哲学原理》，范扬等译，商务印书馆1961年版。

〔美〕贾恩弗朗哥·波齐：《国家：本质、发展与前景》，陈尧译，上海人民出版社2007年版。

〔美〕吉尔伯特·罗兹曼主编：《中国的现代化》，国家社会科学基金"比较现代化"课题组译，江苏人民出版社2003年版。

〔法〕吉尔·德拉诺瓦：《民族与民族主义》，郑文彬等译，生活·读书·新知三联书店2005年版。

〔美〕加布里埃尔·A.阿尔蒙德、小G.宾厄姆·鲍威尔：《比较政治学——体系、过程和政策》，曹沛霖等译，上海译文出版社1987年版。

〔美〕加布里埃尔·A.阿尔蒙德、小G.宾厄姆·鲍威尔主编：《当代比较政治学——世界展望》，朱曾汶等译，商务印书馆1993年版。

〔美〕加里·S.贝克尔：《人类行为的经济分析》，王业宇等译，上海三联书店、上海人民出版社1995年版。

〔美〕柯博文：《走向"最后关头"——中国民族国家构建中的日本因素（1931—1937）》，马俊亚译，社会科学文献出版社2004年版。

〔美〕科恩：《论民主》，聂崇信等译，商务印书馆1988年版。

〔美〕克利福德·格尔茨：《文化的解释》，纳日碧力戈等译，上海人民出版社1999年版。

〔美〕克利福德·吉尔兹：《地方性知识——阐释人类学论文集》，王海龙等译，中央编译出版社2004年第2版。

〔英〕拉尔夫·达仁道夫：《现代社会冲突》，林荣远译，中国社会科学出版社2000年版。

〔美〕列奥·施特劳斯、约瑟夫·克罗波西主编：《政治哲学史》，李天然等译，河北人民出版社 1993 年版。

［法］卢梭：《社会契约论》，何兆武译，商务印书馆 2003 年版。

［美］路易斯·亨金等编：《宪政与权利——美国宪法的域外影响》，郑戈等译，生活·读书·新知三联书店 1996 年版。

［英］洛克：《政府论》，瞿菊农等译，商务印书馆 1982 年版。

［美］罗伯特·A. 达尔：《现代政治分析》，王沪宁等译，上海译文出版社 1987 年版。

［美］罗伯特·诺齐克：《无政府、国家与乌托邦》，何怀宏等译，中国社会科学出版社 1991 年版。

［英］罗德里克·马丁：《权力社会学》，丰子义等译，河北人民出版社 1992 年版。

［美］罗纳德·H. 奇尔科特：《比较政治学理论——新范式的探索》，高铦等译，社会科学文献出版社 2001 年版。

［美］罗纳德·H. 奇尔科特：《比较政治经济学理论》，高铦等译，社会科学文献出版社 2001 年版。

［美］M. 奥尔森：《集体行动的逻辑》，陈郁等译，上海三联书店、上海人民出版社 1995 年版。

［德］马克斯·韦伯：《儒教与道教》，王容芬译，商务印书馆 1995 年版。

［德］马克斯·韦伯：《社会科学方法论》，杨富斌译，华夏出版社 1999 年版。

［德］马克斯·韦伯：《经济与社会》（上卷），林荣远译，商务印书馆 1997 年版。

［德］马克斯·韦伯：《经济与社会》（下卷），林荣远译，商务印书馆 1997 年版。

［美］马若孟：《中国农民经济》，史建云译，江苏人民出版社 1999 年版。

［英］迈克尔·H. 莱斯诺夫：《二十世纪的政治哲学家》，冯克利译，商务印书馆 2001 年版。

［英］迈克尔·曼：《社会权力的来源》（I），刘北成译，上海人民出版社 2002 年版。

［美］米尔顿·弗里德曼：《资本主义与自由》，张瑞玉译，商务印书馆 2004 年版。

［法］米歇尔·福柯：《规训与惩罚——监狱的诞生》，刘北成等译，生活·读书·新知三联书店 1999 年版。

［法］米歇尔·克罗齐埃：《科层现象》，刘汉全译，上海人民出版社 2002 年版。

［德］尼克拉斯·卢曼：《权力》，瞿铁鹏译，上海人民出版社 2005 年版。

［希腊］尼科斯·普朗查斯：《政治权力与社会阶级》，叶林等译，中国社会科学出版社 1982 年版。

［美］乔·萨托利：《民主新论》，冯克利等译，东方出版社 1993 年版。

［日］青木昌彦：《比较制度分析》，周黎安译，远东出版社 2001 年版。

［瑞士］让·皮亚杰：《发生认识论原理》，王宪钿等译，商务印书馆 1981 年版。

［美］R. H. 科斯、A. 阿尔钦、D. C. 诺斯等：《财产权利与制度变迁——产权学派与新制度学派译文集》，胡庄君等译，上海三联书店、上海人民出版社 1994 年版。

［美］R. 麦克法夸尔、费正清编：《剑桥中华人民共和国史：革命的中国的兴起（1949—1965）》，谢亮生等译，中国社会科学出版社 1998 年版。

［加］R. 米什拉：《资本主义社会的福利国家》，郑秉文译，法律出版社 2003 年版。

［美］帕森斯：《现代社会的结构与过程》，梁向阳译，光明日报出版社 1988 年版。

［英］佩里·安德森：《绝对主义国家的系谱》，刘北成等译，上海人民出版社 2001 年版。

［美］塞缪尔·P. 亨廷顿：《变革社会中的政治秩序》，王冠华等译，生活·读书·新知三联书店 1989 年版。

［美］塞缪尔·亨廷顿：《第三波——20 世纪末的民主化浪潮》，刘

军宁译，上海三联书店 1998 年版。

［美］塞缪尔·亨廷顿：《失衡的承诺》，周端译，东方出版社 2005 年版。

［以］S. N. 艾森斯塔得：《帝国的政治体系》，阎步克译，贵州人民出版社 1992 年版。

［美］施坚雅：《中国农村的市场与社会结构》，史建云等译，中国社会科学出版社 1998 年版。

［美］汤普逊：《中世纪经济社会史》（上册），耿淡如译，商务印书馆 1961 年版。

［美］V. 奥斯特罗姆、D. 菲尼、H. 皮希特编：《制度分析与发展的反思——问题与抉择》，王诚等译，商务印书馆 1992 年版。

［美］W. 理查德·斯格特：《组织理论：理性、自然和开放系统》，黄洋等译，华夏出版社 2002 年版。

［韩］咸台炅：《中国政党政府与市场》，经济日报出版社 2002 年版。

［英］亚当·斯密：《国富论》，唐日松等译，华夏出版社 2005 年版。

［英］亚历斯山德罗·帕斯西林·德昂特里维斯：《国家的观念》，牛津大学出版社 1967 年版。

［美］伊曼纽尔·沃勒斯坦：《现代世界体系》，罗荣渠等译，高等教育出版社 1998 年版。

［美］约翰·罗尔斯：《正义论》，何怀宏等译，中国社会科学出版社 1988 年版。

［美］约翰·N. 德勒巴克、约翰·V. C. 奈编：《新制度经济学前沿》，张宇燕等译，经济科学出版社 2003 年版。

［美］约翰·奈斯比特：《大趋势——改变我们生活的十个方面》，梅艳译，中国社会科学出版社 1984 年版。

［美］约翰·R. 康芒斯：《资本主义的法律基础》，寿勉成译，商务印书馆 2003 年版。

［英］约翰·希克斯：《经济史理论》，厉以平译，商务印书馆 1987 年版。

［美］约瑟夫·E. 斯蒂格里兹：《政府经济学》，曾强等译，春秋出版社 1988 年版。

[美]詹姆斯·M.布坎南：《自由、市场与国家——80年代的政治经济学》，平新乔等译，上海三联书店1989年版。

[美]詹姆斯·M.布坎南：《民主财政论》，穆怀朋译，商务印书馆1993年版。

[美]詹姆斯·R.汤森、布兰特利·沃马克：《中国政治》，顾速等译，江苏人民出版社2004年版。

[美]詹姆斯·C.斯科特：《农民的道义经济学：东南亚的反叛与生存》，程立显等译，译林出版社2001年版。

[美]张信：《二十世纪初期中国社会之演变——国家与河南地方精英，1900—1937》，岳谦厚等译，中华书局2004年版。

[美]张仲礼：《中国绅士——关于其在19世纪中国社会中作用的研究》，李荣昌译，上海社会科学院出版社1991年版。

[美]张仲礼：《中国绅士的收入》，费成康等译，上海社会科学院出版社2002年版。

[日]猪口孝等编：《变动中的民主》，林猛等译，吉林人民出版社1999年版。

[美]弗朗西斯·福山：《国家构建：21世纪的国家治理与世界秩序》，黄胜强等译，中国社会科学出版社2007年版。

[美]弗朗西斯·福山：《政治秩序与政治衰败：从工业革命到民主全球化》，毛俊杰译，广西师范大学出版社2015年版。

Charles Tilly, *The Formation of National States in Western Europe*, New Jersey: Princeton University Press, 1975.

David Zweig, *Freeing China's Farmers: Rural Restructuring in the Reform Era*, New York: M. E. Sharpe, 1997.

Jean C. Oi, *Peasant and State in Contemporary China*, Berkeley: University of California Press, 1989.

John A. Hall & G. John Ikenbery, *The State*, Minnesota: University of Minnesota Press, 1989.

Vivienne Shue, *The Reach of the State: Sketches of the Chinese Body Politic*, California: Stanford University Press, 1988.

Benjamin Schwartz, *Comumunism and China：Ideology in Flux*, Cambridge, M. A.：Harvard University Press, 1968.

Andrew G. Walder, *Communis Neo - traditionalism：Work and Authority in Chinese Industry*, Berkeley as Angeles：The University of California Press, 1986.

二　史料文献与方志档案

中共中央文献研究室编：《毛泽东农村调查文集》，人民出版社1982年版。

中共中央文献研究室编：《十二大以来重要文献选编》（下），人民出版社1988年版。

中共中央文献研究室编：《十三大以来重要文献选编》（下），人民出版社1993年版。

中共中央文献研究室编：《十五大以来重要文献选编》（上），人民出版社2000年版。

A镇档案文件：《A镇机构改革调研报告》，2005年。

杨殿梓总修：《G县志》（乾隆点注本），G县史志编撰委员会点校重印，1987年版。

《A乡乡志》（一）（二）（三），未刊稿，1984年版。

中共G县党史工作委员会著：《G县革命史（1919—1949）》，河南人民出版社1993年版。

《G县PPH乡志》，G县城关印刷厂1986年版。

G县史志编撰委员会编：《G县志》，中州古籍出版社1991年版。

《中国共产党河南省G县组织史资料》，河南人民出版社1991年版。

《G县卫生志》，G县印刷厂1986年版。

《G县农牧志》，G县城关人民印刷厂1986年版。

弦乡档案文件，1985—2005年。

JG村村干部1978—2003年工作笔记。

G县档案馆关于弦乡、A乡的档案文件，1981—1995年。

三　学术论文

［美］布坎南：《寻求租金与寻求利润》，《经济社会体制比较》1988年第6期。

陈明明：《比较现代化、市民社会、新制度主义——关于20世纪80、90年代中国政治研究的三个理论视角》，《战略与管理》2001年第4期。

戴钧良：《行政区划50年回顾与总结》，《中国方域（行政区划与地名）》1999年第5期。

邓正来、景跃进：《构建中国的市民社会》，《中国社会科学季刊》1992年第1期。

樊纲：《论均衡、非均衡及其可持续性问题》，《经济研究》1991年第7期。

高杰：《村民委员会组织建设的背景、现状和政策导向》，《法学研究》1994年第2期。

古杰一、杨云善：《乱收费：特定条件下的利益转移和掠夺行为》，《信阳师范学院学报》1997年第2期。

郭正林：《乡镇体制改革中的"孤岛现象"》，《半月谈》2004年7月30日。

国家统计局农村经济调查总队：《我国建制镇发展迅速，聚集能力和经济实力不断增强》，《调研世界》2003年第9期。

韩俊、谢扬：《中国县乡公共财政现状：问题与影响——湖北省襄阳县、河南省鄢陵县、江西省泰和县案例研究》，《税收与社会》2003年第9期。

何翔舟：《论政府成本》，《中国行政管理》2001年第7期。

华中师范大学中国农村问题研究中心编：《乡镇体制改革研讨会论文集》，2004年打印稿。

黄宗智：《认识中国——走向从实践出发的社会科学》，《中国社会科学》2005年第1期。

黄宗智：《悖论社会与现代传统》，《读书》2005年第2期。

纪程：《"国家政权建设"与中国乡村政治变迁》，《深圳大学学报》2006年第1期。

李国友：《政府自身特殊利益问题初探》，《社会主义研究》1999年第5期。

李猛：《论抽象社会》，《社会学研究》1999年第1期。

李强：《后全能体制下现代国家的构建》，《战略与管理》2001年第6期。

李强：《国家能力与国家权力的悖论》，《中国书评》1998年第2期。

李学勤：《战国题铭》，《文物》1959年第7期。

刘放鸣：《关于乡镇人大工作的一点思考》，《社会主义研究》2004年第3期。

刘世定：《嵌入性与关系合同》，《社会学研究》1999年第4期。

陆学艺：《农村发展新阶段的新形势和新任务——关于开展以发展小城镇为中心的建设社会主义新农村运动的建议》，《中国农村经济》2000年第6期。

宁骚：《论民族国家》，《北京大学学报》（哲学社会科学版）1991年第6期。

潘维：《质疑"乡镇行政体制改革"——关于乡村中国的两种思路》，《中国税务》2004年第8期。

秦晖：《农民问题的核心是公民权问题——秦晖总结发言摘编》，《南方农村报》2005年9月1日。

任剑涛：《政党、民族与国家——中国现代党化国家形态的历史—理论分析》，《学海》2010年第4期。

沈延生：《村政的兴衰与重建》，《战略与管理》1999年第6期。

沈延生：《中国乡治的回顾与展望》，《战略与管理》2003年第1期。

仝晰纲：《春秋战国时期乡村社区的变异及其社会职能》，《文史哲》1999年第4期。

王绍光、王有强：《公民权、所得税和预算体制》，《战略与管理》2001年第3期。

王思睿：《为什么不是"中国的民主"？》，《战略与管理》2002年第5期。

王雅林：《农村基层的权力结构及其运行机制》，《中国社会科学》1998年第5期。

王毓铨：《汉代"亭"与"乡""里"不同性质不同系统》，《历史研究》1954年第2期。

王云骏：《民国保甲制度兴起的历史考察》，《江海学刊》1997年第2期。

吴理财：《科层化治理：乡村治理的一个误区》，《学习月刊》2005年第12期。

项继权：《短缺财政下的乡村政治发展——兼论中国乡村民主的生成逻辑》，《中国农村观察》2002年第3期。

萧功秦：《"软政权"与分利集团化：中国现代化的两重陷阱》，《战略与管理》1994年第1期。

徐勇：《"回归国家"与现代国家建构》，《东南学术》2006年第4期。

徐勇：《村干部的双重角色：代理人与当家人》，《二十一世纪》1997年8月号。

徐勇：《村民自治的成长：行政放权与社会发育》，《华中师范大学学报》2005年第2期。

徐勇：《强村、精乡、简县：乡村治理结构改革的走向——税费改革中农村利益关系及体制的再调整》，《战略与管理》2003年第4期。

徐勇：《现代国家的建构与农业财政的终结》，《华南师范大学学报》2006年第2期。

徐勇：《现代国家的建构与村民自治的成长——对中国村民自治发生与发展的一种解释》，《学习与探索》2006年第6期。

徐勇、叶本乾：《合村并组后如何增强村民自治的活力？——湖北省秭归县杨林桥镇农村社区建设调查与思考》，华中师范大学中国农村问题研究中心研究咨询报告，2005年5月8日。

徐勇、叶本乾：《党内民主：党员权利保障及其实现途径的探索——湖北省罗田县党代会常任制试点工作的调查与思考》，华中师范大学中国农村问题研究中心研究咨询报告，2005年11月25日。

杨善华：《家族政治和农村基层政治精英的选拔、角色定位和精英更替》,《社会学研究》1997 年第 5 期。

杨善华、苏红:《从"代理型政权经营者"到"谋利型政权经营者"——向市场经济转型背景下的乡镇政权》,《社会学研究》2002 年第 1 期。

杨小凯:《后发劣势》,《新财经》2004 年第 8 期。

尹保云:《官僚制与中国的现代化》,《中国社会科学季刊》1999 年秋季号。

魏沂:《中国新德治论析——改革前中国道德化政治的历史反思》,《战略与管理》2002 年第 2 期。

于建嵘:《乡镇自治:根据和路径》,《战略与管理》2002 年第 6 期。

于鸣超:《现代国家制度下的县制改革》,《战略与管理》2002 年第 1 期。

张静:《国家政权建设与乡村自治单位——问题与回顾》,《开放时代》2001 年第 9 期。

张静:《村民自治建设面临的问题》,《粤港信息日报》1998 年 7 月 14 日。

张军:《社会主义的政府与企业:从"退出"角度的分析》,《经济研究》1994 年第 9 期。

张晓山:《简析中国乡村治理结构的改革》,《管理世界》2005 年第 5 期。

张新光:《论中国乡镇机构改革 25 年》,《中国行政管理》2005 年第 10 期。

张新光:《河南省乡镇机构改革的动力机制研究》,《华东理工大学学报》(社会科学版) 2006 年第 3 期。

张旭昆:《论制度的均衡与演化》,《经济研究》1993 年第 9 期。

郑永年:《政治改革与中国国家建设》,《战略与管理》2001 年第 2 期。

周华公:《50 省级行政区划走上中国版图?》,《中国经济周刊》2004 年第 15 期。

周甲禄等:《湖北省副省长刘友凡谈乡改:无情改革、有情操作》,

《半月谈》2005年第13期。

周其仁:《中国农村改革:国家与土地所有权关系的变化——一个经济制度变迁史的回顾》,《中国社会科学季刊》1995年第6期。

周作翰、张英洪:《论当代中国农民的政治权利》,《湖南师范大学社会科学学报》2005年第1期。

叶本乾:《抵制与压制:地方治理中乡镇权力的两面性》,《二十一世纪》(网络版)2005年4月号。

叶本乾:《村庄精英:村庄权力结构的中介地位》,《中国农村观察》2005年第1期。

叶本乾:《现代国家构建中的均衡性分析:三维视角》,《东南学术》2006年第4期。

叶本乾:《路径—结构—能力:现代国家建构维度和建构有限国家研究》,《中共四川省委省级机关党校学报》2014年第3期。

Sewell, W. H., "Three Temporalities: Toward an Eventful Sociology." in the *Historic Turn in the Human Sciences*, ed. Terrance J. McDonald. Ann Arbor: University of Michigan Press, 1996.

Levi, Margaret, "A Model, a Method, and a Map: Rational Choice in Comparative and Historical Analysis." in *Comparative Politics: Rationality, Culture and Structure*, ed. Mark I. Lichbach and Alan S. Zuckerman. Cambridge University Press, 1997.

M. Whyte, "Who hates Bureaucracy?", *Remaking the Socialist Economic Institutions*, Stark. D & Nee. V (ed.). 1989.

Charles Tilly, "War Making and State Making as Organized Crime", in *Bring the State Back* in Edited by Peter B. Evans, Dietrich Rueschemeyer, and Theda Skocpol (New York: Cambridge University Press, 1985).

四 学位论文

吴淼:《乡村政治过程:生产经营与秩序建构——来自江汉平原曾镇的经验(1949—1978)》,博士学位论文,华中师范大学,2004年。

吴理财:《治理转型中的乡镇政府——乡镇改革研究》,博士学位论文,华中师范大学,2006年。

徐晓军：《乡镇街坊：结构与关系——武汉市郊兰乡街坊的个案研究》，博士学位论文，华中师范大学，2005年。

袁方成：《使服务运转起来：基层治理转型中的农村公共服务——湖北咸安乡镇事业站所改革研究》，博士学位论文，华中师范大学，2006年。

魏旭：《农村社区准公共品供给制度诱致性变迁研究——以小型农田水利设施投资为例》，硕士学位论文，中国人民大学，2001年。

谭同学：《乡镇机构生长的逻辑——楚镇水利站、司法所政治生态学考察》，硕士学位论文，华中师范大学，2004年。

后　记

　　时光荏苒，岁月如梭，博士毕业近十年时间了！但博士论文一直没有出版，实属憾事！博士论文写作毕竟是一个人学术生涯的一个重要里程碑，需要对自己有所交代！回首往事，其中有许许多多值得我一生敬重、尊重和倚重的好人，有许许多多值得我一辈子感恩、感谢和感动的事情。

　　首先感谢我的导师徐勇教授的知遇之恩和辛劳指导。由于缘分和幸运，在考博那年的"五一"假期间，得到徐老师的单独面试机会，那天的"考试"场景依然历历在目：我们从华师招待所一路走到校北大门，穿过马路，在旁边的书店，徐老师介绍并推荐阅读书目，再回到院办公室，小憩一会，又回到招待所。一路上，徐老师对我的专业知识、学习经历和家庭情况一一询问，我如实作答。幸运地来华师就读后，对于刚刚学术启蒙的我，成长的每一步足迹无不浸透着徐老师倾心倾力地呵护和扶助。三年学习期间，徐老师不仅在学业上是我的学术启蒙老师，指点迷津、释疑解惑，而且在生活上给予了诸多关照、倍加呵护。在博士论文的写作上，无论是论文的选题开题、结构布局、思路安排、写作技巧及书籍出版、修改完善等诸多方面，徐老师给予了高屋建瓴的指导。徐老师严谨敬业的治学态度和儒雅包容的处世风格都将对我今后的学习和生活产生深远影响。

　　感谢华中师范大学中国农村研究院优秀学术团队中的各位老师。感谢西华师范大学任中平教授在百忙之中欣然为本书作序。感谢下乡调查期间那些为我的调查提供诸多帮助、方便和友好支持的各位朋友。尽管寥寥数语无法详尽表达我的深深感激之情，但还是在这里道一声：谢谢你们了！

　　感谢电子科技大学中央高校科研业务经费哲学社会科学繁荣计划优秀

成果出版项目对本书出版的资助和支持,感谢学院领导和各位同事的帮助和关心,感谢中国社会科学出版社王莎莎老师对本书面世付出的辛勤劳动!

  我还要感谢我的亲人。感谢我的爱人,她不仅无私地给予我研究生阶段的大量物质支持和宝贵的精神鼓励,而且还承担了繁杂的家务和繁重的学习任务,任劳任怨,默默奉献,使我能够"轻装前行",圆满完成自己的学业。在武汉读博期间,孩子咿呀学语的童趣和茁壮成长的情景,使我深知责任重大,是我不敢丝毫懈怠,只有奋力前行的动力。感谢父母的养育之恩和期望之情,已经为子女操劳一辈子的父母一直对我寄予厚望,我难以用言语表达严父慈母的关怀之心和期盼之情。他们始终是我继续前行的不竭动力和信心源泉,激励我不断努力,继续行进在路上。

叶本乾

2016 年 5 月于电子科技大学